U0487368

职业教育“人字梯型”教学模式实践

陈正勇　主编

西南交通大学出版社
·成　都·

图书在版编目（CIP）数据

职业教育“人字梯型”教学模式实践 / 陈正勇主编. 成都 : 西南交通大学出版社, 2024. 11. -- ISBN 978-7-5774-0125-6

Ⅰ. G719.2

中国国家版本馆 CIP 数据核字第 2024T2N016 号

Zhiye Jiaoyu “Renzi Tixing” Jiaoxue Moshi Shijian

职业教育“人字梯型”教学模式实践

陈正勇　主编

策划编辑	余崇波
责任编辑	赵永铭
封面设计	原谋书装
出版发行	西南交通大学出版社 （四川省成都市金牛区二环路北一段 111 号 西南交通大学创新大厦 21 楼）
营销部电话	028-87600564　028-87600533
邮政编码	610031
网　　址	http://www.xnjdcbs.com
印　　刷	成都蜀通印务有限责任公司
成品尺寸	185 mm × 260 mm
印　　张	23.75
字　　数	588 千
版　　次	2024 年 11 月第 1 版
印　　次	2024 年 11 月第 1 次
书　　号	ISBN 978-7-5774-0125-6
定　　价	88.00 元

课件咨询电话：028-81435775

图书如有印装质量问题　本社负责退换

前 言 PREFACE

职业教育“人字梯型”教学模式是重庆市云阳职业教育中心在多年教学改革探索的基础上，受所在地“三峡梯城”地域文化的启发，将“人”“梯”特有的文化符号、文化精神与职业教育教学特征、职业教育学生成长规律结合起来构建的一种独特的教学模式，该模式体现了职业学校学生成长、职业学校课堂教学的“人本特性”“生长阶梯性”“要素支撑性”和“文化浸润性”，提出了特有文化与课堂教学融合的新的育人理念，是职业教育教学模式改革的一大创新，具有较高的理论价值和实践价值。

本书是一批教师在推行职业教育“人字梯型”教学模式改革过程中的实践探索，分为实践案例、教研论文和教学设计三个部分，其中教学设计是重点。教学设计又分为规范运用和创新运用两个部分，规范运用部分的教学设计是完全按照“人字梯型”教学模式的设计模板进行设计，创新运用部分的教学设计则是灵活运用“人字梯型”教学模式思想进行教学设计，它们是职业教育“人字梯型”教学模式的两种不同运用形式。

虽然职业教育“人字梯型”教学模式的理论体系和实践体系已经完成基本建构，但其改革探索一直在路上。在探索中，围绕其“人本特性”“生长阶梯性”“要素支撑性”和“文化浸润性”等核心思想，产生了很多实践案例，比如将学生发展目标设定为“基座型目标”“高原型目标”“攀峰型目标”，将教师发展与学生发展结合起来，将课程思政“人本化”“阶梯化”等等，这些都是“人字梯型”教学模式的发扬和光大。出版本书，除了对“人字梯型”教学模式进行阶段性总结，另一个主要目的就是抛砖引玉，希望在参考、阅读本书实践案例的基础上，能有更多教育教学工作者，特别是一线教师能积极探索、创新、丰富职业教育“人字梯型”教学模式，共同将本模式打造成具有较高辨识度、普及性，体现中华民族传统文化和职业教育类型特征的特有教学模式。

本书由陈正勇主编，负责总体设计和统筹；刘红、薛爱科、刘华副主编，具体负责设计、统稿和编写统筹；冯玻、余志国、邬月野、杨艳、黄海涛参与具体编写，冯玻完成了本书资料收集、第三篇部分公共基础课和专业课教学设计的撰写和整理，余志国完成了第一篇实践案例的撰写和整理，邬月野完成了第三篇部分公共基础课和专业课教学设计的撰写和整理，杨艳完成了第二篇教研论文的撰写和整理，黄海涛完成了第三篇部分公共基础课和专业课教学设计的撰写和整理。另有几十位教师提供了论文、案例和教学设计，在此一并致谢！

本书是职业教育“人字梯型”教学模式的实践成果汇编，是一部分教师的教学探索和尝试，在文稿质量、创新程度、思想高度等方面难免存在不足之处，希望得到专家学者、职教同行、广大教师的批评指正！

2024 年 11 月

前言

目　录 CONTENTS

第一篇　实践案例

第二篇　教研论文

第三篇　教学设计

第一篇

实践案例

导 语

“案例”一词最初用于医学界，在10年前，逐渐被教育界所熟知，成为广大教师的“通用语言”。案例通过一种具有典型性、代表性的情景勾画或事件叙述，反映具有普遍性、规律性的特点，为解决实际问题提供参考。在教育行业，案例已经作为一种教育研究形式，越来越多地与教师教育研究结合为一体，在教师的职业生涯中，扮演着越来越重要的角色。

教育案例并不是一个新鲜事物，案例所反映的教育事实、揭示的教育中的种种问题、列举的种种教育事例，其实一直存在着，只不过没有用“案例”这个名称和所特有的形式来表达而已。一个教育案例，更多的是针对某个“问题或疑难情境”，在一个具有典型性事件的解决中说明、诠释类似事件，并能给读者带来启示和体会。

“人字梯型”教学模式作为云阳职教中心开展教学模式研究与实践的重要成果，它的主旨是因人、为人，方法是搭建阶梯，鼓励学生、推动学生、守护学生一步一步向上攀登；在思政教学上，学生的理想、信念、人生愿景、价值观层级提升；在知识教学上，科学文化知识、专业知识日积月累梯级进步；在技能教学上，新产业、新职业、新工艺、新技术、新方法与日精进。“人字梯型”教学模式有四大基本特征，教学环节的结构特征是“六阶递进”，教学要素的结构特征是“六双并行”，教学价值的取向特征是“目标导向”，教学实践的取向特征是“能力本位”。

“模式”是能够让人照着去做的标准样式，“人字梯型”教学模式作为中职教学理论研究成果，包括基本概念、理论基础、模式建构、模式操作和实施条件，这种理论模式来源于实践，更要运用于实践。如何在中职各学科教学中运用该模式，关键在教师。教师除了对“人字梯型”教学模式所秉持的理念要有深刻认识，还要对“人字梯型”教学模式的模型构建、操作模式熟练掌握。教师在使用“人字梯型”教学模式中，要结合各专业学科特点，灵活变通、创新而为，在遵循模式强调人的核心地位和价值、教学内容的层级递进、教学任务的分层设置等基本理念和操作模式的基础上，又要不完全拘泥于模式，让模式在不同人身上有不同的使用价值，避免附加的、穿戴式的模式。

教师对一种教学模式的运用有一个领会熟练的过程，学生对一种教学方法的接受也有一个适应的过程。教师教授初期可能依葫芦画瓢，形似而神不似，过一段时间可能形神兼备，再过一段时间可能化无形而有神。学生可能会由初期不适应到逐渐适应，然后尝到新模式带来的学习获得感。教师和学生这个变化过程不可太长，太长必然影响模式运用的效果。

如何让教师和学生都快速适应“人字梯型”教学模式呢？这就是一个适合运用案例的方式来解决的问题。收集中职各专业学科中运用“人字梯型”教学模式的典型案例，供教师学习研究，教师能从这些案例中领会运用“人字梯型”教学模式的具体方法，对在教学实践中如何具体处理教学目标、教学内容、教学环节、教学方法、教学评价等方面得到启示和体会。

本篇内容收录了工业机器人操作与编程、会计事务、线上线下混合式教学、教学评价、语文课程单元教学、体育田径运动教学共6篇教学案例，这些案例可以为教师在运用“人字梯型”教学模式时提供参考。

这些案例，记叙了教师在运用“人字梯型”教学模式中的基本情况、主要做法、创新之处、效果及影响。教师撰写案例的过程，也是对自己在运用“人字梯型”教学模式经历的一个记录，能够写成案例的事实，往往是教师在实践工作中化解难题、解决困惑的事实材料。教师通过梳理，会更好地认识到自己灵活运用“人字梯型”教学模式的能力，把注意力集中在一些运用的根本问题上，认识到自己在处理这些问题上所具有的学识以及还有哪些不足之处，对自身行为进行反思，从而提升教学工作的专业化水平。教师工作主要体现为一种个体化劳动过程，平时教师的研讨交流过多停留在言语交谈，避免不了破碎化和片面化，难以系统深入表达，案例写作是以书面形式反映教师的教育教学经历，它可以使其他教师有效地了解案例写作者的思想行为和具体举措，使个人经验成为大家共享的经验。

通过案例，教师知道案例写作者在具体使用“人字梯型”教学模式中想些什么，做些什么，面临的问题又是什么，解决的方法是什么，特别是在教学实践中是如何把“人字梯型”教学模式贯穿于始终的。教师读到案例，联系自己的教学实践，会产生很多思考和受到很多启发，通过教师之间的实践探索和思维碰撞，会让“人字梯型”教学模式很快在教师中得到快速运用，缩短教师运用“人字梯型”教学模式由生疏到熟练的时间过程，缩短学生接受新的教学方法的时间过程。

“人字梯型”教学模式案例的撰写，有利于推进模式的快速有效地运用，促进中职课堂教学的改革，为中职“三教”改革提供更多范式，从而达到提高中职教育质量，提升学生综合素养的目的。

“六阶递进”教学环节在工业机器人操作与编程教学中的运用案例

◎作者：李振华

一、基本情况

“工业机器人操作与编程”按照“工业机器人系统操作员（四级）国家职业标准”“1+X”证书体系中“工业机器人应用编程技能等级标准（初级）”“工业机器人编程与操作课程标准”和技能大赛赛项要求，结合工业机器人码垛工作流程，遵循学生的认知规律与技能迁移特点，校企联合重构“三模块，五项目”的教学内容。本案例利用“人字梯型”教学模式“六阶递进”教学环节，在教学实施过程中按照课前、课中、课后三大教学阶段，以“奠—明—探—强—展—拓”六阶递进开展教学任务，遵循“知行合一，手脑并用”的教学理念，坚持与长城汽车、卓瑞科技等优质企业共同开展实训基地建设、校本教材开发、课程资源建设等专业内涵建设，共同开展校企联合办学，采用“学中做，做中学”的教学手段，推行“一匠二爱三讲”思政主线，同时紧密结合项目任务，将安全操作意识、工匠精神、劳动精神、责任担当等思政元素有机融入，渗透爱国主义教育，培养“德技双馨”的小工匠。

课前通过预习任务收集学生学习数据，掌握学生存在问题，为课中教学及时调整教学策略；课中教学对接生产流程，依据课程标准、大赛标准、证书标准，将岗位工作任务有机融入教学内容，开展教学任务。

二、主要做法

（一）课前预习，自主探究任务

教师通过教学平台上传微课、动画等课程资源，并发布课前任务，学生根据教师发布的任务，在开放实训室探索体验，并上传探究结果。教师通过平台数据所反映的情况掌握学生存在问题，及时调整教学策略。

（二）课中学习，对接生产流程

课中教学对接企业实际生产流程，将教学环节分为教学线与生产线。在教学线中引导学生明确任务要求，探析知识原理，强化技能操作。生产线在教学线的基础上，学生学会调配实训资源，知晓机器人指令功能，领会技能操作要领，两线交叉融合，并轨进行，有效达成教学目标，最终使学生实现理论与技能的交融，提升学生职业素养与专业能力。

1．明任务：明确任务，调配资源

教师通过创设情境，带领学生分析项目，理清思路。在任务一“汽车零部件码垛工艺分析”的学习中，教师通过引入“汽车机器人总装产线”的视频，解析汽车制造生产线流程，并以零部件码垛机器人工作站为任务背景，引导学生明确机器人运动轨迹规划在实际生产中的重要性，能应用实训现有资源完成机器人运动轨迹的规划。

2．探原理：探析原理，知晓功能

在明确任务的基础上，教师运用任务驱动、示范讲解、仿真练习等方法，借助学习通平台、微课、投屏等多种信息技术帮助学生开展新知学习和操作演练。

在任务三“汽车零部件码垛坐标系设定”中，学习“工件坐标系标定方法”时，为了让学生理解“右手法则”的应用这一教学难点，教师先让技能大赛选手在平面平台上进行标定示范，并随即让学生在仿真软件中练习，探究工件坐标系设定的原理；接下来，教师进入工位，示范斜面平台的标定，并要求学生进入工作站跟同教师练习，并借助投屏，让每位学生清晰地看到操作细节，帮助学生知晓“右手法则”在坐标系设定中的功能；然后教师播放企业教师对工件坐标系设定的讲解视频，并布置课堂练习任务。平面到斜面的任务提升，是让学生强化技能操作，挑战自我，在贯彻“做中学，学中做”的同时，帮助学生突破难点。

3．强练习：强化练习，领会要领

强化练习过程中，针对学生演练操作过程中的困惑、问题进行点拨指导，是帮助学生提高技能操作水平的必要步骤。在任务四“汽车零部件码垛运动指令编写与操作”中，学生需要学习运动指令的参数设置，但是学生对于指令中机器人速度、转弯半径参数并没有实际概念，所以教师设计了“运动速度”游戏帮助学生对比观察运动速度的影响，利用机器人运动视频、flash 动画展示转弯区的含义，帮助学生直观了解参数的含义，有效提升学生的课堂融入度；然后通过教师精讲示范，对运动指令参数设置进行讲解、操作演示，帮助学生领会运动指令参数设置的要领，进一步巩固新知；然后学生分小组、分角色进行任务验证，教师巡视学生验证过程，并进行指导。这样一步步将理论知识与实际操作结合印证，帮助学生克服理论学习的困惑，真正将知识与技能内化于心。

4．展成果：展示成果，达成目标

在教学实施过程中，在数据全程采集的基础上从职业素养、专业能力、学习能力等八个项目进行自评、组评，并邀请企业教师进行在线评价，最后教师进行总结评价，评价内容覆盖教学全程。

（三）课后拓展，迁移知识能力

课后，学生完成巩固作业和预习作业，学有余力的学生还可完成拓展作业。巩固作业分为知识测试题、课堂任务的继续练习等类型，并且开放实训室，让学生进行巩固练习，使技能操作更为熟练；拓展作业以自主探究、机器人不同类型工作任务为主要内容；预习作业，则是对后续任务的知识储备，是让学生对后续任务进行初步知识储备和探索，提高自我管理能力。

三、创新之处

依据机器人企业实际生产全过程，将生产融入“六阶递进”教学环节中，与企业合作编写活页式教材，以教学线与生产线，两线同步进行教学活动。教师充分利用教学资源，将“一匠二爱三讲”贯穿课程全程，引导学生树立正确的理想信念和爱国情怀，把“明匠心、学匠艺、做匠人”的工匠精神具化为若干思政点，融入指令应用、程序编写、码垛调试等技能点，让学生在任务实施中全面提升，有效达成了“讲安全、讲质量、讲责任”的职业素养培养目标。通过角色扮演、小组合作、师带徒等方式，有效融入团队协作精神和岗位责任意识，推动学生职业能力的层级进阶和职业素养的整体提升。以不同类型的机器人工作站开展实训教学，企业教师全程参与学生的指导与评价，学生在完成教学内容后能编写不同垛型的机器人自动*化程序，实现机器人自动码垛，真正将知识与技能相统一。

四、效果及影响

“六阶递进”，学生综合能力显著提升。课堂采用“六阶递进”实施教学，教学内容循序渐进，层级进阶将专业知识融会贯通，在案例中通过重构知识点，学生的及格率是 100%，优秀率是 92.8%，其中总结机器人运动轨迹规划方法、六点法的具体步骤等知识点达到了 100% 的优秀率，但是 For 循环判断指令、变量与赋值指令的优秀率在 90% 以下，还有上升空间。

百炼成钢，岗位技能大幅提升。在本案例技能点中，根据课中实训情况、学生实操视频展示与课后拓展作业三个方面的反馈中可以看出，及格率达到了 100%，优秀率是 92.9%，整体上来看，教学效果良好，学生技能有了大幅提高。

精益求精，职业素养显著提高。通过数据统计，发现学生在课前与课后的自主训练与学习次数明显提高，学习兴趣浓厚，也更加注重提升了在课中的实训教学中的工作效率与职业素质。

【点　评】

本案例围绕“人字梯型”教学模式“六阶递进”教学环节设计与实施教学，是一个运用“人字梯型”教学模式较成功的教学案例。案例在“工业机器人操作与编程”教学设计与实施中，结合“岗课赛证”的相关要求，在课前预习、课中学习、课后拓展三大阶段中，按照“奠—明—探—强—展—拓”六阶递进，教学环节步步为营，教学内容循序渐进，是对“人字梯型”教学模式“教学准备、任务发布、分组进阶、集中展示、集中评价、拓展延伸”教学“六阶”环节的内化与升华，是在理解“人字梯型”教学模式的理论内核后，结合专业特色和具体教学内容对“六阶递进”教学环节的创新性运用。

本案例在“人字梯型”教学模式框架下，有三个突出特点：一是教学流程清楚，遵循认知规律，清晰呈现了学生“知识由浅到深，技能由低到高”认知和实践过程；二是落实课程思政要求，将安全操作意识、工匠精神、劳动精神、责任担当等思政元素有机融入，渗透爱国主义教育，注重“德技双馨”的培养；三是注重实践教学，利用学校与企业合编活页式教材，将机器人企业实际生产融入“六阶递进”教学环节中，教学线与生产线融合教学，通过角色扮演、小组合作、师带徒等方式，让学生得到全面的培养。本案例在任务设置中，建议可以适当分层设置任务目标，满足不同层次学生的学习需求。

“人字梯型”教学模式在会计事务专业课程教学中的应用案例

◎作者：郑秋方

一、基本情况

在时代的发展中，随着社会主义市场经济体制的不断完善，会计事务专业传统的教学模式不再适应新的学情，新形势下会计从业人员不但要有扎实的业务知识、全新的理财观念、良好的职业道德以及精准的职业判断，同时需要对接行业的新技术、新工艺、新政策。

会计事务专业在专业课程的教学中，根据“人字梯型”模式，科学制定人才培养方案，合理重构教学内容，创新设计教学环节，充分挖掘思政元素，突出岗课赛证要求，完成人才培养的目标要求。

本案例以会计专业“会计基础”课程教学为例，在课程教学中应用“人字梯型”教学模式，以知识、能力、素养三维目标的达成为主要切入点，充分解剖教学内容，结合学情分析的结果合理确定重难点，选择合适的教学方法，利用各种教学资源，达成课堂教学目标。

二、主要做法

（一）突出岗课赛证要求，科学重构教学内容

依据国家教学标准、人才培养方案、课程标准、岗位需求和学情分析结果，制定三维教学目标。从岗位核心需求、学生课前预习情况、往届学生反馈、易错和不易迁移的知识点四个方向开展调研，有目的、有计划、有针对性地解读调研结果，谨慎推敲，科学制定三维目标，合理确定教学重难点，科学重构教学内容，合理设计工作任务。

（二）坚持立足学生本位，科学践行教学模式

在“学生本位、德能并举”理念的指引下，“平台、工具、资源”的支撑下，以“人字梯型”教学模式为主要理论支撑点，同时结合行业新规范、技能大赛、职业等级证书要求对教学内容进行了补充、拓展，突出了岗课赛证的新要求。在运用“人字梯型”教学模式中，打破了传统理论教学的藩篱，极大提高了学生课堂的参与度，丰富了学生的知识内容，有效实现了师生互动、生生互动，真正凸显了学生的主体地位，具备可执行性、可推广性。

教学实施过程按照课前、课中、课后三个环节进行。

（1）预——预习新知，初识任务。教师通过平台发布预习任务，学生开展预习。学生通过翻阅教材、自行查找网络资源、观看微课视频、排练案例剧等方式，对新知进行了解。教师采用问卷调查、课前测试等方法检验学生预习效果，结合教学目标和学情分析，将本课知识分为基础、重点、难点三个层次，分别制定和调整教学策略。

（2）导——导入情境，明确任务。以业财一体化教学实践基地会计岗位为情境，以完成真实经济业务的账务处理为任务，教师通过下发业财一体化教学实践基地原料采购、支付运费等经济业务的原始凭证，明确本课任务，围绕任务展开教学。

（3）拨——案例点拨，夯实基础。将各个环节的典型案例通过案例剧、会计故事会、微课视频等方式呈现，在互动过程中检测学生对新知的掌握情况，随后点拨学生理清思路，夯实基础知识的学习。

（4）助——多元互助，解决重点。通过教师演示、小组合作、企业老师入场指导、先进生与后进生师徒结对、师徒互评等方式实现多主体有效互助，依托于平台，使用图片、微课、视频等资源助学，应用原始凭证、关键词条等自制实物助学，采用游戏、练习等活动助学，解决重点内容的学习。

（5）引——方法引领，突破难点。结合难点内容与专业特性，通过"一梳理二拟人三口诀""先提后理再计算"两个系统方法，帮助学生突破"难点会计科目性质及核算内容"和"成本费用的计算、分配与结转"两大类难点。

（6）融——课岗融通，实践新知。通过对业财一体化教学实践基地会计资料的填制、审核、保管，实现课程与岗位核心能力的融会贯通。通过建立原始凭证与会计科目的联系—编制会计分录—梳理实训要点—填制记账凭证、登记账簿—审核总结—专人保管会计资料，提升了学生的实践和知识迁移能力。在实训过程渗透职业素养和工作作风教育，提升学生综合素质。

（7）评——评价反思，总结提炼。通过立体评价让学生积极反思，促进学生全面发展。以学生、教师、企业为主体多元评；游戏检测、工作学习手册、专题作业、观察评价等方式多样评；从学习态度、知识技能、作品质量、学习效率、协作精神、素养达成等维度多维评。课程最后，教师进行总结，回顾本节课的知识点，引导学生提炼关键词、绘制思维导图，加深对知识的掌握。

（8）拓——课后拓展，分层提高。通过综合素质评价档案及学生课堂测试结果、反馈等情况，教师合理地布置分层作业，完成劳动教育、职业启蒙教育、业财一体化教学实践基地岗位体验等拓展任务，对本节课的知识进行巩固提升，实现知识应用和迁移。同时发布预习作业和调查问卷，做好下次任务的知识储备和学习。

（三）持续推动全面发展，立体设计教学评价

结合教学目标，围绕任务的推进，对课前、课中、课后三个环节贯穿式开展以学生、教师、企业教师为主体的多元多维评价，结合 UMU 平台、班级优化大师、实训平台立体化评价方式，做到有感知和无感知、单次课程和学期、主观和客观的结合，收集数据综合评价，关注学生评价结果，针对共性与个性问题，因材施教，及时调整教学策略，进一步提高学生会计工作规范和综合素养。

（四）贯彻落实知行合一，课程思政润物无声

坚持“知行合一，润物无声”课程思政理念，以“爱岗敬业、诚实守信、客观公正、提高技能、廉洁自律、坚持准则、参与管理、强化服务”会计职业素养为主线，以工作作风、劳动教育、工匠精神、爱国主义情怀为辅线，同时突出具有会计人员特点的“诚信”教育，打造“立诚立信，德技同行”思政模式。

三、创新之处

（一）人才培养实现多方发力的格局

“人字梯型”教学模式下制定的人才培养方案将专业与行业、企业、高校进行深度合作，结合中职生学习层次，贴合专业发展趋势，在传统财务会计的基础之上，实现行业、企业、高校和本校协同育人，同向同行。

（二）塑造会计理论课程的全新形象

科学重组的教学内容，突出了四个对接：课程对接岗位、知识对接技能、内容对接业态、中职对接高职。通过贴切的案例、趣味的活动，生动的视频，激发起学生的兴趣，实现了由纯理论课程到理实一体化教学的转变。新教学模式既具有完整性、系统性、规范性，又具有适用性、导向性。

（三）课程思政内容紧随时代的要求

深入挖掘会计事务专业课程和教学方式中蕴含的思想政治教育资源，从思政的元素、场域、方法等方面促进思政教育与专业课程教学的有机融合。持续引导学生关注会计行业的新政策、新规定、新业态，培养学生遵纪守法、爱岗敬业、严谨细致、提高技能的职业素养。

四、效果及影响

（一）人才培养固本清源，提升学生素养

通过对“人字梯型”教学模式的实践应用，强化思政教育，在人才培养模式改革、课程建设、校企共育等方面取得长足进展。在开展思政的过程上要突出会计人员诚信教育，努力培养思想素质过硬，职业操守可靠的从业人员。

（二）改革措施形成机制，提升教学质量

通过深化课堂改革，不断提高师资队伍的教学理念和教学水平，不断提升学生的专业技能水平，进一步提升教学质量，形成可持续的方法和机制。

（三）以点带面建设课程，促进专业发展

通过改革，专业核心课程建设质量有较大提高，在课程内容更新、教学方法改革等方面取得明显成效，直接带动专业课程建设水平和人才培养质量的提升，教学内容更加符合专业发展需求，教学资源信息化水平持续提升。

【点 评】

本案例结合会计专业课程教学特点，活用“人字梯型”教学模式，立足学生本位，结合行业新规范、技能大赛、职业等级证书要求，以知识、能力、素养三维目标的达成为主要切入点，贯彻了“人字梯型”教学模式为区域社会经济发展培养全面发展的“职业社会人”这一最终目标。在案例中，通过解剖重构教学内容，丰富了学生的知识内容，提高了学生课堂参与度，在师生互动、生生互动中发挥学生主体地位，遵循“人字梯型”教学模式“六阶递进”教学环节的课前、课中、课后三步基本架构，以“预、导、拨、助、引、融、评、拓”实现教学流程的闭环。

本案例在“人字梯型”教学模式基本实施步骤中，有三个突出特点。一是对内容的重构，“人字梯型”教学模式是“以人为本”“以梯为质”，认为教学应该依据“人”（教师和学生）进行“梯”（环节、要素、目标、价值）的重构，从而达到适合中职教育特点和学校文化育人的目的。因职业教育内容开发与使用具有时间差，课程内容开发出来后，现实相应的内容可能已经进行了迭代，这就需要中职教师能根据实际情况对教学内容进行增删重构，更好地适应现实对技能技术人才的需求。本案例较好地做到了这点。二是对“六双”的关注，“人字梯型”教学模式重点要关注教师与学生、品德素养与知识技能、教材与资源、课程标准与职业标准、理论学习与技能训练、线上与线下，本案例突出了课程对接岗位、知识对接技能、内容对接业态、中职对接高职，然后很好地融入课程思政，注重“德技双修”，这是对“人字梯型”教学模式“六双”的创新性运用，值得肯定。三是评价的多样化和作业的分层设计，本案例在设计教学评价中，有不同教学环节的评价，有不同对象的评价和不同平台的评价，方式多样，可以起到以评促教、以评促学的作用。在课后拓展作业设计中，根据学生情况，合理布置分层作业，可以调动不同层次学生的学习积极性。本案例如果在教学目标的制定上，照顾不同基础的学生，进行分层设定，在教学中让学生自主选择任务目标，鼓励学生一层一层地完成，梯步推进，更能体现“人字梯型”教学模式目标设置理念。

线上线下混合式教学模式改革案例

◎作者：黄建

一、基本情况

近几年，现代信息技术的快速发展和渗透对人类的思想观念、思维方式和生活方式产生了重大而深远的影响。在教育领域，现代信息技术正以惊人的速度改变着我们的教学方式和学习方式，随着“互联网+”理念的兴起，传统的教学模式显得力不从心，教育信息化已经成为适应行业需求和学生需求的根本手段。互联网与教学的融合，产生出在线精品课、MOOC等网络课程，使得在线学习简单易行，混合式教学模式遍及全国各地，一场教学模式的革命正在进行。

（一）学校各专业技能课教学存在的问题

中等职业学校虽有大量先进的教学设备，但是在现有的授课模式下，很多教师无法兼顾教学和操作演示，通常是教师在实训室操作，学生“围观”的模式，学生的操作无法在现场被点评，理论教学与实践教学脱离。不能优化实训设备使用，缺乏现代化的教学管理条件。

（二）借双优校建设契机不断地探索教学模式改革

云阳职业教育中心自从创建重庆市“双优”学校以来，专门成立了教学模式改革领导小组，组织各专业教研组教师集体讨论专业技能课程教学模式的改革。2021 年云阳职业教育中心提出并实施“线上线下”混合教学模式，在原有的“混合式理实一体化”教学模式基础上，进行修改、补充、完善和提升，制定了云阳职教中心线上线下混合教学模式实施方案，并开始在部分专业中实施。

二、主要做法

（一）专业数字化改造

利用“信息技术+”发展数字经济催生的新兴专业，发展装备制造、电子信息、财经商贸等行业相关的数字经济催生的新兴专业 6 个，将信息化全面融入专业，优化人才培养模式、课程体系、课程内容，改善教学环境。深入市场调研，依据《职业院校数字校园建设规范》和《重庆市智慧教育五年工作方案》，结合学校实际和“课堂革命”相关要求，制定校园信息化整体设计方案，并实施校园信息化建设工作。完善常态化、信息化教学支持环境，教学环境信息化覆盖率 100%。建设一体化综合服务平台，更新完善虚拟仿真实训室 4 间，建成录播教室 4 间，智慧化教室 2 间。完成校园信息化基础设施升级。在新的数字化的实训基地里可以进行“互联网+实训”教学，打破理论课、实验课和实训课的界限，将某门课程的理论教学、实践教学、生产、技术服务融于一体。

（二）加强师资培训，提升教师信息技术应用和开发能力

云阳职业教育中心积极组织教师参加培训，邀请专家团队进行培训，邀请云阳移动公司、钉钉、希沃和超星专家进校培训，针对软件和硬件操作，资源的获取、演示文稿的制作等方面系统化培训，全面提升教师的信息技术应用能力，“课堂用、经常用、普遍用”的信息化教学新常态已基本形成。

（三）建设课程资源

云阳职业教育中心成立专门的工作小组，建立信息技术骨干教师队伍，全面落实教学资源库建设工作，采取多项保障措施，积极促进各专业、各专业组开展教学资源库建设，通过资源建设、在线精品课程等途径建立学校的教育教学资源库、素材库、课件库、教案库。近两年围绕课程标准完善了 6 个课程教学资源，建设了 3 门在线精品课程，认定了 1 门市级在线精品课程，建成优质课程资源研发基地学校。为师生提供优质教学资源，有效促进了各专业教学模式和教学方法改革全面。

（四）建立“线上+线下”课堂学习场运行模式

结合云阳职业教育中心的实际情况，确定各专业技能课程“线上+线下”课堂学习场运行模式。该模式包括以下五个方面：线上观摩体会—线下训练—纠错改正—课堂展示—课后线上小结（见图 1-1）。

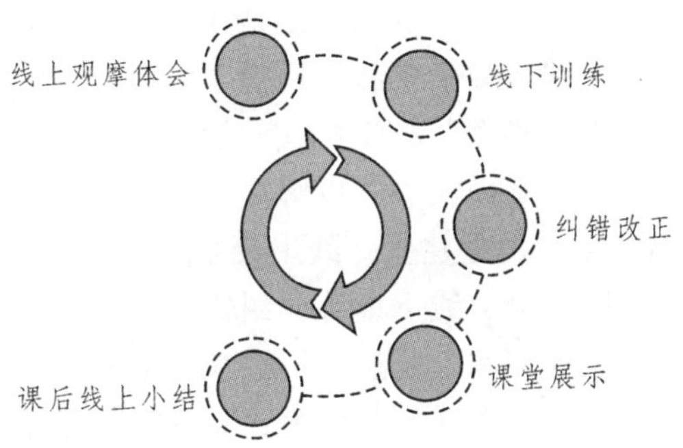

图 1-1 “线上+线下”课堂学习场运行模式

（五）建立教学评价体系

对标各专业人才培养标准，从综合评价、增值评价 2 个方面，学生自评、小组互评、系统智评和教师综评 4 个维度，突出学生、教师、企业 3 方评价主体，构建“两方四维三主体”课程考评体系。

综合评价占总成绩 75%，考查学生基础性学习成效，包括线上成绩 50%（视频任务、学习讨论、单元测试、学习活跃度等）；线下成绩 50%（课堂测试、作业报告、任务参与度、

期末考试等）；增值评价占总成绩 25%，考查学生发展性学习成效，包括创新技术学习应用、生产现场组织管理、多方协同组织能力及岗位责任担当意识等综合素养。

三、创新之处

建立了“线上+线下”课堂学习场运行模式，线上可以利用网络在线大数据和学校教学资源库来让课堂教学变得有效和有弹性，线下也可以发挥传统课堂师生面对面教学的优势。

构建了“两方四维三主体”课程考评体系，多维度、多主体结合多个评价指标将评价考核贯穿整个教学活动中，实现考核全面化、信息化。

四、效果及影响

实施线上线下混合教学后，有效地提高课堂效率和教学效果，提升教学质量，且由于资源类型多样，内容丰富表现直观，课程深受学生喜欢。学生学习兴趣明显提高，线上教学资源学习率 100%，线下学习参与率高，相对传统教学学生互动率提升 21%，教学效率提升 27%，学生学习效果提升明显，职业等级证书获取率较传统教学模式明显升高。实施教学模式改革后，与同类课程相比优势明显，具有推广价值。

【点　评】

本案例利用“信息技术+”，探索线上线下混合式教学模式，将信息化全面融入专业，优化人才培养模式、课程体系、课程内容，改善教学环境。本案例在构建线上线下混合式教学模式中，形成五步实践法：一是进行专业数字化改造，将信息化全面融入专业；二是提升教师数字化专业能力；三是建立数字化课程资源；四是建立线上线下运行模式；五是建立线上线下教学评价体系。这五步线上线下教学实践法是对“人字梯型”教学模式“六双并行”教学方式的深化，是灵活运用“人字梯型”教学模式的创新做法。

本案例在运用“人字梯型”教学模式中，以解决学校理论教学与实践教学相脱离的现实为出发点，表现出两大突出特点：一是建立“线上+线下”课堂学习场运行模式，这种学习场运行模式的流程分为线上观摩体会、线下训练、纠错改正、课堂展示、课后线上小结五个步骤，遵循了“人字梯型”教学模式“六阶递进”教学环节的步步衔接、步步提升的基本规律，是“六阶递进”教学环节结合线上线下教学模式和数字化专业内容的创新运用；二是构建“两方四维三主体”评价体系，评价是检验教学效果的必要手段，“两方四维三主体”评价体系比较客观、全面地考虑到了影响线上线下教学效果的因素，以及尽可能地体现学生的学习发展状况。本案例的不足之处在于没有明确“线上”与“线下”的主辅地位，虽然在评价分值中有所体现，但不够。作为一种线上线下混合学习方式，“线上线下”是“人字梯型”教学模式“六双并行”教学方式之一，因学校教学主要是课堂教学，是面对面教学，因此线下教学占主要部分，线上教学是辅助线下教学的，起到补充作用，在案例中应该体现出这一点。

“人字梯型”教学模式下的教学评价改革案例

——以中职英语基础模块一 Unit 6 Reading and Writing 为例

◎作者：杨文静

一、基本情况

教学评价是英语教学活动不可或缺的一个组成部分，对教与学起着极为重要的导向、激励、调控作用。新课标指出英语课程的评价体系要体现评价主体的多元化和评价形式的多样化，采用形成性评价与终结性评价相结合的方式。然而在“应试化”的教育实际中，大多数教师往往看重的是考试这种终结性评价，评价的焦点集中在“纸笔测试”的分数上。即使少数教师在新课标的影响下注重学生主体的形成性评价，但是在从理念到实践的转化过程当中也可能出现评价标准模糊、评价主体失真、评价目标泛化等问题。在以往的备课中，笔者在英语的语言知识上花费很多时间，对课堂教学评价的思考很少。云阳职业教育中心提出的“人字梯型”教学模式要求教师对教学评价进行备课，在备课中，对每节课的教学评价进行思考，查阅资料，不断探索。学生是多元智能的独立个体，教师对学生既要评价知识、技能等认知领域，又要评价态度、习惯等情感领域。在教学实践过程中，运用表现性评价、真实性评价、自我评价和小组合作评价等多种评价方式，开展教学主体评价，取得了不错的教学效果。

二、主要做法

本案例是中职基础模块一第六单元“Reading and Writing”的一篇课文，前面的“Warming up”和“Listening and Speaking”已经对饮食话题做了铺垫，本篇文章在本单元起着承上启下以及综合运用的作用，旨在让学生了解中国饮食的同时，也了解中西饮食的差异，拓宽学生的视野，培养学生的辩证思维。本节课首先按小组布置预习任务，每个小组在准备好的卡纸上用完整的句子写出一种中国食物及其象征性意义，在预习中既熟悉了关于食物象征的表达，又培养学生的合作意识。然后课件展示一些食物的图片（其中包括文章中出现的几种食物），让学生猜测这些食物的象征意义，充分调动学生的积极性。接着让学生找出文章中出现的食物，并完成食物与象征意义的思维导图，帮助学生理解文章重点内容和逻辑结构。最后在思维导图的帮助下，学生能够清晰地表达出不同国家食物的象征意义，使学生能够有效地输出所学内容。课后让学生比较中国和其他国家食物的共性和差异，进一步培养学生的辩证思维能力。在这一课的教学中，根据教学目标以及教学步骤，在教学过程中对学生及时进行评价，具体做法如下。

（一）教学前评价

本节课教学前的教学任务是要求学生以小组为单位写出一种中国食物以及它的象征意义，要求学生在写句子的时候用到 symbolize，represent，stand for 等词语。

教学评价如下：

1. 通过完成课前任务，我认识了代表象征的单词，________________。
2. 通过完成课前任务，我理解了句子________________________。
3. 通过完成课前任务，我还不能理解的是________________________。

教学前评价主要采取学生自评形式，让学生自己清楚自己的学习状况，带着问题进入本课学习。

（二）教学中评价

英语新课程标准要求在教学中要注重培养学生的思维能力，所以在通过猜测西方国家食物意义的导入后，笔者给出了以下学习任务：

1. Discuss in pairs and give a title to the text. After that they vote for the best title.

2. Read the text carefully and catch the four foods mentioned in the text, and find out why people eat them and what they symbolize.

3. Complete the mind map in Activity Two.

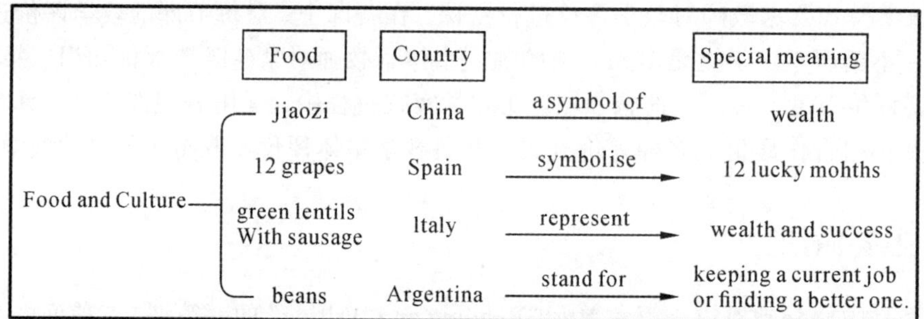

With the help of mind map , ss can retell the food and culture in these four countries.

完成这些任务后，学生根据自己的实际情况完成自评表。

学生自评表：

Level	Yes	No
Understand the text	□	□
Draw the mind map	□	□
Retell the text	□	□

根据学习过程中的自评表中学生的自评情况，可以给学生布置不同层次的课后作业，自评表中只有一个 Yes 的同学，加强对本课单词和句型的练习。达到两个 Yes 的同学，思考在不同的文化背景下，不同国家食物与象征意义的差异与共性，然后以视频的形式呈现。

（三）教学后评价

小组互评（以五分制计分，由小组成员互评）。

姓名	
小组合作工作量	
提供信息量	
组内活动参与度	
组内活动创意	
参与活动进步情况	

在整节课结束的时候，让小组成员互相评价。学生是否具有主观能动性地参与到教学任务中来，这也是一项非常重要的评价指标。对于表现得好的同学，要及时给予肯定与鼓励，对于表现欠佳的同学，及时谈话了解情况，让他更多地参与到学习之中。

三、创新之处

学生是独立的个体，要让学生真正地成为英语课堂的主人，笔者本着在英语课堂中切实体现“以学生为本，以学生的发展为本”的教育理念，在“人字梯型”教育模式的指导下，在不断的教学实践摸索下，对课堂教学过程中的教学评价，有了一定的思考与感悟。本案例中的创新之处在于，教学评价并不只是一学期结束后的一张试卷，而是将评价贯穿于整节课的始终；教学评价不只是对学生掌握语言知识的评价，而是对学生的团队合作精神、思维能力、文化素养等多元多维度的评价；教学评价不只是老师口头上的一句“Good! Great!”等泛化评价，而是具体对每个能力的评价。英语教学效果很大程度上取决于学生的主观能动性和参与性，这堂课学生的参与度是全面的，通过每个阶段的评价对自己的学习掌握度也是清晰的。在其他的英语教学中，也可以将这种评价运用到课堂教学中。

四、效果及影响

新课标聚焦课程育人价值，围绕四个核心素养，重构“教”“学”“评”关系，以评价目标引导课程教学的设计与实施。在应试教学中，“评”是核心，学生和教师都处于被动地位。“评”在促“学”的同时，它也促“教”，促进教师改进教学手段。本案例实现以评促学，以评促教，注重教学过程形成性评价，赋予评价内容、评价方式与评价主体等多元化特征。着力培养学生的语言能力、文化意识、思维品质、学习能力，发挥课程育人的价值，实现立德树人的根本任务。

【点　评】

《国家职业教育改革实施方案》要求“建立科学的多元主体考评机制”，教学评价是通过判断教育实施过程和教学目的之间的联系，以及教学活动是否合理实现了预设的教学任务。

“人字梯型”教学模式考核评价的目的不是甄选和鉴别，而是通过评价的方式鼓励与实现可持续发展，在评价的过程中更加注重考虑职业教育人才能力特征，突出能力本位，同时通过纳入多元主体参与、丰富灵活的评价手段，通过多方评价结果的内在一致性反映评价结果的效度和信度，凸显决策依据的科学性。

本案例在遵循“人字梯型”教学模式的评价体系中，有四个方面的突出特点：一是较好地回答了“人字梯型”教学模式评价体系注重解决的评价主体、评价内容、评价方式的问题，回答了谁来评、评什么、怎么评的问题；二是注重过程性评价，把评价作为备课要求，评价贯穿于教学前、教学中、教学后，重构“教”“学”“评”关系，以评价目标引导课程教学的设计与实施；三是发挥学生评价的主体作用，采用学生自评、小组互评的形式，调动学生的主观能动性，体现“以学生为本，以学生的发展为本”的教育理念；四是在分层作业基础上具体对每个能力的评价，避免评价的泛化。本案例在“人字梯型”教学模式教学评价改革实施中，建议在初期阶段，要加强对学生自评、互评的指导，培养学生的评价能力，让评价促进学生进步、鼓励学生上进。

“人字梯型”教学模式下的语文课程单元整合案例

◎作者：李敏瑜

一、基本情况

《中等职业学校语文课程标准（2020年版）》指出，传承中华民族优秀文化，吸收人类进步文化，提高学生的人文素养，增强语文核心素养能力是语文课程的重要任务。

“诗言志，歌咏言”。诗歌具有抒情性、音乐性、语言高度凝练并富于形象性等特征，本案例结合旅游专业优秀表达、高雅审美的专业要求，围绕家国情怀，完成诗歌单元整合，采用“人字梯型”教学模式，采取课前、课中、课后三段设计八个教学环节，培养学生阅读欣赏、口语表达等语言运用能力，对提升学科核心素养具有重要作用，培养学生爱国、爱党、爱生活，热爱中国传统文化的思想感情。

二、主要做法

（一）教学设计

1．教学内容

本单元整体教学设计总计12课时，从语文学科特点出发，以主题内容为划分标准进行教学设计，通过分课时的教学目标达成单元总目标，在语言文字的品读过程中促进学生“语言运用能力”这一语文学科核心素养的提升。

《沁园春·长沙》一扫旧诗词里那种肃杀、感伤的“悲秋”情调，以极富表现力的语言描写生机盎然的湘江秋景，抒发诗人以天下为己任、开创未来新天地的豪情壮志；《我爱你，中国》大气磅礴，酣畅淋漓，唱出了海外游子对祖国的挚爱深情；《爱情诗二首》中有伟岸的橡树、红硕的木棉、奔腾的急流，内涵丰富的形象洋溢着诗人强烈的感情；《红船，从南湖启航》《我爱这土地》有着特殊的抗战背景，是极具影响、脍炙人口的爱党经典之作；《天路》唱出了各族人民对青藏铁路的渴望，表达了他们对现代美好生活的向往；《再别康桥》描写了康桥的美景，抒发了诗人深深的眷恋之情。在口语交际教学方面，加强听与说的训练，明确和掌握听、说的基本要求，提高口语交际的接受能力和表达。

表1-1 教学内容

主题	题目	课时	板块	设计目标	总目标
爱国诗歌	沁园春·长沙	2	阅读与欣赏	将爱国主义精神牢扎心中，对文本中意象与意境的把握，提高学生的想象力及表达力	学习中华优秀传统文化，提升语言运用能力
	我爱你，中国	1	阅读与欣赏		

续表

主题	题目	课时	板块	设计目标	总目标
爱党诗篇	红船，从南湖启航	2	阅读与欣赏	感知写作背景，理解饱含诗人感情的具体形象，体悟爱党忠诚的真挚信仰	
	我爱这土地	2	阅读与欣赏		
爱生活诗歌	天路	1	阅读与欣赏	品味生活化场景中的意象，感受作品饱含的情感与力量	
	再别康桥	2	阅读与欣赏		
交流与表达	听话与说话	2	口语交际	从案例中感悟、理解和掌握听与说的基本原则，提升口语交际能力	

2．学情分析

教学对象为2020级旅游高考班的学生，共30人，其中男生18人，女生12人。学生文化基础较差，学习能力参差不齐；大部分学生受词汇量的限制，都存在一定的阅读障碍；同时，由于高考班未开设历史课程，学生对理解有时代背景的作品存在困难，主要体现在对作者的语言表达方式、文章创作的时代背景等方面的理解不全面。另一方面，学生的普通话口语表达存在发音不标准、吐字不清的问题。整体来看，部分学生容易出现自卑、厌学等情绪，学习处于相对的被动状态。

3．教材处理

根据语文课程任务，结合学生实际情况，在沿用现行教材的基础上，不以教材先后顺序为实际教学顺序，而是将同一主题的内容组合起来，调整教学顺序，突出教学重点，帮助学生理解中心思想。

（1）阅读与欣赏方面，按照不同的主题进行如下设计："爱国诗歌"，将《沁园春·长沙》《我爱你，中国》有机组合，引导学生感受作品中强烈的爱国情怀，将爱国主义精神牢扎心中；"爱党诗歌"，将《红船，从南湖启航》与《我爱这土地》有机组合起来，引导学生搜集背景资料，分析情感形象，体悟忠诚爱党的坚贞信仰；"爱生活诗歌"，将《天路》与《再别康桥》有机组合起来，引导学生从生活化的场景中品味意象，感受其中饱含的情感与力量。虽各有侧重点，但总体目标是一致的，在教学设计中，将欣赏阅读、领会主题及体会情感贯穿于全过程。

（2）在口语交际环节，将听与说有机融合起来，立足生活化场景，坚持以练为主、以讲为辅、以讲促练、以练促学的原则，引导学生从案例中感悟、理解和掌握听与说的基本原则，并在情景模拟实训中，学会抓住要点、文明得体、条理清晰地开展口语交际活动。

（二）教学实施

教学过程紧扣课前、课中、课后三个环节，引导学生发现问题—探寻方法—解决问题，教学活动以学生为主体，利用多媒体、信息化教学资源组织教学活动，采用讲授法、情境教学法和小组讨论法等创新教学方式，设计层层递进的教学环节，确定分层目标，实现能力递进（诵读能力—欣赏能力—创造能力）。具体如图1-2所示。

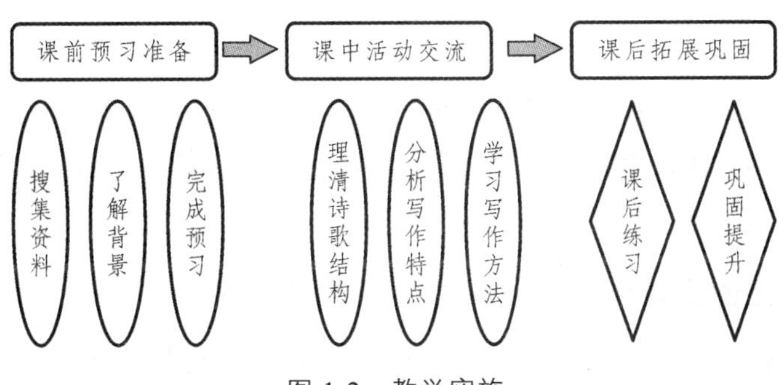

图 1-2　教学实施

1．课前预习准备

（1）教师发布预习任务，学生登录云班课学习平台查看预习任务，按要求提前做好准备，如搜集诗歌的写作背景、相关人物资料，排练情景剧等。

（2）教师将班级分成 5 个学习小组，以小组为单位，推进学生的预习，对学生预习情况及时反馈，不断改善提高，初步完成对学习篇目的感知，对口语交际内容的把控。

2．课中活动交流

（1）阅读与欣赏，提升鉴赏水平。教师给出情境任务，学生根据要求，深入挖掘文本，理清结构，分析写作特点，领会主题思想。例如，教学《我爱这土地》时让大家对圈画的感情形象作解读，提出问题：“诗人为何用鸟的形象告白？”学生在探究这个问题的过程中，通过对比爱情诗歌中的“杜鹃”“鹧鸪”等形象进行比较阅读，引导学生生成“位卑未敢忘忧国”“清澈的爱只为中国”的情感。通过这个环节，着力培养学生探究问题的能力。

（2）表达与交流，将听与说有机融合。在课前让学生分享生活案例的基础上，创设模拟情景、师生互动、生生互答等多个环节，以破解“听不懂”“说不明白”为解析基础，引导学生进行现场互动，通过说话与听话的训练，突破口语交际难点。结合时代背景分析现代人的社交恐惧心理，强化思政教育，鼓励当代青年敢说敢想敢做；培养学生热爱祖国语言文字的思想感情，在生活中体会口语交际的魅力。

3．课后拓展巩固

课后，学生完成对所学内容的整理与复习，根据教师的建议对本组作品进行完善，并上传至学习平台，由教师对各组活动情况进行综合评价。最后，各组作品交班级保管、存档、展示。

三、创新之处

（一）利用网络平台，实现“互联网+”教育

借助“钉钉”“云班课”等网络平台，打通教师布置任务、学生上交作品、教师批改点评等各个环节，实现“互联网+”教育。

（二）构建“三全育人”体系，深化“课程思政”建设

根据人才培养方案、课程标准以及语文学科要求，围绕立德树人的根本任务，构建“三全育人”体系，深化“课程思政”建设，引导学生树立正确的人生观、价值观，建立健全的人格，形成正确的职业观和职业素养。

（三）发挥学生的主体作用，让学生当课堂的主角

在诗歌篇章的教学中，让学生自由发表见解，引进小组竞争机制，激发学生的学习热情；在口语交际课程的教学中，让学生以小组为单位进行情景演绎，加强了学生的活动和体验，使学生在主动思考探索与合作交流的学习过程中真正理解和掌握知识与方法。

（四）创新教学手段，调动学习积极性

借助“希沃白板”“抽问小程序”等工具，创新教学手段，用丰富的图片、视频、音频来展示课文内容，化抽象为具体，变静态为动态，简化课程教学的复杂过程，如创设愉悦的教学情境，精心设计导入环节，使语文教学内容变得饶有趣味，诱发求知欲。《沁园春·长沙》以写秋的诗歌导入，《致橡树》以泰坦尼克号的故事导入，《听话与说话》以生活案例导入等等。

四、效果及影响

（一）拓展内涵，丰富教育内容

本案例围绕“国家、爱情、生活”三大主题拓展内涵，实现跨学科教育，开展后续的相关活动，如抗战故事会、红歌比赛、演讲比赛、书信比赛等，丰富学校学科教育内容和德育形式。

（二）单元整合，促进课程改革

单元整合要求教师对教材进行有意识地利用和改编，这就激励教师钻研教材、重整教材，不仅会教书，还要会编书。教师可挖掘主题编制读本，构建主题阅读教学方法，创新教学思想，改变教学观念，促进教学改革。

（三）传承传统文化，思政润物无声

学习传统经典文化，可提供人文关怀与精神力量。语文课程是“人文性与工具性的统一”，本案例根植传统文化厚土，传递学生优雅的审美趣味、正确的社会价值和坚定的政治信念，实现学生思想政治教育的润物无声。

【点　评】

“人字梯型”教学模式对教学内容的处理遵循“打通理论和实践的界限”，通过教学资源、教学空间、教学内容和教师队伍之间的整合，实现理论课程和实践课程比例的动态调

整，保证教学内容传授能取得实际效果。把一个课程单元以主题内容划分，通过完成各个主题内容分课时目标，最终实现单元总目标，这是“人字梯型”教学模式教学内容处理的重要方法之一。

本案例有三个比较突出特点。一是对“人字梯型”教学模式“六阶递进”教学环节的灵活运用，案例在教学实施中，把阅读欣赏与表达交流结合起来，训练学生听话说话的实践能力，遵循了“人字梯型”教学模式对教学内容的处理方法；在教学环节中，紧扣课前、课中、课后三个环节八个步骤，教学环节层层递进，目标任务分层实施，实现诵读能力、欣赏能力、创造能力梯级推进。二是打破教材编排的先后顺序，将同一主题的内容组合起来，突出教学重点，能更高效地实现教学目标，这种教学设计需要对单元主题内容所涉及的篇目进行深入的分析，找到各篇目之间的内在逻辑联系，所以教师对教材内容的处理尤为重要。三是以学生为主体，发挥学生主角作用，引进小组竞争机制，激发学生学习积极性和主动性，“人字梯型”教学模式“六阶递进”中，第三阶即为分组进阶，目的是形成团队和竞争，降低难度、体现梯度、激发兴趣，本案例很好地落实了这一要求。在本案例中，在任务分层上体现还不是太明显，针对学生认知规律，分层设置任务目标，梯度进阶，可以让不同层次学生都学有所获，也能更好地激发不同层次学生的学习积极性和主动性。

“人字梯型”教学模式在体育田径运动教学中的运用案例

◎作者：刘磊

一、基本情况

田径运动具有天然的独特健身性和时尚性等特点，是学生形体塑形、升形象气质的重要途径和关键核心能力，深受学生喜爱。作品选自中等职业学校旅游管理专业必修公共基础课程“体育与健康”拓展模块二田径运动模块项目一组合动作六个任务（12 学时）。云阳职业教育中心作为国家示范校、市级双优校，在深入宣传推广新修订的《中华人民共和国体育法》背景下，以体增智，积极推进五育并举。选用中等职业教育“十四五”规划教材《体育与健康》（重庆大学出版社，杨桦，2022）作为主要教学资料，运用自主学习、合作学习方法，采用“三段六步”教学模式，融入团结协作、一丝不苟等思政元素，实现协同育人目标。

（一）嵌入专业元素，重构教学内容

通过对接专业知识，重构了田径运动教学活动。课程主要针对田径运动组合动作的形体训练，总计 12 学时。在这个项目中，将学习运动生理学知识与田径运动相结合，设计了教学任务，针对田径运动的动作进行训练，对学生进一步开展形体锻炼。通过这个项目，学生将综合运用运动生理学、力学原理和艺术表演技巧等专业知识，以及灵活性、柔韧性和协调性等训练，来打造更加出色的田径运动作品。此项目旨在培养学生独立思考和创新能力，并为进一步学习更高级的田径运动项目提供坚实的基础。

（二）深入开展调研，精细分析学情

深入开展调研并进行学情分析对于有效地实施田径运动教学非常重要。高中阶段学生因为初中阶段的体考训练具有较好的体能基础，但由于未能长期坚持锻炼，导致部分同学体能下降。经过测试，本班中考时有 16 人能完成满分，升入高中阶段经测试只有 13 人到达满分。旅游专业现阶段学生已经有成熟的思考、认知能力并且拥有较强的实践能力。考虑学生在动作技巧、协调性和柔韧性等方面的学习能力和发展水平，根据学生的实际情况，适当调整教学进度和难度，提供针对性的辅导和指导。

（三）结合多方数据，确定教学目标

结合多方数据进行分析，并合理确定田径运动教学的重难点，可以提高教学的针对性和

效果。通过观察学生在田径运动课堂上的学习表现，包括动作的准确性、技巧的掌握程度以及对舞台表演技巧的运用等，根据学生在不同阶段的学习情况，确定他们在田径运动教学中可能遇到的主要问题和难点。通过综合分析学生学习表现、教师经验总结、学生调研问卷、面谈和小组讨论以及学生作品评估等多项数据，将教学的重点设置为提升学生的形体表现，将教学的难点设置为通过田径运动提升学生的身体素质。

（四）坚持以生为本，优化教学策略

坚持学生为中心，优化教学策略对于田径运动教学具有重要意义。主要采取学生参与式的教学方法，鼓励学生积极参与教学过程，如让学生自主选择音乐、编排动作和设计表演等。同时，给予学生一定的自主权和决策权，让他们参与到教学决策中，增强学习的主动性和参与度。

教学手段以合作学习与互助学习为主，通过组织学生进行小组合作学习和互助学习，互相协作、交流和分享经验，促进彼此的学习和成长。这样可以培养学生的团队合作精神和共同成长的意识。

多元化学习资源：利用多种多样的学习资源，如视频教学、在线学习平台、自主学习材料等，可以满足不同学生的学习需求，提供个性化的学习路径和资源选择。通过坚持学生为中心，优化教学策略，教师可以更好地满足学生的学习需求和兴趣，激发他们的学习动机和创造力，提高教学效果和学习效果。在课程结束后教师进行教学评价，为下次教学提供参考。

（五）深挖思政元素，实现润物无声

在田径运动教学中注重培养学生的团队合作精神。通过小组合作、集体编排和表演等活动，促进学生互相协作、相互支持，培养团队意识和集体荣誉感。通过在田径运动编排中融入主题宣传、正能量的音乐和田径运动动作，弘扬主旋律。借助田径运动的艺术表现力，传递正能量，培养学生的公民意识和社会责任感。通过深化的课程思政，实现全民体育的目标，可以将体育和思政教育有机地结合起来，使田径运动教学更具有教育意义和社会价值。这样的教育模式能够提高学生的全面素质，培养综合能力，并为实现全民健康和建设体育强国做出积极贡献。

二、主要做法

田径运动的教学注重学生的全面发展，不仅关注身体形态的教学，还关注身体素质、团队合作能力等方面的培养。通过田径运动的教学，培养学生身体协调性、灵活性、耐力和节奏感等方面综合能力。田径运动是一个集体多形式复杂的身体活动，学生需要与团队成员密切合作，保持整体的节奏和协调。通过合作学习和团队演出，培养学生的团队意识、合作精神和沟通协调能力。

（一）探新知，打基础

课前，通过平台发布预习任务，学生进行田径运动的预习。首先观看田径运动的微课视频，然后根据视频的指导，初知田径运动动作，以建立起初步的知识积淀。接下来，采用问

卷调查、课前测试等方法，对学生的预习效果进行检验，及时了解学生存在的问题，并相应调整教学策略。

（二）指导内容，明任务

在明确田径运动教学任务的基础上，采用任务驱动的教学方法，通过讲解、示范、引导等方式，组织学生进行思考、讨论、尝试和演练。教学过程中，借助教师演示和动作分解，开展小组演练。针对教学的重难点，注重先让学生进行尝试，再给予引导，并最后进行总结，以给予学生足够的思考和探索空间。

（三）教动作，学知识

在田径运动教学中，教师扮演着指导者和知识传授者的角色，而学生则是学习者和知识获取者。教师通过教授动作和技巧，帮助学生掌握田径运动的基本动作和表演要领。同时，教师也要传授相关的知识，使学生了解田径运动的起源、发展历程以及与之相关的文化背景和艺术特点。教师通过示范、解说和演练等方式，向学生展示正确的田径运动动作和技巧，并提供指导和纠正，帮助学生逐步掌握并改进技能。比如在进行田径运动跳跃动作细节的教学时进行示范讲解。教师讲解示范垂直跳、吸腿跳、分腿小跳等基本跳跃动作，接着让全体学生进行单个动作练习，教师再进行巡回指导。在教动作和学知识的过程中，教师和学生之间需要密切合作和互动。教师要提供充分指导和给予及时反馈，帮助学生纠正错误并提高技能水平。

（四）纠错误，巩动作

在教学中仔细观察学生的动作执行，寻找存在的错误或者不规范的动作。通过教师示范，让学生能够明确正确的动作执行方式。对于学生容易犯错的地方，用简单明了的语言进行解释，帮助他们理解错误原因及如何纠正。让学生反复练习正确的动作，并给予及时的反馈和指导。

（五）拓实践，拓展创新

在教学实践的过程中尝试使用不同风格和节奏的音乐，让学生有机会体验不同的节奏和田径运动风格。结合其他田径运动元素和技巧，将不同的田径运动风格融合到田径运动中，丰富动作和表演内容。鼓励学生积极参与编排过程，尝试创造新的动作组合和田径运动序列，以展示他们的创造力和想象力。

（六）评展示，做总结

在田径运动教学中，评价展示并进行总结是非常重要的环节，它有助于学生了解自己的表现，进一步提升和改进。通过录制学生的表演，并进行回放观看，用于评价和分析动作的准确性、流畅性和整体效果。教师应密切观察学生的表现，在其动作、形态、协调性以及表情等方面给予评价和反馈。鼓励学生之间互相观摩和分享表演，让他们能够从彼此的优点和技巧中获得启发和学习。

三、特色创新

（一）结合专业应用场景，彰显管理特色

学习田径运动需要进行团队合作和编排演出，这可以提高学生对活动策划和组织的能力。将这些技能应用到管理中，可以帮助学生策划各类活动，包括团队建设活动、主题旅游活动等，以提供独特和丰富的体验。将学习到的田径运动技巧应用到管理中，可以为学生提供精彩的表演和文化交流活动，提升体验和增加活动的趣味性和吸引力。

（二）关注学生个体发展，实施“三段六步”教学模式

在田径运动教学中关注学生个体发展，实施“三段六步”教学模式可以帮助学生全面提升技能，促进他们的个人成长和发展，提升学生的形体表现力。在启示段主要提升学生对田径运动的兴趣，在指导段进行田径运动的教学，在巩固段对学生的学习成果进行巩固。

（三）融入课程思政元素，培育“德艺双馨”时代新人

通过将课程思政元素与田径运动教学相结合，学生不仅能在运动技能上得到培养和提高，还能更好地秉持正确的价值观，发展良好的人格素养，成为具备道德品质和艺术能力兼备的时代新人。

四、效果及影响

（一）循序渐进，知识目标全面达成

在教学计划中，将知识目标分解为小步骤，并按照逻辑顺序进行排列。确保每个步骤都是学习目标的基础，同时能够渐进地提高难度。依次引入新的知识和技能，每个阶段都要给学生足够的练习和时间去巩固，并确保他们掌握了目标知识之后再进入下个阶段。在每个阶段结束时，进行评估和反馈。

（二）融会贯通，技术动作大方自然

田径运动的学习效果体现在学生的扎实训练和技术动作的融会贯通。通过持续的训练和努力，学生能够逐步提高他们的技术水平和动作执行的准确性。他们通过循序渐进的学习过程，逐步掌握各种动作和技巧。学生们在训练的过程中也注重将各种技术动作融会贯通。他们掌握了基础动作后，开始进行组合与转换，展现出的技术动作大方自然。

（三）增强体魄，综合素质大幅提升

通过田径运动的学习，学生不仅获得了动作技巧的提升，还能够在体质和综合素质方面得到增强。田径运动的动作要求快速而协调地运动，学生的心血管系统也会得到锻炼，有助

于提升心肺功能。田径运动的训练涉及了全身的运动，需要学生的力量、柔韧性、协调性和耐力等多个方面的综合发展。

（四）迁移应用，学习兴趣显著提高

田径运动是一种体育锻炼方式，它不仅可以锻炼身体，还有助于提高协调性和灵活性。学习田径运动需要一定的耐心和毅力，因为其中的动作可能对初学者来说比较复杂。将这种耐心和毅力迁移到其他学习领域，可以帮助学生在面对困难时更加坚持和专注。在田径运动中，协调和团队合作非常重要。将这种团队合作意识应用到其他学习或工作场景中，可以提高与他人合作的能力，并增强学习的乐趣。

【点　评】

案例在教学环节中采用的“三段六步”教学模式，是“人字梯型”教学模式“六阶递进”教学环节在实践运用中的创新做法。这种做法遵循了“六阶递进”教学环节中教学过程层层递进的基本特点，在教学内容上，注重根据学生实际和专业特点，对教学内容进行重构设计教学任务；在课程思政中，注重把团队与公民意识、社会责任感和集体荣誉感融入教学内容中去；在教学手段上，注重合作学习与互助学习为主；在主要做法中，“探新知，打基础”“导内容，明任务”“教动作，学知识”“纠错误，巩动作”“拓实践，展创新”“评展示，做总结”这“六步”教学环节步步衔接、相互依托，知识技能层层递进、循序渐进，学习成效层层提升。

整体上看，本案例有两方面突出特点：一是对“人字梯型”教学模式的灵活运用，在教学内容的重构、教学环节的层层推进、教学手段的多样化、课程思政的落实等方面，均遵循“人字梯型”教学模式思想；二是遵循体育学科专业特点，以学生为本组织教学，在优化教学策略中，采用学生参与式教学为主，教学中给予学生一定的自主权和决策权，调动学生的主动性、积极性。本案例在确定教学目标中，如果能根据学生不同层次制定分层教学目标并进行目标达成评价，可以更好地激励不同层次学生学习积极性。

第二篇

教研论文

导　语

一、“人字梯型”教学模式的提出

提到“人字梯型”教学模式，人们脑海中可能会冒出疑问：什么是人字梯，为什么叫人字梯？人字梯和教学又会有什么样的联系？在本篇开始之前，先对这两个问题做出回答，有利于读者更好地理解本篇内容。

问题一：什么是人字梯，为什么叫人字梯？首先，我们把视野放到整个中国，在具备特色的地貌形态中，三峡地貌有其独特的魅力，得益于板块构造驱动下的沉积、流水和气候演化等因素，高山峡谷成为三峡地区的独有形态，和贵州“地无三尺平”、李白言“蜀道难”的感慨无二致。陡峭难行的山坡，给当地居民生活和生产带来诸多不便。在与大自然长年累月的抗争中，三峡人民智慧性地就地取材，利用三峡原石，顺山势排列，步步上升，砌成石梯，串联江河之滨和高山之巅，纵横交错，直至家家户户。石梯具备成本低廉，材质耐用，化崎岖为平整，确保出行的安全与舒适的特点，是三峡人民坚毅顽强、不屈不挠、灵巧机智、团结协作精神的集中体现。云阳地处三峡库区核心，在其3636平方千米的土地上，各类石梯遍布，石梯运用尤为广泛，享有“三峡梯城”之美称。当中以“登云梯”最为著名，梯道下起于长江之滨，止于磐石城下山顶，其中青龙梯和飞凤梯分两道起于滨江大道，并在群益广场汇合，之后沿山顶爬升，呈巨大的“人”字形结构。这便是人字梯叫法的来源。在云阳县域内“登云梯”是三峡梯城景区的灵魂所在；在三峡地区“人字梯”既是典型景观，也蕴含着丰富的人文和民族精神。同时这种不屈不挠的奋进精神、相互依存的团队合作精神、步步提升的灵巧精神、顺势而为的利世精神以及坚毅顽强的奉献精神也是中华民族赓续相传的、共有的文化基因和精神命脉。

问题二：人字梯和教学又会有什么样的联系？教育是培养人的艺术，任何时候的教育走向都不能脱离“人”而谈论。古人常言“学海无涯”“学习如逆水行舟”，学习往往和“水”这一意境联系起来，但从某种角度看，学习与“山”的意境更契合，学知识、学技能像是一个向上攀登的过程，学习一定是脚踏实地、一步一个脚印的。首先，知识的难度是有层次的，由简单到复杂；其次，人的认知发展规律也是由低阶走向高阶。因此，我们的教学也要相应地做出改变，顺应客观规律，更高程度达成教育功效。经过团队进一步的思考与论证，“人字梯型”教学模式应运而生，人字梯型既有“人”字所蕴含的精神内核，又具阶梯式递进、逐步提升的育人的操作框架和步骤。接下来的篇幅将简单介绍一下“人字梯型”教学模式的理念与操作架构。

二、“人字梯型”教学模式的内涵

在开始阅读本段文字之前，请大家在脑海里面浮现出一幅人字梯的图像，有利于更快地理解该模式。简单而言，“人字梯型”教学模式的关键要点可归结为“六阶递进”和“六双并行”。

“六阶递进”指“人字梯型”教学模式有 6 个层层递进的阶梯，也可以称为教学环节、教学流程。分别是：教学准备（课前）、任务发布（课头）、分组进阶（课中）、集中展示（课中）、集中评价（课尾），拓展延伸（课后）。阶梯，具有“环节”“流程”的所有特征，都是教学推进过程中的主要阶段，但“阶梯”更强调了“人字梯型”的理念，主要体现在 3 个方面：一是分步衔接，互相依托，顺序不能更改；二是步步提升，知识、技能层层递进，循序渐进，不可停滞或跨越；三是先分后合，开始分组教学，后面集中展示总结，形成“人”字结构。

“六双并行”指“人字梯型”数学模式的六对关键要素，对应人字梯两边的梯梁。六双分别指的是：① 教与学的两个主体：教师与学生；② 两种教学目标：品德素养与知识技能；③ 两个重要的教学辅助工具：教材与资源；④ 两个教学参考标准：课程标准与职业标准；⑤ 教学评价的两个层面：理论学习与技能训练；⑥ 两种上课方式：线上与线下。在教学实践的过程中有三个基本的实施要求：一是一主一辅、主次分明；二是融合进行，有机衔接；三是突出关键，体现重点。

这种模式的优势如同 “登云梯”一样，目标清晰 （终点固定），方向明确（走向固定）。和以往的单目标教学模式不同，该教学模式设置双重目标。除去学生的发展目标，也对教师的发展目标做出了明确界定。学生发展目标（教学目标）分为 3 个维度：一是知识目标；二是技能目标：三是素养目标。教师的发展目标同样有 3 个维度：一是内容目标，就是通过教学过程，对原有课程标准、教材中的教学内容（包括知识、技能）进行梳理，形成更清晰、准确的认知，提出合理内容、可淘汰内容、可增加内容的建议。内容目标的作用是为下一次人才培养方案、课程标准的修改做准备，为教材的开发积累素材。二是方法目标，就是在教学过程中，发现本教学内容更适合、更可行的具体方法，包括教学方法、学习方法、训练方法、组织方法等。方法目标的作用是为今后相同内容的教学优化积累素材，为提高自己的教学水平积累经验，为课堂教学改革奠定基础。三是教研目标，就是在教学过程中发现教研点，哪些现象可以写成教学条例，哪些问题可以作为小课题，哪些经验可以写成小论文，或者作为案例、课题、论文的一个点。教研目标的作用是培养教师的研究意识，为教学研究积累素材，把论文写在课堂上。

同时，我们还根据学生基础知识水平和认知发展程度的不同对目标和任务进行了层次划分，从难度、复杂度和要求三个层面推进，以更好地实现因材施教。

三、在云阳职业教育中心的实践情况

云阳职业教育中心是第三批国家中等职业教育改革发展示范学校建设计划项目单位，自 2013 年起即成立了教学模式改革领导小组和专家指导小组。在领导小组以及专家指导小组的带领下，全校开展了全面的教学模式改革实验，基本形成了基于信息化平台的“三中心两平台一机制”的中职教学模式改革方案。在实践中，探索出了“理实一体化”和“五环四步能力本位职业教育”两种特色教学模式，并取得了较好的教学效果。在对过去 10 年教育模式改革的经验总结的基础上，又进一步总结提炼出了中职学校的“人字梯型”教学模式。近几年，我校教师在此基础上进行了大量的教学实践。

四、本篇阅读指导

本篇主要内容为我校教师对“人字梯型”教学模式的一些思考以及教学实践后形成的论文，内容包含中职基础科目，如语文、英语、数学等，也涵盖部分专业课程的教改实践。论文摘要对论文进行一个简单的评述，如论文中体现了哪些“人字梯型”教学模式的理念、如何运用与迁移以及其他可行性的操作方式等内容。读者可以先阅读文末点评部分的内容，再回头对照阅读。也可先阅读论文，再看看自己读后的感受是否与笔者存在异同，以实现交流提高。

浅谈“人字梯型”英语教学如何培养学生的职业能力

◎作者：王婷

【摘　要】众所周知，我国职业教育的主要任务是培养职业技能型人才，其中培养学生的职业能力至关重要，这与“人字梯型”教学模式的培养学生的终极目标一致。中职英语作为一门重要的基础学科，对于培养学生的职业能力发挥着举足轻重的作用。本文从“人字梯型”教学模式的英语教学中浅谈如何培养学生的职业能力。

【关键词】“人字梯型”教学模式；中职英语；职业能力

“人字梯型”教学模式是“以人为本”“以梯为质”的教学模式，认为教学应该依据“人”（教师和学生）进行“梯”（环节、要素、目标、价值）的重构，从而培养全方面发展的“职业社会人”。“人字梯型”教学模式要求以学生为中心，根据学生特点采用合适的教学方法来进行教学。在中职学校里，英语这门基础课程的地位不高，学生们在思想上也并不重视。有些专业基本全是男生，他们对学习英语更是没有多大的兴趣。要想引起学生们对英语这门基础学科的重视，让他们喜欢英语，从而愿意学习英语，这就要考验教师们的能力了。教师要了解学生的特点，投其所好，让学生明白学习英语的重要性，激发学生的学习兴趣，培养学生的职业能力。

一、利用英语教学，引导学生树立正确的职业观

云阳职业教育中心曾对全校学生进行了一次问卷调查，发现中职生存在着这样的状况：他们在专业选择、就业定位和未来发展方面普遍存在着较大的盲目性，相当部分的学生在学校的学习和就业中表现出诸多不适，如自我定位不准、学习动力不足甚至厌学，对职业了解不够，对社会和环境认识不多，对前途感到迷惘。因此，引导中职生树立正确的职业观尤显重要。

“人字梯型”教学模式注重学生的全面发展，特别是注重教学内容对学生思想潜移默化的影响。在英语课堂上笔者特别注重学生正确职业观的培养，例如，在教学外研版（基础模块）第一册的第二单元“What do you do？”时，先谈话引入课题：同学们，你们觉得什么是职业？你们小时候喜欢什么职业？现在你们喜欢什么样的职业？由此带领学生进一步了解职业的内涵。由于该单元讲授是不同职业的介绍和谈论自己梦想的职业，学习完整个单元后，学生们对不同职业有了认知和理解，认识到每个职业都值得被尊重。然后笔者又趁热打铁设计了一个讨论题：“你认为职业有贵贱之分吗？”让学生畅所欲言，从而让学生明白：职业没有高低

贵贱之分，只有情愿与否和是否为人们带来美好感受的区别。让学生选择自己喜欢的、热爱的并能为人们做贡献的职业。告诉学生一旦选定了职业，就应该抱着一种崇敬的情感去好好地经营。

二、利用英语教学，提高学生口语交际和写作的能力

（一）口语交际能力的培养

良好的英语口语交际能力已经成为新时代学生的必需能力。英语口语交际的培养是中职英语教学的一项重要内容。“人字梯型”教学模式注重在各项教育实践活动中去实现教学目标。为了将口语训练落到实处，训练学生大胆说话，调动学生的积极性，笔者有意识地将口语训练安排在各项教育实践活动之中。

例如，利用晨读，让学生们大声地朗读每单元的“Listening and Speaking”部分，然后渐渐地背诵对话。最后请学生上台脱稿进行角色扮演。中职学校的学生，单词量不是很多，语法也不够熟悉，可以反复地练习一些简单的英文歌，比如“Happy New Year”这一单元有介绍圣诞节的内容，教学生唱《Marry Christmas》和《jingle bells》，学生很感兴趣。学会唱这两首歌之后，学生很有成就感，增强了说好英语的自信。还可以让学生观看经典的英文电影，但不是纯粹地为了看电影，而是带着学习口语的目的去看。笔者会给学生观看电影的经典片段，选择口语简单的片段，让他们来配音，给他们时间准备，并给予他们指导，最后让他们在课堂上表演配音。中职学校丰富多彩的活动，为学生的口语训练提供了良好的机会，笔者在教学中充分利用每一次可利用的机会让学生锻炼自己，更是有意识地指导学生在活动中掌握口语交际的技巧，提高口语交际能力。

（二）写作能力的培养

《中等职业学校英语课程标准》要求学生掌握听、说、读、写四种基本技能。写作作为英语学习的重点之一，是对学生要求较高的一个环节，也是学生的薄弱环节。在升学考试中，英语写作的分数占据较大的比重，提高英语写作能力有助于提高学生升学成绩。英语写作具有一定的策略和方法，掌握了正确的方法，就能高质量地完成写作。

俗话说：知己知彼方能百战不殆。教师首先要加强对升学信息资料的收集，掌握有关对口升学考试的常考的写作题型，再给学生整理出相对应的模板，为学生写作提供充分的参考资料。要求学生理解并背诵模板，从而构建自己的写作模板。有了模板之后还要有话可写，这就要求学生要去提升阅读量。短文、英语新闻和名著都是很好的选择，可以提升对英文的语感，打开写作的思路。为了避免在写作中无法将语句连贯起来，在日常的学习中需要背诵一些常用的写作句型。在写作的过程中，不仅要保证写作语句的通顺，更重要的还要注重语法的正确性，因此对语法知识的学习和掌握也是非常重要的。

三、利用英语教学，培养学生的合作能力

一个人不可能独立地生活在社会中，人与人之间的合作是社会发展的动力。树有长短，水有清浊，芸芸众生忙碌于大千世界，他们都离不开合作。合作学习作为一种新型的学习方

式，被老师们广泛采用。人人参与、组组互动、竞争合作、时有思维碰撞火花闪现的课堂确实能给人以享受与启迪。

“人字梯型”教学模式在开展教学过程中鼓励合作行为的发生，促进教师与学生、学生与学生之间的交往合作，以集思广益、齐心协力地共同解决问题。在授课中，笔者注重将所要学习的内容分成多个学习主题，让各学习小组自行选择主题，由小组同学分工合作，共同完成信息搜集、学习整理、讨论归纳等学习任务。在小组学习的基础上，笔者组织学生在全班汇报、交流、展示。小组间的协作、交流和分享，能够让学优生带动后进生去学习，还促进了学生自主研究能力的提高。

例如，在教学基础模块上册“School is Interesting”的听说部分时，笔者设计了以下的教学思路：

第一步：让学生课前自学。学生充分利用手机、工具书和参考资料查阅该部分的单词和关于表达感受的形容词，通过自学勾画出自己对于两个短对话的难点。

第二步：重点突破对话。一个是 WuLin 学校生活的对话，另一个是 WuLin 专业课程的对话，让各小组任选一个对话研究，各小组组内分工（如重点单词、重点句型、涉及的语法等等），然后共同讨论总结出该对话的知识点，选出小组代表发言。

第三步：汇报交流成果。让每个研究小组分别汇报自己的研究成果。针对学生的展示，教师点评，再进行补充说明。

第四步：巩固强化重难点，针对学校生活和学校实训课程提供不同的图片和提示，让各小组选择一张图片，小组合作编写相关对话并进行角色扮演。小组之间互评，然后教师再点评总结。

第五步：拓展延伸。每个学生以“My favourite subject”为题写一篇作文，教师评选优秀作文并在班内张贴交流。

通过小组合作学习，锻炼了学生的学习能力，同时培养了学生的互助合作的精神。在交流活动中，为了展示本小组的学习成果，大家分工合作，各司其职，积极投入。小组合作学习增加了学习内容的开放性，小组交流的信息和容量远远超过了教师预设的条条框框，教师明显感到学生创造的灵性。

总之，中职英语教学既要着眼于学生英语水平的提高，又要从学生的特点与社会的需要出发，在职教英语教学中，利用“人字梯型”教学模式，以学生为中心，教师指导与学生建构相结合，运用更多种恰当的教学方法，从各个方面去感染学生，让他们发现英语的价值，从而激发对学习的兴趣，培养他们的学习能力。把英语教学与对学生职业能力的培养紧密相连，使他们适应市场人才竞争需求，在工作中能更好地发挥主观能动性，创造出更大的社会价值。

参考文献

[1] 许佳. 基于中等职业教育现状的中职英语教学思考[J]. 佳木斯职业学院学报，2016（5）：16-17.

[2] 华东师范大学主办《中小学英语教学与研究》，2008 第三期.

[3] 王珺. 浅谈英语核心素养背景下中职英语小组合作学习模式[J]. 青年与社会，2020（4）：93-94.

【点　评】

中职英语作为文化基础类学科，除了完成英语学科本身的教学目标之外，还承载着帮助学生树立正确的职业价值观和辅助提升职业竞争力的任务。“人字梯型”教学模式强调“人”在教学中的作用与地位，其中教师和学生分别作为两边的梯梁，相互倚靠与合作，以达成共同的目标。

“人字梯型”教学模式在开展教学过程中鼓励合作行为的发生，促进教师与学生、学生与学生之间的交往合作，以集思广益、齐心协力地共同解决问题。该教师在教学过程中采用小组合作的方式，创设问题情境，充分尊重学生个人兴趣实现了因材施教，并且考虑到了社会实际需求，在教学内容设计上，将口语交际能力、写作能力与合作能力作为教学重难点。在具体操作中，将所要学习的内容分成多个学习主题，让各学习小组自行选择主题，由小组同学分工合作，共同完成信息搜集、学习整理、讨论归纳等学习任务；在小组学习的基础上，教师组织学生在全班汇报、交流、展示。在小组协作、交流和分享的过程中，让学优生与后进生组队，并让学优生带动后进生去学习，完成了“人字梯型”教学模式中“梯”的任务，让每个学生都能在原有基础上取得进步。

小组合作其实是很多教师都会采用的教学组织形式，需要思考的是如何去发挥小组内每个人的作用，避免出现学生“摸鱼”的情况。除了让学生自主去选择感兴趣的主题之外，还可以采用什么方式去激励同学们参与课堂，是接下来需要去探索的方向。

“人字梯型”教学模式在课堂教学中的实践

◎作者：王燕

【摘　要】“人字梯型”教学模式的应用能够让学生利用自己的碎片时间，通过微课、学习平台等学习资源自主学习，目的是在教学中充分发挥学生主观能动性，优化教学过程，体现学生的主体地位，发挥教师的主导作用，提高课堂效率，帮助学生更好地理解学习知识和提高工作技能，不断完善学生的综合能力，促使学生成长。

【关键词】“人字梯型”教学模式；课堂；实践；探究

一、“人字梯型”教学模式的实践过程

教学模式改革作为职业教育“三教”改革的重点内容，为形成学校品牌特色带动学校发展，提高办学质量，在云阳职业教育中心全体教师及学生的 探索实践中，“人字梯型”教学模式越来越成熟，越来越完善。

当然，每个新生事物的诞生，都不是一蹴而就的，“人字梯型”教学模式经历了一个酝酿、讨论、实践、总结、反思及提高的过程，在实施过程中，很多老师有许多疑惑，学生学习没有找对方法，部分课堂的教学效率反而受到了影响。面对困难，我们没有退缩。因为我们知道，我们创造的课堂教学方法，是从实践中来，又回到实践中去的课堂教学经验的科学总结，符合马克思主义认识论所揭示的认识规律；也是根据新课改精神要求，为学生搭建的自主学习、合作学习和探究学习的平台；还是把课堂教学形式和教学内容相结合的先进的教学方式。

我们克服了意想不到的困难，也取得了意想不到的成功。我们培养的学生，不仅成绩好，而且会生活、会学习；参加课堂教学改革的教师，不仅获得了成功、快乐，而且以令人难以置信的速度，改变着原有的教育理念和教学方法，在实践中感悟，在感悟中创造，为“人字梯型”教学模式的成长做出了贡献。

“人字梯型”教学模式的独特之处，在于它不仅解决了教师在课堂上“教什么，怎么教”的问题，更在于它解决了学生“怎么学”的问题。但是，如何把两者有机结合起来，科学操作，从而发挥出最大效益，还需要广大教师进一步完善和丰富“人字梯型”教学模式，使之更具生命力，更规范、更具操作性。

二、“人字梯型”教学模式的实践策略

“人字梯型”教学模式是在结合云阳县特色梯城文化，在吸收外地名校课堂教学改革成功

经验的基础上，在新课改理念的滋润下诞生的。它是以“课前—课中—课后”三个相互连接、层层进阶的课堂教学环节为载体，以“教学内容问题化”为主线，以“执行任务，展示评估及拓展延伸”为特征的科学的课堂教学方式，是对应试教育理念和实践的颠覆，也是对以“满堂灌”教法为特征的陈旧课堂教学方式的否定，又是体现胸怀和综合素养教育理念和培养新时代技能型人才要求的课堂教学模式，更是培养“四有”新人和推进教师专业化成长的广阔舞台。

（一）课前获取任务的相关资料

在教学过程中，教师首先要获取教学任务相关资料，主要指教师对学生的学习能力与需求、完成任务需要的知识技能点、相关知识掌握程度的了解，形成与整合教学视频、微课、练习题等具体的知识材料，并在拓展延伸模块补充学习网站、链接等知识获取途径，以及相关的教学资源，搭建教学资源共享平台，供学生根据自己的需求自主选择合适的教学资源进行学习。

（二）课中形成教学内容问题化解决策略

在教学活动中形成教学内容问题化，通过解决问题，让学生达到获取知识和技能的目的。教师在学生对问题的分析、处理并解决问题的过程中，检查学生的知识储备情况和能力形成现状，并在对学生综合情况考察的基础之上，预设课中的教学活动，预测教学内容问题，在实施过程中，根据学生自身的情况进行反馈及调整，不断完善任务计划。

（三）课后制定拓展延伸模块

在教学过程中，课前和课中基本上已经完成了教学任务，为了让学生巩固知识与技能，在课后，制定拓展延伸模块，设计与课堂相关的训练任务，灵活运用所学知识与技能，巩固训练，以期达到举一反三的目的。针对个别问题严重学生进行单独辅导，最终达成教学目标。

三、“人字梯型”教学模式的实践体会

实践证明，“人字梯型”教学模式是高效灵活的教学模式，也是平实厚重的教学模式。它的外在表现形式是高效灵活，它的内在要求却是平实厚重。要学好、用好这种方法，教师需要思维敏捷和多维，并对学情、教材、教学目标和课堂教学方法有科学的把握，对于在传统教学体制下摸爬滚打出来的优秀老教师，学习、运用“人字梯型”教学模式的关键是转变观念；对于初登讲台的年轻教师，关键是利用好“人字梯型”教学模式这个平台，在教学实践中学习，在学习中实践，加快提高自己教书育人的基本素质，尽快成长为一名优秀教师。

四、“人字梯型”教学模式实施效果

（一）促进了教师专业化成长

“人字梯型”教学模式不仅解决了在课堂教学中教师“怎么教”的问题，还解决了教师“教

什么”的问题，从而给教师的专业化成长指明了方向，提供了平台。

（二）促进了学生的全面发展

中职学生刚入学时的基础相对较差，但是，在“人字梯型”教学模式的环境中，在教师们的精心培养下，他（她）们不仅提高了学习能力，还慢慢学会了做人，养成了文明礼貌、团结友爱的好习惯。

参考文献

[1] 熊炯.“翻转”语文课堂之教师手记[J]. 中小学信息技术教育，2012，(3).

[2] 张金磊，王颖，张宝辉.翻转课堂教学模式研究[J]. 远程教育杂志，2012，(4)：46-51.

[3] 刘荣. 翻转课堂：学与教的革命[J].基础教育课程，2012，(12)，28.

【点　评】

本篇详细介绍了“人字梯型”教学模式的由来，它是一种结合本地特色文化，吸收外地名校课堂教学改革成功经验，适应新课程改革理念的新型教学模式。该模式以“课前—课中—课后”三个相互连接、层层进阶的课堂教学环节为载体，以“教学内容问题化”为主线，以“执行任务，展示评估及拓展延伸”为特征，旨在颠覆应试教育理念和实践，改变陈旧课堂教学方式，培养新时代技能型人才的教学模式。

文章具体介绍了在课前、课中、课后的做法。在课前获取任务的相关资料环节中，教师需要了解学生的学习能力与需求、完成任务所需的知识技能点以及相关知识掌握程度。在课中形成教学内容问题化解决策略环节中，教师需要将教学内容问题化，让学生在解决问题的过程中获取知识和技能。通过预设课中的教学活动和预测教学内容问题，根据学生自身的情况进行反馈及调整，不断完善任务计划。在课后，教师需要巩固学生所学的知识和技能，并补充相关的拓展延伸材料，以便学生能够更好地掌握所学内容并应用于实际生活中。

在最后，文章还对“人字梯型”教学模式的实施效果进行了分析，该教学模式的实施不仅促进了教师专业化成长，还促进了学生的全面发展。

“人字梯型”教学模式在会计事务专业人才培养中的实践研究

◎作者：郑秋方

【摘　要】 职业教育所培养的人才最终都要走向社会、走上工作岗位，站在就业前准备和可持续发展的立场上，“人字梯型”教学模式将工作场所和实践环境引入教学情境中，为学生的学习创设相应的学习环境，将工作场所的知识和技能进行教学化处理呈现给学生，整合有关学习资源，引导学生进行自主学习促使其知识和技能的掌握与内化，确保学用一致，为区域社会经济发展培养兼具职业能力和社会能力的全面发展的人才。

【关键词】 “人字梯型”教学模式；人才培养；实践研究

一、“人字梯型”教学模式的人才培养目标

“人字梯型”教学模式的落脚点在于通过开展科学高效的教学促进学生的完善和发展。其一，通过教学使学生在掌握知识和技能的基础上获得合理的知识能力结构，以此来提升学生在岗位工作中所必需的专业知识和专业技能；其二，“人字梯型”教学模式通过开展科学高效的教学活动使得学生学会思考、学会学习、学会工作，具备从事职业活动所必需方式方法和行动策略；其三，“人字梯型”教学模式通过教学使学生学会生活、学会共处、学会做人，具备未来岗位实践所必需的价值观和行为规范。

“人字梯型”教学模式坚持“以人为本”和“能力本位”理念，注重学生的全面发展和潜能挖掘，力求培养能够适应未来职业工作并进行创新性实践的技术技能型人才。

二、“人字梯型”教学模式的教学方法

“人字梯型”教学模式在教学方法的选择上以学生的主体性功能和教师的指导性作用发挥为出发点，整合学校和企业资源，以线上线下两条途径展开教学。可以采取学生自学、教师指导答疑、仿真模拟等方法开展线上教学，同时采取在实训基地、企业、课堂中的建模、操作训练、演示观摩、反思探究等方法开展线下教学。

其一，通过教师示范、教学指导和搭建“脚手架”，旨在让学生通过教师的辅助作用在具体的学习情境中获得系统的整套技能。其二，清晰地表达和反思，旨在让学生主动地自我建构和掌握问题的解决策略。其三，自主探究，旨在让学生独立完成任务并进行任务的深化探究。

三、“人字梯型”教学模式下会计事务专业教师需具备的能力

（一）专业技能能力

结合会计事务专业办学特点与优势，把培养学生具有扎实的理论基础、熟练的操作技术与能力的高素质应用型、创新型高级专门人才作为人才培养目标。教师除了应具备丰富扎实的专业功底外，还应具备解读教材、编写教案、优秀的语言表达、教学设计、组织和管理、板书设计、电子课件制作、多媒体教学设备运用等能力。

（二）专业实践能力

为实现会计事务专业人才培养目标，教师应具备较丰富的教育学、心理学知识，对学生的思想和行为表现进行正确分析，必要时进行合理引导和疏导；具备对学生进行综合评价的能力，能客观评价学生的道德品质、思想状态和学习进展；具备进行教学评价和反思的能力，能对自己的教学准备、教学过程和教学成效等进行全面评价，对不足之处积极反思，寻求解决的措施与策略；具有优良的探讨知识的能力、态度、风格和方法，能开拓创新，对学生的思想、文化、身心素质进行全方位的培养和塑造。

（三）综合职业能力

教师应具有吃苦耐劳的精神，不断创新的意识和能力；强烈的事业心和责任感，热爱学生、了解学生、尊重学生，从而建立起平等的师生关系；具备不断学习、自我提高的能力；具有较好的协调学生间矛盾的能力；具有良好的教研、科研能力。教师应热爱学校，关心集体，正确处理人际关系，团结合作，能与家长、社会密切交流、合作，实现协同育人；具有组织班集体开展教育活动的能力；具备良好的心理素质和较高的职业道德修养。

四、“人字梯型”教学模式下会计事务专业教学中的实践应用

（一）推行产教融合、校企合作

为落实立德树人根本任务，会计事务专业实施“产教融合、校企合作、工学结合、知行合一”的办学思路，用企业思维办教育，积极开展项目化教学改革，深入推进产教融合、校企合作。实现专业与产业对接、教学过程与生产过程对接、课程内容与职业技能对接、毕业证书与职业资格证书对接。

（二）实行课程项目化教学

以完成项目任务的形式设计应用型课程项目，对课程教学内容进行整合，使专业知识、专业实践能力和综合职业能力相互融通、有效结合，确保学生知识基础和能力结构的巩固，并实现学生职业能力的提升。

项目化课程结合专业人才培养目标及课程教学目标进行设置。主要项目均需制订独立的

教学计划表、项目化课程实施教学大纲、教学日历等对项目化课程完成目标、主要内容、主要功能以及项目化课程主要的教学方法、教学手段进行详细说明。各项目化课程制订切实可实现的项目成果，并尽可能将项目成果的社会价值、经济价值进行推广与应用。

学生通过课程项目，在知识和任务之间建立联系，以生活或职业情景中的实际问题为中心，以小组为单位，以完成一个具有实际价值的项目任务为目标，强调引导学生在完成工作任务的过程中自主学习，主动建构理论知识和实践技能，实现学习者和工作者角色的统一，培养和提升学生的职业能力。

（三）开展“第二课堂”，丰富学习形式

作为培养学生专业素养的“第二课堂”，以其更大的活动空间，更丰富的活动内容，更灵活的活动方式，成为应用型人才培养的助推器。真正体现以学生为主体，以教师为主导，尊重教育规律和学生身心发展规律，面向全体学生，尊重个人选择，鼓励个性发展，树立多样化人才观念，努力为每个学生提供适合的教育，创新人才培养模式，促进学生成长、成才，较好地贯彻落实《国家中长期教育改革和发展规划纲要》精神。在培养学生专业素质的同时也有助于建设和谐、健康、活泼的校园文化，有利于学生综合素养的提高，促进个人及学校的可持续发展。

（四）专业课程综合实践

从教育功能现代化的要求出发，专业课程综合实践力求在学科课程分科教学基础上建立联系并实现融合，把校内教学活动延伸到校外的企业、行业等，实现理论与实践的统一，并在实践中开阔视野，拓展知识的广度和深度，加深对课堂学习知识的认识。除了培养学生的专业能力外，专业课程综合实践最显著、最直接的功能就是培养学生的综合能力、职业能力，以适应社会需求。专业课程综合实践能增强学生的集体观念和组织能力。综合实践的多样性和灵活性能培养学生的社会交往和应变能力。实践活动突出学生的自愿性、自主性和活动的灵活性，让学生在活动中产生兴趣，发展个性，最后达到培养能力、提高素质的目标。

参考文献

[1] 阚敏慧，范隆，贾宾等.立体化教学模式在麻醉专业临床实践教学中的应用[J]. 医学教育管理，2023，9（4）：493-497.

[2] 花芬，赵伟伟. 基于全员化技能大赛服装专业“课赛融合”教学模式实践研究[J]. 西部皮革，2022，44（22）：137-139.

[3] 邹心遥. 创新能力导向的高职理实一体化实训室建设[J]. 实验室研究与探索，2017，36（4）：225-228.

【点　评】

本文对“人字梯型”教学模式进行了全面的探讨。首先，它强调了该模式落脚于通过高效的教学活动促进学生的完善和发展，注重学生的全面发展和潜能挖掘，包括提升他们的知

识能力结构，学会思考和学习，以及具备未来岗位所需的价值观和行为规范。

会计事务专业的教师需要具备专业技能能力、专业实践能力和综合职业能力。在教学方法上，“人字梯型”教学模式以学生的主体性功能和教师的指导性作用为出发点，整合学校和企业资源，通过线上线下两条途径展开教学。具体的教学方法包括学生自学、教师指导答疑、仿真模拟等线上教学形式，以及在实训基地、企业、课堂中的建模、操作训练、演示观摩、反思探究等线下教学形式。这些方法旨在让学生通过教师的辅助作用在具体的学习情境中获得系统的整套技能，能清晰地表达所学知识并进行反思，以及自主探究。

在会计事务专业的教学实践中，“人字梯型”教学模式推行产教融合、校企合作，以完成项目任务的形式设计应用型课程项目，并开展“第二课堂”，丰富学习形式。这些举措有助于确保学生知识基础和能力结构的巩固，并实现学生职业能力的提升。

浅谈“人字梯型”教学模式在中职数据库教学中的应用

◎作者：甘加燕

“人字梯型”教学模式是一种有效的教学方法，可以帮助学生逐步提高数据库理论知识及技能。在中职数据库教学中，采用“人字梯型”教学模式可以提高学生的学习效果和学习兴趣。本文将探讨中职数据库教学中“人字梯型”教学模式的应用，并提出一些教学建议。

一、“人字梯型”教学模式的概念和特点

“人字梯型”教学模式是一种逐步提高学生技能的教学方法。它的特点是将教学内容分解为多个层次，每个层次都有一定的难度，学生需要逐步攀升。“人字梯型”教学模式的目的是帮助学生建立起扎实的基础，逐步提高他们的技能水平。在中职数据库教学中，“人字梯型”教学模式的应用可以帮助学生从基础的数据库概念和操作开始，逐步提高他们的数据库技能。通过逐层扩展学习内容和难度，学生可以更好地理解和掌握数据库知识。

二、中职数据库教学中“人字梯型”教学模式的应用

（1）基础层次：在这个层次上，学生需要学习数据库的基本概念和基本操作。他们需要了解数据库的定义、特点和用途，以及如何创建和管理数据库。通过实际操作，学生可以掌握数据库的基本操作技能。

（2）进阶层次：在这个层次上，学生需要学习数据库的进一步知识和技巧。他们需要学习如何设计和优化数据库，如何使用 SQL 语言进行数据查询和管理，以及如何设计和实现数据库应用程序。学生可以通过实际案例和项目来锻炼和提高自己的数据库技能。

（3）深入层次：在这个层次上，学生需要学习数据库的高级知识和技术。他们需要学习如何进行数据库安全管理，如何进行数据库备份和恢复，以及如何进行数据库性能优化。学生可以通过深入研究和实践来掌握这些高级数据库技能。

三、中职数据库教学中“人字梯型”教学模式的教学建议

（1）分层教学：根据学生的基础水平和学习能力，将教学内容分为不同的层次，逐步引导学生夯实基础，逐渐攀登。

（2）实践操作：在教学过程中，注重学生的实践操作。通过实际操作，学生可以更好地

理解和掌握数据库的理论知识,只有做到了理论和技能相结合才能更好地掌握数据库的知识。

（3）项目驱动：通过项目驱动的教学方法，将学生的学习与实际应用相结合。通过实际项目，学生可以锻炼和提高自己的数据库技能。

（4）多样化评估：在教学评估中，采用多样化的评估方式，包括考试、实践项目和小组讨论等。通过多样化的评估方式，可以更全面地评估学生的数据库技能。

“人字梯型”教学模式的应用，可以提高中职数据库教学的效果和学生的学习兴趣。中职学生可以逐步提高自己的数据库技能，为将来的职业发展打下坚实的基础。

【点　评】

本文是一篇实操性较强的论文，具体描写了“人字梯型”教学模式在中职数据库教学中的应用，提到了这种模式将教学内容分解为多个层次，每个层次都有一定的难度，学生需要逐步攀升。通过逐层扩展学习内容和难度，学生可以更好地理解和掌握数据库的各个方面。

“人字梯型”教学模式的应用可以帮助学生从基础的数据库概念和操作开始，逐步提高他们的数据库技能。在每个层次上，学生都需要学习和掌握一定的理论知识和实践技能，然后才能进入下一个层次。这种模式的好处在于，它可以帮助学生在学习过程中建立起扎实的基础，逐步提高他们的技能水平，让学生有吸收消化的空间，而不是一下子就要求他们掌握所有的知识和技能。

此外，本文还提出了一些教学建议，例如采用分层教学、注重实践操作、项目驱动和多样化评估等方式，以提高中职数据库教学的效果和学生的学习兴趣。这些教学建议与“人字梯型”教学模式的应用相结合，可以更好地促进学生的学习和成长。

总的来说，“人字梯型”教学模式是一种有效且可行的教学方法，能够帮助学生在学习数据库时逐步提高理论知识和实践技能。通过应用这种模式，中职数据库教师可以更好地提高学生的学习效果和学习兴趣，为将来的职业发展打下坚实的基础。

“人字梯型”教学模式在“电工基础”课程教学中的应用

◎作者：朱建容

【摘　要】“人字梯型”教学模式是一种以学生主体性为核心的教学模式。传统的教学模式往往是以教师为中心，教师主导教学活动，学生被动接受知识。而“人字梯型”教学模式则是强调学生的主动参与和合作学习。在这种模式下，教师更多的是充当引导者和组织者的角色，通过创设情境和提供资源，激发学生的学习兴趣和动力。将微课运用到“电工基础”课程教学不仅能够激发学生主动学习的兴趣也能培养学生合作学习的能力。教师通过运用微课教学的方式，能让学生有比较新奇的学习体验，也能让学生在这样的学习氛围下，主动与教师进行合理有效的沟通和交流，这样才能不断促进学生的综合学习能力的发展。

【关键词】人字梯型；电工基础；学习体验；主动参与；合作学习

要实施好“人字梯型”教学模式，需要教师具备相应的教学经验和教学技能。教师可以让学生对自己所了解到的课程体系进行合理有效的讨论，这样既能增强课堂中的教学氛围，也能让学生了解到自己已经具备的技能。在新的时代背景下，微课运用在教学中是非常普遍的，它能有效地提升课堂中知识内容的讲解质量，优化教学效率，还可以巩固学生对知识内容的理解。

一、做好微课的课程分类，方便学生使用

将微课教学课程进行合理有效的分类，能让学生在面对不同的学习难点时有良好的学习思路，从而不断增强学生在课当中对知识内容的理解，并使其积极主动地拓宽自己对于理论知识的运用。

例如，在教授“电路与电路模型”这一节内容时，学生第一次接触到电路与电路模型，觉得非常新奇，教师根据学生课堂中的学习问题，将不同的微课教学资源进行合理有效分类，引导学生进行实地操作，方便学生了解不同的实验设备，让学生在实践操作的过程中提高动手能力。

二、利用新媒体平台做好课程展示

借助多媒体的教学设备，将微课教学视频进行合理地播放，可以有效地增强学生在课堂中对于知识内容的理解。

例如，在教授“欧姆定律”这一节内容时，知识内容都是比较抽象的，教师借助新媒体的教学平台将微课教学资源进行合理有效展示时，可以通过图像或者视频的方式将抽象的知识内容转变为比较具体的知识内容，这样学生在理解的过程中就会比较容易，而且也能让学生对于自己学习的知识内容进行合理的整合，提高学生的思维有效性。

三、打造学生自主课堂，构建学生自己的课程模式

打造自主性教学课堂模式可以增强学生在课堂中的学习参与度,从而加深对知识的理解。教师也可以加入微课的教学方式，提高课堂中内容讲解的趣味性。

例如，在教授“电磁感应”这一节内容时，教师可以先借助微课教学视频为学生播放相关的实验环节，吸引学生对概念性的知识进行反复思考。然后开展小组讨论，提高学生在课堂中学习的自主性，让学生对于电流的磁场现象进行合理有效的分析和探讨，从而加深对知识的理解。

总而言之，根据微课教学方式在课堂中的融入情况，教师可以与学生对于不同的教学难题进行合理有效的分析，这样才能提高学生学习的自主性，也能让学生对于自己所面对的基础性知识内容进行合理有效地掌握，夯实学生的学习基础，才能奠定学生之后的学习道路。

参考文献

[1] 甘汉波. 中职院校电子电工教学中创新能力培养路径探究[J]. 电子元器件与信息技术，2020，4（3）：148-149.

[2] 韦加鉴. 微课在中职电工电子技术教学中的应用分析[J]. 科学咨询，2020（36）：143.

【点　评】

本文讨论了如何实施好“人字梯型”教学模式，并探讨了将微课应用于“电工基础”课程教学的具体方法。在具体实践中我们可以通过做好微课的课程分类、利用媒体平台做好课程展示、打造学生自主课堂等方式，有效地提高学生的学习效果和综合能力。同时，打铁还需自身硬，教师自身需要具备相应的教学经验和教学技能，才能更好地引导学生进行主动学习和合作学习。

本文通过具体的案例分析来支持其观点。例如，在“电路与电路模型”这一节的例子中，文章详细描述了如何将不同的微课教学资源进行合理有效地分类,并引导学生进行实地操作,以方便学生了解实验设备并提高其动手学习能力。这些案例分析不仅增强了文章的说服力，也为其观点提供了实际的佐证。

综上，本文对于实施好“人字梯型”教学模式以及将微课应用于电工基础课程教学具有一定的指导意义。它不仅提供了具体的方法和建议，还通过案例分析提供了实践的支持。

在“人字梯型”教学模式下“工业机器人操作与编程”的课程改革和实施

◎作者：李振华

【摘　要】 产教融合、校企合作、育训并举等系列政策导向与改革实践的推进与深入，要求加快突破传统职业教育教学模式，云阳职业教育中心在教学模式上进行了创新，提出了“人字梯型”教学模式。在“人字梯型”教学模式下针对“工业机器人操作与编程”以“德技双馨”的育人目标，从教学整体设计上进行改革，在教学实施中进行实践，以“三爱三讲三匠”为思政主线，将安全操作、一丝不苟、精益求精、爱岗敬业与教学内容全过程融入，激发了学生对知识学习的积极性和主动性，强化了学生思考与实践动手能力，提升了学生综合运用知识分析问题和解决问题的能力，培养和塑造符合时代发展需要的有素质的技能型人才。

【关键词】 德技双馨；教学整体设计；教学实施

一、教学整体设计

（一）融通“岗课赛证”，重构教学内容

“工业机器人操作与编程”按照“工业机器人系统操作员（四级）国家职业标准”和 1+X 证书体系中“工业机器人应用编程技能等级标准（初级）”“工业机器人编程与操作课程标准”、技能大赛赛项要求，结合工业机器人码垛工作流程，遵循学生的认知规律与技能迁移特点，结合企业真实工作场景精心设计，将教材的七个项目重构为模块一：汽车总装产线工业机器人系统的安装与调试（项目一：总装产线机器人机械系统安装与调试、项目二：总装产线机器人电气系统安装与调试）、模块二：汽车总装产线工业机器人程序设计与调试（项目三：汽车零部件码垛编程与调试、项目四：汽车零部件涂胶编程与调试）、模块三：汽车总装产线工业机器人系统的综合集成应用（项目五：视觉识别下的汽车总装），“三模块，五项目”的教学内容。

（二）锚定“课程三阶”，精准分析学情

1. 精准分析知识和技能基础

本课程在第四学期开设，学生已学习“工业机器人基础”“工业机器人离线编程（ABB）”

等前导课程，为本课程奠定了知识与技能基础。通过模块一“汽车总装产线工业机器人系统的安装与调试”的学习，学生已基本掌握了机器人工作站的机械及气路安装、电气调试，但欠缺在工业机器人具体工作项目中的编程与调试能力。

2．精准分析认知和实践能力

通过前续课程和项目的学习，学生具备了能手动操作工业机器人的能力，并能使用 RobotStudio 仿真软件的能力。在合作企业实训基地教学实习反馈中，学生表现活跃，但 36.6% 学生对工作岗位的完成能力较低。其中班级有学生在接受市级技能大赛训练，技能基础较为熟练，但临场应变能力、解决问题能力有待训练加强。

3．精准分析学习特点

学生对劳模精神、工匠精神认同度较高，团队协作能力较好，但是缺乏以身作则、精益求精的规范意识，学生思维活跃、动手实践的欲望强，学生渴望学习和未来工作岗位相关的知识和技能，对工业机器人实际工作案例表现出强烈的好奇心，喜欢借助微课、动画、仿真软件等信息化手段学习。

（三）基于“一案四标”，拟定教学目标

依据工业机器人技术应用人才培养方案、专业教学标准、“工业机器人编程与操作”课程标准，结合 1+X 工业机器人应用编程技能等级证书标准，参考市级技能大赛评分标准，确立教学三维目标，根据岗位需求确定教学重点，根据学情分析预判难点，拟定教学目标。

（四）推动“理实一体”，优化教学策略

参照汽车实际生产线，依托学校与企业的深度合作，教学线与生产线的相统一，以多种类设备实训场地开展教学活动；为有效突破重难点，达成学习目标，工业机器人现代学徒制班实行教师、企业师傅的双导师模式，并以企业实际工作场景，在展开三阶段六环节教学实施的过程中，设计五个不同职责的角色让学生体验；利用虚拟仿真、小组合作探究、教师示范，理解机器人码垛工作流程，完成程序编写调试，突破教学重点，通过仿真验证操作、现场调试、多维度多角色体验，强化操作技能，化解教学难点。

（五）对标“德技双馨”，深挖思政元素

在实施教学活动中，以“德技并修，德能并进，德行并一”为根本育人目标，培养“德技双馨”的小工匠，推行“三爱”（爱国爱岗爱团队）、“三讲”（讲安全讲质量讲责任）、“三匠”（明匠心学匠艺做匠人）思政主线，同时紧密结合项目任务，将安全操作意识、工匠精神、劳动精神、责任担当等思政元素有机融入，增强学生科技强国的使命感和责任感，渗透爱国主义教育。

二、教学实施过程

在实施过程中按课前预习、课中学习、课后拓展三个阶段进行，通过“知行合一，手脑

并用”的教学理念，坚持与长城汽车、卓瑞科技等优质企业共同开展实训基地建设、校本教材开发、课程资源建设等专业内涵建设，共同开展校企联合办学，采用“学中做，做中学”的教学手段，按照“奠—明—探—强—展—拓”的教学流程开展教学任务。

（一）课前预习，自主探究任务

教师通过教学平台上传微课、动画等课程资源，并发布课前任务，学生根据教师发布的任务，在开放实训室探索体验，并上传探究结果。教师通过平台数据所反映的情况掌握学生存在的问题，及时调整教学策略。

（二）课中学习，对接生产流程

课中教学对接企业实际生产流程，将教学环节分为教学线与生产线，两线交叉融合，并轨进行，有效达成教学目标，最终实现学生理论与技能的交融，提升学生职业素养与专业能力。教师通过创设情境，带领学生分析项目，理清思路，能调配资源，明确任务；在明确任务的基础上，教师运用任务驱动、示范讲解、仿真练习等方法，借助学习通平台、微课、投屏等多种信息技术帮助学生开展新知学习和操作演练，能探析原理，知晓功能；强化练习过程中，针对学生演练操作过程中的困惑、问题进行点拨指导，是帮助学生提高技能操作水平的必要步骤，能领会要领，强化练习；在教学实施过程中，在成果展示中通过理论运用、实践技能、职业素养、工匠精神四个维度，以校内教师评价、学生自主评价、企业教师评价三个评价主体，在课前作业、小组汇报、环节测验、团队协作、任务完成度、课堂参与度、仿真应用能力、编程与调试能力中构建“四个维度、三大评价主体、八分项数据评价”的评价模式，进行自评、组评，并邀请企业教师进行在线评价，评价内容覆盖教学全程，来达成目标。

（三）课后拓展，迁移知识能力

课后，学生完成巩固作业和预习作业，学有余力的学生还可完成拓展作业。巩固作业分为知识测试题、课堂任务的继续练习等类型，并且开放实训室，让学生进行巩固练习，使技能操作更为熟练；拓展作业以自主探究、机器人不同类型工作任务为主要内容；预习作业，则是对后续任务的知识储备，预习作业，是让学生对后续任务进行初步知识储备和探索，提高自我管理能力。

为培养“德技双馨”有素质的技能型人才，在结合“人字梯型”教学模式下，对“工业机器人操作与编程”进行教学整体设计，在教学实施中按照“奠—明—探—强—展—拓”开展教学任务，引起学生对学习的兴趣和积极性，很大程度优化课堂质量，培养了学生的实践能力和思考能力，促使学生主动分析和解决问题能力，培养学生的创新思维，让课堂教学动起来。

参考文献

[1] 李同同，刘华，邬月野．职业教育“人字梯型”教学模式建构[J]．成人教育，2023，43（7）．

[2] 李少兰，刘红．职业教育“人字梯型”教学模式的构建——价值意蕴及其操作模式[J]．甘肃开放大学学报，2023，33（1）．

【点　评】

本文体现出该教师对“人字梯型”教学模式的深刻思考和运用。教师以“工业机器人操作与编程”课程为载体，将“人字梯型”模式贯穿于教学整体设计到教学实践的全过程，同时有机融入“三爱三讲三匠”的思政元素以及安全操作、一丝不苟、精益求精、爱岗敬业等职业核心素养的培育。除此之外，该教师结合课程自身特点，充分调研学情之后，在教学实施中按照“奠—明—探—强—展—拓”开展教学任务，教学思路清晰、务实，是可借鉴的可迁移的教学方案。

“人字梯型”教学模式的运行机制由 6 个阶段构成，即确定教学目标、创设学习情境、确定问题、自主学习、协作学习以及效果评价。在确定教学目标的过程中，该教师从“岗课赛证”的相应标准、学生已学习的课程内容和学习效果以及该门课程本身的教材标准等三个方面，确定了可执行的合理的教学目标；在第二个阶段，通过让学生体验五个不同职责的角色来创建问题情境，调动学生学习积极性，启发学生思考，并进入第三个阶段，确定问题；紧接着该教师进行操作示范、虚拟仿真等方式传授知识，运用任务驱动推动学生自主学习和小组合作探究学习，从而循序渐进地突破本课的教学重难点；在评价阶段，分别从理论运用、实践技能、职业素养、工匠精神四个维度，以校内教师评价、学生自主评价、企业教师评价三个评价主体，在课前作业、小组汇报、环节测验、团队协作、任务完成度、课堂参与度、仿真应用能力、编程与调试能力中构建“四个维度、三大评价主体、八分项数据评价”的评价模式，进行自评、组评，并邀请企业教师进行在线评价，评价内容覆盖教学全程，来达成目标，以此形成闭环。该教师的做法具备较强的可借鉴性。

中职“服装结构制图”专业课程“人字梯型”教学模式建构

◎作者：欧小丽

【摘　要】 在职业教育教学中做到“职业性”和“教育性”的统筹整合是职业教育提质培优的关键一步。基于职业教育教学中学生与教师、专业知识与通识知识、学校与企业之间“人字梯型”的双向促进和层级提升理念，以支架式教学理论、产教融合理念和人的全面发展理念为理论支撑，以“合作共促”文化为引领，构建了职业教育“人字梯型”教学模式，能够形成更有“教育温度”的产业人才成长模式和更有“产业基因”的教育发展生态。

【关键词】 职业教育；“人字梯型”教学模式；模型建构

一、“人字梯型”教学模式及其内涵

在传统的教育教学中，经常用“甘为人梯”来形容教师的工作，这种评价虽然肯定了教师的无私奉献精神，但也容易让学生乃至家长产生一种错觉，认为学生要想取得进步，就需要教师提供肩膀让学生“踩着”攀爬，并且认为教师达到的高度对学生将来能够取得的成绩起着关键性作用。这种认识不仅限制了学生的发展，同时也让教师在工作上背上了沉重的包袱。

新时期的教育教学中，教师和学生都是“主角”，他们在教学过程中形成的关系就好像“人字梯”一样，这种关系在职业教育中体现得更加淋漓尽致。职业教育过程要紧紧围绕着学生的实际情况展开，教师是整个教学的组织者和引导者，为学生搭建逐层递增的知识之梯，学生能够达到怎样的学习效果是由自身努力和教师的教授两者决定的。

“人字梯型”教学模式以调动和统筹教学过程中一切积极要素为出发点，更加关注教师和学生、教师和企业师傅、学生和企业师傅、学校和企业、专业知识和通识知识、线上和线下之间的双向促进和互相补充，能够形成更加充满生机的职业教育教学生态，更好地培养学生终身学习的能力（见图 2-1）。

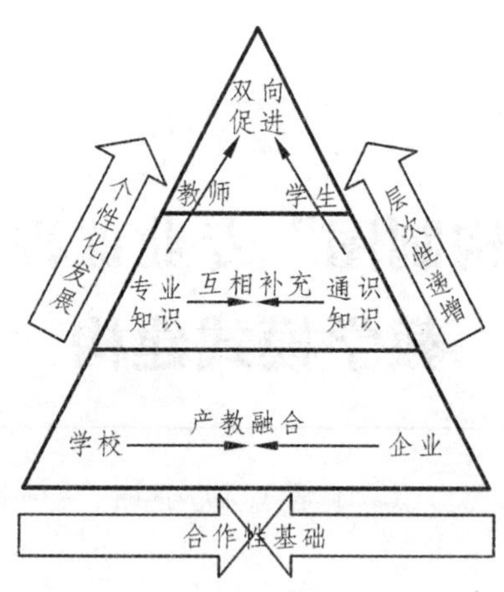

图 2-1 “人字梯型”教学模式生态

二、“人字梯型”教学模式的实施

“人字梯型”教学模式具体构成如图 2-2 所示。

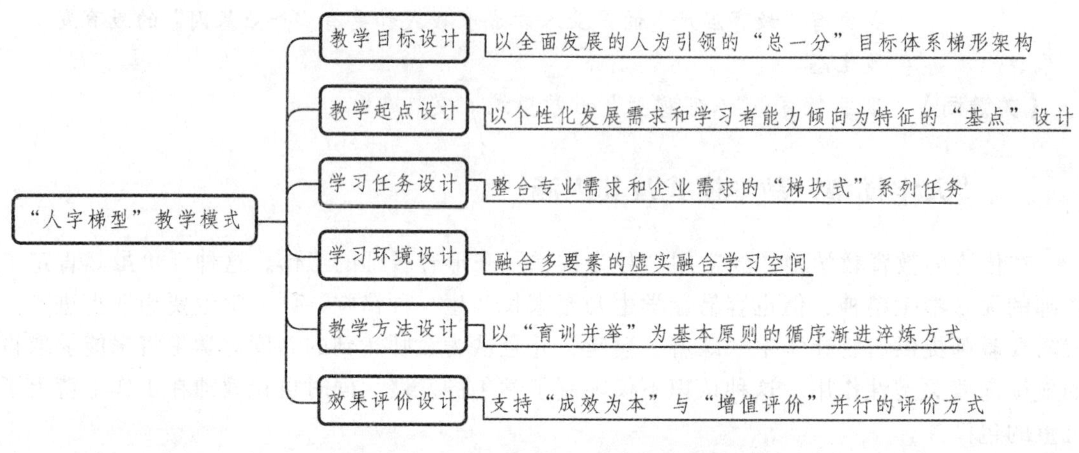

图 2-2 “人字梯型”教学模式构成

传统的职业教育模式是“理论教学+职业实训”的简单拼接（见表 2-1），即对学生先开展职业技术的理论学习，在此基础上进行职业实训。这种教育方式导致实训不及时，无法让学生将所学的理论及时应用到实践中去。

表 2-1 传统教学模式

教 师	学 生
课程讲解	聆听授课
实例演示	观察演示
实践指导	模仿实践
课程评价	不断练习

“人字梯型”教学模式则是以实训为基础，让学生在实践中自主去探寻支撑的理论知识，

进而自觉自动地进行理论学习，该教学模式更加重视线上线下、学校企业、教师学生、理论实践、专业通识等要素的双向发力，将教学过程与工作过程进行对接，开展包括资讯、决策、计划、实施、检查和评估等思维阶段的结构完整的工作过程系统化教学（见表 2-2）。

表 2-2 “人字梯型”教学模式

具体学习任务	开展过程	教学和学习过程	
		教师	学生
服装打板、服装制作、服装理论学习等	资讯	明确任务，提供具体知识材料（视频、讲义）或获取知识途径（网站、链接）	获取信息，知识整合、练习巩固和效果自查
	决策计划	知识检查，提供选择、支持信息和程序信息	制订计划，确定步骤、程序、过程和方法
	实施检查	修订计划，提供材料、工具、情境、示范和指导	实施计划，进行观摩、实践、操作和练习
	评估	检查任务，提供标准、发现问题并引导学生解决	效果优化，对接标准、自查任务、发现并解决问题

三、“服装结构制图”专业课程“人字梯型”教学模式步骤

“服装结构制图”专业课程“人字梯型”教学模式授课时要按照资讯的获取、制定计划决策、实施具体步骤以及教育检查评估四个步骤进行，具体细节如下：

（1）在进行教学之前要获取重要的资讯。根据班级学生的能力水平、知识掌握情况等准备教学视频、授课讲义、课后练习题等相关资料，也可以通过相关的学习网站和具体链接获取授课素材，让自己的教学实现多样化。学生在教师的正确引导下对获取的资讯进行整理和分类，并且通过练习题和完成作业的方式对学习效果进行巩固。

（2）教师在获取多方资讯之后，对在教学中遇到的问题，就会想到多种解决方法，根据实际情况选择合适的方法制定行之有效的教学计划。教师要对授课中遇到的问题准备应对“工具”，包括知识储备、教学工具、教学材料等，根据以上“工具”形成教学的具体方法。学生则根据教师的具体要求制定自己的学习计划，明确自己的学习步骤和方法。

（3）制定计划后，接下来要实施计划。在教学中，教师需要对上一阶段的行动计划再次确认并修订完善，再按照计划设计教学情境并向学生提供相应的材料、工具、示范和即时的分布式指导，并随着学生能力的提升逐渐减少这种支持和指导；学生在教师和企业师傅的帮助指导下发挥主观能动性，开始具体地观摩实践和操作练习。

（4）完成工作任务后需要进行检查和评估。在教学中，教师需要向学生出示标准，并对任务完成情况进行检查和评估，发现任务完成过程中存在的问题并引导学生寻找解决办法；学生根据教师提供的标准进行任务自查，发现问题并在教师指导、同伴讨论和查阅资料的过程中找到解决问题的办法，优化任务效果。

四、结　论

“人字梯型”教学模式强调线上教学和线下教学的“抵足向上”双向促进发展，实现线上

教学和线下教学的优势互补。通过建设集教学实施、教学管理、资源整合、师生交流、校企沟通于一体的信息化共享平台，学校和企业能够更加公开透明地展示岗位需求、就业信息、行业动态、学生学历、教学进程，进而通过信息开放实现各个相关主体之间的有效沟通和深入合作。总的来说，这种基于信息系统的信息开放机制能够更好地消解校企合作中的误会和隔阂，使校企双方能够在掌握充分信息的基础上开展紧密合作，体现了“人字梯型”教学模式的内在核心理念。

参考文献

[1] 徐国庆. 实践导向职业教育课程研究：技术学范式[M]. 上海：上海教育出版社，2005：8.

[2] 吕京，杨敏. 支架式教学法在大学英语阅读教学中的有效性研究[J].中国高等教育，2020（19）：45-46.

[3] 陈保荣. 职业教育产教融合的国际比较研究[J]. 职教论坛，2018（5）：40-46.

[4] 杨运鑫，罗频频，陈鹏. 职业教育产教深度融合机制创新研究[J]. 职业技术教育，2014，35（4）：39-43.

[5] 张亲霞，赵桐羽. 社会主义现代化基本实现：人的全面发展取得实质性进展[J]. 中学政治教学参考，2021（36）：9-12.

[6] 袁利平，杨阳. 人的全面发展：学校课程建设的价值坐标[J]. 中国教育科学（中英文），2021，4（1）：81-90.

[7] 徐拥军. 大数据时代国家治理中的文化生产与文化整合[J]. 求索，2021（3）：126-134.

[8] 刘春玲. 高职旅游管理专业教学资源库建设研究[J]. 创新创业理论研究与实践，2019，2（12）：126-127.

[9] 朱军，张文忠.敏捷理念下的职业技能教学模式创新探究[J]. 职教论坛，2021，37（8）：83-87.

【点　评】

本文探讨了“人字梯型”教学模式在职业教育中的应用，并以服装专业为例，进行了十分细化的分析，具备较强的可操作性。该论文首先介绍了传统教学模式的不足，然后引入了“人字梯型”教学模式及其内涵，强调了教师在教学过程中作为组织者和引导者的角色，以及学生需要自主探索和学习的角色，即“人字梯型”教学模式中的“师生并行”。

在实施“人字梯型”教学模式方面，该论文提出了一种结构完整的工作过程系统化教学，包括资讯、决策、计划、实施、检查和评估等思维阶段。以服装专业为例，按步骤将教师和学生的任务分别进行了演示。通过具体的学习任务，教师和学生共同参与学习过程，通过相互支持和指导，达到提高学生学习效果和培养其终身学习能力的目标。

此外，论文还强调了线上和线下教学的优势互补，以及学校和企业之间的开放透明合作。通过建设信息化共享平台，可以实现教学实施、教学管理、资源整合、师生交流和校企沟通等功能，从而提高教学质量和就业率。本论文体现了“人字梯型”教学模式线上线下并行的理念，以及对教育资源整合的教育取向，对教师进行“人字梯型”教学模式的实操具有重要的指导意义。

3

第三篇

教学设计

第一部分　公共基础课

导　语

“人字梯型”教学模式设计的关键在于体现“六阶递进、六双并行、目标导向、能力本位”的基本特征，其中“六阶递进”是教学环节结构特征，在教学设计和实施中是显性的；“六双并行”是教学要素的结构特征，在教学设计中是半显性的；“目标导向”是教学价值取向特征，在教学设计中是首要的、显性的；“能力本位”是教学时间取向特征，贯穿于教学设计的始终，是隐形的。

要设计一份优秀的“人字梯型”教学模式的教学设计，需要从内容重构、要素分析、目标设定、任务开发、评价确定、流程设计这六个方面深入思考。

1．内容重构

“人字梯型”教学模式是“以人文本”“以梯为质”，同时具备“人”和“梯”的形、神的教学模式，教学应该依据教师和学生（“人”）进行环节、要素、目标、价值（“梯”）的重构，从而达到适应学生特点和学校文化的目的。

中职公共基础课的内容重构要依据《中职公共基础课课程标准》，围绕所在专业的《人才培养方案》，结合规划（或统编）教材进行四步重构。

首先，梳理原有内容。明确各教学任务在规定标准中应包含的知识点、技能点、素养点，在各公共基础课教学设计中，对于基础知识点、技能点梳理较好，符合标准要求，但对素养点的梳理契合度不足，存在笼统、不符合标准要求的现象，且与学生所在专业关联度不够的问题。

其次，优化陈旧内容。中职公共基础课的重构属于微重构，不能违背课程标准，因此，在满足课程标准要求的前提下，对于一些陈旧的教学内容可以依据行业、企业变化，以及学校、岗位实际，对需求度不高、过难的、过简的内容进行优化升级。在所示教学设计中教学内容严格按照标准执行，缺少一定的知识内容体系的优化，存在简单内容复杂化、复杂内容简单化的处理方式。

再次，标准融入。“岗课赛证”的融入不仅仅是指专业课而言，对于中职公共基础课也是可以进行“岗课赛证”融入的，如：旅游服务与管理专业中导游讲解课程中对语文知识体系、英语知识体系、艺体知识体系等都有一定的岗位要求和大赛及证书要求，因此，在针对旅游专业学生进行公共基础课课程内容进行重构时就可以进行融入“岗课赛证”相关内容。而本

部分所有公共基础课教学设计中均未体现这部分内容，在后续的实践研究中应着重进行加强。

最后，课程思政融入。课程思政元素的融入应具有通用性和专业性的特点，即要体现政治素养也要体现课程特点和专业特点，不能单一化，在本部分教学设计中，思政元素的融入过于单一，对于课程特点及专业特点的体现不明显。

2．要素分析

“人字梯型”教学模式涉及的要素很多，但重点需要关注“六双”内容（教师与学生、品德素养与知识技能、教材与资源、课程标准与职业标准、理论学习与技能训练、线上与线下）。对于要素的分析要做到以下几方面：

分清主次。主要是确定每个要素的主次，以及这些要素在某个时段的主次，不同时段、不同任务中要素的主次关系是有所不同的，但一般情况下要素的主次是确定的。比如“教师与学生”要素中，学生主体地位、教师主导地位是不变的，但在教师讲演环节中教师是主要的；再比如“品德素养与知识及技能”要素中，在实践练习中，知识、技能的获取是主要的，但品德素养（思政）的内容是融入知识、技能中去的。在本部分教学设计中，“六双”要素主次关系能基本把握住，但在个别环节中，有所忽略，比如“教材与资源”要素中，有个别设计过于突出了资源的主要地位，却忽略了教材的主要地位。

定位精准。主要是准确确定本教学内容中各要素所起的作用。比如“品德素养与知识技能”，要将“品德素养”的一些关键思政元素与知识技能融合，要将知识技能的一些关键内容进行精确定位，包括思政融入方法、重难点解决方法等。本部分教学设计中在“教师与学生”“品德素养与知识技能”“教材与资源”“理论学习与技能训练”等几方面定位较为准确，但在其他“课程标准与职业标准”“线上与线下”两方面的定位有些凌乱。

设想融合。需要将各要素通过活动、任务、环节等设计进行有效地融合，要确定融合点、路径、方法，包括在哪些点融合、什么时候融合、以什么方式融合等。在本部分各教学设计中，“教师与学生”“理论学习与技能训练”“线上与线下”的融合较好，既体现了“以人为本”，又体现了“能力本位”的理念，但在“教材与资源”“素养与知识技能”等方面的融入就略显不足。

3．目标设定

“人字梯型”教学模式的目标设定分为学生学习和教师发展“三维目标”，中职公共基础课的学生学习目标是依据学情分析有效制定和确定的，包括知识、能力、素养三个维度，对于目标的设定应该突出学生行为，达到“可评、可测”的效果，在所列的教学设计中，目标设定合理，但在描述中略显粗糙，部分没有突出学生行为、没有体现可评可测的效果。而教师发展目标与学生学习目标有一定的区别，要体现教学前预设、教学中验证，教学后确定，供以后的教学、教研使用。在本部分的一些教学设计中，教师发展目标的设定中内容目标合理性不足，对可增、可减的知识技能点体现不够，对课中方法目标的体现不突出，对后期的教研目标设定不明确等问题。

4．任务开发

在“人字梯型”教学模式中，教学任务的开发是，基于教学内容设计载体，让学生在完成任务中达到发展目标要求，有效实施“六阶递进”“六双并行”。中职公共基础课的任务开发不能局限于课程内容，更应结合专业特点，比如工业机器人技术应用专业的语文课程，可以考虑设置撰写项目分析报告的教学任务。在本部分的教学设计中，个别设计中有体现专业特点，但多数未与专业进行有效融合。

5．确定评价

“人字梯型”教学模式中评价点的确定是对教学任务是否实现的重要检测依据，对评价点的设计要充分考虑评价主体、评价内容、评价方式等指标，主体要多元、内容契合度要高、评价方式要可评可测。中职公共基础课的评价内容明确，但基于思政点、专业特色点的评价具有一定的难度，这些在本部分的教学设计中表现明显。

6．流程设计

流程设计是“人字梯型”教学模式得以有效实施的重要环节，课前、课中、课后依次设定了课前准备、任务发布、分组进阶、集中展示、集中评价、扩展延伸这六个阶段，形成“六阶递进”流程。在这六个阶段要逐步推进，有效将“六双”内容进行融合推进，且在设计过程中应重点突出，教师怎么做、学生怎么学、设计意图等内容，知识内容不需要复杂，总体明确即可。在所列的教学设计中，流程设计基本符合“人字梯型”教学模式的体例要求，但对于教师、学生活动的设计略显不足，个别设计未能形成一定的推广性，需要后期再进一步的实践探索。

“人字梯型”教学模式的教学设计是真正地从学历教育的理念转变为立德树人与能力本位相结合的人才培养理念，在教学设计时应充分考虑并紧密联系职业教育的职业性和社会性等特征，每一个环节的设计都应该紧紧围绕满足社会和学生个体需求的立场，要因地制宜进行设计，不能生搬硬套，特别是公共基础课，既不能违背国家标准乱上，也不能一味守旧、缺乏创新。这要求所有教师在深入地理解“人字梯型”教学模式理论基础的前提下依据“六阶递进”“六双并行”的理念开展有效的教学设计。

规范运用

画出简单几何体直观图

◎课程名称：数学
◎授课教师：郑雯

<table>
<tr><td>授课题目</td><td>画出简单几何体直观图</td><td>课程名称</td><td>数学（基础模块下）</td></tr>
<tr><td>授课对象</td><td>3D 打印专业 2020 级 1 班</td><td>授课课时</td><td>1 课时</td></tr>
<tr><td>授课地点</td><td>2-305</td><td>授课形式</td><td>新授课</td></tr>
<tr><td colspan="4">教学分析</td></tr>
<tr><td>内容分析</td><td colspan="3"> 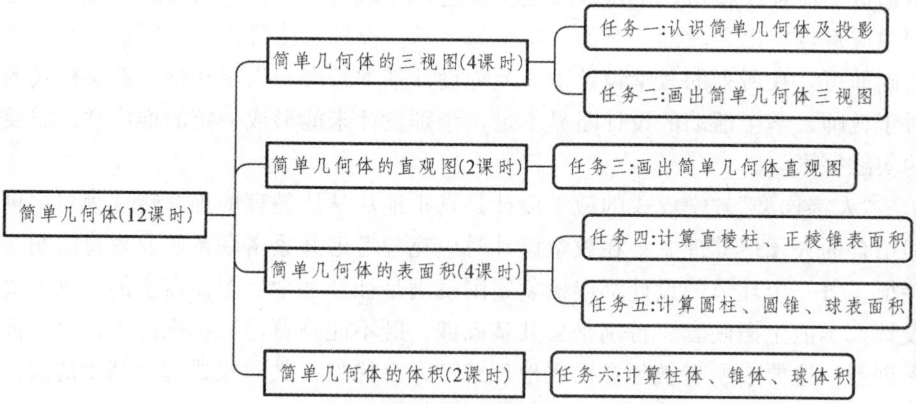简单几何体(12课时)
简单几何体的三视图(4课时)：任务一:认识简单几何体及投影；任务二:画出简单几何体三视图
简单几何体的直观图(2课时)：任务三:画出简单几何体直观图
简单几何体的表面积(4课时)：任务四:计算直棱柱、正棱锥表面积；任务五:计算圆柱、圆锥、球表面积
简单几何体的体积(2课时)：任务六:计算柱体、锥体、球体积
本次课选自高等教育出版社中职数学基础模块（下册）第七单元“简单几何体”中的任务三“画出简单几何体直观图”。在纸面上，立体图形很多直线交叉和重叠，不利于学生学习图形的几何特征，于是学习直观图的斜二测画法使图形在平面上有立体感。三视图和直观图在机械制造、工程建设及许多日常生活中具有重要作用，有利于培养学生的空间观察能力与抽象表达能力，为后面学习计算多面体与旋转体的表面积与体积打好基础。</td></tr>
<tr><td rowspan="3">学情分析</td><td>知识与技能基础</td><td colspan="2">1. 能理解实物或空间图形的三视图。
2. 能初步描述多面体（如棱柱、棱锥等）的特征。
3. 能画简单的棱柱、棱锥等多面体的三视图。</td></tr>
<tr><td>认知与实践能力</td><td colspan="2">1. 有一定的空间想象能力。
2. 能根据三视图想象实物的样子。</td></tr>
<tr><td>学习特点</td><td colspan="2">1. 3D 打印专业的学生大多数为男生，爱动手实操，喜欢以活动为载体的课堂教学模式。
2. 喜欢在专业中运用数学知识。</td></tr>
</table>

续表

<table>
<tr><td rowspan="6">目标</td><td rowspan="3">学生目标</td><td>知识</td><td>1. 能复述实物或空间图形（旋转体）的直观图的概念。
2. 能概述斜二测画直观图的原理。</td></tr>
<tr><td>能力</td><td>1. 有一定的空间想象能力。
2. 能根据三视图想象实物的样子。</td></tr>
<tr><td>素质</td><td>1. 培养勇于探究的能力。
2. 培养活用专业教学知识的能力。</td></tr>
<tr><td rowspan="3">教师目标</td><td>内容</td><td>1. 理解直观图的概念。
2. 掌握斜二测画直观图。</td></tr>
<tr><td>方法</td><td>直观演示法、实验法、活动探究法。</td></tr>
<tr><td>教研</td><td>通过用斜二测画直观图，提升学生在学习和工作中精细化、严谨的态度。</td></tr>
<tr><td colspan="3">教学内容</td><td>第一课时：平面图形的直观图画法。
1. 直观图的概念；
2. 斜二测画法的概念；
3. 斜二测画直观图的规则；
4. 简单平面图形（正方形、三角形、圆）的直观图画法。</td></tr>
<tr><td colspan="3">教学重点</td><td>用斜二测画法画立体图形的直观图。</td></tr>
<tr><td colspan="3">教学难点</td><td>斜二测画法的作图步骤与方法。</td></tr>
<tr><td colspan="4">教学策略</td></tr>
<tr><td colspan="3">教学设计流程</td><td> 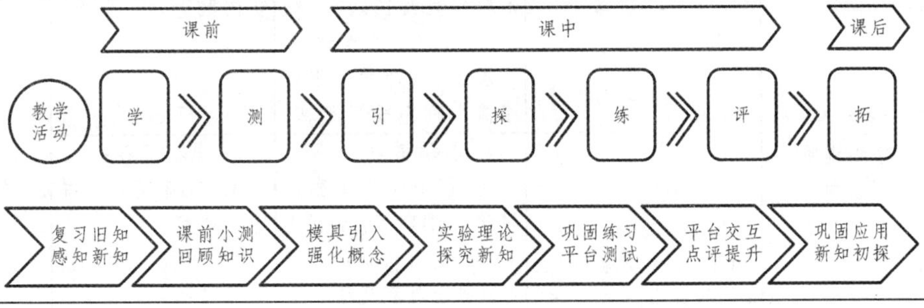课前 课中 课后
教学活动：学 》测 》引 》探 》练 》评 》拓
复习旧知 感知新知 》课前小测 回顾知识 》模具引入 强化概念 》实验理论 探究新知 》巩固练习 平台测试 》平台交互 点评提升 》巩固应用 新知初探</td></tr>
<tr><td colspan="2" rowspan="2">教学方法</td><td>教法</td><td>直观演示法。</td></tr>
<tr><td>学法</td><td>实验法、活动探究法。</td></tr>
<tr><td colspan="3">教学手段与资源</td><td>教学平台：课堂派。
教学手段：希沃白板投影、机械 CAD 软件。
教学资源：数字化资源（微课、视频、ppt、平台测试题）。
教学工具：3D 打印正方体 5 个、彩色小棒 24 根、三面投影板 5 个、测量导学单 36 份。</td></tr>
</table>

续表

<table>
<tr><th colspan="5">教学实施</th></tr>
<tr><th>教学阶梯</th><th>教学内容</th><th>教师活动</th><th>学生活动</th><th>设计意图</th></tr>
<tr><td colspan="5">课　前</td></tr>
<tr><td>教学准备
（第一阶）</td><td>1. 直观图的概念；
2. 平行投影、三视图的概念；
3. 课前小测：直观图与三视图</td><td>1. 发布预习任务：
① 观看微视频“直观图的概念”。
② 巩固平行投影、三视图的概念。
2. 发布课前小测：
选出几何体的三视图与直观图。</td><td>1. 观看微课，了解相关概念。
2. 复习上节课平行投影和三视图的概念，结合新知直观图的概念，完成小测（几何体三视图与几何体直观图）。</td><td>1. 让学生了解相关概念，初步达成知识目标 1。
2. 检测学生课前预习效果，为课中提供素材，及时调整教学策略。</td></tr>
<tr><td colspan="5">课　中</td></tr>
<tr><td>任务发布
（第二阶）</td><td>导课激趣</td><td>观看视频：
① 播放“3D 打印”视频。
② 组织学生谈制作过程，引出课题。</td><td>观看视频，欣赏模具，畅谈想法。</td><td>激发学生学习直观图的兴趣，增强数学与专业联系紧密的意识。</td></tr>
<tr><td rowspan="2">分组进阶
（第三阶）</td><td>1. 直观图的概念</td><td>1. 讲解新知：
① 打开 CAD 软件画一个正方体。
② 提问：图中的每一个面所呈现的还是正方形吗？
③ 讲解新知：直观看起来有立体感的图形叫作直观图。
2. 课前小测点评：
展示、点评学习平台课前小测完成情况。</td><td>1. 学习新知：
①打开机械 CAD 软件作图、观察、回答问题。
② 强化巩固直观图概念。
2. 交流释疑，正确理解三视图与直观图概念。</td><td>1. 完成知识目标 1，通过实物抽象出直观图的形状，引导学生用数学眼光看事物。
2. 让学生强化对概念的理解记忆。</td></tr>
<tr><td>2. 斜二测画法：
（1）斜：x 轴不变，y 轴倾斜 45° 或 135° 建立斜坐标系。
（2）二测：x 轴、z 轴不变，y 轴变为原图形的 1/2。
（3）口诀：平行依旧垂改斜，横等纵半竖不变</td><td>1. 展示模具：
① 组织学生观察往届学生 3D 打印成品。
② 提问从哪些视角可以画出其直观图。
③ 接着提问：那斜着观察几何体作图，图形画出来会发生改变吗？</td><td>1. 观察模具：
① 欣赏模具，并仔细观察。
② 积极思考，猜测回答问题。</td><td>1. 完成知识目标 2，通过活动抽象出斜二测画法概念，引导学生理解记忆。</td></tr>
</table>

续表

教学阶梯	教学内容	教师活动	学生活动	设计意图
分组进阶（第三阶）	2. 斜二测画法： （1）斜：x 轴不变，y 轴倾斜 45° 或 135° 建立斜坐标系。 （2）二测：x 轴、z 轴不变，y 轴变为原图形的 1/2。 （3）口诀：平行依旧垂改斜，横等纵半竖不变	2. 探究活动一（探究斜）： ① 演示以小棒当作平行光线画正方形直观图。 ② 组织学生进行实验探究：以正方体为例，画出正方形的直观图，指导小组根据实验结果探讨。 ③ 组织做得好的小组分享做法，强调投影时平行光线运用的方法。 3. 归纳总结：为统一规范研究，画直观图时我们通常从 x 轴不变，y 轴倾斜 45°或 135° 建斜坐标系作图。 4. 探究活动二（探究二测）： ① 组织学生判断导学单中直观图是哪些几何体。 ② 引导学生测量 3D 打印出的几何体实物及导学单中直观图的各棱之间的角度以及边长。 ③ 跟进指导学生测量，组织学生根据测量结果探讨。 ④ 展示点评学生测量结果，请同学分享自己的发现。 5. 点评、归纳并演示：二测即 x 轴、z 轴长度不变，y 轴长度变为原图形的 1/2。 6. 发布课中小测：根据斜二测的原理，判断正误。 7. 总结斜二侧作图口诀： 平行依旧垂改斜，横等纵半竖不变。	2. 小组探究活动一： ① 分小组进行实验，将小棒看作平行光线，画出斜投影下正方形的直观图。 ② 小组探讨并记录。 ③ 各小组分享描述正方形各边、角如何变化。 3. 归纳理解画直观图中将直角坐标系变为斜坐标系。 4. 探究活动二： ① 先根据视觉判断分别是什么几何体。 ② 测量相应数据、记录并拍照上传至平台。 ③ 小组讨论并记录。 ④ 小组代表分享讨论结果。 5. 理解记忆画直观图中轴的变化。 6. 完成小测，记录得分。 7. 强化理解，巧用口诀掌握作图方法。	2. 通过活动让学生掌握斜二测作图方法，让学生在做中学，学中做。

续表

教学阶梯	教学内容	教师活动	学生活动	设计意图
集中展示 （第四阶）	画平面图形的直观图： （1）正方形； （2）正三角形； （3）圆	1. 布置任务： ① 让学生自主尝试画水平放置边长为 4 cm 正方形的直观图。 ② 观察学生自主完成任务的情况。 ③ 通过投影展示，组织学生观察点评学生尝试画的图。 2. 诵读规则，规范要求： 要求学生诵读规则，规范学生画直观图的步骤和要求。 3. 演示规范： 根据规范步骤演示画正方形的直观图，引导学生再次观察长宽比例。 4. 发布练习任务： ① 让学生根据积分以小组为单位选取一个任务：画出下图中的直观图。 a 任务：画水平放置 4 cm 的正三角的水平放置的直观图。 b 任务：画半径为 4 cm 的圆的水平放置的直观图。 ② 观察学生完成进度，并适时指导。 ③ 随机抽查学生作品，投影展示，组织学生观察点评。	1. 完成任务： ① 尝试画正方形的直观图。 ② 分组将完成的作品提交到教学平台上，观察并点评。 2. 诵读斜二测画法的步骤，理解记忆，规范作图。 3. 学习老师正确画图步骤，观察正方形的长、宽在直观图中的比例规律，修改自己作的图。 4. 完成练习任务： ① 根据积分完成任务选取。 ② 根据斜二测画法的规则，尝试画出直观图。 ③ 观察点评，并结合自己作品进行批改和修正。	1. 进一步巩固斜二测的画法，提高学生画图的能力、直观想象能力，完成能力目标 1。 2. 增进师生、生生交流合作，提高学习成效。 3. 培养学生观察、归纳的能力，使学生说清数学知识，突破教学难点。

续表

<table>
<tr><th>教学阶梯</th><th>教学内容</th><th>教师活动</th><th>学生活动</th><th>设计意图</th></tr>
<tr><td>集中评价
（第五阶）</td><td>知识检测与小结
(1)课堂知识检测。
(2)课堂总结。
(3)评价积分表展示</td><td>1. 发布抢答小测，组织学生抢答并积分。
2. 组织学生回顾知识点。
3. 展示评价量表并点评。</td><td>1. 积极抢答。
2. 总结回顾本节课知识点。
3. 聆听评价。</td><td>评价活动有依据，反馈学生对本节课的教学目标达成情况。</td></tr>
<tr><td colspan="5">课　后</td></tr>
<tr><td>拓展延伸
（第六阶）</td><td colspan="4">课后作业：
(1) 画出长、宽、高分别是 6 cm 正方体 $ABCD\text{-}A'B'C'D'$ 的直观图。
(2) 画出长、宽、高分别是 6 cm，8 cm，4 cm 的长方体 $ABCD\text{-}A'B'C'D'$ 的直观图。
实践任务：
按照课后作业的要求在实训室将正方体和长方体 3D 打印出来并上交。</td></tr>
<tr><td colspan="5">教学板书</td></tr>
<tr><td colspan="5">画出简体几何体直观图
1. 斜二侧画法与步骤　　建系 ⟶ 定点 ⟶ 连线成图
2. 画平面图形直观图　　口诀：平行依旧垂改斜，横等纵半竖不变；眼见为实遮为虚，空间观感好体现。</td></tr>
<tr><td colspan="5">教学反思</td></tr>
<tr><td>目标达成情况</td><td colspan="4">教学资源准备与使用反思：教学资源准备比较充分，通过活动探究使抽象变得形象，让学生循序渐进地理解并掌握斜二测画法。3D 打印教学模具与专业相结合，使学生发现数学来源于生活、专业，有用于生活和专业。</td></tr>
<tr><td>亮点与特色</td><td colspan="4">1. 遵循学生认知和学习特点，结合专业，通过实物观察实验活动探究的方式让学生学习总结归纳斜二测画图方法，将难以理解的抽象概念直观具体化。
2. 在学习过程中有意识地融入思政元素，提升学生在学习和工作中精细化、严谨的态度，树立正确的价值观。</td></tr>
<tr><td>问题与改进</td><td colspan="4">不足之处：让学生上传正方体直观图作业至平台，平台打分评价不够灵活。
改进措施：灵活运用教学平台，多方位多平台结合评价，让学生发现问题，学有所获。</td></tr>
</table>

【点　评】

主要特色：

1. 活动安排层层递进，体现“师生并行”理念：课前，教师利用课堂派发布预习任务，学生开展课前学习，奠定下阶段学习基础。教师开展课前学情分析，优化下阶段教学安排。课中，教师以“简单几何体”在增材制造专业的应用为切入点，组织学生有效开展知识理解学习，充分体现了教师主导、学生主体的作用，形成了“师生并行”效果。

2. 学习形式多样化，体现“线上线下并行”理念：课前，学生依托平台开展新知预习，在奠定基础的同时也可发现自身问题，依托线上、线下教学资源持续开展自学。课中，教师通过平台发布教学“简单几何体绘制”教学资源，学生通过平台观看后在进行实际绘制练习，充分体现了“线上线下并行”理念。

3. 引用实物展示，体现“探究学习”理念：在小组进阶阶段，教师引入实物，开展探究了 2 个探究活动，组织学生探究学习斜二测画法，学生通过这种小组探究式学习可以进一步加深对知识点的理解。

4. 绘制口诀的编制，体现“以学生为中心”理念：在“斜二测画法”教学过程中，针对机械专业学生不愿学习枯燥乏味的知识点的学习特性，教师编制了一段口诀，让学生理解绘制要求，充分体现了“以学生为中心”的教学理念。

建议：

1.“三维目标”描述不准确，多用“可评、可测”的词：如在对“简单几何体绘制”能力目标描述时可采用“结合斜二测法绘制简单几何体”等诸如此类的描述。

2. 评价量化表过于复杂，可进一步简化：参与评价主体可多元，评价方式可以多样化，建议利用平台进行信息化数据采集。

直线与圆的位置关系

◎课程名称：数学

◎授课教师：王婷

<table>
<tr><td colspan="2">授课题目</td><td>直线与圆的位置关系</td><td>课程名称</td><td>数学</td></tr>
<tr><td colspan="2">授课对象</td><td>高二年级高考班</td><td>授课课时</td><td>2 课时</td></tr>
<tr><td colspan="2">授课地点</td><td>智能制造系教学楼</td><td>授课形式</td><td>新授课</td></tr>
<tr><td colspan="5">教学分析</td></tr>
<tr><td colspan="2">内容分析</td><td colspan="3">本课选自高教版《数学》(基础模块)下册第六章6.5“直线与圆的位置关系”。在前面学习了直线和圆的方程基础上，继续深入学习直线与圆的位置关系。本课介绍直线与圆的位置关系，利用比较半径与圆心到直线的距离大小来判定直线与圆的位置关系，学生在已有基础上容易理解。但是学习求圆的切线方程需要通过例题练习加强学生的对知识的理解和应用。</td></tr>
<tr><td colspan="2" rowspan="3">学情分析</td><td>知识与技能基础</td><td colspan="2">1. 掌握了点到直线的距离公式及由圆的方程求圆心和半径的方法。
2. 学生具备一定的分析能力。</td></tr>
<tr><td>认知与实践能力</td><td colspan="2">学生已有比较大的认知基础，有一定的空间想象能力。</td></tr>
<tr><td>学习特点</td><td colspan="2">1. 学生都很聪明，但是部分学习习惯较差，且缺乏学习方法。
2. 学生学习枯燥的内容时容易走神，缺乏学习兴趣。</td></tr>
<tr><td rowspan="6">目标</td><td rowspan="3">学生目标</td><td>知识</td><td colspan="2">1. 会根据圆心到直线的距离判断直线与圆的位置关系。
2. 会求圆的切线方程。</td></tr>
<tr><td>能力</td><td colspan="2">1. 通过圆心到直线的距离与圆的半径的比较，理解直线与圆的位置关系。
2. 培养观察思考、综合运用、知识迁移、数形结合等能力。</td></tr>
<tr><td>素质</td><td colspan="2">1. 培养大胆思考、勇于探究的习惯。
2. 体验数学之美，激发学习兴趣。</td></tr>
<tr><td rowspan="3">教师目标</td><td>内容</td><td colspan="2">1. 会根据圆心到直线的距离判断直线与圆的位置关系。
2. 会求圆的切线方程。</td></tr>
<tr><td>方法</td><td colspan="2">师生合作式、诱导启发式。</td></tr>
<tr><td>教研</td><td colspan="2">用不同的教学方法提高学生的课堂参与度，例如可采用抢答或随机点名方式训练学生的反应力，进而强化知识内容。</td></tr>
<tr><td colspan="2">教学内容</td><td colspan="3">本课通过实例介绍直线与圆的位置关系，采用数形结合的方式，利用比较半径与圆心到直线的距离大小来判定直线与圆的位置关系，通过例题学习求圆的切线方程。</td></tr>
<tr><td colspan="2">教学重点</td><td colspan="3">根据给定直线和圆的方程，判别直线与圆的位置关系。</td></tr>
<tr><td colspan="2">教学难点</td><td colspan="3">求解圆的切线方程。</td></tr>
</table>

续表

教学策略				
教学设计流程	课前：学测、教学准备 课中：引——探——练——评（情境导入 探究新知 知识巩固 集中评价） 课后：拓展延伸			
教学方法：教法	师生合作式、诱导启发式。			
教学方法：学法	自主学习法、合作探究法、练习法。			
教学手段与资源	多媒体教学平台、学习通、课件。			
教学实施				
教学阶梯	教学内容	教师活动	学生活动	设计意图
课　前				
教学准备（第一阶）	导学案： 任务一：欣赏日落图片。 任务二：回顾用“公共点的个数判断直线和圆的位置关系”的方法。	通过学习通布置任务。	思考解决方案并完成任务。	通过课前任务，激发学生学习热情。
课　中				
任务发布（第二阶）	创设情境： 在日落过程中，太阳和海平面有三种位置关系。如果把太阳看作一个圆，海平面看做一条直线，这三种位置关系是否可以通过直线和圆的方程表示？	教师通过图片提出问题，引导学生进行思考。	学生结合图片进行思考讨论，并回答教师提问。	1. 利用生活常见现象引导学生进行思考。 2. 让学生学会独立分析问题，解决问题，初步体会数学的魅力。
分组进阶（第三阶）	一、探索新知 在平面几何中，我们已经知道直线与圆的三种位置关系，如图所示。 $d>r$　$d=r$　$d<r$ 当直线与圆没有公共点时，直线与圆相离。 当直线与圆有唯一公共点时，直线与圆相切。 当直线与圆有两个公共点时，直线与圆相交。	1. 结合图形进行教师精讲。 2. 在黑板展示讲解，并结合任务进行提问，引导学生进行思考。	1. 听取教师讲解。 2. 观看黑板图形理解知识点。	1. 利用图形对比一般曲线与方程的关系，加深学生的理解。 2. 数形结合方式更加有针对性和简洁。

续表

教学阶梯	教学内容	教师活动	学生活动	设计意图
分组进阶（第三阶）	观察上图可知，直线与圆的位置关系可以由圆心到直线的距离 d 与半径 r 的大小关系来判断。 （1）直线 l 与圆 C 相离 $\Leftrightarrow d>r$； （2）直线 l 与圆 C 相切 $\Leftrightarrow d=r$； （3）直线 l 与圆 C 相交 $\Leftrightarrow d<r$； 二、例题解析 例 1　已知直线 $y=x+2$ 圆 $x^2+y^2=9$，判断它们的位置关系. 解：圆心为（0，0），半径 $r=3$，直线化为一般式 $x-y+2=0$。 圆心到直线距离 $d=\frac{\lvert 0-0+2\rvert}{\sqrt{1^2+(-1)^2}}=\sqrt{2}$ $\sqrt{2}<3$，所以 $d<\ r$，故直线与圆相交。 例 2　已知直线 l：$x+2y+C=0$ 和圆 x^2+y^2-$4x+2y+1=0$。问 C 为何值时，直线 1 和圆相交、相切、相离。 解：圆化为标准方程 $(x-2)^2+(y+1)^2=4$，圆心为（2，−1），半径 $r=2$。 圆心到直线距离 $d=\frac{\lvert 2-2+C\rvert}{\sqrt{1^2+2^2}}=\frac{\lvert C\rvert}{\sqrt{5}}$ 当 $d<r,\ \frac{\lvert C\rvert}{\sqrt{5}}<2$， 即 $-2\sqrt{5}<C<2\sqrt{5}$ 时，直线与圆相交； 当 $d=r,\ \frac{\lvert C\rvert}{\sqrt{5}}=2$，即 $C=-2\sqrt{5}$ 或 $C=2\sqrt{5}$ 时，直线与圆相切；	3. 例题讲解，并进行要点强调。	3. 听取教师的例题讲解，并思考解决该类的方法。	3. 强化练习，复习初的知识，也是对新学习知识的巩固和加深。

续表

教学阶梯	教学内容	教师活动	学生活动	设计意图
分组进阶（第三阶）	当 $d>r,\frac{\lvert C\rvert}{\sqrt{5}}>2$，即 $C<-2\sqrt{5}$ 或 $C>2\sqrt{5}$ 时，直线与圆相离。 三、探索与发现 直线与圆相切，称直线为圆的切线。在平面直角坐标系中，如果过点 P 能作出圆的切线，那么，如何求这条切线的方程呢？ 可以看出： （1）点 P 在圆 C 上，过点 P 只能作一条直线与圆 C 相切； （2）点 P 在圆 C 外，过点 P 可以作两条直线与圆 C 相切； （3）点 P 在圆 C 内，过点 P 不存在与圆 C 相切的直线。 例 3 求过圆 $x^2+(y-1)^2=2$ 上一点 $(1,0)$ 的切线方程。 分析：求切线方程的关键是求出切线的斜率 k，可以利用圆心到切线的距离等于圆的半径来确定 k。 解：圆心为（0，1），半径 $r=\sqrt{2}$，显然切线的斜率存在，设切线斜率为 k，则切线方程为 $y-0=k(x-1)$，即：$kx-y-k=0$	4. 发布课堂探索任务，组织学生完成任务，并进行讲解点评。	4. 完成课堂任务，小组内讨论并听取教师的讲解。	4. 扩展练习使得学生的认识不断加深，同时培养学生思维的严谨性。

续表

教学阶梯	教学内容	教师活动	学生活动	设计意图
分组进阶（第三阶）	圆心到切线距离 $d=\frac{\lvert k\times 0-1-k\rvert}{\sqrt{k^2+(-1)^2}}$ $=\frac{\lvert k+1\rvert}{\sqrt{k^2+1}}$ 圆心到切线距离等于半径，所以 $\frac{\lvert k+1\rvert}{\sqrt{k^2+1}}=\sqrt{2}$ 得 $k=1$。 所以切线方程为 $x-y-1=0$。			
集中展示(第四阶)	1. 在学习通领取课堂任务，并完成任务。 2. 在希沃白板抢答答题，获取小组奖励。 3. 分小组展示，随机在小组抽取并展示其作业。 课堂任务： 1. 判断下列直线与圆的位置关系： （1）直线 $x+y-1=0$ 与圆 $(x-1)^2+y^2=4$。 （2）直线 $x=1$ 与圆 $x^2+y^2=1$。 （3）直线 $2x-y+5=0$ 与圆 $x^2+(y+2)^2=1$。 （4）直线 $y=x+4$ 与圆 $(x-4)^2+(y+1)^2=3$。 2. 求圆心为（−2，−4）且与 y 轴相切的圆的方程。 3. 求过圆 $x^2+y^2=10$ 上一点（1，3）的切线方程。	教师发布展示任务，并进行巡视指导。	小组领取任务，并合作完成展示任务。	利用小组合作方式加深对所学知识的理解运用，使学生掌握基础知识，有利于培养学生更高的思维能力和团队合作的能力。
集中评价（第五阶）	1. 小结： 用几何法判断直线与圆的位置关系。 求圆的切线方程。 2. 师评、互评。	教师小结、评价。	学生总结、互评。	让学生梳理本节内容，通过评价增强学生自信心。

续表

教学阶梯	教学内容	教师活动	学生活动	设计意图
课　后				
第六阶：拓展延伸	1. 书面作业：完成课后习题和学习与训练。 2. 查漏补缺：根据个人情况对课题进行复习与回顾。 3. 拓展作业：阅读教材扩展延伸内容。	教师发布课后扩展任务。	学生领取并记录任务。	培养探究延伸学习。

教学评价

课前（15%）：

（师评）完成了导学案课前回顾部分（圆的几何定义及两点间的距离公式）的同学计 100 分，未完成者计 0 分。

课中（70%）：

（师评）课堂出勤 5 分。

（自评、互评）参与小组讨论+互动的同学计 65 分。

（自评、互评）主动举手参与抢答的同学计 30 分。

课后（15%）：

（师评）完成课后作业的同学计 100 分。

教学板书

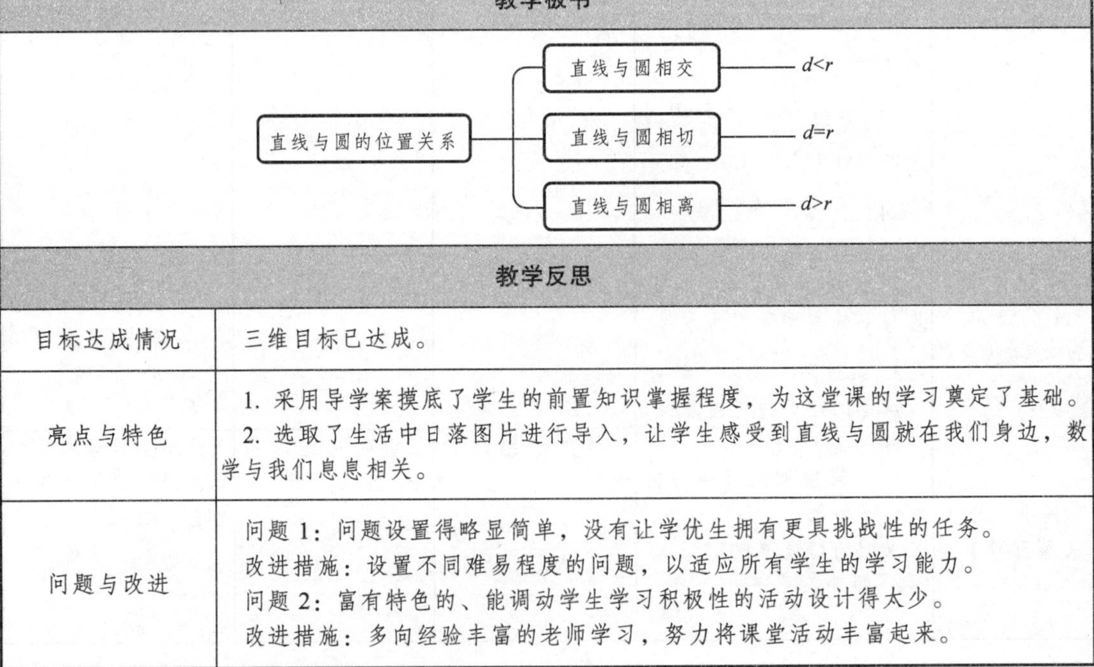

教学反思

目标达成情况	三维目标已达成。
亮点与特色	1. 采用导学案摸底了学生的前置知识掌握程度，为这堂课的学习奠定了基础。 2. 选取了生活中日落图片进行导入，让学生感受到直线与圆就在我们身边，数学与我们息息相关。
问题与改进	问题 1：问题设置得略显简单，没有让学优生拥有更具挑战性的任务。 改进措施：设置不同难易程度的问题，以适应所有学生的学习能力。 问题 2：富有特色的、能调动学生学习积极性的活动设计得太少。 改进措施：多向经验丰富的老师学习，努力将课堂活动丰富起来。

【点　评】

主要特色：

1. 采用“导学案”摸底，精准分析了学情：授课对象为对口高考班学生，利用“导学案”的方式对学生进行课前预习情况进行摸底和分析，对学生的知识基础、能力基础以及学习特点都进行了详细的分析，为后期安排教学内容奠定了基础。

2. 数字教学资源运用合理，增加了学生学习兴趣：在各个教学环节中，先后运用了日出的多位置效果图、在平面中直线和圆的位置关系图以及探索直线与圆位置关系的计算图，通过图片展示，进一步加深了学生对于本次课的学习重点的理解，也提升了学生的课堂学习兴趣。

3. 讲练结合，体现了“师生并行”理念：在该教学设计中既有教师的精讲，也有学生的巩固练习，较好地运用了讲练结合的教学策略，教师的主导作用得以体现的同时，也体现了学生的主体地位，较好地融入了“师生并行”理念。

建议：

1. 目标描述不准确，“三维”教学目标多用可评可测词汇：知识、能力、素养目标中用了较多的模糊性词语进行描述，如会求、理解、会等词语，缺少可评可测的描述，对技能目标描述可参考进行如下描述“能按照……要求，计算、绘制……”。

2. 教学活动设置平淡，应多设置增加学生兴趣的活动环节：在开展教学过程中，对“直线与圆的位置关系”知识传递虽有导入等环节，但多数活动以教师讲授为主，没有体现以学生为主体，可增加一些学生自主探究的环节，让学生通过合作探索“直线与圆的位置关系”的样子和判断。

让成长不烦恼

◎课程名称：心理健康

◎授课教师：王婷

<table>
<tr><td>授课题目</td><td colspan="3">让成长不烦恼</td><td>课程名称</td><td>健康教育</td></tr>
<tr><td>授课对象</td><td colspan="3">高一学生</td><td>授课课时</td><td>1 课时</td></tr>
<tr><td>授课地点</td><td colspan="3">2-401 教室</td><td>授课形式</td><td>新授课</td></tr>
<tr><th colspan="6">教学分析</th></tr>
<tr><td>内容分析</td><td colspan="5">步入青春期，很多学生的身体和外貌都发生了不小的变化。青春期是人生的过渡期，是生殖器官由开始发育到成熟的时期，是青少年快速成长的阶段。在这个阶段，生理的急剧变化，容易使学生产生好奇、不安、恐惧、迷茫等复杂的心理。对于青春期这个敏感而又重要的话题，我们必须重视起来。本节课，帮助学生了解青春期的生理和心理的变化，使他们学会从容应对青春期的烦恼。</td></tr>
<tr><td rowspan="3">学情分析</td><td colspan="2">知识与技能基础</td><td colspan="3">学生对青春期懵懂而敏感，有复杂的心理，需要正确的引导。</td></tr>
<tr><td colspan="2">认知与实践能力</td><td colspan="3">对自己的身体变化有一定的认识，但有部分学生还不适应，不知道青春期如何面对。</td></tr>
<tr><td colspan="2">学习特点</td><td colspan="3">1. 学生们都很聪明，但是学习习惯较差，且缺乏学习方法。
2. 对于枯燥的学习内容容易走神，缺乏学习兴趣。</td></tr>
<tr><td rowspan="6">目标</td><td rowspan="3">学生目标</td><td>知识</td><td colspan="3">了解青春期生理上和心理上的变化。</td></tr>
<tr><td>能力</td><td colspan="3">能用所学知识解决青春期的相关问题。</td></tr>
<tr><td>素质</td><td colspan="3">能以乐观坦然的心态直面青春期。</td></tr>
<tr><td rowspan="3">教师目标</td><td>内容</td><td colspan="3">让学生掌握青春期的生理和心理的变化，学会解决青春期的相关问题，健康成长。</td></tr>
<tr><td>方法</td><td colspan="3">师生合作式、诱导启发式。</td></tr>
<tr><td>教研</td><td colspan="3">用不同的教学方法提高学生的课堂参与度，让学生学会思考，学会应用知识。</td></tr>
<tr><td>教学内容</td><td colspan="5">本课通过视频和事例讲解，生掌握青春期的生理和心理的变化，学会解决青春期的相关问题，健康成长。</td></tr>
<tr><td>教学重点</td><td colspan="5">让学生春期生理上和心理上的变化。</td></tr>
<tr><td>教学难点</td><td colspan="5">让学生学知识解决常见的青春期的烦恼，健康成长。</td></tr>
<tr><th colspan="6">教学策略</th></tr>
<tr><td>教学设计流程</td><td colspan="5">课前 / 调查 / 教学准备
课中 / 引——探——评 / 情境导入 探究新知 集中评价
课后 / 拓 / 拓展延伸</td></tr>
<tr><td rowspan="2">教学方法</td><td>教法</td><td colspan="4">师生合作式、诱导启发式。</td></tr>
<tr><td>学法</td><td colspan="4">自主学习法、合作探究法。</td></tr>
</table>

续表

<table>
<tr><td>教学手段与资源</td><td colspan="4">多媒体教学平台、学习通、课件。</td></tr>
<tr><td colspan="5">教学实施</td></tr>
<tr><td>教学阶梯</td><td>教学内容</td><td>教师活动</td><td>学生活动</td><td>设计意图</td></tr>
<tr><td colspan="5">课　前</td></tr>
<tr><td>教学准备（第一阶）</td><td>调查身边的同学所遇到的青春期的烦恼。</td><td>通过学习通布置任务。</td><td>思考并完成任务。</td><td>设问，激发兴趣。</td></tr>
<tr><td colspan="5">课　中</td></tr>
<tr><td>情景导入（第二阶）</td><td>观看一个视频，注意视频中的学生遇到了什么样的烦恼？并思考如果是你，你应该如何应对？</td><td>提出问题。</td><td>思考回答。</td><td>让学生学会独立分析问题，解决问题。</td></tr>
<tr><td>探究新知（第三阶）</td><td>一、我的青春正萌芽
1. 同学们正在步入一个重要的发育时期——青春期，这是个人生长发育发生变化的重要时期。在这个时期自己和同学们身上发生了哪些变化？以后还会有哪些变化呢？“怎样面对这些变化”是我们健康度过青春期的关键。
请同学们先认真地观看这段小视频，在看的过程中思考：青春期我们的身体发生了哪些变化呢？
2. 出示视频“男生女生青春期身体的变化”，帮助学生了解青春期发生的身体变化。
3. 知识讲解。
青春期的生理变化：
男孩：喉结突出，出现暗疮或粉刺，嗓音变低，出现遗精，胡子、腋毛、阴毛生长。
女孩：乳房开始发育，骨盆变宽，腋毛、阴毛生长，声音变细，出现月经。
预防性早熟：
（1）食物；
（2）避免成人的洗涤及化妆用品；
（3）避免接触影视、书报中有关性内容的镜头和文字；
（4）多运动，均衡饮食。</td><td>教师利用投影向学生展示有关观点与定义。
讲解。
说明。</td><td>学生认真观看并适时记录。
理解。
思考。</td><td>提升认识，引出新知。
用视频提升学生的学习兴趣。
性早熟危害大，学生应学会如何避免性早熟，关于学生自身的问题他们会更加关注。</td></tr>
</table>

续表

教学阶梯	教学内容	教师活动	学生活动	设计意图
探究新知 （第三阶）	二、初探青春期烦恼 你了解青春期心理健康的定义吗？ 青春期是指儿童少年开始进入发育高峰期，最后达到成熟的时期，即由儿童向成人的过渡阶段。青春期是人的一生中心理发展最活跃的阶段，也是容易产生心理问题的重要阶段，因此要关注自己的心理健康。 1. 青春期的心理变化： （1）有了强烈的独立意识 （2）遇到挫折又有依赖性，渴望得到家长和老师的关怀。 （3）内心世界逐渐复杂，有的事情不想跟家长交流。 2. 青春期常见的心理问题： （1）焦虑抑郁性障碍； （2）性烦恼和性困惑； （3）学习压力过大与学习动机不足； （4）人际交往的压力。	展示。 教师启发学生对问题进行思考或讨论。 引导、讲解、强调。	领会。 思考。 分析、交流。	
集中展示 （第四阶）	三、共话青春期烦恼 1. 我们的青春期烦恼 ① 引导语：成长是美好的，但也会遇上一些小麻烦。请在“烦恼单”上写出一个你的烦恼（可以参考快快或乐乐的例子），然后在小组里按顺时针方向交换，请其他同学将建议写在对话框里。 ② 全班交流分享。 （预设：a 声音变了；b 个子不高、力气不大；c 有青春痘了；d 不懂怎么跟异性交往） 2. 那针对以上我们常见的烦恼，我们该怎么处理呢？ （PPT 展示） ① 在变声期如何保护嗓子？ ② 如何让自己个子长得更	发布任务。 教师询问学生遇到一些心理健康方面的难题时是如何解决的。	查看任务。 思考。	培养学生团队合作的能力。 使学生掌握正确的方法培养学生正确的健康心理。

续表

集中展示（第四阶）	高、身体更加健康、强壮？ ③如何预防青春痘？ ④ 如何跟异性正常交往？ ⑤ 如何跟自己的父母相处？ 3. 下面请第一组的同学思考和讨论第一个问题，第二、第三、第四组的同学分别讨论第二、第三、第四个问题，最后每一组派代表分享讨论的结果。 4. 学生分享后出示课件总结。 四、描绘七彩的青春期 1. 请学生思考青少年发展任务： （1）我是谁？ （2）我将走向何方？ （3）如何获得勤奋感和克服自卑感，体验能力的实现？ 2. 青春期烦恼的几个有效方法： （1）迎接挑战； （2）关注和学习有关青春期的健康知识和书籍（《我的青春期》《小学生的青春期》）； （3）讲究卫生，养成规律的生活和作息习惯； （4）积极参加体育运动，锻炼身体。 （5）向他人寻求帮助。	教师启发学生对问题进行思考或讨论。	展示结果。 谈感想。 学生在教师的启发下思考问题或是讨论解决 。	让学生面对问题，学会如何去解决问题
集中评价（第五阶）	1. 小结： 青春期的生理和心理变化。 如何解决青春期的烦恼。 2. 师评、互评。	教师小结、评价。	学生总结、互评。	让学生梳理本节内容； 通过评价增强学生自信心。
课　后				
拓展延伸（第六阶）	观看一个小女孩的青春期主题的片段，分析片段里面小女孩面对的青春期的问题，并帮助她找到解决问题的方法。思考：女孩妈妈的做法是否正确？如果你是女孩妈妈你会怎么做？	说明。	记录。	继续探究、延伸学习。

续表

教学评价
课前（15%）： （师评）完成了导学案课前部分（调查身边同学青春期的烦恼）的同学计100分，未完成者计0分。 课中（70%）： （师评）课堂出勤5分。 （自评、互评）参与小组讨论+互动的同学计65分。 （自评、互评）主动举手参与抢答的同学计30分。 课后（15%）： （师评）完成课后作业的同学计100分
教学板书
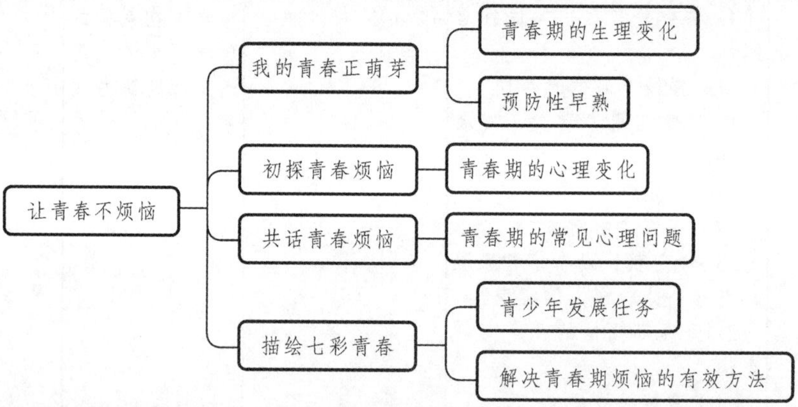 让青春不烦恼 我的青春正萌芽——青春期的生理变化；预防性早熟 初探青春烦恼——青春期的心理变化 共话青春烦恼——青春期的常见心理问题 描绘七彩青春——青少年发展任务；解决青春期烦恼的有效方法

教学反思	
目标达成情况	三维目标已达成。
亮点与特色	1. 采用导学案让学生调查问题，为这堂课的学习奠定了基础。 2. 采用引探评的教学模式，让学生合作式学习，更多地参与课堂。
问题与改进	问题1：知识讲解部分枯燥乏味，问题设置得略显简单。 改进措施：多结合身边的事例讲解知识点，学生更感兴趣。 问题2：富有特色的、能调动学生学习积极性的活动设计得太少。 改进措施：多向经验丰富的老师学习，努力将课堂活动丰富起来。

【点　评】

主要特色：

1. 资源运用充分，充分体现学生学习特点：中职学生对于枯燥的文字内容兴趣不足，该教学设计中运用了较多的视频、图片等数字资源，不仅有效提升了学生对该内容的学习兴趣，更让学生情景融合，有效地去思考教学内容，并结合自身去理解和实际运用，充分体现了“人字梯型”教学模式中的“以生为本”的要求。

2. 话题探讨，有效开展“小组合作学习”：在集中展示阶段，教师巧妙地设置了“共话青春期烦恼”这一话题，组织小组合作针对2个问题进行讨论展示，让学生在小组合作中开展知识学习，不仅悟到了知识，还提升了团队协作能力以及组织领导能力，这充分体现了“人字梯型”教学模式中的小组合作学习理念。

3. 课后扩展贴近实际，以学生为中心体现明确：该课程内容针对青春期学生的心理健康发展，必须走进学生实际中去，课后设置了一个观看青春期的主题视频的活动，让学生带着问题去思考，结合本节课学习内容去尝试如何正确解决问题。本课一切都源于学生实际，有效地围绕学生开展教学活动。

建议：

1. 视频内容多为动画，与实际贴合度不够：该部分内容设置了较多的微课进行学习，但多为动画宣传，一定程度上会让学生觉得不够实际，可以通过平台寻找更多实际的微视频进行展示引导，进一步提升学生的学习兴趣。

2. 评价点单一，不够细化：教学内容评价要点与课程内容契合度不高，针对教学内容应进一步优化评价点，让教师、学生都能清晰地理解要教什么、学生要学什么。

Unit 6 Not Just Tasty!

◎课程名称：英语

◎授课教师：陶菁

<table>
<tr><td colspan="2">授课题目</td><td colspan="2">Unit 6 Not Just Tasty!</td><td>课程名称</td><td>英语</td></tr>
<tr><td colspan="2">授课对象</td><td colspan="2">2023 级计算机高考班</td><td>授课课时</td><td>1 课时</td></tr>
<tr><td colspan="2">授课地点</td><td colspan="2">教室</td><td>授课形式</td><td>听说课</td></tr>
<tr><td colspan="6">教学分析</td></tr>
<tr><td colspan="2">内容分析</td><td colspan="4">本课选自外语教学与研究出版社“十四五”职业教育国家规划教材《中等职业学校公共基础课程教材》Unit 6 Not Just Tasty 中 Listening&Speaking 板块，本单元选自围绕日常饮食展开，属于课程标准中“人与自我”范围内的“生活与学习”主题。内容包括美食、餐厅和点餐等话题，本节课主要内容围绕点餐展开，学生要能认读与食物相关的词汇 vegetable soup/ mushroom soup/ cheese/onion rings…，听懂并熟读对话内容；理解对话内容，掌握根据菜单进行点餐和为他人点餐的重点句型 Can I take your order now? / I’d like…to start with/ What would you like as the main course./ What would you like to drink?能够根据实际情况，根据不同的餐厅菜单进行点餐，根据他人的需求，为他人点餐</td></tr>
<tr><td colspan="2" rowspan="3">学情分析</td><td>知识与技能基础</td><td colspan="3">通过对话一的学习，学生了解了不同的餐厅，能够用英语介绍自己心仪的餐厅，对不同餐厅的食物种类有基本的了解</td></tr>
<tr><td>认知与实践能力</td><td colspan="3">通过课前预习，学生基本能够准确拼读本节课的重点词汇</td></tr>
<tr><td>学习特点</td><td colspan="3">学生整体英语基础较好，求知欲强，接受新事物快，喜欢抖音、快手等热门 App，适合视觉型学习。</td></tr>
<tr><td rowspan="6">目标</td><td rowspan="3">学生目标</td><td>知识</td><td colspan="3">1. 学生能够正确理解并识读与食物相关的词句。
2. 学生能够准确熟读对话</td></tr>
<tr><td>能力</td><td colspan="3">1. 学生能够听懂并谈论与就餐相关的话题。
2. 恰当使用所学词句根据菜单进行点餐和为他人点餐。
Words: vegetable soup/ mushroom soup/ cheese/onion rings/Maopo Tofu/dumplings/Fried peanuts…
Key sentences : Can I take your order now? / I’d like…to start with/ What would you like as the main course./ What would you like to drink?</td></tr>
<tr><td>素质</td><td colspan="3">1. 学生能够比较中西餐菜谱等的异同；能够联系实际情况，根据不同的餐厅菜单进行点餐，实现知识和思维能力的迁移。
2. 学生能够了解食物和餐厅的多样性，了解中西方餐桌礼仪的异同点，形成对中西餐文化的正确认识和理解</td></tr>
<tr><td rowspan="3">教师目标</td><td>内容</td><td colspan="3">提前准备扩充的词汇和中西餐异同的资料；提前预测学生的难点和易错点，做好准备</td></tr>
<tr><td>方法</td><td colspan="3">情境教学法，任务教学法</td></tr>
<tr><td>教研</td><td colspan="3">自然融入中西餐饮文化异同的知识点，并润物细无声地帮助学生树立对中西方文化的正确认识和理解</td></tr>
</table>

续表

<table>
<tr><td>教学内容</td><td colspan="4">认读与食物相关的词汇 vegetable soup/ mushroom soup/ cheese/onion rings…,听懂并熟读对话内容；理解对话内容，掌握根据菜单进行点餐和为他人点餐的重点句型 Can I take your order now? / I' d like… to start with/ What would you like as the main course./ What would you like to drink? 能够根据实际情况，根据不同的餐厅菜单进行点餐，根据他人的需求，为他人点餐。</td></tr>
<tr><td>教学重点</td><td colspan="4">1. 能听懂并识读与餐厅点餐相关的词句表达，如 Can I take your order now? / I'd like…to start with/ What would you like as the main course./ What would you like to drink?
2. 能运用目标句型讨论如何进行点餐。
Can I take your order now? / I'd like…to start with/ What would you like as the main course./ What would you like to drink?</td></tr>
<tr><td>教学难点</td><td colspan="4">能够联系实际情况，根据不同的餐厅菜单进行点餐，实现知识和思维能力的迁移。</td></tr>
<tr><td colspan="5">教学策略</td></tr>
<tr><td>教学设计流程</td><td colspan="4"> 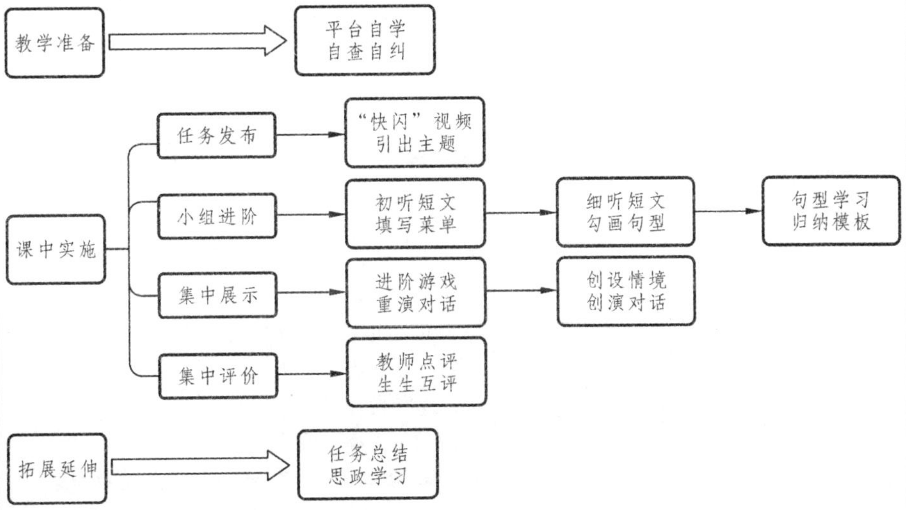教学准备 → 平台自学 自查自纠
课中实施：
任务发布 → “快闪”视频 引出主题
小组进阶 → 初听短文 填写菜单 → 细听短文 勾画句型 → 句型学习 归纳模板
集中展示 → 进阶游戏 重演对话 → 创设情境 创演对话
集中评价 → 教师点评 生生互评
拓展延伸 → 任务总结 思政学习</td></tr>
<tr><td rowspan="2">教学方法</td><td>教法：任务教学法、情境教学法</td><td colspan="3"></td></tr>
<tr><td>学法：合作学习法，自主探究法</td><td colspan="3"></td></tr>
<tr><td>教学手段与资源</td><td colspan="4">FIF 口语平台、学习通平台、自制快闪视频、中西方用餐礼仪视频，自制教具、多媒体设备、语音素材等</td></tr>
<tr><td colspan="5">教学实施</td></tr>
<tr><td>教学阶梯</td><td>教学内容</td><td>教师活动</td><td>学生活动</td><td>设计意图</td></tr>
<tr><td colspan="5">课　前</td></tr>
<tr><td>教学准备
（第一阶）</td><td>P66 对话；
P123 重点词汇。</td><td>1. 课前发布预习任务：学生在 FIF 口语平台上自学单词并熟读短文。
2. 在平台上查看学生的自学情况，对错误率较高、发音不准的单词进行统计，以便在课上进行纠正和教读。</td><td>在平台上完成预习任务。</td><td>FIF 口语平台能够及时得出分数，以便学生自查；自学为新课的学习奠定语言基础，扫清学习障碍。</td></tr>
</table>

续表

教学阶梯	教学内容	教师活动	学生活动	设计意图
课　中				
任务发布（第二阶）	观看视频。	播放自制快闪视频，要求学生用英语说出看到了哪些食物。	观看视频并抢答。	用30秒的快闪视频快速吸引学生注意力，并检测学生词汇学习情况，引出主题。
分组进阶（第三阶）	任务一： 初听短文； 完成菜单。	播放录音并发布任务： 1. 各小组边听边完成菜单。 2. 各小组按完成速度举手齐读单词。	完成任务。	1. 培养学生在听的过程中获取关键信息的能力；让学生了解西餐菜单的分类； 2. 检测学生单词的发音，并根据课前的数据进行纠音，提高学生的发音准确度和流利度。初步达成知识目标1。
	任务二： 细听短文； 勾画句型； P66对话。	1. 播放两遍录音并发布任务：听第一遍一组、三组勾画出waiter（服务员）所说的话，二组、四组勾画出customer（顾客）所回答的话；听第二遍交换任务。 2. 核对答案，领读勾画的重点句型并进行一定的拓展和讲解，引导学生们归纳出点餐对话模板。	1. 完成任务。 2. 跟读重点句型，跟随老师总结模板。	1. 通过分组互补的方式，学生积极性更高。进一步培养学生在听的过程中获取主要信息的能力，初步达成能力目标1。 2. 引出重点句型，利用模板帮学生理清思路，搭建支架。
集中展示（第四阶）	进阶游戏。 重演对话。	发布“What's missing”的游戏，邀请两组同学上台，根据模板重演对话，并将自己所点的菜贴在黑板上。	完成重演对话的游戏。	游戏的形式增加了表演对话的趣味性；通过逐步增加难度，检测学生对重点句型的掌握情况，也强化了学生的记忆，达成知识目标2并初步达成能力目标2。
	根据情境创编对话。	创设情境并发布任务：我们学校即将迎来一位名叫Jack的外教，他非常喜欢中国美食，请你根据这份中餐菜单，为Jack点餐。	1. 两两一组根据菜单和之前学过的句型创编对话； 2. 每小组推选两名成员上台表演对话。	通过拓展的创编任务，对学生提出了更高的要求，进一步达成能力目标2。

续表

教学阶梯	教学内容	教师活动	学生活动	设计意图
集中评价（第五阶）	教师点评； 生生互评。	发布评价任务并点评，其他小组根据评价表打分。	完成评价任务	生生互动，师生互动；检测能力目标达成情况；及时反馈，激发动机。
		教师提问：同学们通过对比中西餐菜单，会发现哪些不同之处？	学生举手回答，各抒己见。	引导学生通过比较感知中西方文化的异同，同时培养学生的思维迁移能力（思政点）。
课　后				
拓展延伸（第六阶）	任务总结； 拓展学习。	从服务员和顾客两个维度，引导学生回顾本节课所学重点句型。	学生根据老师的提示，说出本节课所学重点句型。	帮助学生厘清思路，便于学生对课文的主要内容进行总结。
	重点句型 Can I take your order now? / I'd like… to start with/ What would you like as the main course./ What would you like to drink?	播放中餐餐桌礼仪和西餐餐桌礼仪影片并提问：这些中餐餐桌礼仪我们平时在生活中都做到了吗？还有哪些可以补充的？中西方餐桌礼仪的异同点是什么？ 教师总结：我们在日常用餐时，要时刻记住这些礼仪，好的继续发扬，坏的要摒弃。要能够尊重中西方文化的差异，去不同的地方要入乡随俗。	观看影片并回答问题。	通过形象的视频，让学生进一步了解中西方文化的异同，引导学生们形成对中西方文化的正确认识和理解，尊重他国文化，传播中国礼仪文化。
		发布课后作业。 1. 熟读对话，并完成相应的练习题； 2. 每小组根据自己喜欢的食物制作一份英文菜单，并编写对话和练习对话，录制视频，上传至学习通平台； 3. 预习“Reading and Writing”，自学并在 FIF 平台上跟读短文。	熟记并于课后认真完成作业。	通过巩固性作业、迁移任务和预习任务三种不同形式，检测学生的掌握情况、应用能力，培养学生自主学习能力。

续表

教学板书	
Unit 6 Not Just Tasty Food: sandwich, dumplings, pizza, moodles Different restaurant: buffet restaurant, outdoor café, snack bar, theme restaurant Choose a restaurant: food, review, atmosphere, service, price, location Menu—Western restaurant—starter / main course / drinks Menu—Chinese restaurant—cold dishes / staples / hot dishes / drinks	
教学反思	
目标达成情况	1. 100% 的学生能够正确拼读重点词汇。 2. 95% 的学生能够熟读对话和目标句型。 3. 90% 的学生能够运用目标句型进行点餐。
亮点与特色	1. 课前让学生使用 FIF 口语平台自学单词，平台能够打分纠错，充分利用信息化平台，提高了学生的学习兴趣和自学效率，教师也能快速检查学生自学情况。 2. 课中利用自制快闪视频引出主题，符合学生学习特点，快速抓住了学生的眼球。 3. 课中采用小组合作的方式，设置 What's missing 分阶游戏的形式学习新知、强化新知，学生们在玩中学，学习效果也事半功倍。 4. 引入中西方餐桌礼仪，引发学生思考，要求学生尊重文化差异，要积极传播中国礼仪文化。
问题与改进	1. 课堂节奏较快，仍然有少部分同学没有参与到游戏和表演中，还需进一步合理规划课堂时间，让学生多做。 2. 课程思政部分引入较生硬，知识和素质教育还没有很好融合在一起，还需多思考进一步完善。

【点　评】

主要特色：

1.“品德素养、知识技能并行”理念体现较好：在素质目标中确定了基于中西餐点餐的异同而扩展学生思维迁移能力及正确理解中西餐文化的素养目标，在再次明确如何用英语进行点餐的技能目标的同时，也明确了学生结合本次课要培养的素养目标，有效地实现了“人字梯型”教学模式中“品德素养与知识技能并行”的教学理念。

2. 信息技术手段运用符合要求，契合“线上、线下并行”的理念：该设计中利用了“FIF 口语平台”、学习通平台等技术手段，有效组织学生开展课前预习、课中练习、检测等教学活动，有效将线上教学与线下教学进行结合，确保学生有效获取知识点、技能点、素质提升点，充分运用了“人字梯型”教学模式中的“线上、线下并行”的教学理念。

3. 教学内容逐步递进，符合学生认知规律：在课中各环节中，先后结合课前预习发布微课自学、听短文任务、重演对话游戏、情景对话活动以及师生互评等活动，教学活动开展符合学生学习特点及认知规律，有效落实了“以生为本”的教育理念。

建议：

1. 教学内容相对较多，内容节奏跟进较快：整个教学设计环节丰富、活动较多，能有效地促进学生的参与度，但是对教师节奏的把握要求较高，教师可适当调整策略，确保教学时间。

2. 思政引入略显生硬：思政融入要无形，不能特意地强调某个思政点，要在教学内容的传递中无形中引出相关思政内容，可以结合教学内容使得学生去探索与思政相关的视频、图片、案例等，从而让学生获得思政点并接纳、吸收。

木兰诗

◎课程名称：语文
◎授课教师：熊晓丹

<table>
<tr><td colspan="2">授课题目</td><td colspan="2">木兰诗</td><td>课程名称</td><td>语文</td></tr>
<tr><td colspan="2">授课对象</td><td colspan="2">2022 级学生</td><td>授课课时</td><td>2 课时</td></tr>
<tr><td colspan="2">授课地点</td><td colspan="2">教室</td><td>授课形式</td><td>讲授法、练习法</td></tr>
<tr><td colspan="6">教学分析</td></tr>
<tr><td colspan="2">内容分析</td><td colspan="4">《木兰诗》是中职语文基础模块下册第七单元的最后一篇，是一首南北朝时期的北方乐府民歌。这个单元的几篇课文都通过与祖国的息息相关的事物来表现爱国情感，要求学生反复诵读，体会民歌明朗刚健的情味，理解木兰形象，培养爱国主义情操。</td></tr>
<tr><td colspan="2" rowspan="3">学情分析</td><td>知识与技能基础</td><td colspan="3">1. 积累文言知识，包括一些重要的词语和句式。
2. 了解乐府民歌的特点及常用的修辞手法。
3. 了解诗中详写和略写的部分，理解这首叙事诗详略分明的特点。</td></tr>
<tr><td>认知与实践能力</td><td colspan="3">根据上下文揣摩人物的心理活动。</td></tr>
<tr><td>学习特点</td><td colspan="3">高一的学生虽然有一定的文学基础，但对语文课欠缺浓厚的兴趣，加之学习能力不强，文言文的基础知识更薄弱。</td></tr>
<tr><td rowspan="6">目标</td><td rowspan="3">学生目标</td><td>知识</td><td colspan="3">1. 积累文言知识，包括一些重要的词语和句式。
2. 了解乐府民歌的特点及常用的修辞手法。</td></tr>
<tr><td>能力</td><td colspan="3">了解诗中详写和略写的部分，理解这首叙事诗详略分明的特点。</td></tr>
<tr><td>素质</td><td colspan="3">培养学生的文学鉴赏能力，提升爱国情怀。</td></tr>
<tr><td rowspan="3">教师目标</td><td>内容</td><td colspan="3">能够流畅通读全文、积累文言字词。掌握简单的文言文赏析的方法。</td></tr>
<tr><td>方法</td><td colspan="3">通过朗读、听读、讲解、分组赏析，让学生掌握文言文的基本内容。</td></tr>
<tr><td>教研</td><td colspan="3">1. 在朗读的基础上感知人物情怀。
2. 培养学生的文言鉴赏能力。
3. 提升学生的爱国情怀。</td></tr>
<tr><td colspan="2">教学内容</td><td colspan="4">认准字音、字形，有感情地朗读课文，感知课文情节。
理解木兰这个古代巾帼英雄形象，学习古代劳动人民的爱国精神。</td></tr>
<tr><td colspan="2">教学重点</td><td colspan="4">认准字音、字形，有感情地朗读课文，感知课文情节。
理解木兰这个古代巾帼英雄形象，学习古代劳动人民的爱国精神。</td></tr>
<tr><td colspan="2">教学难点</td><td colspan="4">学习本文详略得当，巧妙运用排比、对偶、夸张、互文等修辞手法。</td></tr>
<tr><td colspan="6">教学策略</td></tr>
<tr><td colspan="2">教学设计流程</td><td colspan="4">音乐导入—新课讲解—解析课文—学生分组讨论—分享交流—归纳总结—拓展提高。</td></tr>
<tr><td rowspan="2">教学方法</td><td>教法</td><td colspan="4">诵读法、复述法、讨论研究。</td></tr>
<tr><td>学法</td><td colspan="4">合作学习。</td></tr>
</table>

续表

教学手段与资源	多媒体课件授课，课件提供清晰的教学思路，增加自主探求的学习方式，充分调动学生的学习积极性，在突破难点时教师重点讲解			
教学实施				
教学阶梯	教学内容	教师活动	学生活动	设计意图
课　前				
教学准备（第一阶）	音乐《谁说女子不如男》。	播放音乐《谁说女子不如男》。	预习课文、解决生字词。	通过音乐欣赏提前感知人物形象。
课　中				
任务发布（第二阶）	1. 创设情境，导入新课、检查预习。 2. 划分这首诗的结构层次：依据故事的发生、发展和结束，这首诗可以分为几个部分？	提问：大家知道这首歌中唱的是谁吗？ 提示生字词。	1. 学生简单谈谈对花木兰的认识。 2. 学生自由发言，其他同学补充或更正。	初步感知课文，能疏通内容，概括文章内容。
分组进阶（第三阶）	1. 复习第一部分。 2. 由上节课分析的木兰代父从军，奔驰征途，引导继续分析后文。 第二部分：（1）这一部分前两句在诗篇前后段落上起着什么作用？具有怎样的表现力？（2）后四句运用了什么修辞手法？具有怎样的表现力？ 第三部分：（1）第五段的修辞手法以及具有的表现力。（2）第六段的修辞手法以及具有的表现力。 第四部分：这一部分是吟唱诗歌的人在诗篇故事结束以后的吟唱。运用了什么修辞手法？体现了什么样的感情？ 3. 小结木兰形象。 在你眼中，花木兰是一个怎样的女子？ 4. 这首诗详略叙述处理得当。诗中详写什么？略写什么？诗人为什么这样处理题材？ 5. 本诗主题。 6. 学生朗读全诗。要求缓急得当，读出气势感情。	1. 教师提出问题，教师在教室巡视。 2. 教师指导发现问题及时纠正。	1. 学生在通读诗篇的基础上找出重点词语体会内容，分析修辞手法。 2. 学生用精炼的语言概括。	把握课文结构，整体感知课文，为下面的课文分析打好基础。

续表

教学阶梯	教学内容	教师活动	学生活动	设计意图
集中展示 （第四阶）	分享交流。	教师点评。	学生以小组为单位进行作品展示赏析。	相互交流、展示取长补短，为今后的实践打下良好的基础。
集中评价 （第五阶）	归纳总结。	师生共同总结。	师生共同总结。	总结知识点，提升自身能力。
课　后				
拓展延伸 （第六阶）	拓展提高。	木兰代父从军是一种孝，在战场上拼杀是爱国。那么我们现在的生活中，又是怎么样来体现自己对家人的爱，对国家的爱呢？	课后思考，收集资料。	拓宽学生的知识面。

教学评价
1. 课堂不够活跃。 2. 学生畏难情绪严重。

教学板书
木兰　　是女郎 （依恋、感伤）（儿女情）　　替父从军图　　少女思亲图 辞官还乡图　　换装相认图 （得意、自豪）（英雄气）　　军营男子汉　　征战沙场图

教学反思	
目标达成情况	1. 能有情感地朗读全文。 2. 学生学会了分析人物形象。 3. 基本能够准确掌握文言文当中的表现手法。
亮点与特色	运用问题引导的方式，让学生自己分析、小组讨论，这样的课堂教学设计，增强了课堂教学的实效性，学生的学习能力得到提高。
问题与改进	1. 个别学生没有认真准备，没有认真感知人物形象。 2. 个别学生回答问题积极性不高，教师应该试着改变教学方法，激发学生的学习兴趣。

【点　评】

主要特色：

1. 教材与课外资源互相补充，授课内容丰富：教师课前通过收集网络资源音乐《谁说女子不如男》，以音乐鉴赏让学生提前感知人物形象，让原本无声的古文学习变得有声、生动，有效调动了学生对本文主人公“花木兰”的初步感知，为学生理解人物形象埋下伏笔。

2. 学生主动交流展示，争做课堂主人：教师在“集中展示”环节让学生以小组为单位对

《木兰诗》进行展示赏析，将课堂还给学生，学生相互交流、取长补短，有利于增强学生的语言表达能力，拓展学生的知识面。

3. 今昔对比，升华主题：教师由木兰代父从军是一种孝，在战场上拼杀是爱国进行延伸，引导学生思考在如今和平的年代又该如何表达自己对家人、国家的爱，自然展现了爱国主义精神对学生的熏陶，切实融入了爱国主义核心素养，升华课堂主题。

建议：

1. 课堂活动以提问引导为主，教师应增强课堂的趣味性：本教学设计对应的课堂时长为 2 课时，查看设计后可知教师主要采用课堂提问的方式引导学生思考，不利于调动学生的学习主动性。《木兰诗》文言文的学习对中职学生而言学习难度大，学习过程枯燥，教师应结合班上学生的学习水平、专业特色，设计有针对性、有趣的教学活动。

2. 教学重难点不清晰，需要有效突出重点、突破难点：本教学设计偏简单，设计中清楚标注本节课的教学重难点，后期应在板书、具体设计中进行标注；同时，教师明确教学重难点后应运用有效的方法、活动突出重点、突破难点，达成教学目的。

创新运用

古典概型与概率的简单性质

◎课程名称：数学

◎作者姓名：陈丹

<table>
<tr><td>授课题目</td><td colspan="2">古典概型与概率的简单性质</td><td>课程名称</td><td>数学</td></tr>
<tr><td>授课形式</td><td colspan="2">新授课</td><td>授课课时</td><td>2 课时</td></tr>
<tr><td colspan="5">教学分析</td></tr>
<tr><td>内容分析</td><td colspan="4">本次课选自中职数学课程基础模块第 8 章“概率与统计初步”的任务三“古典概型及概率的简单性质”。其主要内容为古典概型的定义和计算、类比集合的关系及运算研究互斥事件及其相关计算。古典概型是一种特殊的数学模型，也是一种最基本的概率模型。它的引入避免了大量的重复试验，而且得到的是概率精确值，为统计的发展提供了理论基础。互斥事件的概率加法公式是解决较为复杂事件概率的有效工具。
本次授课对象为老年服务与管理专业学生，通过学习本课，学习可以掌握古典模型、概率的简单性质的概率初步知识，掌握古典模率和事件概率的计算方式，有助于学生更科学地设计、策划老年人康乐活动。</td></tr>
<tr><td rowspan="4">学情分析</td><td>知识基础</td><td colspan="3">1. 了解频率与概率的关系，但未掌握如何计算概率的准确值。
2. 会用列举法计算简单等可能事件发生的概率。
3. 熟悉集合之间的关系与运算，但不能从集合的角度来认识概率的简单性质。</td></tr>
<tr><td>认知能力</td><td colspan="3">具备一定的数学抽象及数学建模能力，缺乏从生活中抽象出概率模型的能力。</td></tr>
<tr><td>学习特点</td><td colspan="3">1. 对数学学习热情不高，缺乏学习数学的主动性与自信心，但对老年服务的专业学习非常重视。
2. 喜欢小组合作式、以活动为载体的课堂。</td></tr>
<tr><td>专业特性</td><td colspan="3">对古典概型、概率的基本性质的学习能够帮助学生策划公平的游戏活动，有助于老年人参与度的提高，改善老年人身体体质。</td></tr>
<tr><td rowspan="3">教学目标</td><td>知识目标</td><td colspan="3">1. 能说出古典概型的定义及特征。
2. 能写出古典概型的概率计算公式。
3. 能概括计算古典概型的概率的步骤。
4. 能描述互斥事件和事件的概念。
5. 掌握互斥事件的概率加法公式。</td></tr>
<tr><td>能力目标</td><td colspan="3">1. 能根据古典概型的特征判断一个试验是否是古典概型。
2. 能计算古典概型的概率。
3. 能判断互斥事件。
4. 能利用互斥事件的概率加法公式计算互斥事件的概率。</td></tr>
<tr><td>素养目标</td><td colspan="3">1. 培养学生团队协作意识。
2. 培养学生数学抽象的核心素养、数学建模、数学运算的核心素养。
3. 培养学生勇于探索，善于发现的创新思想。</td></tr>
</table>

续表

<table>
<tr><td colspan="2">教学内容</td><td colspan="3">第一课时：古典概型。
1. 古典概型的定义。
2. 古典概型的概率公式。
3. 古典概型的解题步骤。
第二课时：概率的简单性质。
1. 互斥事件和事件的概念。
3. 互斥事件的概率加法公式。</td></tr>
<tr><td colspan="2">教学重点</td><td>1. 古典概型的定义的理解。
2. 互斥事件与和事件的概念。</td><td>解决策略</td><td>1. 通过课前预习、试验共性讨论、小组展示，教师点评，举生活和专业实例帮助学生理解古典概型的定义。
2. 通过分析学生收集的素材让学生掌握互斥事件的特点，教师点评讲解、举例拓展、游戏竞赛让学生掌握互斥事件与和事件的概念。</td></tr>
<tr><td colspan="2">教学难点</td><td>1. 古典概型的概率的计算。
2. 互斥事件的概率加法公式的应用。</td><td>解决策略</td><td>1. 通过例题探究、学生借助道具讲解、数学软件模拟试验、头脑风暴、总结口诀、盲盒游戏，帮助学生掌握古典概型的概率的计算。
2. 通过例题探究、小组讨论、小组展示、教师点评讲解，帮助学生掌握运用互斥事件的概率加法公式计算和事件。</td></tr>
<tr><td colspan="5">教学策略</td></tr>
<tr><td colspan="2">教学设计流程</td><td colspan="3">本次课围绕两个专业情境：张爷爷在猜拳游戏中猜哪一个数字获胜的概率最大和老年人活动设计方案的公平性，完成对古典概型和概率的简单性质的探究和学习，弘扬中华“孝爱”文化，培养学生有耐心有爱心的职业素养和勇于探索的职业精神。教师在洋葱学园平台给学生推送微课学习任务，在超星平台发布课前测试，学生通过预习互斥事件的概念，收集生活中和专业中互斥事件的素材，为后续学习做准备。课中，学生在教师的引导下，小组合作探究新知，借助团队竞赛、小组竞赛、盲盒游戏、平台答题完成对知识的巩固练习，最后完成情境问题的解决。课后通过课后测试和专业应用拓展，提升学生的学习效果，提高学生运用数学知识解决问题的能力。 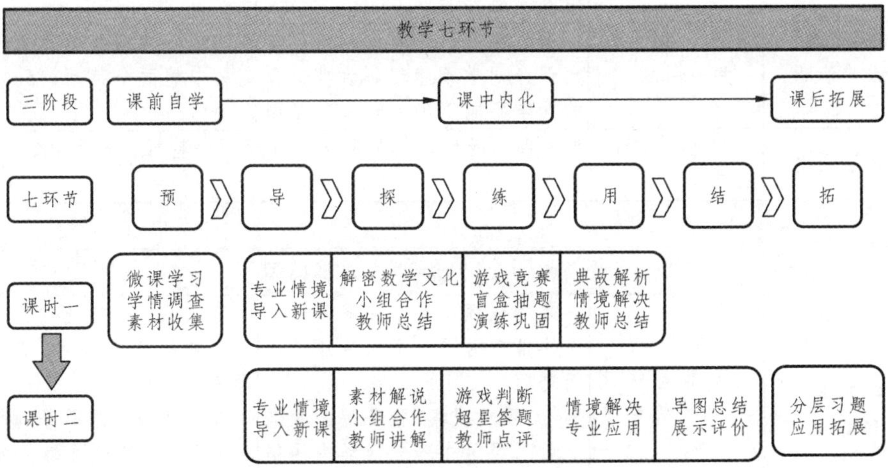
教学七环节
三阶段：课前自学 → 课中内化 → 课后拓展
七环节：预 〉导 〉探 〉练 〉用 〉结 〉拓
课时一：微课学习 学情调查 素材收集｜专业情境 导入新课｜解密数学文化 小组合作 教师总结｜游戏竞赛 盲盒抽题 演练巩固｜典故解析 情境解决 教师总结
课时二：专业情境 导入新课｜素材解说 小组合作 教师讲解｜游戏判断 超星答题 教师点评｜情境解决 专业应用｜导图总结 展示评价｜分层习题 应用拓展</td></tr>
<tr><td rowspan="2">教学方法</td><td>教法</td><td colspan="3">案例分析法、情景导入法、启发式教学法。</td></tr>
<tr><td>学法</td><td colspan="3">自主学习法、小组合作学习法、探究学习法。</td></tr>
</table>

续表

<table>
<tr><td rowspan="5">教学平台与资源</td><td rowspan="4">教学平台</td><td colspan="3">超星平台：课前课中任务推送、课后测评、收集数据。</td></tr>
<tr><td colspan="3">希沃白板：课中教学内容展示、游戏活动互动。</td></tr>
<tr><td colspan="3">问卷星：学情调查。</td></tr>
<tr><td colspan="3">钉钉群：即时沟通。</td></tr>
<tr><td>教学资源</td><td colspan="3">自制视频资料："古典概型的起源"。
视频："田忌赛马"。
洋葱微课："古典概型"。
数学软件：Geogbra。</td></tr>
<tr><td colspan="5">教学实施</td></tr>
<tr><td>教学阶段</td><td>教学内容</td><td>教师活动</td><td>学生活动</td><td>设计意图</td></tr>
<tr><td colspan="5">课　前</td></tr>
<tr><td>课前准备</td><td>古典概型的定义</td><td>1. 发布微课视频，呈现预习内容。
① 通过洋葱学园发布微课视频"古典概型""互斥事件"呈现预习内容；
② 查看学生观看视频数据记录，并为学生打分。
2. 发布课前测试，检验学生预习效果。
① 通过超星平台发布课前测试；
② 查看学生完成情况，并分析检测数据。
3. 超星平台发布任务：收集素材，举出生活和老年人活动中互斥事件的例子。</td><td>1. 查收微课学习任务，预习古典概型的概念。
在洋葱学院上观看微课"古典概型""互斥事件"完成微课学习任务。
2. 接收课前测试任务，完成检测题。
完成课前预习测试任务。
3. 以小组为单位，收集资料并上传。</td><td>1. 课前通过网络教学平台考勤，推送预习任务。
2. 课前测试，了解学生的预习效果、初步了解学情。</td></tr>
<tr><td>课前诊断</td><td>共性问题</td><td colspan="2">通过测试，了解到所有同学都知道古典概型的定义但大部分同学不能理解古典概型定义中的两个特征，56%的同学不能正确判断古典概型。</td><td>在线测试结果发现问题并调整教学。</td></tr>
<tr><td>教学调整</td><td colspan="4">贴近生活和专业的古典概型举例帮助学生理解两个特征，游戏PK竞赛提升学生学习积极性。</td></tr>
<tr><td colspan="5">课　中</td></tr>
<tr><td colspan="5">第一课时　古典概型</td></tr>
<tr><td>新课导入（环节一）</td><td>专业情境：
以养老院老年人玩猜拳游戏为例探究古典概型的概率</td><td>播放视频，展示在养老活动中的猜拳情境，引入专业情境问题。
① 播放视频"张爷爷的养老生活"，展示在养老活动中的猜拳情境；</td><td>观看视频，感受在养老活动中的猜拳情境，引发思考。
①观看视频"张爷爷的养老生活"，感受在养老活动中的猜拳情境；</td><td>创设专业情境导入，融入思政元素：爱心、耐心。</td></tr>
</table>

续表

教学阶段	教学内容	教师活动	学生活动	设计意图
新课导入（环节一）		② 邀请学生演示讲解游戏规则； ③ 提出问题：你认为王爷爷猜哪一个数字获胜的概率更高？	② 聆听游戏规则的讲解； ③ 引发思考。	
探究新知（环节二）	古典概型的定义： 如果一个随机试验具有如下特点： （1）有限性：样本空间的样本点总数有限。 （2）等可能性：每次试验中，样本空间中的各个样本点出现的可能性相等。 称这样的随机试验为古典概型	1. 播放视频“古典概型的起源”，介绍古典概型的起源和发展。 2. 出示古典概型的定义。 3. 共性讨论，学生讨论并归纳抛硬币、掷骰子试验的共同特征，讲解古典概型的定义。 ① 课前作业回顾，邀请学生在超星平台上展示分享自己的抛硬币、掷骰子试验的表格填写； ② 出示讨论任务：观察表格，找出上述两个试验的共同特征； ③ 引导学生归纳试验的共同特征； ④ 讲解古典概型的定义。 4. 举例拓展，进一步理解古典概型的可能性和有限性。 ① 出示实例 1，在超星平台中随机抽选一名同学判断古典概型； ② 出示实例 2：老年人运动会中，护理员任选一个项目担任裁判，讲解等可能性和有限性。 5. 组织游戏 PK 赛，巩固古典概型的定义。 ① 组织各小组抽牌，每组抽到指定的两个数字的同学将参加游戏对战； ② 通过希沃白板发布 PK 游戏； ③ 点评游戏结果，为各组打分； ④ 展示游戏答题情况，邀请学生点评纠错，巩固古典概型的定义。	1. 观看视频，了解古典概型的起源和发展。 2. 回顾课前预习内容，熟记古典概型定义中的两个特征。 3. 观察表格，讨论两个试验的共同特征，理解古典概型的定义。 ① 超星平台展示作业：表格填写； ② 观察表格，讨论两个试验的共同特征； ③ 归纳试验的共同特征； ④ 聆听，理解定义。 4. 聆听思考，进一步理解古典概型的可能性和有限性。 ① 思考、回答问题； ② 理解等可能性和有限性。 5. 参加游戏 PK 赛，巩固古典概型的定义。 ① 每位同学抽取一张扑克牌，抽到指定两个数字的同学将组队参加游戏； ② 完成游戏 PK 赛； ③ 观察并思考 PK 赛中答错的题目，点评纠错，巩固古典概型的定义。	1. 培养学生从具体到抽象，从特殊到一般的归纳思想。 2. 完成知识目标 1，突出教学重点 1。 3. 构建趣味性课堂，加强数学与专业的融合，调动学生积极性。

续表

教学阶段	教学内容	教师活动	学生活动	设计意图
探究新知 （环节二）	古典概型的概率公式： $P(A)=\frac{m}{n}$， n：样本空间包含的样本点总数，m：事件A包含的样本点个数	1. 小组讨论，归纳用事件包含A（B）包含的样本点个数与样本点总数的比值来计算事件A（B）概率。 ① 出示讨论任务：如何从样本点的度量事件A和事件B发生的可能性大小； ② 邀请学生代表分享小组讨论成果； ③ 点评总结，引导学生说出用事件包含A（B）包含的样本点个数与样本点总数的比值来计算事件A（B）概率。 2. 公式总结，讲解古典概型的概率公式。	1. 组内讨论，在教师的引导下发现古典概型的概率公式。 ① 小组讨论； ② 分享小组讨论成果； ③ 归纳计算事件A（B）的概率的公式。 2. 聆听，熟记理解古典概型的概率公式。	
	计算古典概型的概率的步骤	1. 例题探究，引导学生利用古典概型的概率公式计算古典概型的概率。 ① 发布学习任务：抛两枚质地均匀的硬币，写出样本空间； ② 邀请学生借助道具讲解“一正一反”的情况，纠正易错答案； ③ 邀请学生展示分享不同的方法（树状图、列表法）计算样本点总数； ④ 计算事件$A=\{$一正一反$\}$的概率。 2. 软件操作，Geogebra软件演示大量重复试验，用频率估计出“一正一反”的概率，体现古典概型的概率公式的重要性。 3. 头脑风暴，引导学生用卡片归纳出计算古典概型的概率的步骤。 ① 出示讨论的课题：古典概型概率问题的解题步骤是什么？ ② 让学生将步骤写在卡片上，并粘贴在展示板中； ③ 邀请小组展示成果； ④ 教师点评总结，形成计算	1. 完成探究任务，计算古典概型的概率。 ① 写出样本空间； ② 纠错点评，聆听讲解； ③ 超星平台展示分享借助树状图、列举法完成的样本空间的书写； ④ 利用古典概型的概率公式计算概率。 2. 观察Geogebra软件模拟试验数据，用频率估计概率得出“一正一反的概率”。 3. 用卡片归纳出计算古典概型的概率的步骤。 ① 小组讨论； ② 将步骤写在卡片上，并粘贴在展示板中，形成讨论成果； ③ 小组代表展示分享成果； ④ 聆听，修正完善步骤。 4. 齐读口诀，理解记忆计算古典概型的概率的步骤。	1. 通过教师引导、学生示范讲解、数学软件印证结果、小组合作突破难点1。 2. 加强学生团队协作能力。

续表

教学阶段	教学内容	教师活动	学生活动	设计意图
探究新知（环节二）	计算古典概型的概率的步骤	古典概型的概率的步骤，并为小组的打分。 4. 形成口诀，帮助学生理解记忆计算古典概型的概率的步骤。 5. 盲盒游戏，巩固利用公式计算古典概型的概率。 ① 随机抽取1张牌，邀请有相同牌的学生拆盲盒，回答盲盒后面的问题； ② 点评，为答对的同学加分。	5. 参与游戏，巩固利用公式计算古典概型的概率。 ① 核对手中的扑克牌是否与老师抽到的相同（相同的同学拆盲盒，回答问题）； ② 聆听讲解。	3. 随机抽取扑克牌的活动，让学生体会古典概型的有限性和等可能性。 4. 拆盲盒游戏，活跃课堂气氛，增强师生互动交流。
学以致用（环节三）	巩固古典概型的概率的计算，解决专业情境中的古典概型概率问题	1. 播放视频，展示历史故事中的数学问题，巩固古典概型的概率的计算。 ① 播放视频“田忌赛马”，展示历史故事中的数学问题； ② 邀请学生在希沃白板上操作，列举出田忌的马的所有出场顺序，计算样本点总数； ③ 提出问题：田忌获胜包含了几个样本点？田忌获胜的概率是多少？ ④ 总结，思政。 2. 情境解决，解决专业情境中的古典概型概率问题。 ① 提出问题：十五二十游戏中，观察两人出拳的情况，是否为古典概型？ ② 超星平台发布学习任务，让学生计算王爷爷玩猜拳猜哪一个数字获胜的概率最大； ③ 邀请学生讲解解题思路和步骤； ④ 点评讲解，为展示分享的同学加分。	1. 观看视频，体会历史故事中的数学问题，巩固古典概型的概率的计算。 ① 观看视频“田忌赛马”，体会历史故事中的数学问题； ② 在希沃白板上操作，列举出田忌的马的所有出场顺序，计算样本点总数； ③ 思考，找出田忌获胜包含的样本点，计算田忌获胜的概率； ④ 聆听，理解。 2. 解决专业情境中的古典概型概率问题。 ① 判断是否为古典概型； ② 借助树状图、列表法计算样本空间样本点总数，计算出两人出拳总和为 0，5，10，15，20 包含的样本点数，并计算概率； ③ 展示分享答案； ④ 聆听讲解。	1. 挖掘历史故事中的数学知识，激发学生学习兴趣，增强文化自信。 2. 通过田忌赛马融入思政：良好的心理状态和社会适应能力，具备一定的对挫折、失败的承受能力以及勇于探索的精神。 3. 专业情景问题的解决，让学生学会用数学知识去解决实际问题。
第二课时　概率的简单性质				
新课导入（环节一）	专业情景： 以老年人跳棋活动中哪一种方案决定谁先走公平为例，探究和事件的概率	展示情境案例，引发学生思考。	进入情境，思考如何设计活动更公平。	专业场景导入，激发兴趣，帮助学生加强数学知识的学习与应用意识。

续表

教学阶段	教学内容	教师活动	学生活动	设计意图
新知探究（环节二）	互斥事件的概念	1. 出示学生课前收集的素材，邀请学生说出各组事件间的关系，讲解互斥事件的概念。 2. 举例拓展，进一步理解互斥事件的概念。 3.一站到底，互斥事件的判断。 ① 播放视频“游戏规则讲解”； ② 出示题目，在超星平台发布抢答活动，让小助手为各组记录答对的题数； ③ 邀请“观众”解答参赛人员答错的题； ④ 点评，为赢得比赛的小组加分。 4. Yes or No，判断出示的事件是否为互斥事件，巩固互斥事件的概念。 ① 讲解游戏规则，出示题目； ② 点评，纠错讲解。	1. 出示学生课前收集的素材，思考各组事件间的关系，理解互斥事件的定义。 2. 聆听思考，进一步理解互斥事件的概念。 3. 参与“一站到底”抢答PK赛，判断互斥事件。 ①聆听游戏规则，小组推出一人代表参加PK赛； ②在超星平台抢答，回答问题； ③聆听讲解，理解互斥事件的概念； 4. 参加“Yes or No”游戏，巩固概念。 ① 聆听游戏规则，思考问题，判断是否为互斥事件； ② 聆听讲解，理解巩固互斥事件的概念。	1. 搭起课内外的桥梁，增强学生自主探究的信心。 2. PK赛使学生牢记互斥事件的概念，提高学习兴趣，检测学生掌握的知识。 3. 全员检测，即查即讲，做到100%的学生掌握概念。
	和事件的概念	组织讨论，归纳和事件的概念。 ① 出示抛骰子案例，组织学生讨论：类比集合之间的关系与运算，这些事件之间有怎样的关系？ ② 邀请小组代表分享讨论成果； ③ 教师点评，为各组加分，讲解和事件的概念。	小组讨论，归纳和事件的概念。 ① 观察案例中的三个事件，思考问题，小组讨论； ② 小组代表分享讨论成果； ③ 聆听，理解和事件的概念。	
	互斥事件的概率加法公式	1. 例题探究，归纳和事件的概率与其两个互斥事件的概率的联系。 ① 出示抛骰子试验，让学生计算事件A={点数为1}、事件B={点数为2}、事件B={点数小于3}的概率； ② 发布讨论任务：事件C与事件A、B有什么关系？三个事件的概率有什么联系？ ③ 邀请小组分享讨论结果； ④ 点评，为小组加分。	1. 完成探究任务，归纳和事件的概率与其两个互斥事件的概率的联系。 ① 计算事件A、事件B、事件C的概率； ② 小组讨论； ③ 分享讨论结果； ④ 聆听。	由特殊到一般，归纳理解公式的含义。

续表

教学阶段	教学内容	教师活动	学生活动	设计意图
新知探究（环节二）	互斥事件的概率加法公式	2. 引导学生归纳互斥事件的概率加法公式 超星答题，巩固互斥事件的概率公式。 ① 在超星平台发布学习任务； ② 查看学生答题数据，点评纠错。	2. 归纳互斥事件的概率加法公式 接收任务，计算并选出和事件的概率。 ① 在超星平台完成答题； ② 聆听讲解，巩固互斥事件的概率公式。	
学以致用（环节三）	利用互斥事件的概率加法公式解决跳棋决赛中的公平性问题，巩固互斥事件的概率加法公式的运用	1. 情境解决，利用互斥事件的概率加法公式解决跳棋决赛中的公平性问题。 ① 超星平台发布学习任务，让学生计算出两种抽牌方案两位老人各先走第一步的概率； ② 邀请学生分享答案，讲解解题过程； ③ 点评，为展示的同学加分； ④ 组织学生在超星平台中互查作业，纠错改正。 2. 专业应用，巩固互斥事件的概率加法公式的运用。 ① 出示专业情境问题：策划老年人旅游休闲活动中，计算选到人文景区或疗养景区的概率； ② 巡视指导学生完成概率的计算，邀请学生展示答案并分享解题思路； ③ 点评总结，为展示的同学加分。	1. 解决专业情境中的问题。 ① 在任务单中完成概率的计算，并上传到学习平台； ② 展示分享答案，讲解解题过程； ③ 聆听，理解； ④ 在平台中两两相互检查作业，提出错误并改正。 2. 思考问题，学以致用。 ① 思考问题，数学建模； ② 利用互斥事件的概率加法公式计算和事件的概率，展示分享答案； ③ 聆听，总结。	运用数学知识解决专业的实际问题，培养学生用数学眼光看待世界，用数学思维分析世界的能力和意识。
总结评价（环节四）	1. 古典概型的定义； 2. 古典概型的概率公式； 3. 古典概型的解题步骤； 4. 互斥事件、和事件的概念； 5. 互斥事件的概率加法公式	1. 思维导图，建构知识体系。 ① 说明绘制思维导图要点； ② 邀请小组展示思维导图并总结本次课所学知识点； ③ 教师点评总结。 2. 展示小组积分榜，选出今日最佳表现小组。	1. 回顾知识点，绘制思维导图。 ① 小组长分配任务，思考讨论，在大白纸上绘制思维导图； ② 展示大白纸，总结知识要点； ③ 聆听讲解。 2. 通过积分榜，评选出今日最佳表现小组。	通过思维导图法，有利于帮助学生梳理知识点，形成知识体系。

续表

教学阶段	教学内容	教师活动	学生活动	设计意图
课　后				
课后拓展	发布任务	1. 课后测试，发布测试任务，答疑及辅导。 ① 在超星平台对优等生组、中等生组和后进生组发布不同层次的习题； ② 分析数据，跟踪进步发展，在钉钉群定期答疑及辅导。 2. 应用拓展，发布借助数学知识设计康乐活动的任务。 发布应用拓展任务：设计以古典概型为模型且遵循老年人活动策划的原则的康乐活动。	1. 完成课后测试，查漏补缺。 ① 接收测试题的任务； ② 生生互助，师生互助，解决疑难问题。 2. 借助数学知识设计康乐活动的任务。 回顾古典概型定义的两个特征，运用概率公式计算概率，设计符合要求的康乐活动。	巩固课堂教学内容，拓展深化，提高学生运用数学知识解决问题的能力，提升学生的专业素养。

教学板书

古典概型与概率的简单性质

一、古典概型

1. 古典概型的定义

2. 古典概型的概率公式：$P(A)=\dfrac{m}{n}$

3. 古典概型的概率的计算方法：一断二定三算

二、概率的简单性质

1. 互斥事件

2. 和事件

3. 互斥事件的概率加法公式：$P(A\cup B)=P(A)+P(B)$

教学反思

教学成效	授课过程中采用“三段三评”的多维教学评价，采用平台智能评、学生互评、教师点评三种评价方式对学生实施课前、课中、课后三段式全过程评价，实现了知识、能力、素养教学目标。 1. 知识目标：本作品共设计 5 个知识目标，通过课后在线测试数据分析得出，学生对知识目标掌握及格率 100%。其中古典概型的定义及特征、互斥事件、和事件的概念这三个知识目标的优秀率较高，整体教学效果良好，知识目标达成较高。 2. 能力目标：学生借助树状图法、列表法计算古典概型的概率，亲历类比集合，揭示事件的关系与运算，完成新知识的建构与内化，从专业情境中，抽离出数学本质，注重运用数学知识解决实际问题。掌握了古典概型的概率与和事件的概率计算方法。 3. 素养目标：通过团队游戏竞赛和小组合作探究培养学生团队协作意识。通过在生活实例抽象出互斥事件的概念，培养学生数学抽象的核心素养。通过实际应用问题的解决，培养学生数学建模、数学运算的核心素养。通过讲故事培养学生勇于探索、善于发现的创新思想。
亮点与特色	1. 紧抓专业，融入思政：情境导入时，观看养老院护理员与老人的对话，学生感受养老院温暖、祥和的氛围，引导学生对老人有爱心和耐心。在基础演练环节，用四个老年活动实例介绍积极老龄化国家战略，树立帮助老人实现“老有所学、老有所为、老有所乐”的职业愿景。

续表

亮点与特色	2. 以活动为载体，引领教学：通过播放自制数学文化小视频、团队PK赛、抽牌活动、盲盒游戏、讲故事、“一站到底”抢答赛、“yes or no”判断游戏等多种形式的活动引领教学，充分调动学生感官，学生乐学愿学，课堂效果达成率高。
不足与改进	不足：本次课对学生的基础要求较高，在用列举法计算样本点总数时要求学生有较扎实的初中基础，部分后进学生不能完全独立完成。 改进策略：一是即时与学生进行沟通交流，了解其在数学学习中遇到的困难与疑惑，从而对学生进行针对性的辅导；二是促进小组长对组员的帮助学习，使学生能及时地掌握知识点。

【点　评】

主要特色：

1. 学情分析清晰，数据印证突出：从知识、认知、学习特点三个维度对学生的前期学习情况进行了较为精确的分析，为本次课的教学目标设定奠定了较好的基础，同时，结合专业特点对学生学习本节知识点进行了应用分析，专业契合度较好。

2. 教学重难点解决策略思路清晰，符合学生认知规律：基于学情分析，教学重难点分别确定了2个，对于重难点问题的解决分别采用了课前预习、小组讨论、素材收集、例题探究、头脑风暴、教师讲解等手段进行解决，策略充分结合专业学生特点进行设置，符合学生学习特点。

3. 采用“三阶七环”教学流程，体现“能力发展为中心”教学理念：课前自学、课中内化、课后扩展三个阶段，共设置“预、导、探、练、用、结、拓”七个环节，每个阶段、每个环节均以学生能力提升为基本要求，与“人字梯型”教学模式的“能力发展为中心”理念完全契合。

4.“趣味课堂”的构建，体现了“以人文本”理念：在课中基础演练环节中，教师设计了一个游戏PK赛活动，针对相关定义的理解以游戏PK的形式对学生进行测试，这个活动的设置较好地构建了一个“趣味课堂”环节，不仅提升了学生的学习兴趣，也加强了学生的专业融合度和竞争意识，较好地落实了“以人为本”的教育理念。

建议：

练习题的难度忽略了一部分学生的基础能力，需进一步提升：本节课设置的个别练习，对学生的计算基础要求较高，是否每个学生都具备这样的基础还需要再深思熟虑一下。

分层抽样及三种抽样方法的综合应用

◎课程名称：数学

◎作者姓名：杜玫

<table>
<tr><td>授课题目</td><td colspan="2">分层抽样及三种抽样方法的综合应用</td><td>课程名称</td><td>数学</td></tr>
<tr><td>授课对象</td><td colspan="2">养老服务与管理专业1班</td><td>授课课时</td><td>2课时</td></tr>
<tr><td>授课地点</td><td colspan="2">智慧教室</td><td>授课形式</td><td>新授课</td></tr>
<tr><td colspan="5">教学分析</td></tr>
<tr><td>内容分析</td><td colspan="4">本次课选自中职数学课程基础模块第8章“概率与统计初步”的任务六“分层抽样及三种抽样方法的综合应用”（2课时）。其主要内容为分层抽样的定义、分层抽样的一般步骤、三种抽样方法的综合应用。在学习了简单随机抽样、系统抽样的基础上，结合此两种随机抽样的特点和适用范围，针对总体的复杂性，为提高样本的代表性，有必要学习分层抽样这种随机抽样。根据三种具体的抽样方法的特征，让学生感受统计“用样本估计总体”的思想，学会收集数据，进而对其进行整理，选择合适的方法进行分析，让学生真正体现数学在解决实际问题中的价值和作用，进而真正将统计知识应用到实际问题中。</td></tr>
<tr><td rowspan="2">学情分析</td><td>知识基础</td><td colspan="3">1. 了解简单随机抽样、系统抽样的特点和适用对象，但对复杂的总体时，对样本的代表性有疑虑。
2. 已学过一些统计知识、了解统计的基本思想，但不能熟练选择正确的抽样方法使样本更能充分地反映总体的情况。</td></tr>
<tr><td>认知能力</td><td colspan="3">1. 具备一定的数据分析及数学建模能力，缺乏从生活中抽象出分层抽样模型的能力。
2. 会用简单随机抽样、系统抽样从总体里选择合适样本，但不会用分层抽样从总体里选择合适样本。
3. 具备局部知识的观察、迁移能力，但缺乏主动类比转化能力。</td></tr>
<tr><td rowspan="2">学情分析</td><td>学习特点</td><td colspan="3">1. 对数学学习热情不高，缺乏学习数学的主动性与自信心，但对老年服务的专业学习非常重视。
2. 喜欢小组合作式、以活动为载体的课堂。</td></tr>
<tr><td>专业特性</td><td colspan="3">对养老服务需求的调查分析能帮助学生了解养老院的需求，让其在具体工作时提高老人对养老院的满意度，提高养老机构服务质量。通过为企业管理员，解决相关问题，了解养老院的实际需求。</td></tr>
<tr><td rowspan="3">教学目标</td><td>知识目标</td><td colspan="3">1. 能为分层抽样下定义。
2. 能描述分层抽样的一般步骤。
3. 能区分简单随机抽样、系统抽样、分层抽样，选择适当正确的方法进行抽样。</td></tr>
<tr><td>能力目标</td><td colspan="3">1. 结合为养老院调查老年人身体状况选择抽样方法，能发现简单随机抽样、系统抽样的局限性，生成分层抽样的概念。
2. 能从简单随机抽样、系统抽样、分层抽样的区别与联系里得到三种抽样方法的适用范围。
3. 通过为某养老院调查居住环境满意度设计抽样方案，能选择合适的抽样方法解决问题，能够运用数学知识解决实际问题。</td></tr>
<tr><td>素养目标</td><td colspan="3">1. 通过小组合作，强化团队协作精神。
2. 提升数据分析、数学建模等学科核心素养。
3. 培养学生勇于探索，善于发现的创新思想。</td></tr>
</table>

续表

<table>
<tr><td>教学内容</td><td colspan="3">第一课时：分层抽样
1. 分层抽样的概念及特征；
2. 分层抽样的一般步骤。
第二课时：三种抽样方法的综合应用
1. 三种抽样方法的区别与联系；
2. 三种抽样方法的适用范围；
3. 设计抽样方案。</td></tr>
<tr><td>教学重点</td><td>1. 分层抽样的概念；
2. 分层抽样的一般步骤；
3. 三种抽样方法的正确选择。</td><td>解决策略</td><td>专业情境：通过为养老院调查居住环境满意度和日常餐饮满意度设计抽样方法，使学生发现并生成分层抽样的概念，突出重点 1。
问题引领：将分层步骤的难点分解成具有梯度的问题，使学生在逐个解决问题时归纳出分层抽样的步骤，突出重点 2，突破难点 1。</td></tr>
<tr><td>教学难点</td><td>1. 分层抽样的一般步骤；
2. 三种抽样方法的适用范围。</td><td>解决策略</td><td>小组合作：借助三个专业情境和解决策略呈现三种抽样方法，使抽象知识直观化，小组讨论，集思广益，归纳三种抽样方法的适用场景，突出重点 3，突破难点 2。</td></tr>
<tr><td colspan="4">教学策略</td></tr>
<tr><td>教学设计流程</td><td colspan="3">本次课分为七个环节，分别为预—导—探—练—用—结—拓。具体流程：课前，教师发布学习任务及预习小测，确定学生本次课的重难点。课中，在导入环节中，通过专业情景问题，强化数学相关概念，引入专业情境问题探究数学新知；接着，以给养老院调查老年人身体状况设计抽样方案为例探究新知，学习分层抽样，借助问题引导，突破难点；通过解决给养老院调查老年人身体状况设计抽样方案问题讨论得出分层抽样的步骤，通过卡片寻找关键词、专业相关案例检测学生对分层抽样步骤的掌握情况；学生借助案例分组讨论得出简单随机抽样、系统抽样、分层抽样的优缺点，突出重点；学生通过学习平台检查纠错、分享互评，讲解易错点，突破难点；学生通过卡片游戏、刮刮乐游戏巩固知识点，形成知识体系。课后布置实践作业，让学生真真切切地用到专业里。 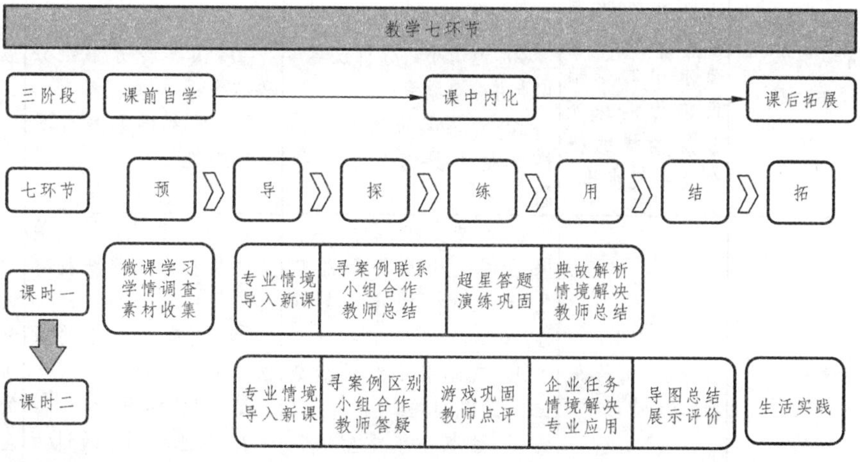

教学七环节
三阶段：课前自学 → 课中内化 → 课后拓展
七环节：预 〉导 〉探 〉练 〉用 〉结 〉拓
课时一：微课学习 学情调查 素材收集｜专业情境 导入新课｜寻案例联系 小组合作 教师总结｜超星答题 演练巩固｜典故解析 情境解决 教师总结
↓
课时二：专业情境 导入新课｜寻案例区别 小组合作 教师答疑｜游戏巩固 教师点评｜企业任务 情境解决 专业应用｜导图总结 展示评价｜生活实践</td></tr>
<tr><td rowspan="2">教学方法</td><td>教法</td><td colspan="2">案例分析法、问题牵引法、小组讨论法。</td></tr>
<tr><td>学法</td><td colspan="2">自主探究法、练习法、合作讨论法。</td></tr>
</table>

续表

教学实施				
教学阶段	教学内容	教师活动	学生活动	设计意图
课　前				
课前准备	1. 简单随机抽样、系统抽样的特征和一般步骤。 2. 为养老院调查养老服务需求中的医疗设施设计抽样方案。	发布任务： 1. 发布课前任务。 2. 分析学生完成任务的数据。	接收任务： 1. 复习简单随机抽样、系统抽样的特征和一般步骤。 2. 分组完成调查。	1. 开展实践任务中，培养学生的团队协作、沟通、整理等综合素质能力； 2. 通过测试，了解学生的学习态度，初步了解学情，确定难点。
课前诊断	共性问题	通过测试，了解约 80% 的学生对简单随机抽样、系统抽样的相关概念都掌握得比较好，95% 的学生都能认真完成调查。		信息技术手段： 通过超星在线测试结果发现问题并确定本课的学习任务。
	个体关注	在测试练习中约 3% 的学生对简单随机抽样、系统抽样的一般步骤易混淆，模糊知识点。		
教学调整	在第一课时环节二中，通过回顾课前学生对专业任务设置的抽样方法，再次深化学生对简单随机抽样、系统抽样的理解。在第二课时环节二中，借助专业案例检测学生对不同抽样方法的适用场景的理解，在其环节三中，设置了对专业任务选择抽样方法的任务，检测学生对抽样方法的具体掌握情况，借助学习平台，展示学生答案，互评互纠，规范解题步骤。针对个别学生进行了引导和关注，座位调整，因材施教，设置难度系数小的题，生生互助，其他方式讲解或单独辅导。			
课　中				
第一课时				
情境引入 （环节一）	专业情境： 以养老院调查对养老服务需求中的基础设施为例探究分层抽样的概念及一般步骤	分析数学问题。 ① 发布任务，组织小组讨论； ② 邀请小组分析数学知识点并分享结果； ③ 对用其方案选出的样本是否具有代表性提问。	思考数学问题。 ① 接收任务，小组讨论； ② 认真聆听小组分享结果； ③ 思考样本是否具有代表性。	创设专业情境，帮助学生能更好地实现知识的迁移和应用。
探究新知 （环节二）	分层抽样的概念及特征	1. 回顾实践，利用学生课前调查引出简单随机抽样、系统抽样的局限性。 ① 展示各小组调查数据，提出问题； ② 抽取小组学生回答问题。 2. 专业应用，利用为养老院调查老年人身体状	1. 回顾实践，思考简单随机抽样、系统抽样的局限性。 ① 观察各小组的数据，思考问题； ② 回答问题。 2. 专业应用，通过为养老院调查老年人身体状况选择抽样方案感受简单随机抽样、系统抽	借助让学生针对福康养老院的问题设计抽样方案，让学生意识到简单随机抽样和系统抽样的局限性，加强学生对影响问题的主要因素的判别，感受分层抽样的特点，达成知识目标

续表

教学阶段	教学内容	教师活动	学生活动	设计意图
探究新知（环节二）	分层抽样的概念及特征	况选择抽样方案感受简单随机抽样、系统抽样的局限性。 ① 展示为养老院调查老年人身体状况设计的抽样方案； ② 提出问题：应该选择哪一种抽样方法进行抽样； ③ 利用平台随机抽取学生分享发现。 3. 案例分析，对比两个案例引导学生发现共同点，生成分层抽样的初步概念。 ① 组织学生找出两个案例的相同点； ② 平台抽取小组进行分享； ③ 对小组分享的结果进行提问； ④ 引导学生归纳概念； ⑤ 抽取学生分享概念 4. 规范概念，点评并讲解分层抽样的定义。 ① 对学生的概念进行点评； ② 展示并讲解分层抽样的定义。 5. 巧用平台，组织学生在超星分享分层抽样的特征。 ① 展示分层抽样的定义； ② 邀请学生分享分层抽样的特征。 6. 学生互评，邀请其他学生进行评分并说明评分理由。 7. 展示词云，利用词云展示并归纳分层抽样的特征。	样的局限性。 ① 阅读材料及抽样方案； ② 思考问题； ③ 聆听同学的回答。 3. 案例分析，观察两个案例找出共同点，生成分层抽样的初步概念。 ① 组内互相讨论，尝试找出相同点。 ② 聆听小组分享； ③ 思考问题，尝试解答； ④ 尝试归纳概念； ⑤ 聆听同学分享 4. 规范概念，聆听理解分层抽样的定义。 ① 聆听点评； ② 理解分层抽样的定义。 5. 巧用平台，在超星分享分层抽样的特征。 ① 根据定义找出分层抽样的特征； ② 分享分层抽样的特征。 6. 学生互评，对分享学生进行评分。 7. 查看词云，聆听老师讲解并做笔记。	1、能力目标 1，突出重点 1。

续表

教学阶段	教学内容	教师活动	学生活动	设计意图
探究新知（环节二）	分层抽样的概念及特征	1. 平台练习，检测学生对分层抽样的定义及特征的掌握情况。 ① 发布超星定时练习，组织学生完成； ② 组织学生在超星检测其他同学的完成情况。 2. 互评共进，邀请学生分享自己的发现。 ① 组织学生分享自己发现其他同学存在的问题； ② 邀请同学对错误的步骤分析并解决。 3. 平台展示，分析学生的掌握情况。	1. 平台练习，熟练掌握分层抽样的定义及特征。 ① 完成超星定时练习； ② 借助超星平台检测其他同学的完成情况。 2. 互评共进，分享或聆听发现。 ① 分享其他同学存在的问题； ② 对错误的步骤分析并解决。 3. 平台展示，聆听分析。	通过具体的实例，让学生对文章进行数学分析，达到素养目标2。
	分层抽样的一般步骤： （1）分层； （2）定比； （3）定量； （4）抽样； （5）组样	1. 问题引导，分解难题。 ① 出示问题，组织学生思考； ② 组织学生将思考结果写在卡片上。 2. 头脑风暴，组织小组根据三个问题的解决尝试归纳出分层抽样的一般步骤。 ① 组织小组讨论； ② 查看学生在大白纸上写的步骤。 3. 答疑解惑，利用巡视时间为学生进行个别指导。 ① 巡视指导，帮助学生解决疑惑； ② 学习通查看学生上传情况。 4. 成果展示，检测学生讨论结果。 ① 邀请小组分享成果； ② 邀请其他组对分享的小组的成果进行提问，分享的小组进行解答；	1. 思考问题，解决难题。 ① 观察并思考问题； ② 将思考结果写在卡片上。 2. 头脑风暴，讨论并归纳分层抽样的一般步骤。 ① 小组讨论，分享各自观点； ② 将小组观点归纳并写在大白纸上。 3. 根究底，寻求老师帮助并细化分层抽样的一般步骤。 ① 遇到难点及时向老师寻求帮助，解决难点； ② 将小组成果上传至学习通。 4. 成果展示，小组代表展示成果。 ① 聆听小组代表分享； ② 对分享的小组的成果进行提问，分享的小组进行回答；	1. 利用问题引导教学法，引导学生逐步总结分层抽样的一般步骤，达到知识目标2。

续表

教学阶段	教学内容	教师活动	学生活动	设计意图
探究新知（环节二）	分层抽样的一般步骤： （1）分层； （2）定比； （3）定量； （4）抽样； （5）组样	③ 组织学生通过超星看其他组的成果进行互评。 5. 点评归纳，整理分层抽样的一般步骤。 6. 卡片精炼，组织学生在卡片上写关键字来总结每一步的步骤。 ① 组织学生讨论； ② 巡视指导； ③ 查看各小组完成的卡片。 7. 小组展示，邀请学生展示小组关键字。 8. 点评归纳，并对学生展示的成果进行总结。 9. 历史故事——“米谷粒分”。 ① 展示《九章算术》里米谷粒分故事，展现分层抽样的作用； ② 组织学生说出看完故事后的感受，增强学生的民族自豪感。 10. 平台任务，组织学生完成超星平台上的测试题。 ① 发布任务，组织学生完成； ② 通过平台查看学生完成情况并点评。	③ 通过超星平台进行互评。 5. 聆听理解，掌握分层抽样的一般步骤。 6. 卡片精炼，在卡片上写关键字总结每一步的步骤。 ① 各自对步骤进行词语提炼； ② 成员展示各自挑选的词，小组长从里找出具有代表性的用于总结每一个步骤； ③ 将挑选的词语写在卡片上。 7. 小组展示，观看小组关键字。 8. 聆听理解，认真聆听老师讲解并做笔记。 9. 历史故事——“米谷粒分”。 ① 阅读《九章算术》里“米谷粒分”故事，感受分层抽样的作用； ② 分享看完故事后的感受，体会中华的数学文化。 10. 平台任务，完成超星平台上的测试题。 ① 接收并完成任务； ② 聆听点评。	2. 借助《九章算术》里“米谷粒分”故事，增强学生民族自豪感。
学以致用（环节三）	组织学生思考并解决问题	1. 回顾专业任务，组织学生思考并解决问题。 ① 展示专业案例，组织学生分析里面的数学问题； ② 组织学生思考如何解决数学问题。 2. 巡视指导，检查学生在平台的上传情况并对个别进行指导。 3. 邀请学生分享自己设计的抽样方法。	1. 回顾专业任务，思考并解决问题。 ① 分析专业里的数学问题； ② 思考应该如何解决问题。 2. 小组合作，将解决方案上传平台。 3. 分享成果，聆听同学讲解。 ① 聆听同学的分享； ② 对分享的解决方	实践和探索中培养学生严谨求实的科学精神，培养学生爱岗敬业，精益求精的职业素养，达成素养目标 3。

续表

教学阶段	教学内容	教师活动	学生活动	设计意图
学以致用（环节三）	组织学生思考并解决问题	① 随机抽取学生进行分享； ② 邀请其他同学对其解决方案进行提问，分享的学生进行回答； ③ 组织学生互评。 4. 点评提升，对学生成果进行分析。	案进行提问； ③ 同学互评。 聆听讲解，针对老师分析做笔记。	
第二课时				
探究新知（环节二）	三种抽样方法的区别与联系	1. 专业案例，组织学生找到三种抽样方法的区别与联系。 ① 展示养老院针对不同场景所设计的抽样方案； ② 组织学生找出三个案例间的区别与联系。 2. 答疑解惑，对个别学生进行指导。 ① 巡视，答疑； ② 观察学生的作答情况。 ③ 平台监测，查看学生的上传情况。 3. 成果展示，邀请学生回答三种抽样方法的区别与联系。 ① 随机抽取学生进行分享； ② 邀请其他同学对其解决方案进行提问，分享的学生进行回答； ③ 组织学生互评。 4. 头脑风暴，组织小组讨论三种抽样方法的适用范围。 ① 组织小组讨论； ② 巡视指导； ③ 学习通查看学生的上传情况。 5. 小组展示，邀请各组分享三种抽样方法的适用范围。	1. 专业案例，找到三种抽样方法的区别与联系。 ① 观看养老院为不同场景所设计的抽样方案； ② 对比三个案例，找到案例间的区别与联系。 2. 寻根究底，完成大白纸。 ① 接受老师的指导； ② 独立完成大白纸； ③ 拍照上传结果。 3. 成果展示，回答三种抽样方法的区别与联系。 ① 聆听同学的分享； ② 对分享的解决方案进行提问； ③ 同学互评。 4. 头脑风暴，讨论三种抽样方法的适用范围。 ① 对前面的回答小组讨论并整合； ② 将小组答案写在大白纸上，接受老师指导； ③ 拍照上传至学习通。 5. 小组展示，分享三种抽样方法的适用范围。	1. 借助对比三个案例，推导出三种抽样方法的适应范围，达成知识目标3，能力目标2。 2. 分组活动有助于学生对知识意义的深入理解，提高课堂学习和教学的效率，达成素养目标1。

续表

教学阶段	教学内容	教师活动	学生活动	设计意图
探究新知（环节二）	三种抽样方法的区别与联系	① 邀请小组进行分享； ② 邀请其他小组对分享小组进行提问，分享的小组进行回答； ③ 展示优秀小组的结果； ④ 组织小组互评。 6. 梳理总结，整理出三种抽样方法的适用范围。 7.“刮刮乐”游戏，选取学生说出简单随机抽样、系统抽样、分层抽样的适用范围。 ① 开展“刮刮乐”游戏，邀请学生参加并说出刮出的抽样方法的适用范围； ② 组织学生对回答进行补充，引出细心等思政元素。 ③ 点评并让小助手对参与学生计分。	① 聆听小组的分享； ② 对分享小组进行提问，分享小组回答； ③ 观看优秀小组的结果； ④ 小组互评。 6. 理解记忆，聆听老师的讲解并做笔记。 7.“刮刮乐”游戏，说出简单随机抽样、系统抽样、分层抽样的适用范围。 ① 参加“刮刮乐”游戏，说出刮出的抽样方法的适用范围； ② 对同学的回答进行补充； ③ 聆听。	借助“刮刮乐”游戏，提升数学知识的神秘感，增强学生的数学兴趣。
学以致用（环节三）	三种抽样方法的适用范围	1. 任务领取，播放企业需求视频，明确任务。 2. 头脑风暴，组织小组讨论专业任务适用的抽样方法。 ① 发布讨论活动，组织小组从专业任务中分析数学问题； ② 巡视指导，为学生答疑解惑。 3. 结果展示，组织小组分享小组成果。 ① 邀请小组自愿分享选择的抽样方法并说明理由，小助手加分记录； ② 组织其他小组对其提问，分享小组进行解决； ③ 应用评价，组织学生自评、互评和师评。 4. 通过“你问我答”游	1. 任务领取，接收企业管理人员发布的任务。 2. 头脑风暴，小组讨论专业任务适用的抽样方法。 ① 小组讨论从专业任务里分析数学问题； ② 寻求帮助，为专业任务选择合适的抽样方法并上传至学习通。 3. 结果展示，分享小组成果。 ① 小组代表分享小组选择的抽样方法并说明理由； ② 向分享小组提出问题，分享小组进行解决； ③ 应用评价，聆听师评并自评、互评。	

续表

教学阶段	教学内容	教师活动	学生活动	设计意图
学以致用（环节三）	三种抽样方法的适用范围	戏，加深学生对三种抽样方法适用范围的理解。 ① PPT展示规则； ② 组织学生进行游戏； ③ 希沃计时，小助手统计游戏时间，组织学生对各组排名并计分。 5. 通过“这题我来选”，组织学生完成卡片游戏。 ① 出示卡片，讲解游戏规则； ② 组织学生参与游戏为展示的问题选择抽样方法； ③ 展示游戏结果并邀请学生说出依据。	4.“你问我答”游戏，加深对三种抽样方法适用范围的理解。 ① 理解规则； ② 参与游戏； ③ 对各组所用时间进行排序并计分。 5.“这题我来选”，完成卡片游戏。 ① 拿出卡片，理解游戏规则； ② 参与游戏为展示的问题选择抽样方法； ③ 对所选择结果说出依据。	
	设计抽样方案	1. 步骤连连看，检测对三种抽样方法的步骤的掌握情况。 ① 在学习通发布作业，组织学生完成对步骤的连线； ② 展示学生完成情况并点评。 2. 卡片游戏，组织学生对每一种抽样方法具体操作进行说明。 ① 邀请学生随机抽选一张卡片，并对卡片上的抽样方法的具体操作进行说明； ② 邀请其他学生点评、补充。 3. 方案大比拼，组织小组对案例设计抽样方案。 ① 展示案例，组织各组对案例设计抽样方案； ② 巡视指导； ③ 邀请小组展示抽样方案； ④ 组织学生互评选出最佳小组。	1. 步骤连连看，对每一种抽样方法的步骤进行连线。 ① 打开学习通接收作业，完成对步骤的连线； ② 观看完成情况并点评。 2. 卡片游戏，对每一种抽样方法的具体操作进行说明。 ① 随机抽选一张卡片，并对卡片上的抽样方法的具体操作进行说明； ② 点评、补充。 3. 方案大比拼，对案例设计抽样方案。 ① 观看案例，设计抽样方案； ② 完成大白板； ③ 展示抽样方案； ④ 互评。	

续表

教学阶段	教学内容	教师活动	学生活动	设计意图
总结评价（环节四）	1. 分层抽样的定义； 2. 分层抽样的一般步骤； 3. 简单随机抽样的适用场景； 4. 系统抽样的适用场景； 5. 分层抽样的适用场景； 6. 从集合的角度看：样本空间（集合）—基本事件（元素）—随机事件（子集）—必然事件（集合本身）—不可能事件（空集）	1. 借卡片游戏，检测步骤。 ① 讲解卡片游戏的规则； ② 邀请学生对抽样方法的步骤进行排序； ③ 组织学生检查排序是否有误； ④ 并邀请学生分享自己的发现。 2. 点评学生的完成情况。 3. 组织学生在卡片上书写知识点。 ① 组织学生独立书写知识点； ② 组织小组整理知识点； ③ 巡视查看各小组进度。 4.“谁是知识王”，小组互相挑战，检测知识点。 ① 邀请小组出示一个知识点； ② 让其指定其他组对知识点进行解释； ③ 组织小组评分； ④ 回答问题小组出示知识点并指定小组解释知识点； ⑤ 补充各小组都遗漏的概念并邀请小组解释其概念。 5. 平台再现评价，将学生这一章节的表现借助平台呈现。 ① 展示学生的评价； ② 展示学习本章节后各项数据分析，组织学生与自己的数据进行对比； ③ 对学生进行评价。	1. 用卡片游戏，巩固步骤。 ① 理解游戏规则； ② 参与游戏； ③ 检查同学的排序是否有问题； ④ 分享自己的发现。 2. 聆听老师点评。 3. 在卡片上书写出需提问的知识点。 ① 独立书写知识点； ② 小组合作，整理知识点； ③ 将知识点分条写在卡片上。 4.“谁是知识王”，小组互相挑战，巩固知识点。 ① 思考回答； ② 在组员对概念回答有遗漏时及时补充； ③ 其他小组进行评分； ④ 思考回答，在组员对概念回答有遗漏时及时补充； ⑤ 思考，解释，聆听。 5. 平台再现评价，借助平台总结自己这一章节的成果。 ① 查看本章节的成果； ② 观看数据分析，与自己之前的数据进行对比； ③ 聆听点评。	借助平台展现学生的形成性评价和总结性评价，对学生本章知识的掌握情况进行总体评估。
课　后				
课后拓展	实践作业：巧用本章知识制定福康养老院里子女对养老院服务的满意度的问卷调查			

续表

教学反思	
教学成效	授课过程中采用“三段三评”的多维教学评价，采用平台智能评、学生互评、教师点评三种评价方式对学生实施课前、课中、课后三段式全过程评价，实现了知识、能力、素养教学目标。 1. 知识目标：本次共3个知识目标，全部学生都能描述出3个知识目标的概念，由于数学建模的思维不是很高，导致三种抽样的综合应用的知识点上优秀人数明显下降。但整体来看教学效果达成良好，知识目标得以高效完成。 2. 能力目标：学生在为养老院调查老年人设计抽样方案，能生成分层抽样的概念，并且在解决实际应用中，能够正确选择抽样方法设计抽样方案。 3. 素养目标：在小组合作中，增强团队协作意识。在解决为养老院调查居住环境满意度设计抽样方案时，提高学生数据分析、数据建模能力，并且在思考问题时，培养创新精神和探索精神。
亮点与特色	借助为养老院调查养老服务需求的医疗服务、居住环境等设置抽样方法，增强学生的专业自信和认同感，感受到数学来源于生活，又应用于生活；通过课前设置抽样方案、小组合作、随机抽人、刮刮乐游戏等多种教与学的方式，充分调动学生感官，学生乐学愿学，课堂效果达成率高。
不足与改进	不足：本次课小组合作较多，课前布置的设置抽样方案任务对学生在简单随机抽样、系统抽样的要求较高，部分学生不能完全自觉独立完成任务。 改进策略：在下次课前，一是与学生进行沟通交流，了解其在数学学习中遇到的困难与疑惑，从而对学生进行针对性的指导并且纠正其学习的不良习惯；二是在教学设计时，对概念的学习任务进行分解，选择性地分为课前或课中进行掌握；最后，加强小组长责任感的培养，要求其对组内成员严格督促，及时完成课前和课后的学习任务。

【点　评】

主要特色：

1. 信息技术运用较好，“线上、线下并行”体现明显：该教学设计在课前、课中、课后各个环节都较好地将信息技术手段进行了运用，利用超星学习平台充分地开展“线上、线下”教学活动，较好地体现了“人字梯型”教学模式中“线上、线下并行”的理念。

2. 情景创设，较好地将品德素养与知识技能融合：课中内化阶段，就创设了“养老院调查对养老服务需求”的情景，让学生利用数学知识去解决实际的专业需求，在学习过程中引导学生理解养老专业的职业操守、岗位要求等，较好地将品德素养与知识技能进行了结合。

3. 数学故事串联，思政融入与无形：在课中小组展示环节中，基于学生的总结提炼，教师分享了“米谷粒分”的小故事，基于故事的讲解，让学生理解了分层抽样的作用，更让学生增强了学生对古人智慧的崇拜，以此提升了学生的民族自豪感，将思政元素较好地融入课程。

4. 多策略活动的开展，较好地体现了“师生并行”理念：在该教学设计中，先后用到了，头脑风暴、任务探究、小组讨论等活动，在教师主导下，学生有效地进行各项学习活动，较好地体现了“以学生为主体”的教学理念，与“人字梯型”教学模式的“师生并行”相吻合。

建议：

课前抽样任务难度较大，未考虑学生是否容易完成：学生对随机抽样、系统抽样的具体操作方式及运用还处于摸索阶段，在课前安排任务要给学生提供必要的帮助才能完成，而在设置任务时对这一问题考虑不够周全，有待进一步改善。

啦啦操基本动作规范

◎课程名称：体育与健康

◎授课教师：周小波

授课题目	啦啦操基本动作规范	课程名称	体育与健康
授课对象	2021 级旅游服务与管理 4 班	授课课时	2 课时
授课地点	健美操房	授课形式	新授课
教学分析			
内容分析	本次课内容选自《体育与健康》中拓展模块一体操类运动中的“啦啦操”项目中的任务一“啦啦操基本动作规范”，共计 2 课时。旅游服务与管理专业学生对个人身体素质、外在形象、形体控制有较高的要求，啦啦操对提高身体素质、控制体重、改善体型、形成优美的体态、养成艺术气质都有较大的帮助。本节课的内容“啦啦操基本动作规范”对啦啦操整体学习起到基础性作用，本次课的内容主要涵盖：啦啦操基本手位、常用手型、各种站姿等上下肢基本动作；啦啦操垂直跳、吸腿跳等跳跃类踢腿技术动作；能够参与啦啦操运动的一般体能和专项体能的练习。		
学情分析	认知实践： 1. 课前通过问卷星调研 2021 级旅游管理专业 4 班 26 名学生（5 名男生，21 名女生），其中 21 人能熟练地完成广播体操，4 人对动作不够熟练。现阶段学生对操类运动有一定的实践基础，对啦啦操缺乏理论认知和动作基础。 2. 中职阶段学生因为初中阶段的体考训练具有较好的体能基础，但由于未能长期坚持锻炼，部分同学体能下降；经过测试，中考时有 16 人能完成满分，升入中职阶段经测试只有 13 人达到满分。 3. 旅游专业现阶段学生已经有成熟的思考、认知能力并且拥有较强的实践能力。 学习特点：旅游专业学生各班女生占比较高，此阶段女生追求形体美、姿态美，具有从众心理。男生注重自己的外在形象，对于美好事物的追求态度积极，良好的榜样会起到巨大的作用。但由于中职学生学习习惯较差，单独自制力不强，个别学生有畏难情绪，需要进行合理的沟通引导。 3. 专业特性：旅游专业服务意识要求不断提高，学生掌握必要的体育与卫生保健知识和运动技能，了解一定的科学锻炼和娱乐休闲方式，为旅游服务职业要求打好基础。		
教学目标	知识目标： 1. 基本掌握啦啦操基本手位、掌握分解 8 种啦啦操动作要领。 2. 各种站姿及跳跃踢腿动作，掌握 6 种站姿标准，熟悉跳跃踢腿动作规范。 能力目标： 1. 能积极主动地参与到课堂的各项练习，掌握花球啦啦操基本手位，并独立展示，同时发展学生的良好身体姿态。 2. 能够通过啦啦操的练习来提高学生有氧耐力，增强身体协调性，具备单独完成啦啦操基本动作的能力。 专业素养： 1. 认识啦啦操对于职业素养的积极作用，通过啦啦操的基本动作学习，提高学生职业体能。 2. 通过参加啦啦操的练习缓解学习生活中的压力，培养坚定自信、乐观向上的精神品质。		

续表

<table>
<tr><td>教学内容</td><td colspan="3">第一课时：
1. 啦啦操基本手位、常用手型。
2. 立正站、军姿站、弓步站、锁步站、吸腿站（五种站位姿势）。
3. 啦啦操的一般体能和专项体能练习性质与差异性分析。
第二课时：
1. 新授啦啦操垂直跳、吸腿跳、分腿小跳等跳跃动作。
2. 啦啦操一般体能和专项体能练习。</td></tr>
<tr><td>教学重点</td><td>1. 掌握基本手势、站姿和跳跃动作。
2. 专项体能训练的练习密度。
3. 学生掌握练习方法，积极参与到练习中来。</td><td>解决策略</td><td>（针对重点 1）
反复练习，提高练习密度，采用多种练习方法形成肌肉记忆。
（针对重点 2）
采取丰富专项体能课堂内容，提升课堂练习密度达到课程要求。
（针对重点 3）
运用网络视频、讲解法，分析动作细节，动员学生积极参与练习。</td></tr>
<tr><td>教学难点</td><td>1. 专项体能训练的练习密度。
2. 学生掌握练习方法，积极参与到练习中来。</td><td>解决策略</td><td>1. 利用运动手环监测学生心率，满足练习密度。
2. 设计有趣的教学环节，提高学生的学习积极性，鼓励学生，增强学生自信心。</td></tr>
<tr><td colspan="4">教学策略</td></tr>
<tr><td>教学设计流程</td><td colspan="3">本课按照工学一体、知行合一的理念，按照课前、课中、课后三阶段，采用新—导—教—纠—评—复—导—引—评—固的教学流程。课前，教师通过智慧教育平台推送啦啦操学习视频，引导学生养成自主预习的学习习惯，为后续任务做准备。课中，让学生学习啦啦操基本手位动作、常见站姿，纠正不良身体体态。课后，让学生通过视频自学新内容，结合已学习内容，在脑海中建立啦啦操基本印象，给学习啦啦操打下坚实基础。具体如下图： 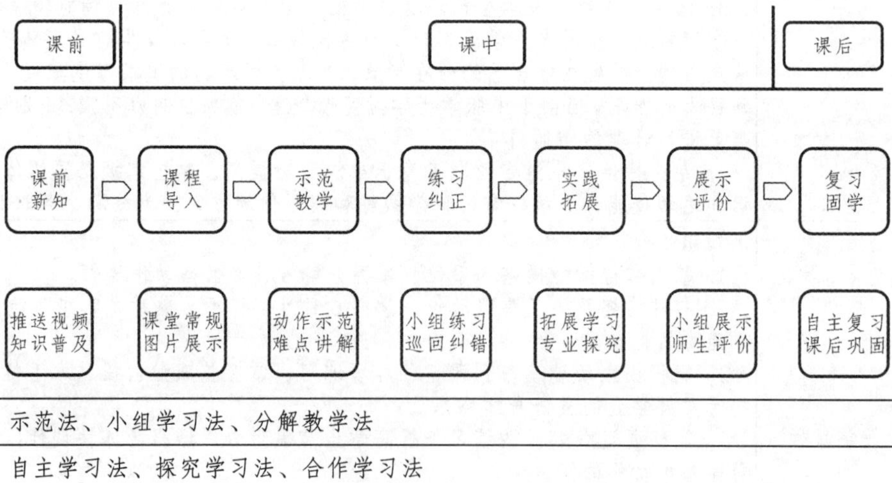
课前　课中　课后
课前新知 → 课程导入 → 示范教学 → 练习纠正 → 实践拓展 → 展示评价 → 复习固学
推送视频知识普及　课堂常规图片展示　动作示范难点讲解　小组练习巡回纠错　拓展学习专业探究　小组展示师生评价　自主复习课后巩固</td></tr>
<tr><td rowspan="2">教学方法</td><td>教法</td><td colspan="2">示范法、小组学习法、分解教学法</td></tr>
<tr><td>学法</td><td colspan="2">自主学习法、探究学习法、合作学习法</td></tr>
<tr><td>教学手段与资源</td><td colspan="3">教学平台：学习通、问卷星、智慧教育平台、钉钉、微信等（学生方便，可全程检测，全过程信息收集）。
教学手段：示范图片展示。
教学资源：数字化资源《花球啦啦操》微课、抖音平台短视频等。
教学工具：音响、口哨、希沃白板。</td></tr>
</table>

续表

教学实施				
教学阶段	教学内容	教师活动	学生活动	设计意图
课　前				
课前新知	1. 预习花球啦啦操视频。 2. 旅游专业素养	通过钉钉平台，向学生推送花球啦啦操视频。	观看视频，预习课程内容。	1. 通过课前预习提高学习效率。 2. 排除安全隐患，确保课堂正常进行。
课　中				
第一课时				
课程导入（环节一）	1. 课堂常规。 2. 认识啦啦操。 3. 啦啦操基本手位、站姿图片展示	【课堂常规】 观察集合情况，检查着装向学生问好，宣布课堂内容指导见习生学习，组织学生进行热身活动。 ① 集合整队； ② 热身活动； ③ 宣讲课堂内容及目标。 【啦啦操基本知识】 通过课前推送的啦啦操视频，结合教材内容向学生介绍啦啦操历史和发展，充分了解啦啦操的知识文化。 ① 随机抽取学生讲解啦啦操起源功能作用； ② 教师补充说明。 【展示手位、站姿，并模仿】 在展示板上，展示啦啦操的基本手位、站姿，并要求学生进行模仿学习。 ① 展示手位、站姿； ② 要求学生模仿。	【完成任务】 ① 全班同学快速集合，体育委员整队清点人数向老师问好，认真聆听老师讲话，见习生出列按老师要求做好课堂笔记，按照要求认真进行热身活动； ② 结合老师讲解，并进行思考啦啦操运动对于旅游专业来说有什么具体意义； ③ 认真观摩图片，原地进行模仿练习。	1. 培养学生的组织纪律性，养成良好的课堂习惯，营造良好的课堂氛围。充分热身，集中学生注意力，避免发生运动损伤。 2. 通过线上线下自主学习，为课堂学习做准备，提高学生自主学习的能力。 3. 培养学生自主探究的科学精神，引导学生学会自主学习。

续表

教学阶段	教学内容	教师活动	学生活动	设计意图
示范教学（环节二）	1. 啦啦操 8 种基本手位动作。 2. 立正站、军姿站、弓步站、锁步站、吸腿站五种站位姿势（重点）	【组织讨论，示范】 ① 组织小组展示刚刚模仿的啦啦操； ② 组织学生讨论啦啦操的基本手位动作； ③ 教师点评鼓励； ④ 教师完整动作示范。 【手位、5 种站位姿势】 教师讲解示范基本手位动作 A 型手位、V 型手位、T 型手位、L 型手 位、M 型手位、H 型手位、X 型手位。基本站姿立正站、军姿站、弓步站、锁步站、吸腿站。其中 A、V、L 三种手位，五种站位姿势为本节课重点内容，要求所有学生必须掌握。教师语言清晰，注意观察，强调重点。 ① 教师介绍并示范手位站姿动作； ② 全体学生单个动作练习； ③ 教师巡回指导。	【完成任务】 学生认真观察教师动作，并进行学习。特别是本节课重点的三种手位动作、五种站位姿势。	讲解学习啦啦操基本手位和五种站位姿势动作，为后面课程内容的学习打下坚实基础。
练习纠正（环节三）	1. 项目全班同学跟随音乐节奏进行手位动作、脚位的运用。 2. 分组练习。 3. 专项体能训练	【培养节奏感，并练习】 播放音乐“最炫民族风”教师带领学生进行集体练习。 ① 培养节奏感； ②加强手位脚位练习。 【分组练习】 全班学生以 6 人为一组进行练习。练习过程中教师巡回纠正错误动作。 ① 小组练习； ② 教师纠错。 【体能训练】 俯卧撑：12 个×3 组； 平板支撑：90 秒×2 组。 专项体能训练，为后续课程打基础。	【完成任务】 ① 仔细聆听音乐节奏，跟随老师动作进行练习； ② 快速分组然后小组成员自行练习，过程中相互指点纠正动作； ③ 认真完成体能练习，相互鼓励。	1. 加强手位动作的练习，并且培养学生节奏感； 2. 以学生为本，培养学生团队协作能力，更加通顺高效完成学习任务； 3. 基础体能训练，增强学生手臂及腰腹力量，提高身体控制力。

续表

教学阶段	教学内容	教师活动	学生活动	设计意图
实践拓展（环节四）	与旅游管理专业形体课相结合，塑造学生优美身体体态（难点）	【拓展学习，专业探究】 学生分别展示形体，啦啦操手位脚位，教师提问两者共同点在哪，并给学生分享形体课的身体体态要求，同时强调在啦啦操中的身体体态。 ① 展示形体，展示啦啦操手位脚位； ② 分析两者共同点。	【完成任务】 ① 分别展示形体，啦啦操，并思考两者共同点； ② 认真聆听老师分享。	1. 加强体育与健康课程与专业课形体与礼仪的联系； 2. 找出两门课程的相同点。
展示评价（环节五）	1. 小组展示。 2. 生生互评。 3. 教师点评。 4. 课堂总结	【小组展示】 教师组织各小组依次进行跳跃动作展示。 【生生互评】 安排小组之间进行互相评价。 【教师点评】 教师首先对小组练习情况和练习效果进行点评，然后对各组易错动作进行集中纠正。 【课堂总结】 对本节课的课堂情况进行总结。组织学生进行拉伸放松练习。	【完成任务】 ① 各小组依次进行展示； ② 小组进行认真细致地交流评价； ③ 认真听讲，反思总结； ④ 积极完成放松任务。	1. 课堂展示，提供展示机会，增强学生表现力和自信心； 2. 培养学生主动性，尊重学生，营造积极的学习氛围； 3. 对课程重难点进行重点讲解，也对每个小组的练习成功表示肯定总结课堂，调整心态，放松身体。
第二课时				
课程导入（环节一）	1. 课堂常规。 2. 认识啦啦操跳跃类动作，啦啦操视频展示	【课堂常规】 观察集合情况，检查着装向学生问好，宣布课堂内容指导见习生学习，组织学生进行热身活动。 ① 集合整队； ② 热身活动； ③ 宣讲课堂内容及目标。 【啦啦操基本知识】 通过课前推送的啦啦操动作视频，结合教材内容向学生介绍啦啦操跳跃动作，充分了解啦啦操的知识文化。 ① 随机抽取学生分享观看啦啦操跳跃类动作的收获； ② 教师补充说明，在多媒体上，展示啦啦操视频着重强调跳跃动作，要求学生进行模仿学习。	【完成任务】 ① 全班同学快速集合，体育委员整队清点人数向老师问好，认真聆听老师讲话见习生出列按老师要求做好课堂笔记，按照要求认真进行热身活动； ② 结合老师讲解，并进行思考啦啦操运动对于旅游专业来说有什么具体意义； ③ 认真观摩视频，原地进行模仿练习。	1. 培养学生的组织纪律性，养成良好的课堂习惯，营造良好的课堂氛围。充分热身，集中学生注意力，避免发生运动损伤； 2. 通过线上线下自主学习，为课堂学习做准备，提高学生自主学习的能力； 3. 培养学生自主探究的科学精神，引导学生学会自主学习。

续表

教学阶段	教学内容	教师活动	学生活动	设计意图
示范教学（环节二）	啦啦操跳跃类动作示范（重点）	【啦啦操跳跃动作细节】 教师讲解示范以下基本跳跃动作垂直跳、吸腿跳、分腿小跳，为本节课重点内容，要求所有学生必须掌握，教师语言清晰，组织热身，注意观察，强调重点。 ① 教师介绍并示范跳跃类动作； ② 全体学生单个动作练习； ③ 教师巡回指导。	【完成任务】 学生认真观察教师动作，并进行学习。特别是本节课重点跳跃动作。	讲解学习啦啦操跳跃动作，为后面课程内容的学习打下坚实的基础。
练习纠正（环节三）	1. 全班同学跟随音乐节奏进行跳跃动作的运用。 2. 分组练习。 3. 专项体能训练 （难点）	【培养节奏感，并练习】 播放音乐《最炫民族风》，教师带领学生进行集体练习。 ① 培养节奏感； ② 加强跳跃类动作练习。 【分组练习】 把全班同学以 6 人为一小组进行分组练习。练习过程中教师巡回指导纠正错误动作。 ① 小组练习； ② 教师纠错。 【体能训练】 专项体能训练。 俯卧撑：12 个×3 组； 平板支撑：90s×2 组。	【完成任务】 ① 仔细聆听音乐节奏，跟随老师动作进行练习； ② 快速分组然后小组成员自行练习，过程中相互指点纠正动作； ③ 认真完成体能练习，相互鼓励。	1. 加强跳跃动作的练习，并且培养学生节奏感。 2. 以学生为本，培养学生团队协作能力，使其更加高效地完成学习任务。 3. 基础体能训练，增强学生手臂及腰腹力量，提高身体控制力。
实践拓展（环节四）	与旅游管理专业形体课相结合，塑造学生优美身体体态	【拓展学习】 给学生们分享形体课的身体体态要求，同时强调在啦啦操中的身体体态。 学生分别展示形体，啦啦操跳跃组合，提出两者共同点在哪。 ① 展示形体，展示啦啦操手位脚位； ② 分析两者共同点。	【完成任务】 ① 分别展示形体，啦啦操，并思考两者共同点； ② 认真聆听老师分享。	1. 加强体育与健康课程与专业课形体与礼仪的联系； 2. 找出两门课程的相同点。

续表

教学阶段	教学内容	教师活动	学生活动	设计意图
展示评价（环节五）	1. 小组展示。 2. 生生互评。 3. 教师点评。 4. 课堂总结	【小组展示，教师评价】 ① 教师组织各小组依次进行手位脚位动作展示； ② 安排小组之间进行互相评价； ③ 教师首先对小组练习情况和练习效果进行点评，然后对各组易错动作进行集中纠正； ④ 对本节课的课堂情况进行总结。组织学生进行拉伸放松练习。	【完成任务】 ① 各小组依次进行展示； ② 小组进行认真细致的交流评价； ③ 认真听讲，反思总结； ④ 积极完成放松任务。	1. 课堂展示，提供展示机会，增强学生表现力和自信心； 2. 培养学生主动性，尊重学生，营造积极的学习氛围； 3. 对课程重难点进行重点讲解，也对每个小组的练习成功表示肯定总结课堂，调整心态，放松身体。

课　后

课后拓展	巩固本次课内容（作业）。 应用、迁移（任务）。 预习新知（任务）。

教学评价

本节课中，90%的学生能掌握重难点，学生能完整地表现基本手位、基本站姿，学生之间能互相学习，相互观摩不足之处，并能够改进。但是学生的学习积极性还有待提升，教师需要加强学习动机的培养。

教学反思

教学成效：

教学环节	评价主体	评价维度及权重	评价标准	备注
课前	师生/生生互评	课前实践任务	反应迅速，不拖拉	
课中	师评 自评/互评/师评	出勤/纪律 解决问题情况	按时出勤，纪律良好 1. 基本手位掌握情况 2. 常见站姿掌握情况	
课后	自评/互评	课后练习	能高质量完成练习	

亮点与特色：

旅游管理专业在形体上要求女生优美，男生阳刚，对身体体态要求高。本节课通过学习啦啦操基本手位、基本站姿，纠正学生不良身体体态，来帮助学生，达到身形优美。

不足与改进：

1. 课前需要及时调动学生注意力到课堂中来，个别学生有注意力不集中的现象。针对以上现象特别准备啦啦操历史故事，用于提高学生积极性和调动学生注意力。

2. 课中少部分学生对基本手位技术掌握不够，通过单独指导，加强学生练习密度形成动作记忆。

3. 课后有部分学生未按时完成课后训练，教师提出随机抽查，督促学生完成教师布置的课后训练

【点　评】

主要特色：

1. 多平台资源获取，信息技术手段运用较好：该设计运用了问卷星、钉钉、抖音、微信、学习通等平台，对学生知识、技能的获取和发布提供了较好的平台支撑，同时，结合学生的学习特点，将短视频观看作为学生学习的重要突破口，充分调动了学生的学习兴趣，较好地体现了“学生主体地位”的理念。

2. 师生互动环节较多，体现了“师生并行”理念：课中教学环节中，有教师导入－学生观看、教师示范－学生模仿、学生练习－教师指导、学生展示－教师点评等互动环节，较好地体现了教师主导、学生主体的地位，与“人字梯型”教学模式的“师生并行”理念契合。

3.“品德素养与知识技能并行”理念较好地落实：该设计针对的是旅游服务与管理专业的学生，设计中较多地将旅游相关岗位对形体、肢体动作等素养要求进行了知识融入，依托专业发展对学生知识技能进行要求，有效地将学生岗位品德素养要求与知识技能水平要求进行并行推进，符合“人字梯型”教学模式的“六双”理念。

建议：

课中学生训练时长安排过长，缺少必要的探究过程。体育与健康课程需要学生进行必要的练习，但更多的是利用课余时间完成规定动作的练习，课中应该着重考虑学生对于知识技能的理解，使其明白自身存在的不足，课后有针对性地进行体育训练，从而提升自身的知识技能水平。该设计较多地进行学生练习，学生很难发现自身的不足，可以优化完善。

Celebrating the Year of Dragon: 3D Is Coming! (Theme Introduction)

◎课程名称：英语

◎作者姓名：陶菁

<table>
<tr><td>授课题目</td><td>Celebrating the Year of Dragon: 3D Is Coming! (Theme Introduction)</td><td>课程名称</td><td colspan="2">英语</td></tr>
<tr><td>授课对象</td><td>2022 级增材制造技术应用专业 1 班</td><td>授课课时</td><td colspan="2">2 课时</td></tr>
<tr><td>授课地点</td><td>录播室</td><td>授课形式</td><td colspan="2">（谈论中国的科技发明创造）
Listening & Speaking</td></tr>
<tr><td colspan="5">教学分析</td></tr>
<tr><td>内容分析</td><td colspan="4">本作品选自重构话题“Celebrating the Year of Dragon: 3D Is Coming!”第一环节——“主题介绍”，主要包含以下内容：
1. 认读科技发明相关的词汇和短 paper-making/printing/compass/gunpowder/hybrid/rice/exhibition/invention/solar lamp/handy/eco-friendly/china/generator/straw/access.
2. 学习谈论科技发明和科技改变生活的对话，掌握重点句型：The theme is .../Developments in science and technology do make our life better./They are so handy and friendly./The best invention was..., designed for.../ It's really useful for.../It will help...，理解对话内容。
3. 能够根据设定情境“科技迎龙年”校园科技节活动，用简单的英语谈论 3D 打印技术能制造出哪些与新年相关的中国产品以及 3D 打印技术的重要意义。
本课时是重构话题的第一、二课时，在本项目中起着引出话题和任务导向的作用，为后面话题学习做铺垫。</td></tr>
<tr><td>学情分析</td><td colspan="4">1. 本班学生整体英语基础较好，求知欲强，接受新事物快，喜欢视觉型学习，对本国及世界的科技文明创造兴趣浓厚，但了解还不够深入。
2. 通过课前预习显示 95% 的学生基本能够准确拼读本节课的重点单词和短语，但还不能够运用相关句型准确、熟练地谈论中国的科技文明创造并进行简单的介绍。</td></tr>
<tr><td rowspan="2">教学目标</td><td>知识目标</td><td colspan="3">1. 能够认识和正确拼读科技发明相关的词汇和短语。
如：paper-making/printing/compass/gunpowder/hybrid rice/ exhibition/invention/solar lamp/handy/eco-friendly/china/generator/straw/access/
补充词汇：3D printers/solid three-dimensional objects（实体三维物体）/plastic/concrete（混凝土）/metal/time-saving/custom-made（定制的）
2. 能够理解并掌握介绍科技发明的重点句型。
如：The theme is ..../ Developments in science and technology do make our life better./They are so handy and friendly./The best invention was..., designed for.../It's really useful for..../It will help...</td></tr>
<tr><td>能力目标</td><td colspan="3">1. 能够熟读对话及理解对话，自主查找并收集有关科技展览、科技发明功能等关键信息。
2. 能够用基础的英语词汇及句型列举一些重大科技发明，并谈论其特点。
3. 能够结合自己的专业和真实语境，运用所学重点句型，仿照听力脚本，编写和表演谈论增材制造技术的对话。</td></tr>
</table>

续表

<table>
<tr><td rowspan="2">教学目标</td><td>素质目标</td><td>1. 通过对比中国古代和现代的科技成就，使学生感受国家的科技进步，增强学生的文化自信。
2. 通过了解科技展览和科技进步，拓展学生的科学思维，培养创新创造的科学精神。
3. 通过掌握增材制造技术相关的英语表达，拓宽学生的国际视野，提升专业素养。</td></tr>
<tr><td>思政目标</td><td>通过观看中国科技文明相关视频，在科技教育中强化学生的思想道德素质和人文素养，引导学生在学习科技知识的同时，牢固树立正确的人生观、价值观和世界观，培养学生的科技素质、责任意识和爱国情怀。</td></tr>
<tr><td rowspan="2">教学内容</td><td>知识点</td><td>科技发明创造相关词汇：
paper-making/printing/compass/gunpowder/hybrid rice/ exhibition/invention/solar lamp/handy/eco-friendly/china
补充词汇：3D printers/solid three-dimensional objects（实体三维物体）/plastic/concrete（混凝土）/metal/time-saving/custom-made（定制的）
句型：The theme is …/ Developments in science and technology do make our life better,such as…/They are so handy and friendly.</td></tr>
<tr><td>技能点</td><td>运用目标句型谈论科技发明。
1. The theme is …
2. Developments in science and technology do make our life better,such as…
3. They are so handy and eco-friendly.</td></tr>
<tr><td>教学重点</td><td colspan="2">掌握中国科技发明相关的词汇和句型。</td></tr>
<tr><td>教学难点</td><td colspan="2">1. 如何运用相关的词汇和句型准确地谈论科技发明和 3D 技术。
2. 形容词构词法。</td></tr>
<tr><td colspan="3">教学策略</td></tr>
<tr><td>教学设计流程</td><td colspan="2">课前准备 → 课中实施 → 课后拓展
课前准备：预 → 自学知任务
课中实施：导 → 视频引任务；探 → 初听明任务、微课析任务；用 → 仿写练任务；结 → 评价结任务
课后拓展：固 → 拓展固任务</td></tr>
<tr><td rowspan="2">教学方法</td><td>教法</td><td>任务驱动教学法、情境教学法、讲授法。</td></tr>
<tr><td>学法</td><td>合作学习法、自主探究法。</td></tr>
<tr><td>教学手段与资源</td><td colspan="2">教学平台：学习通、希沃平台、FIF 口语训练平台。
教学资源：视频“央视纪录片（创新中国）”、微课“形容词构词法”。</td></tr>
</table>

续表

<table>
<tr><th colspan="5">教学实施</th></tr>
<tr><th>教学阶段</th><th>教学内容</th><th>教师活动</th><th>学生活动</th><th>设计意图</th></tr>
<tr><th colspan="5">课　前</th></tr>
<tr><td rowspan="4">课前准备</td><td rowspan="4">中国古现代科技发明相关词汇和 3D 打印技术相关词汇</td><td colspan="3">活动一：课前初读</td></tr>
<tr><td>在学习通上发布预习词汇和对话学习任务。</td><td>按要求预习单词和对话。</td><td>为对话学习奠定语言基础，提高课堂学习效率。</td></tr>
<tr><td colspan="3">活动二：自主查找</td></tr>
<tr><td>发布任务：搜集与中国古现代科技发明和 3D 打印相关的词汇。</td><td>完成任务。</td><td>培养学生的自主学习能力，为之后的新课学习做准备。</td></tr>
<tr><th colspan="5">课　中</th></tr>
<tr><td>Warming Up
引入主题
（环节一）</td><td>视频导入，引出本节课主题：New technologies make life better</td><td>播放纪录片《创新中国》，提出问题：
1. Do you know the Four Great Inventions?
2. What are they?
3. Do you know any famous modern inventions?</td><td>认真观看视频，谈论古代四大发明以及现代突出的一些科技发明。</td><td>运用视频及提问的方式引出本节课的学习主题。</td></tr>
<tr><td>Pre-listening
正确拼读重点词汇
（环节二）</td><td>对话相关词汇：exhibition/invention/solarlamp/handy/eco-friendly/china/generator/straw/access/
补充词汇：3D printers/solid three-dimensional objects（实体三维物体）/plastic/concrete（混凝土）/metal/time-saving/custom-made（定制的）</td><td>1. 根据学生预习音频中出现的问题进行纠错，教读单词，带领学生巩固词汇。
2. 在希沃平台发布任务：小组竞赛—看图填空。
3. 核对答案，表扬获胜小组</td><td>1. 跟随老师正确拼读单词，并进行巩固记忆。
2. 分组抢答。
3. 核对答案。</td><td>1. 通过预习纠错，让学生掌握单词的正确发音，初步达成知识目标一。
2. 检测学生词汇掌握情况，进一步达成知识目标一，为对话学习做好准备。</td></tr>
<tr><td>While-listening
准确理解、熟读对话，掌握重点句型
（环节三）</td><td>Zhou Bo: Hey, Lyn! How was your weekend?
Lyn: Great!I went to the Science and Technology Museum. It was really interesting. I was there for hours!
Zhou Bo: What did you see?
Lyn: Well, I spent</td><td>1. 播放录音，并提问：What's the dialogue about?
What invention does the passage talk about?
2. 再次播放录音，核对答案。
3. 再次播放录音，要求学生填写思维导图。</td><td>1. 认真听录音，勾画关键信息，根据听到的对话回答相应的问题。
2. 听录音，并订正答案。
3. 学生听录音，填写思维导图。</td><td>1. 初步了解对话大意，训练学生根据所听内容筛选关键信息的能力。
2. 帮助学生理清思路，抓住细节信息，为讨论活动做准备。</td></tr>
</table>

续表

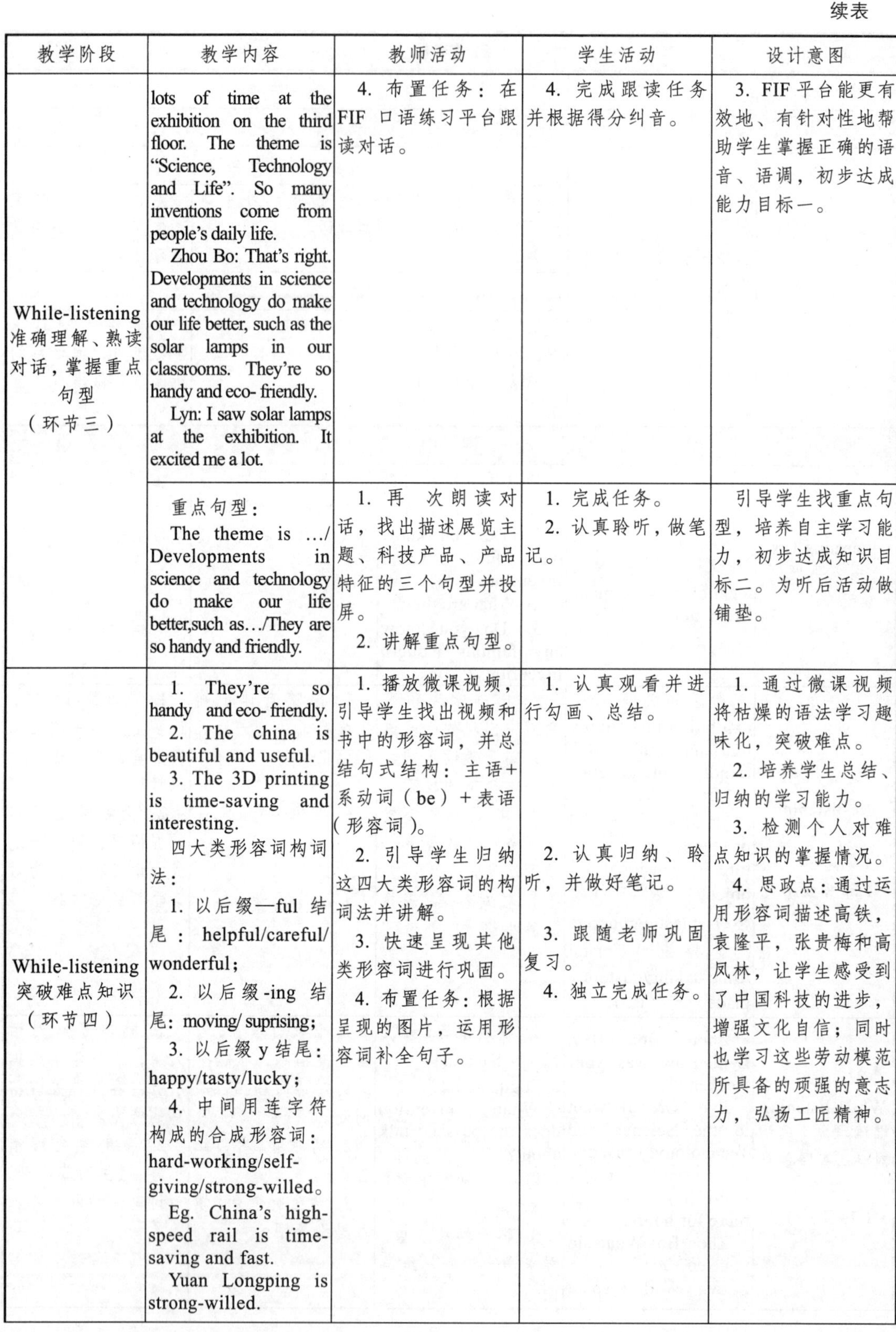

教学阶段	教学内容	教师活动	学生活动	设计意图
While-listening 准确理解、熟读对话，掌握重点句型 （环节三）	lots of time at the exhibition on the third floor. The theme is “Science, Technology and Life”. So many inventions come from people’s daily life. Zhou Bo: That’s right. Developments in science and technology do make our life better, such as the solar lamps in our classrooms. They’re so handy and eco- friendly. Lyn: I saw solar lamps at the exhibition. It excited me a lot.	4. 布置任务：在FIF 口语练习平台跟读对话。	4. 完成跟读任务并根据得分纠音。	3. FIF 平台能更有效地、有针对性地帮助学生掌握正确的语音、语调，初步达成能力目标一。
	重点句型： The theme is …/ Developments in science and technology do make our life better,such as…/They are so handy and friendly.	1. 再次朗读对话，找出描述展览主题、科技产品、产品特征的三个句型并投屏。 2. 讲解重点句型。	1. 完成任务。 2. 认真聆听，做笔记。	引导学生找重点句型，培养自主学习能力，初步达成知识目标二。为听后活动做铺垫。
While-listening 突破难点知识 （环节四）	1. They’re so handy and eco- friendly. 2. The china is beautiful and useful. 3. The 3D printing is time-saving and interesting. 四大类形容词构词法： 1. 以后缀—ful 结尾：helpful/careful/wonderful； 2. 以后缀 -ing 结尾：moving/ suprising； 3. 以后缀 y 结尾：happy/tasty/lucky； 4. 中间用连字符构成的合成形容词：hard-working/self-giving/strong-willed。 Eg. China’s high-speed rail is time-saving and fast. Yuan Longping is strong-willed.	1. 播放微课视频，引导学生找出视频和书中的形容词，并总结句式结构：主语+系动词（be）+表语（形容词）。 2. 引导学生归纳这四大类形容词的构词法并讲解。 3. 快速呈现其他类形容词进行巩固。 4. 布置任务：根据呈现的图片，运用形容词补全句子。	1. 认真观看并进行勾画、总结。 2. 认真归纳、聆听，并做好笔记。 3. 跟随老师巩固复习。 4. 独立完成任务。	1. 通过微课视频将枯燥的语法学习趣味化，突破难点。 2. 培养学生总结、归纳的学习能力。 3. 检测个人对难点知识的掌握情况。 4. 思政点：通过运用形容词描述高铁，袁隆平，张贵梅和高凤林，让学生感受到了中国科技的进步，增强文化自信；同时也学习这些劳动模范所具备的顽强的意志力，弘扬工匠精神。

续表

教学阶段	教学内容	教师活动	学生活动	设计意图
Post-listening 模仿操练 （环节五）	模仿操练：根据P67③的提示词仿写对话，小组内进行表演对话	发布任务： 1. 学生根据P67第3题中所给出的信息和课前搜集的3D打印相关词汇，自选主题，小组内进行仿写对话。 2. 邀请小组代表上台展示、分发评价表并进行评价。	1. 小组合作完成采访任务。 2. 学生代表上台展示，其他学生进行互评。	1. 通过仿写、表演对话，巩固重点词汇和句型，初步达成能力目标。 2. 生生互动，师生互动；检测能力目标达成情况；及时反馈，激发动机。
Sum-up 归纳总结 巩固新知 （环节六）	重点词汇和句型。	1. 利用思维导图理清文章结构和脉络的技巧。 2. 总结重点词汇和重点句型	跟随教师一起回顾本课重点词汇和句型。	再次巩固所学知识，检测知识目标和能力目标达成情况。
课　后				
巩固应用作业	1. 识记本节课的重点单词及句型。 2. 熟读、背诵对话。 3. 完成练习册作业。			
迁移任务	你们作为3D打印的学生，了解3D打印技术的特征，那它对我们生活和各行各业有什么改变和影响呢？小组网上搜集相关资料并讨论，下节课进行分享。			
预习任务	预习P68的对话内容，在学习通平台上完成词汇拼读任务。			

评价维度及权重	评价指标	自评	小组	教师	分值
学习态度（10%）	学习态度积极、主动，时常保持良好的学习状态并主动发言（10分）				
知识技能（60%）	1. 运用重点句型准确表述，无明显语法错误（20分） 2. 阐述思路清晰，表述清楚（10分） 3. 阐述理由逻辑有理（10分） 4. 阐述方式创新有特色（10分） 5. 表述时姿态自然大方（10分）				
学习效率（10%）	高于一般的效率，能早于限期完成（10分）				
协作精神（20%）	1. 积极参与小组讨论（10分） 2. 积极发表自己的意见和观点（10分）				
总分					

教学板书

Unit7 Celebrating the Year of Dragon:3D Is Coming!
(Theme Introduction)

谈论中国科技发明：

Ancient: paper-making,printing,compass,gunpowder,printed book…

Modern: e-book, hybrid rice,3D Printing,high-speed rai…

adjectives: fast, time-saving, handy, useful, eco-friendly, hard-working, strong-willed, convenient, effective….

续表

教学反思
教学效果： 本次课，在丰富的教学资源支持下，学生通过观看纪录片《创新中国》，引入学习任务；完成音频纠错和看图填空，进行词汇学习；通过听说活动、FIF 口语训练平台、微课，掌握重点难点；进行课堂总结，巩固所学新知四个学习环节，循序渐进，层层深入，能够正确拼读科技发明相关的词汇，熟读对话及理解对话，并能运用重点句型谈论科技发明和 3D 技术。经测试发现，学生已完成预期目标（具体见下表）：

教学目标	测试成绩分布人数				优秀率≥90 分
	不及格	60～80 分	80～90 分	≥90 分	
能正确拼读科技发明相关的词汇和短语	0	0	1	21	95.4%
掌握介绍科技发明的重点句型	0	0	2	20	90.9%
能够熟读对话及理解对话	0	0	1	21	95.4%
能够运用目标词句准确地谈论科技发明和 3D 技术	0	0	3	19	86.4%

特色创新：

1. 通过观看微课，将枯燥的语法学习趣味化，有效地解决了教学难点，同时提高了学生的学习兴趣。

2. 本节课采用任务驱动教学法，基于学习通、希沃、FIF 口语平台，运用合理的信息化手段，激发学生的学习兴趣，提高学习效率。

3. 在教学过程中，潜移默化地对学生进行学习方法的指导，如词汇猜测、听力前的预测、听大意、听细节等。

4. 注重激发学生兴趣和培养学生良好的学习习惯，组织 pair work,group work 等形式的活动，培养学生的合作意识和评价能力。

改进思考：

在小组讨论、表演对话环节时间略有超出，由于有些小组的默契度不够，很难在有限的时间内调动各自的积极性，教师要随时关注进度，帮助他们按时完成任务。

【点　评】

主要特色：

1. 公共基础课教学突出专业素养，彰显职业教育特色：本设计选取的学生样本为增材制造技术应用专业学生，授课题目为“Celebrating the Year of Dragon: 3D Is Coming! (Theme Introduction)”，教师在授课过程中通过对比中国古代和现代的科技成就，使学生感受国家的科技进步，增强学生的文化自信，拓展学生的科学思维，培养创新创造的科学精神。通过掌握增材制造技术相关的英语表达，拓宽学生的国际视野，提升专业素养。

2. 教学手段多样，教学资源丰富：本设计充分运用学习通、希沃平台、FIF 口语训练平台以增强学生的课堂参与性，激发学生的学习兴趣；同时通过播放央视纪录片《创新中国》、微课“形容词构词法”让学生在轻松的氛围中获取知识，寓教于乐，符合学生的学习水平和学习特点。

3. 以学生为主体，发扬学生的主体性：教师在教学过程中注重激发学生兴趣和培养学生良好的学习习惯，组织 pair work,group work 等形式的活动，培养学生的合作意识和评价能力。

建议：

1. 教学环节安排过紧凑，应预留机动时间：教师在安排小组讨论、表演对话等环节时，未充分考虑学生的学习水平差异，因此在教学实施过程中可能因为某些小组的默契度不够，很难在有限的时间内调动各自的积极性，教师要随时关注进度，帮助他们按时完成任务。

2. 选取的学生样本较少，应提升教学设计的可推广性：本设计选取的学生样本数量为22人，教师设计的教学活动、得到的教学评价结果易受学生数量的影响，因此本设计能否运用于别的班级还有待考量。教师应提升教学环节、活动的可适用性和可推广性。

Celebrating the Year of Dragon: 3D Is Coming! (Works Preparation)

◎课程名称：英语

◎作者姓名：李浩灵

<table>
<tr><td>授课题目</td><td colspan="2">Celebrating the Year of Dragon: 3D Is Coming! (Works Preparation)</td><td>课程名称</td><td>英语</td></tr>
<tr><td>授课对象</td><td colspan="2">2022 级增材制造技术应用专业 1 班</td><td>授课课时</td><td>2 课时</td></tr>
<tr><td>授课地点</td><td colspan="2">录播室</td><td>授课形式</td><td>（谈论作品准备）
Listening & Speaking</td></tr>
<tr><td colspan="5">教学分析</td></tr>
<tr><td>内容分析</td><td colspan="4">本作品选自重构话题“Celebrating the Year of Dragon: 3D Is Coming!”第二环节——“作品准备”，主要包含以下内容：
1. 正确理解并识读与 3D 打印技术相关的词汇和短语：purchase/specification/bond/ powdered/metal/plastic/3D printing/modelling software/because of/have no idea/show sb. Around.../have a go at sth.
2. 学习谈论如何运用 3D 打印技术解决职场问题的对话，理解对话内容，掌握重点句型：How about making one by 3D printing?/ 3D printing bonds powdered metal, plastic and other materials together and prints objects./You can use 3D modelling software to design a part yourself. /I want to have a go at it right away./I'll show you around our workshop first.
3. 能够根据设定情境“科技迎龙年”校园科技节活动，用所学句型谈论如何运用 3D 打印技术解决作品准备过程中遇到的问题。
本课时是重构话题的第三、四课时，在本项目中起着承上启下的作用，为后面作品介绍话题学习做铺垫。</td></tr>
<tr><td>学情分析</td><td colspan="4">1. 通过前面课程的学习，学生们已经掌握了科技发明相关的词汇和短语，能够用英语谈论增材制造技术，为本课学习奠定了语言基础。
2. 通过课前预习显示 90% 的学生基本能够准确拼读本节课的重点单词和短语，但还不能够运用相关句型准确、熟练地进行与 3D 打印技术解决职场问题相关的交际对话。
3. 学生上课积极性高，但容易分神，需要图片、视频、游戏等方式集中注意力，保持学习热情。</td></tr>
<tr><td rowspan="2">教学目标</td><td>知识目标</td><td colspan="3">1. 能够认识和正确拼读与 3D 打印技术相关的词汇和短语。
如：purchase/specification/bond/powdered/metal/plastic/3D printing/modelling software/ because of/have no idea/show sb. around···/have a go at sth.
2. 能够理解并掌握如何用 3D 打印技术解决职场问题的句型。
如：How about making one by 3D printing?/ 3D printing bonds powdered metal, plastic and other materials together and prints objects./You can use 3D modelling software to design a part yourself. /I want to have a go at it right away./I'll show you around our workshop first.</td></tr>
<tr><td>能力目标</td><td colspan="3">1. 能够熟读对话及理解对话。
2. 能够结合真实语境，运用所学重点句型，仿照听力脚本，编写和表演谈论如何运用 3D 打印技术解决作品准备过程中遇到的问题。</td></tr>
</table>

续表

<table>
<tr><td rowspan="2">教学目标</td><td>素质目标</td><td>1. 通过学习介绍如何运用 3D 打印技术解决职场问题的对话，培养学生的职场语言沟通能力。
2. 通过讨论与新技术的应用相关的话题，实现知识与思维能力的迁移，拓宽学生的知识面。
3. 通过掌握 3D 打印技术相关的英语表达，拓宽学生的国际视野，提升专业素养。</td></tr>
<tr><td>思政目标</td><td>学生通过对话学习，了解新技术在不同领域的应用，感受国家科技的进步，增强文化自信。</td></tr>
<tr><td rowspan="2">教学内容</td><td>知识点</td><td>1. 3D 打印技术相关的词汇和短语：purchase/specification/bond/powdered/metal/plastic/3D printing/modelling software/because of/have no idea/show sb. around…/have a go at sth.
2. 重点句型：How about making one by 3D printing?/ 3D printing bonds powdered metal, plastic and other materials together and prints objects./You can use 3D modelling software to design a part yourself. /I want to have a go at it right away./I'll show you around our workshop first.</td></tr>
<tr><td>技能点</td><td>运用重点句型谈论如何通过 3D 打印技术解决作品准备过程中遇到的问题。
How about making one by 3D printing?/You can use 3D modelling software to design a part yourself. /I want to have a go at it right away./I'll show you around our workshop first.</td></tr>
<tr><td>教学重点</td><td colspan="2">掌握运用 3D 打印技术解决职场问题的词汇及句型。</td></tr>
<tr><td>教学难点</td><td colspan="2">1. 如何运用重点句型谈论通过 3D 打印技术解决作品准备过程中遇到的问题。
2. 提建议、征求他人意见的句型学习。</td></tr>
<tr><td colspan="3">教学策略</td></tr>
<tr><td>教学设计流程</td><td colspan="2"> 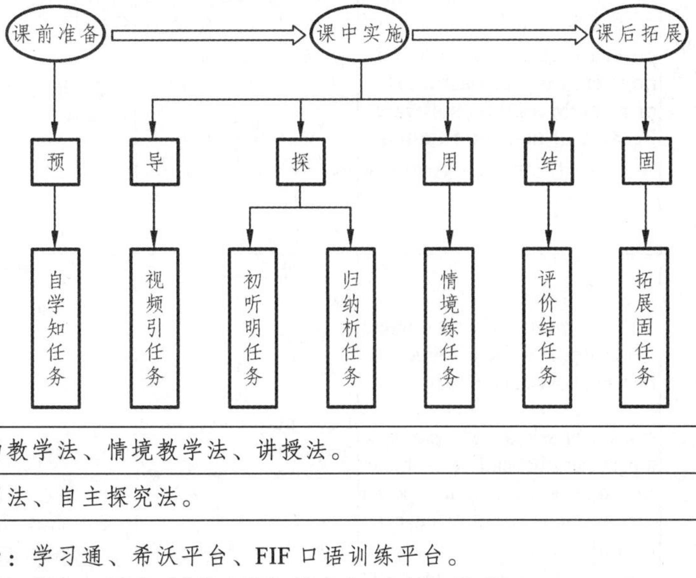课前准备 → 课中实施 → 课后拓展
课前准备：预 → 自学知任务
课中实施：导 → 视频引任务；探 → 初听明任务、归纳析任务；用 → 情境练任务；结 → 评价结任务
课后拓展：固 → 拓展固任务</td></tr>
<tr><td rowspan="2">教学方法</td><td>教法</td><td>任务驱动教学法、情境教学法、讲授法。</td></tr>
<tr><td>学法</td><td>合作学习法、自主探究法。</td></tr>
<tr><td>教学手段与资源</td><td colspan="2">教学平台：学习通、希沃平台、FIF 口语训练平台。
教学资源：视频、图片（“放大镜”游戏）、卡纸、课件。</td></tr>
</table>

续表

教学实施				
教学阶段	教学内容	教师活动	学生活动	设计意图
课　前				
课前准备	3D 打印技术相关的英语表达及对话	活动一：课前初读		
		在学习通上发布预习词汇和对话学习任务。	按要求预习单词和对话。	为对话学习奠定语言基础，提高课堂学习效率。
		活动二：自主查找		
		发布任务：结合自己的专业知识，搜集 3D 打印作品准备过程的英语表达。	完成任务。	培养学生的自主学习能力，为之后的编写对话做准备。
课　中				
Warming Up 引入主题 （环节一）	视频导入，引出主题	展示 3D 打印的视频，并提问：What technology is this? Talk about the use of 3D printing.	观看视频，讨论、回答问题。	1. 运用视频及提问的方式引出本节课的学习主题，激发学生的学习兴趣。 2. 思政点：了解新技术在不同领域的应用，感受国家科技的进步，增强文化自信。
Pre-listening 正确拼读重点词汇 （环节二）	重点词汇和短语： purchase/specification/bond/powdered/metal/plastic/3D printing/Modelling software/because of/have no idea/show sb. Around…/ have a go at sth.	1. 根据学生预习音频中出现的问题进行纠错，教读单词，带领学生巩固词汇。 2. 发布任务：完成“放大镜”游戏。 规则：根据图片提示，猜测单词。	1. 跟随老师正确拼读单词，并进行巩固记忆。 2. 分组抢答，完成游戏。	1.通过预习纠错，让学生掌握单词的正确发音，初步达成知识目标一。 2.检测学生词汇掌握情况，进一步达成知识目标一，为对话学习做好准备。
While-listening 准确理解、熟读对话，掌握重点句型（环节三）	对话内容： (Lucy works in a 3D printing workshop. Her friend Oliver is a new employee at a factory.) Oliver: Hi, Lucy. My supervisor asked me to purchase a part, but I haven't been able to find one because of its special specifications. I really have no idea what to do. Lucy: Don't worry. How about making one by 3D printing?	1. 播放录音，并提问： What problems does Oliver have in work?/ How does Lucy help Oliver solve the problem? 2. 再次播放录音，核对答案。 3. 布置任务：在 FIF 口语练习平台跟读对话。	1.认真听录音并回答问题。 2. 听录音，并订正答案。 3. 完成跟读任务并根据得分纠音。	1. 初步了解对话大意，训练学生把握大意、理解细节的听力策略。 2. FIF 平台能更有效地、有针对性地帮助学生掌握正确的语音、语调，初步达成能力目标一。

续表

教学阶段	教学内容	教师活动	学生活动	设计意图
While-listening 准确理解、熟读对话，掌握重点句型 （环节三）	Oliver: 3D printing? Lacy: Yes. 3D printing bonds powdered metal, plastic and other materials together and prints objects. Oliver: Really? That's amazing! Lucy: Isn't it? You can use 3D modelling software to design a party ourself. Oliver: Sounds great!I want to have a go at it right away. Lucy: So, what are we waiting for? Let's do it!I'll show you around our workshop first. Oliver: That's so nice of you. Let's go! 重点句型： How about making one by 3D printing?/You can use 3D modelling software to design a part yourself. /I want to have a go at it right away./I'll show you around our workshop first.	4. 引导学生找出对话中的重点词句，并对其用法进行讲解。 5. 布置任务：补全对话。	4. 认真聆听，做好笔记。 5. 完成任务。	3. 夯实和加深对对话的理解、对重点词组和句型的应用。为后续的语言输出作铺垫。 4 加强巩固对话内容。 5 初步达成知识目标 2。
While-listening 突破难点知识 （环节四）	提建议、征求他人意见的句型： How/What about doing sth?/Let's do sth./Why not do sth?/ Why don't you do sth./Would you like to do sth?	1. 布置任务并讲解：再次朗读对话，勾画出对话中提建议的句型：How about doing sth?/Let's do… 2. 布置任务并投屏：分组在规定时间内写出提建议和征求他人意见的句型并归类。 3. 分发卡纸并布置任务：每组学生根据所学句型造句，并派小组代表上台展示。	1. 独立完成任务并聆听。 2. 分组完成任务。 3. 完成任务。	1. 激活学生背景知识，培养学生总结、归纳的学习能力。 2. 检测对难点知识的掌握情况，加强巩固运用。
Post-listening 情境操练 （环节五）	创设情境：Wu Lin 即将参加学校举办的科技迎新校园节，需要运用 3D 打印技术制作“新年龙”作品，但在材料准备过程中发现缺少一个零件，由于型号特殊	1. 布置任务：根据情境，结合本节课所学词汇和句型，小组内完成编写对话。	1. 小组合作完成任务。	1. 通过编写对话，巩固重点词汇和句型，全面提高学生的综合语言运用能力，进一步达成能力目标。

续表

教学阶段	教学内容	教师活动	学生活动	设计意图
Post-listening 情境操练 （环节五）	买不到，请求 Lucy 帮忙	2. 教师下台巡视并给予各组帮助。 3. 邀请小组代表上台展示、分发评价表并进行评价。	2. 合作完成并向老师请教。 3. 学生代表上台展示，其他学生进行互评。	2. 通过教师的帮助，学生们修正自己的流程和一些语法错误，查漏补缺。 3. 生生互动，师生互动；检测能力目标达成情况；及时反馈，激发动机。
Sum-up 归纳总结巩固新知 （环节六）	重点词汇和句型	引导学生完成“Brain Storm”活动，回顾本节所学知识。	跟随教师一起回顾本课重点词汇和句型。	以学生为中心，激活学生思维，检测学习效果。

课　后

巩固应用作业	1. 识记本节课所学重点词汇和句型。 2. 熟读对话，背诵对话。
迁移任务	小组内根据情境完善对话内容，并录制对话表演视频上传至学习通平台。
预习任务	预习下一个环节“works introduction”的内容，认读相关的重点词汇和短语。

教学评价

评价维度及权重	评价指标	自评	小组	教师	分值
学习态度（10%）	学习态度积极、主动，时常保持良好的学习状态并主动发言。（10 分）				
知识技能（60%）	1. 运用重点句型准确表述，无明显语法错误；（20 分） 2. 阐述思路清晰，表述清楚；（10 分） 3. 阐述理由逻辑有理；（10 分） 4. 阐述方式创新有特色；（10 分） 5. 表述时姿态自然大方。（10 分）				
学习效率（10%）	高于一般的效率，能早于限期完成。（10 分）				
协作精神（20%）	1. 积极参与小组讨论；（10 分） 2. 积极发表自己的意见和观点。（10 分）				
总分					

教学板书

Unit7 Celebrating the Year of Dragon:3D Is Coming!
(works Preparation)
Give advice
How/What about (doing) sth?
Would you like to do sth?
Why not do sth?
Why don’t you do sth.?
Let’s do sth.

续表

<table>
<tr><th colspan="6">教学反思</th></tr>
<tr><td colspan="6">教学效果:
本次课,以多样的活动为支撑,学生通过看视频,引入学习任务;完成“放大镜”单词游戏,进行词汇学习;通过听说活动、FIF 口语训练平台、联想归类、看图造句,掌握重点难点;完成头脑风暴任务,巩固所学新知四个学习环节,循序渐进,层层深入,能够正确拼读 3D 打印技术相关的词汇和短语,熟读对话及理解对话,并能运用目标词句谈论如何运用 3D 打印技术解决作品准备中遇到的问题。经测试发现,学生已完成预期目标,96%的学生能够认识和正确拼读与 3D 打印技术的相关的词汇和短语,理解对话;90%的学生能够使用目标词句谈论如何运用 3D 打印技术解决作品准备中遇到的问题。经测试发现,学生已完成预期目标(具体见下表):</td></tr>
<tr><td rowspan="2">教学目标</td><td colspan="4">测试成绩分布人数</td><td rowspan="2">优秀率
≥90 分</td></tr>
<tr><td>不及格</td><td>60～80 分</td><td>80～90 分</td><td>≥90 分</td></tr>
<tr><td>能正确拼读与 3D 打印技术相关的词汇和短语</td><td>0</td><td>0</td><td>1</td><td>21</td><td>95.4%</td></tr>
<tr><td>掌握如何用 3D 打印技术解决职场问题的句型</td><td>0</td><td>0</td><td>2</td><td>20</td><td>90.9%</td></tr>
<tr><td>能够熟读对话及理解对话</td><td>0</td><td>0</td><td>2</td><td>21</td><td>90.9%</td></tr>
<tr><td>能够运用目标词句谈论如何用 3D 打印技术解决作品准备过程中遇到的问题</td><td>0</td><td>0</td><td>3</td><td>19</td><td>86.4%</td></tr>
<tr><td colspan="6">特色创新:
1. 通过播放关于 3D 打印的视频,引出本课主题,让学生更加直观地了解新科技,激发学习兴趣,活跃课堂气氛。
2. 通过分层任务,层层递进,达到教学目标,同时也提高了学生的积极性和参与度。
改进思考:
教学活动尽量用简短、精炼的语言向学生说明活动要求,过多的解释可能会造成学生对活动要求的理解偏差。</td></tr>
</table>

【点　评】

主要特色:

1. 线上线下资源并行推进,促进教学目标的有效达成:本设计充分运用学习通、希沃平台、FIF 口语训练平台,立足教材文本,结合视频、图片(“放大镜”游戏)、卡纸、课件等数字资源,实现线上线下资源并行推进,为教学目标的达成奠定基础。

2. 以学生为本,循序渐进完成教学任务:本设计通过听说活动、FIF 口语训练平台、联想归类、看图造句,让学生掌握重点。突破难点;以头脑风暴任务,巩固所学新知等四个学习环节,循序渐进,层层深入,让学生能正确拼读 3D 打印技术相关的词汇和短语,熟读对话及理解对话,并能运用目标词句谈论如何运用 3D 打印技术解决作品准备中遇到的问题。

3. 教学评价有效易操作,可实施性强:本设计运用的教学评价表精炼易操作,经测试 96% 的学生能够认识和正确拼读与 3D 打印技术的相关的词汇和短语,理解对话;90% 的学生能够使用目标词句谈论如何运用 3D 打印技术解决作品准备中遇到的问题。

建议：

1. 课程思政点较宏观、不具体，应加深对思政点的挖掘：本设计的思政目标在于让学生通过对话学习，了解新技术在不同领域的应用，感受国家科技的进步，增强文化自信，但在实际教学实施过程中，中职学生是否能如期达到该目标还有待验证，教师应结合课程内容，挖掘具体易实现的思政点。

2. 教学重难点的设置高于中职学生学情，应立足学情和课程内容：本设计的教学重难点超出中职学生的实际英语水平，教师应结合考纲、课程内容、学情特点，通过课前预习检测提炼教学重难点。

Works Making Process

◎课程名称：英语

◎授课教师：李婷

<table>
<tr><td>授课题目</td><td colspan="2">Works Making Process</td><td>课程名称</td><td>英语</td></tr>
<tr><td>授课对象</td><td colspan="2">2022 级增材制造技术应用专业 1 班</td><td>授课课时</td><td>2 课时</td></tr>
<tr><td>授课地点</td><td colspan="2">3D 打印实训室</td><td>授课形式</td><td>（描述新年作品制作流程）
Reading & Writing</td></tr>
<tr><td colspan="5">教学分析</td></tr>
<tr><td>内容分析</td><td colspan="4">1. 本作品选自重构话题“Celebrating the Year of Dragon: 3D Is Coming!”中第四环节——“新年相关作品制作流程”，主要包含以下内容:
2. 识读“汽车故障诊断仪”短文的重点词汇和短语：automobile/instrument/detect/verify/decoder/fault code/failure/ignition/connect/switch on/ turn on/turn off.
3. 学习“汽车故障诊断仪”短文，理解短文内容，并且掌握描述操作流程的祈使句句型：Turn... on/off. And then switch on.../ Get into the...system/ Remember to do.../connect...
4. 能够根据设定情境“科技迎龙年”校园科技节活动，用所学句型描述龙年相关产品的制作流程。
本课时是重构话题的第七、八课时，是本项目中最重要的一环，起着承上启下的关键作用，是下一个环节——作品呈现的关键步骤，为后面话题学习做铺垫，也直接体现学习效果。</td></tr>
<tr><td>学情分析</td><td colspan="4">1. 通过前面三个环节的学习，学生们已经掌握了 3D 打印技术相关的基础的英文表达方式。能够用英语说出 3D 打印的含义、意义和基本要素。
2. 本班学生整体英语基础较好，求知欲强，接受新事物快，喜欢视觉型学习。
3. 通过课前预习显示 95% 的学生基本能够准确拼读本节课的重点单词和短语，但还不能够总结出描述操作步骤的重点句型，并迁移到 3D 打印中。</td></tr>
<tr><td rowspan="3">教学目标</td><td>知识目标</td><td colspan="3">1. 能够认识和正确拼读描述“汽车故障诊断仪”操作流程的相关的词汇和短语。
如：automobile/instrument/detect/verify/decoder/fault code/failure/ignition/connect/switch on/turn on/turn off.
2. 能够理解并掌握描述操作流程的祈使句句型。
如：Turn...on/off. And then switch on.../ Get into the...system/ Remember to do.../connect...</td></tr>
<tr><td>能力目标</td><td colspan="3">1. 能够运用略读、扫读和精读策略，获取有关汽车故障诊断仪的文章的主旨大意以及有关汽车故障诊断仪的操作步骤的信息。
2. 能够结合自己的专业和真实语境，运用所学祈使句句型，仿照汽车故障诊断仪的操作步骤，编写农历新年相关产品的制作流程。
3. 能够在制作生肖龙的过程中，用所学祈使句句型描述操作流程。
4. 能够分析和判断他人操作的流程是否正确，描述是否准确并与流程相符。</td></tr>
<tr><td>素质目标</td><td colspan="3">1. 通过分析和判断他人操作的流程是否正确，描述是否准确并与流程相符，旨在培养学生的思维差异感知能力，提高学生的鉴别和评判能力。
2. 通过学习有关汽车故障诊断仪的文章，拓展学生的知识面，提高学生的知识迁移能力。
3. 通过掌握增材制造技术相关的英语表达，拓宽学生的国际视野，提升专业素养。</td></tr>
</table>

续表

<table>
<tr><td rowspan="2">教学目标</td><td rowspan="2">思政目标</td><td colspan="3">1. 学生通过用英语介绍龙年相关产品的制作流程，提高用英语讲中国故事的能力，增强文化自信，促进文化传播。</td></tr>
<tr><td colspan="3">2. 学生经过不断地练习，能够在操作的过程中同时用英语正确描述操作流程，培养其严谨、细心、耐心的思维品质，传承工匠精神。</td></tr>
<tr><td rowspan="2">教学内容</td><td>知识点</td><td colspan="3">重点词汇和短语：automobile/instrument/detect/verify/decoder/fault code/failure/ignition/connect/switch on/ turn on/turn off.
句型：Turn…on/off. And then switch on…/ Get into the…system/ Remember to do…/connect…</td></tr>
<tr><td>技能点</td><td colspan="3">运用祈使句句型描述龙年相关产品制作流程。
Turn…on/off. And then switch on…/ Get into the …system/ Remember to do…/connect…</td></tr>
<tr><td>教学重点</td><td colspan="4">掌握描述操作流程的祈使句句型。</td></tr>
<tr><td>教学难点</td><td colspan="4">如何在操作的过程中用英语准确描述操作流程。</td></tr>
<tr><td colspan="5">教学策略</td></tr>
<tr><td>教学设计流程</td><td colspan="4"> 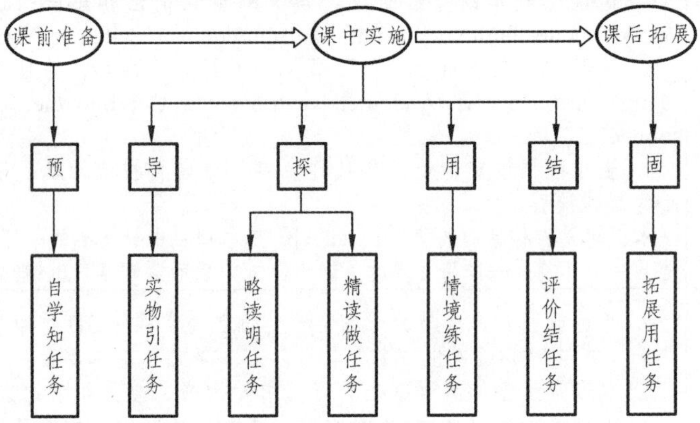课前准备 → 课中实施 → 课后拓展
课前准备：预 → 自学知任务
课中实施：导 → 实物引任务；探 → 略读明任务、精读做任务；用 → 情境练任务；结 → 评价结任务
课后拓展：固 → 拓展用任务</td></tr>
<tr><td rowspan="2">教学方法</td><td>教法</td><td colspan="3">任务驱动教学法、情境教学法、讲授法。</td></tr>
<tr><td>学法</td><td colspan="3">合作学习法、自主探究法。</td></tr>
<tr><td>教学手段与资源</td><td colspan="4">教学平台：学习通、希沃平台。
教学资源：汽车故障诊断仪，A4 纸，彩笔，课件。</td></tr>
<tr><td colspan="5">教学实施</td></tr>
<tr><td>教学阶段</td><td>教学内容</td><td>教师活动</td><td>学生活动</td><td>设计意图</td></tr>
<tr><td colspan="5">课　前</td></tr>
<tr><td rowspan="4">课前准备</td><td rowspan="4">龙年相关作品制作流程对应的英语表达</td><td colspan="3">活动一：课前初读</td></tr>
<tr><td>在学习通上发布预习词汇和短文学习任务。</td><td>按要求预习单词和短文。</td><td>为短文学习奠定语言基础，提高课堂学习效率。</td></tr>
<tr><td colspan="3">活动二：自主查找</td></tr>
<tr><td>发布任务：结合自己的专业知识，搜集3D 生肖龙制作流程对应的英语表达。</td><td>完成任务。</td><td>培养学生的自主学习能力，为之后的模仿和操练做准备。</td></tr>
</table>

续表

教学阶段	教学内容	教师活动	学生活动	设计意图
		课　中		
Warming Up 引入主题 （环节一）	实物呈现，引出主题	拿出汽车故障诊断仪，让同学们相互传阅并试着操作，并提问：what vehicle failure can it detect? How to use it?	学生观察，操作并根据自己对汽车的认知大胆推测其功能和如何使用。	将抽象的概率以实物呈现，引出本课主题，快速引起学生兴趣，通过提问充分激活学生背景知识，为新课学习做好准备。
Pre-reading 正确拼读重点词汇 （环节二）	重点词汇和短语：automobile/instrument/detect/verify/decoder/fault code/failure/ignition/connect/switch on/ turn on/turn off.	1. 根据学生预习音频中出现的问题进行纠错，教读单词，带领学生巩固词汇。 2. 在希沃平台发布任务：小组竞赛—英汉连线。 3. 核对答案，表扬获胜小组。	1. 跟随老师正确拼读单词，并进行巩固记忆。 2. 分组抢答。 3. 核对答案。	1. 通过预习纠错，让学生掌握单词的正确发音，初步达成知识目标 1。 2. 检测学生词汇掌握情况，进一步达成知识目标 1，为短文学习做好准备。
While-reading 准确理解、熟读短文，掌握重点句型 （环节三）	1. 阅读短文。 2. 重点句型：Turn…on/off. And then switch on…/ Get into the …system/ Remember to do…/connect…	发布任务： 1. 快速略读短文，回答问题。 How many steps are there when you use an automobile fault-diagnostic?And what are they? 2. 再次扫读短文，完成 Task4。 3. 再次精读课文，并完成思维导图。 4. 再次浏览短文，勾画出描述操作流程的动词，并思考这些动词开头的句子都是什么句? 5. 讲解重点句型并布置操练任务。	1. 完成任务。 2. 完成任务。 3. 完成任务。 4. 完成任务。 5. 认真聆听并做好笔记，完成练习任务。	1. 通过略读，培养学生快速获取文章主旨大意的能力，初步达成能力目标 1。 2. 通过扫读，培养学生抓住关键信息的能力，通过英汉连线和排序题，强化学生对操作流程的记忆，进一步达成能力目标 1。 3. 通过精读，培养学生抓住细节信息的能力，通过思维导图，帮助学生们理清思路，进一步巩固汽车故障诊断仪的操作流程。达成能力目标 1。 4. 引导学生勾画单词，找规律，旨在培养学生独立思考和自主学习的能力，引出重点句型。 5. 通过教师精讲和学生精听，达成知识目标 2。

续表

教学阶段	教学内容	教师活动	学生活动	设计意图
Post-reading 模仿操练 （环节四）	Do you know how to design a 3D dragon? Please follow the 5 steps. First,draw the model with the modeling software. Second, Save as the STL. Format. And then, Import the slice software. Next, export .gcode files. Finally, print the works.	创设情境：你们即将参加学校举办的科技迎新校园节，你们作为增材制造技术专业的学生，任务就是利用 3D 打印技术，制作出一些与中国农历新年龙年相关的作品。 1. 分发 A4 纸和彩笔并发布任务：每组选定一个农历新年相关的作品，根据自己课前所搜集的词汇并结合今天所学习的句型，编写一个简单的制作流程。 2. 教师下台巡视并给予各组帮助。 3. 邀请小组代表上台展示、分发评价表并进行评价。 4. 发布任务：各小组针对刚刚同学和老师提的建议，对内容进行完善，对语音语调进行修正，练习背诵。 5. 发布任务：每组分别派两名同学制作自己选定的新年作品（一名制作，一名辅助），在操作的过程中，制作的同学要用英语讲出流程。其他组观摩，并仔细听和看流程和语言描述是否正确和相符。(每组依次进行) 6. 教师对其中一组学生的制作过程进行录制，然后在课堂上进行讲评。	1. 小组合作完成编写任务。 2. 合作完成并向老师请教。 3. 学生代表上台展示，其他学生进行互评。 4. 完成任务。 5. 完成任务。 6. 学生认真聆听并自纠。	1. 通过仿写，巩固重点词汇和句型，初步达成能力目标二。 2. 通过教师的帮助，学生们修正自己的流程和一些语法错误，查漏补缺。 3. 学生通过上台分享龙年相关作品制作流程，在讲的过程中，提升用英语讲中国故事的能力，增强英语学习的自信心和文化自信。 4. 生生互动，师生互动；检测能力目标达成情况；及时反馈，激发动机。 5. 学生表演之后，又再次完善内容和练习，进一步达成能力目标二，为实际演练做好准备。 6. 将实训课和英语课融合在一起，给学生们创设了真实的语境，真正实现了“做中学”，“乐中学”。这样能达到事半功倍的效果。 7. 思政点：学生们在做和说的过程中会出错，出错了又重来，通过不断地练习，达到完美。培养其严谨和细心思维品质，传承工匠精神。 8. 通过教师的讲评，学生进一步查漏补缺。

续表

教学阶段	教学内容	教师活动	学生活动	设计意图
Sum-up 归纳总结 巩固新知 （环节五）	重点词汇和句型	用“what's missing”的小游戏，引导学生们回忆所学词汇和句型。	跟随教师一起回顾本课重点词汇和句型。	通过游戏方式，引导学生回忆并巩固所学知识，培养学生的归纳总结能力，检测知识目标和能力目标达成情况。
课　后				
巩固应用 作业	1. 识记本节课的重点单词。 2. 熟记描述操作流程的句型。 3. 完成练习册作业。			
迁移任务	学生们通过本堂课学习，课下完成一个自己感兴趣的作品制作流程的作文。			
预习任务	预习下一个环节 works presentation 的内容，认读相关的重点词汇和短语。			

评价维度及权重	评价指标	自评	小组	教师	分值
学习态度（10%）	学习态度积极、主动，时常保持良好的学习状态并主动发言（10分）				
知识技能（60%）	1. 运用重点句型准确表述，无明显语法错误（20分） 2. 阐述思路清晰，表述清楚（10分） 3. 阐述理由逻辑有理（10分） 4. 阐述方式创新有特色（10分） 5. 表述时姿态自然大方（10分）				
学习效率（10%）	高于一般的效率，能早于限期完成（10分）				
协作精神（20%）	1. 积极参与小组讨论（10分） 2. 积极发表自己的意见和观点（10分）				
总分					

教学板书

Unit7 Celebrating the Year of Dragon:3D Is Coming!
(works making process)

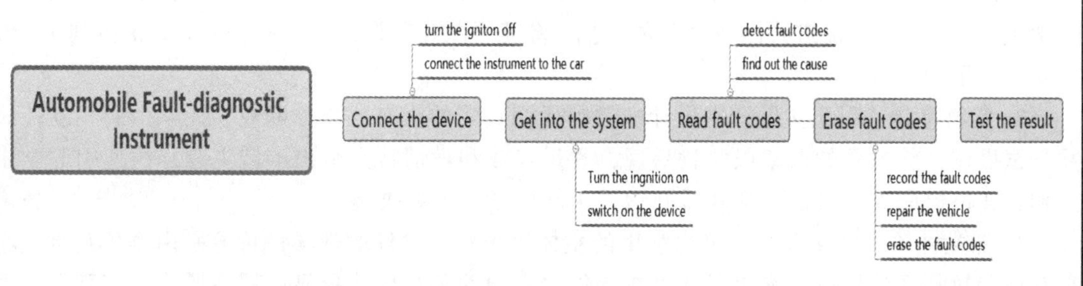

续表

教学反思
教学效果： 本次课导入环节使用实物教具引出本课主题，以头脑风暴的形式激活学生背景知识，导入学习任务；读前准备环节充分利用信息化平台，完成音频纠错和英汉练习，进行词汇检测和学习；读中环节通过略读、扫读、精读的阅读策略，层层递进，完成阅读任务；活用思维导图、引导学生总结规律等方式，解决教学重点；读后环节将英语融入实训课堂，通过实战演练，生生评价，教师讲评，突破教学难点；总结环节采用游戏方式进行课堂总结，巩固所学新知。五个学习环节，循序渐进，层层深入。经测试发现，学生已完成预期目标（具体见下表）：

教学目标	测试成绩分布人数				优秀率≥90 分
	不及格	60～80 分	80～90 分	≥90 分	
能正确拼读描述“汽车故障诊断仪”操作流程的相关的词汇和短语	0	0	1	21	95.4%
掌握描述操作流程的祈使句句型	0	0	1	21	95.4%
能够理解短文大意	0	0	2	20	90.9%
能够运用所学的祈使句句型描述龙年相关产品的操作流程	0	0	2	20	90.9%

特色创新： 1.通过将汽车故障诊断仪实物引入课堂，引出本课主题，快速地抓住了学生的注意力，将枯燥、单调的英语课堂直观化，可视化。 2. 将英语课和实训课融合在一起，真正体现了“做中学”，“乐中学”。 改进思考： 本课的课前搜集任务对某些学生来说有一定的难度，老师应该给予一定的提示和帮助，降低难度。

【点　评】

主要特色：

1. 公共基础课教学突出专业素养，彰显职业教育特色：本设计旨在让学生用英语介绍本专业产品的具体制作流程，培养学生严谨、细心、耐心的思维品质，传承工匠精神，同时增强学生的文化自信，促进我国龙文化的传播；将英语课和实训课融合在一起，真正体现了“做中学”，“乐中学”。

2. 实物呈现，引出主题：本设计中教师运用真实的汽车故障诊断仪，让学生们相互传阅并尝试操作，将抽象的概率以实物呈现，立足专业和学情特点引出本课主题，快速引起学生兴趣，通过提问充分激活学生背景知识，为新课学习做好准备。

3. 课堂评价主体多元化，突出学生的主体地位：本设计的教学评价分别由学生自评、小组互评、教师评价构成，突出了学生在评价过程中的参与性，彰显过程性评价，有利于培养学生的学习自信。

建议：

缺乏机动教学时间，教师应预留部分时间：本设计教学环节紧凑，预留给学生的时间有限，教师应在充分把握本班学生学情的基础上，根据学生的学习水平积极引导、帮助学生学习，适当降低教学难度，预留部分时间供学生思考总结。

Celebrating The Year of Dragon: 3D Is Coming! (Craftsman Spirit)

◎课程名称：英语
◎授课教师：李静

<table>
<tr><td>授课题目</td><td>Celebrating the Year of Dragon: 3D Is Coming! (Craftsman Spirit)</td><td>课程名称</td><td>英语</td></tr>
<tr><td>授课对象</td><td>2022级增材制造技术应用专业1班</td><td>授课课时</td><td>2课时</td></tr>
<tr><td>授课地点</td><td>录播室</td><td>授课形式</td><td>（谈论时代楷模与工匠精神）
Reading & Writing</td></tr>
<tr><td colspan="4">教学分析</td></tr>
<tr><td>内容分析</td><td colspan="3">本作品选自重构话题“Celebrating the Year of Dragon: 3D Is Coming!”中第六环节——“工匠精神”，主要包含以下内容：
1. 认读时代楷模及工匠精神相关的词汇和短语：scientist/ path/ success/ malaria/ Chinese medicine/ experiment/ strong-willed/ self-motivated/ set an example/ challenging/ the Nobel Prize/ dedicate/ achievement/ effort/ quality/ craftsman spirit。
2. 学习谈论时代楷模与工匠精神的文章，理解并运用重点句型：sb dreams of.../ There is no easy way to success. / In order to achieve success, .../ sb sets an example for....
3. 分析有关时代楷模优秀事迹语篇的逻辑结构，理解中国著名科学家屠呦呦的主要成就和优秀品质。
4. 理解工匠精神的主要内涵，以时代楷模为人生榜样，树立成为大国工匠的职业理想。
本课时是重构话题的最后两课时，在本项目中起着运用语言知识和培养职业素养的作用，帮助学生在学习生活中树立正确的价值观和人生观。</td></tr>
<tr><td>学情分析</td><td colspan="3">1. 通过课前调查，80%的学生对屠呦呦、袁隆平、钟南山等时代楷模比较了解，但还不能够熟练地运用英语知识谈论先进人物的事迹。
2. 在前面的听说部分，学生已经学习了谈论职业榜样和大国工匠的对话，90%的学生能熟练地用英语谈论自己喜欢的工作及其相应的素质要求，为本节课“学习工匠精神”的任务做好了准备。
3. 90%的学生能够主动利用电子词典、百度等信息手段查找信息，借用学习通等网络平台自主探究，完成学习任务。
本节课授课对象为增材制造技术应用专业二年级的学生，他们的语基础知识较为扎实，求知欲强，接受新事物快，对人文知识兴趣浓厚。</td></tr>
<tr><td>教学目标</td><td>知识目标</td><td colspan="2">1. 够认识和正确拼读时代楷模及工匠精神相关的词汇和短语。
如：scientist/ path/ success/ malaria/ Chinese medicine/ experiment/ strong-willed/ self-motivated/ set an example/ challenging/ the Nobel Prize/ dedicate/ achievement/ effort/ quality/ craftsman spirit。
2. 够理解并掌握谈论职业理想和工匠精神的重点句型。
如：sb dreams of.../ There is no easy way to success. / In order to achieve success, .../ sb sets an example for...</td></tr>
</table>

续表

教学目标	能力目标	1. 能够运用预测、略读和扫读策略，获取有关时代楷模优秀事迹的文章的主旨大意。 2. 能够运用思维导图分析有关时代楷模优秀事迹语篇的逻辑结构，梳理文章要点。 3. 能够运用细读、推断等阅读策略归纳、概括工匠精神的主要内涵。 4. 能够运用相关的英语词汇及句型，讲述大国工匠故事。
	素质目标	1. 能够以时代楷模为人生榜样，树立成为大国工匠的职业理想。 2. 能够培养敬业专注的职业素养。 3. 通过小组讨论和展示活动，培养学生的团队合作精神。
	思政目标	1. 能够了解中国的大国工匠，通过讲中国工匠故事，培养民族自豪感，增强凝聚力。 2. 能够培养刻苦钻研、精益求精的工匠精神。
教学内容	知识点	时代楷模及工匠精神相关词汇： scientist/ path/ success/ malaria/ Chinese medicine/ experiment/ strong-willed/ self-motivated/ set an example/ challenging/ the Nobel Prize/ dedicate/ achievement/ effort/ quality/ craftsman spirit 句型：sb dreams of.../ There is no easy way to success./ In order to achieve success, .../ sb sets an example for...
	技能点	运用目标句型讲述大国工匠故事。 1. sb dreams of… 2. There is no easy way to success. 3. In order to achieve success, … 4. sb sets an example for…
教学重点		1. 掌握时代楷模及工匠精神相关的词汇和句型。 2. 运用细读、推断等阅读策略，归纳、概括工匠精神的主要内涵。
教学难点		运用相关的词汇和句型流畅地讲述大国工匠故事。
教学策略		
教学设计流程		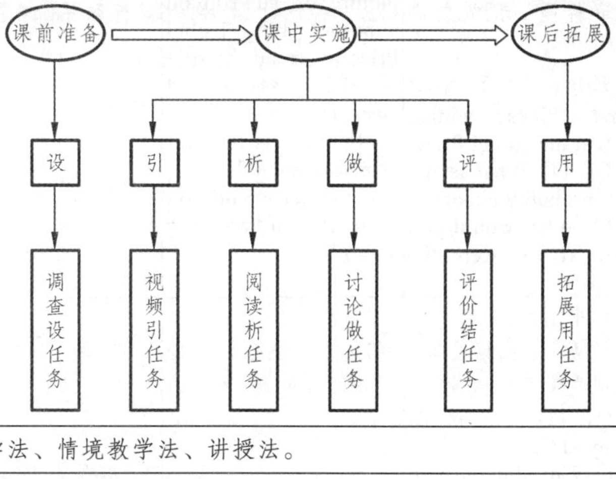 课前准备 → 课中实施 → 课后拓展 课前准备：设 → 调查设任务 课中实施：引 → 视频引任务；析 → 阅读析任务；做 → 讨论做任务；评 → 评价结任务 课后拓展：用 → 拓展用任务
教学方法	教法	任务驱动教学法、情境教学法、讲授法。
	学法	合作学习法、自主探究法。

续表

教学手段与资源	教学平台：学习通、希沃平台、FIF 口语训练平台。 教学资源：视频“屠呦呦诺贝尔奖领奖现场”。			
教学实施				
教学阶段	教学内容	教师活动	学生活动	设计意图
课　前				
课前准备	时代楷模及工匠精神相关的词汇。	活动一：课前初读		
		在 FIF 口语训练平台上发布预习词汇的学习任务。	按要求预习单词。	为语篇学习奠定语言基础，提高课堂学习效率。
		活动二：自主查找		
		发布任务：在学习通发布一个问卷调查，调查学生对屠呦呦、袁隆平、钟南山等时代楷模的熟悉程度。	完成问卷调查。	了解学生现阶段的学情。 学生在完成问卷的过程中，能提高利用手机词典和百度等信息手段查找并搜集信息的能力。
课　中				
Lead in （环节一）	视频引入，引出本节课主题：时代楷模与工匠精神	播放屠呦呦诺贝尔奖领奖片段，提出问题： (1) Who is the main character in this video? (2) Do you know anything about her? (3) What does she do to win the prize?	认真观看视频，回答问题。	运用视频及提问的方式引出本课主题，激发学习兴趣。 通过谈论屠呦呦的优秀事迹，复习时代楷模及工匠精神相关的词汇和短语，初步达成知识目标 1。
Pre-reading （环节二）	读前活动：根据图片和标题，预测文章内容。 Title：Tu Youyou: First Chinese woman to win the Nobel Prize Qs: (1) What is the text probably about? (2) What would you write if you were the author?	Ask Ss to Watch a picture of Tu Youyou winning the Nobel Prize and read the title of the passage and answer: (1) What is the text probably about? (2) What would you write if you were the author?	观察图片，阅读文章标题并回答问题。	通过运用预测和扫读的阅读策略，提高学生的阅读能力，达成能力目标一，为接下来的阅读活动做好准备。
While-reading （环节三）	读中活动： 任务一：扫读全文，把握文章主题大意。 Qs: (1) Who is Tu Youyou? (2)Why did she win the Nobel Prize?	发布任务： 1. 学生快速浏览文章并回答问题。	1. 完成任务一。	1. 帮助学生理解并熟记与时代楷模及工匠精神相关的词汇和短语，进一步达成知识目标 1。 2. 思维导图能帮助学生分析文章结构，

续表

教学阶段	教学内容	教师活动	学生活动	设计意图
While-reading（环节三）	任务二：略读全文，找出每段的大意。 任务三：细读文章，理解文中细节，填写思维导图。 Qs：（1） What achievements has she made? (2) How did she find the cure for malaria? (3) What kind of person is she? 任务四：精读文章，学习重点句型。 (1) sb dreams of… (2) There is no easy way to success. (3) sb sets an example for… 任务五：再读文章并分组讨论，归纳、概括出工匠精神的主要内涵。 Craftsman Spirit: persistence, innovation, love for work, striving for perfection…	2. 学生略读全文，找出每段的大意。 3. 学生细读文章，填写思维导图。 4. 学生再次细读文章，朗读并学习重点句型。 5. 学生再读文章并进行小组讨论，归纳、概括出工匠精神的主要内涵。	2. 完成任务二。 3. 完成任务三。 4. 完成任务四。 5. 完成任务五。	理清思路，理解文章细节，达成能力目标2和素质目标1。 3. 精读文章，学习重点句型，达成知识目标2。 4. 通过小组讨论活动，提高学生的合作探究能力。 5. 通过运用细读和推断等阅读策略，提高学生的阅读能力，达成能力目标3和素质目标2，为读后活动做铺垫。 6. 思政点：通过了解屠呦呦的优秀事迹，让学生学习刻苦钻研、精益求精的工匠精神，并培养学生敬业专注的职业素养。
Post-reading（环节四）	读后活动： 任务一：思考并回答问题。 Q：（1） Which is more important for achieving success, talent or effort? (2) If you are facing some difficulties when making 3D works, what will you do? 任务二：小组讨论时代楷模和工匠故事，并运用目标句型讲述中国的工匠故事，每小组一名代表展示。 Q: Do you know any other people of achievements like Tu?	发布任务： 1. 学生思考并回答问题。 2. 学生讨论再邀请小组代表上台讲述工匠故事，分发评价表并进行评价。	1. 完成任务一。 2. 小组讨论，学生代表上台展示，其他学生进行互评。	1. 通过思考取得成功的重要因素，学生能自觉提高职业素养，弘扬工匠精神。 2. 通过讲述大国工匠的故事，完成素质目标二和三，同时解决教学难点。 3. 生生互评，老师及时评价总结，检测能力目标达成情况；及时反馈知改进。 4. 再次巩固所学知识，检测知识目标和能力目标达成情况。 5. 思政点：通过讲述大国工匠的故事，让学生能够了解中国

续表

教学阶段	教学内容	教师活动	学生活动	设计意图
Post-reading (环节四)	How did they influence your life? 目标句型: (1) sb dreams of… (2) There is no easy way to success. (3) In order to achieve success, … (4) sb sets an example for… 任务三:归纳总结	3. 总结重点词汇和句型,工匠精神的主要内涵。	3. 跟随教师一起回顾本课重点知识。	的大国工匠,弘扬工匠精神,坚定文化自信;同时,学生能够以时代楷模为人生榜样,树立成为大国工匠的职业理想。
课　后				
巩固应用作业	1. 识记本节课重点词汇。 2. 熟记谈论职业理想和工匠精神的重点句型。 3. 熟读课文。			
迁移任务	1. 观看《大国工匠》纪录片,了解更多中国的工匠故事。 2. 写作任务。 题目:我们学校正在举办主题为“用英语讲中国故事”的征文活动,请你以一位中国的时代楷模为题写一篇短文投稿,内容包括: (1)人物简介及事迹。 (2)意义或启示。			
预习任务	预习 Unit 4 Tell Me About Your Future。			

教学评价

评价维度及权重	评价指标	自评	小组	教师	分值
学习态度(10%)	学习态度积极、主动,时常保持良好的学习状态并主动发言(10分)				
知识技能(60%)	1. 运用重点句型准确表述,无明显语法错误(20分) 2. 阐述思路清晰,表述清楚(10分) 3. 阐述理由逻辑有理(10分) 4. 阐述方式创新有特色(10分) 5. 表述时姿态自然大方(10分)				
学习效率(10%)	高于一般的效率,能早于限期完成(10分)				
协作精神(20%)	1. 积极参与小组讨论(10分) 2. 积极发表自己的意见和观点(10分)				
总分					

教学板书

Unit7 Celebrating the Year of Dragon:3D Is Coming!
(Craftsman Spirit)

谈论时代楷模与工匠精神:

Role Models : Tu Youyou, Yuan Longping, Zhong Nanshan...

Craftsman Spirit: persistence, innovation, love for work, striving for perfection...

续表

教学反思
教学效果： 本次课，导入环节使用视频引出本课主题，导入学习任务；读前准备利用图片，激活学生思维，预测课文内容；读中环节通过略读、扫读、精读的阅读策略，层层递进，完成阅读任务；活用思维导图、引导学生总结规律等方式，解决教学重点；读后环节通过小组讨论，讲述工匠故事，生生评价突破教学难点；总结环节教师带领学生进行课堂总结，巩固所学新知。五个学习环节，循序渐进，层层深入。经测试发现，学生已完成预期目标（具体见下表）：

教学目标	测试成绩分布人数				优秀率 ≥90 分
	不及格	60～80 分	80～90 分	≥90 分	
·	0	0	1	21	95.4 %
掌握描述职业精神和工匠精神的重点句型	0	0	1	21	95.4 %
能够理解文章大意	0	0	2	20	90.9 %
能够运用使用所学目标句型谈论工匠精神和讲工匠故事	0	0	3	19	86.4 %

亮点与特色：

1. 自主学习，提高能力。注重培养学生自主探究的学习习惯，课前课后通过学习通平台完成相应的学习任务，培养了学生自主探究的学习习惯。

2. 运用信息软件辅助教学，运用任务驱动教学法和信息化手段，设置多个任务环环相扣，层层递进，让学生在“做中学，学中做”，促进了学生用英语解决实际问题的能力，加强课堂间的互动。

3. 巧用思维导图，整合归纳。在阅读活动中巧用思维导图，以思维导图的形式分析文章结构，帮助学生理清思路，整合归纳信息，培养学生的发散性思维和创造性思维。

4. 注重激发学生兴趣和培养学生良好的学习习惯，组织小组讨论和展示活动，培养学生的合作意识和评价能力。

问题与改进：

信息化教学手段单一，还应从学生专业特色和英语学科特色出发，结合本课主题，提供更丰富的信息化学习手段；在小组讨论中有的学生没有真正地参与讨论，思考不足。

【点　评】

主要特色：

1. 线上线下资源并驱前进，促进教学效果的有效达成：本设计中教师充分运用学习通、希沃平台、FIF 口语训练平台将教材内容可视化，调动学生的学习积极性，通过播放“屠呦呦诺贝尔奖领奖现场”视频引领学生感受刻苦钻研、精益求精的工匠精神，培养学生的民族自豪感。

2. 任务驱动贯穿始终，循序提升学生学习能力：本教学设计按照“调查设任务—视频引任务—阅读析任务—讨论做任务—评价结任务—拓展用任务”的环节实施教学，立足学生学情，循序渐进促进学生学习能力的提升。

3. 公共基础课教学突出专业素养，彰显职业教育特色：本设计教师通过引导讲述大国工

匠的故事，让学生了解中国的大国工匠，弘扬工匠精神，坚定文化自信；同时，引导学生以时代楷模为人生榜样，树立成为大国工匠的职业理想。

建议：

课后任务无区分难度，应根据学生水平设置分层作业：本设计中教师在“课后拓展”环节设置了“巩固应用作业”“迁移任务”和“预习任务”，有分层作业的形式，但未体现分层作业与教学评价结果的衔接，因此教师应根据评价结果设置分层作业，不同学习水平的学生根据自身特点完成相应任务。

弘扬《国家的儿子》中爱岗敬业的职业精神

◎课程名称：语文

◎作者姓名：胡井翠

<table>
<tr><td>授课题目</td><td colspan="2">弘扬《国家的儿子》爱岗敬业的职业精神</td><td>课程名称</td><td>语文</td></tr>
<tr><td>授课对象</td><td colspan="2">2023 级“现场工程师”实验班</td><td>授课课时</td><td>2 课时</td></tr>
<tr><td>授课地点</td><td colspan="2">理实一体化教室</td><td>授课形式</td><td>新授课</td></tr>
<tr><td colspan="5">教学分析</td></tr>
<tr><td>内容分析</td><td colspan="4">本文选自统编版教材高教社中职语文职业模块专题 1“劳动精神工匠精神作品研读”，主题二“铸匠魂 弘扬时代精神”，任务一“弘扬《国家的儿子》爱岗敬业的职业精神”（2 课时）。
本文再现航空事业英模了罗阳同志生命最后的八天，经历的每时每刻的考验和心情，分别是兑现诺言、忙碌身影、试飞前夜、完美答卷、英雄谢幕， 展现了罗阳矢志报国、不甘人后的爱国精神；言而有信的诚信意识；航空人强烈的责任感、使命感，勇挑重担、敢负责任、攻坚克难、勇攀高峰的拼搏精神；兢兢业业、严谨认真、一丝不苟的敬业精神；鞠躬尽瘁，舍身忘我的奉献精神；心系他人、淡泊名利的处世态度。本文也表达了对罗阳英年早逝的无限痛惜。
学习罗阳爱岗敬业、勇挑重担、无私奉献的工匠精神，将爱岗敬业的工匠精神融入服装专业学习中，用行动来铸造爱岗敬业、忠诚职业，追求卓越的工匠魂。</td></tr>
<tr><td>学情分析</td><td colspan="4">采用观察、访谈、测试、分析情况、问卷调查等方法，对授课对象从基础知识、认知能力、学习特点，专业特性等四个维度精准分析学情。
精准知识基础分析。通过调研、测试发现：28.6% 的学生比较喜欢报告文学，多引导学生阅读与时俱进的作品。71.4% 的学生对报告文学非常感兴趣，针对这样的学生群体，教师应该引导他们从细节描写、精神、写作手法等多个角度欣赏作品，从而培养学生对具有时代意义作品、新闻等的及时关注。
精准认知能力分析。通过分析学生阅读情况可知，学生喜爱阅读，愿意深入学习，乐于主动交流，具备思考文本深层内涵、挖掘人物精神的阅读习惯。
精准学习特点分析。通过问卷调研得知，学生勤于思考，91% 的学生具备联想、想象、思维等能力，34% 的学生具有一定的审美经验和语言敏感性能力，因此学生在初步感知作品时，仍需持续引导学生提高语言敏感性，培养整合信息能力，领会文本思想。
精准专业特性分析。通过观察、访谈了解到 87.5% 的学生是服装设计专业，89.2% 的学生具备利用网络的能力，85.7% 的学生整合信息的能力较强，78.5% 的学生的表达能力尚待提高。
由此确定重点：1. 学习本文用细节描写、语言描写刻画人物的方法。2. 弘扬新时代爱岗敬业的职业精神。难点：弘扬新时代爱岗敬业的职业精神。</td></tr>
<tr><td rowspan="2">教学目标</td><td>四维
目标</td><td>基座型教学目标
（全部学生）</td><td>高原型教学目标
（30% 学生）</td><td>攀峰型教学目标
（10% 学生）</td></tr>
<tr><td>知识
目标</td><td>1. 掌握文中的生字词、成语的意思及用法；
2. 记住报告文学的特点；
3. 能通过网络了解罗阳生平及我国航空事业的发展。</td><td>1. 记住罗阳的生平；
2. 记住罗阳最后八天的经历；
3. 记住我国航空事业的发展史。</td><td>记住罗阳爱岗敬业、拼搏奋斗、无私奉献的时代精神。</td></tr>
</table>

续表

<table>
<tr><td rowspan="4">教学目标</td><td>四维目标</td><td>基座型教学目标
（全部学生）</td><td>高原型教学目标
（30% 学生）</td><td>攀峰型教学目标
（10% 学生）</td></tr>
<tr><td>能力目标</td><td>1. 理解罗阳猝然长逝的原因，培养探究精神；
2.会通过时间标题给文本加小标题，梳理文章内容，培养语言建构与运用素养；
2. 会通过阅读理清行文脉络，掌握运用细节描写人物的手法，促进思维发展，培养学生思维发展能力；
3. 能找到细节描写、语言描写的句子，试着归纳刻画人物的方法，培养学生思维发展与提升素养。</td><td>1. 能总结每部分的内容，培养语言建构与运用素养；
2. 能找到细节描写、语言描写的句子，归纳刻画人物的方法，培养学生思维发展与提升素养；
3. 弘扬罗阳爱岗敬业的职业精神。</td><td>1. 能掌握补叙在报告文学中的运用；
2. 能理解“国家的儿子”的含义。</td></tr>
<tr><td>素养目标</td><td colspan="3">培养学生具有爱岗敬业、忠诚职业，追求卓越的工匠魂。</td></tr>
<tr><td>思政目标</td><td colspan="3">将爱岗敬业的工匠精神融入服装专业学习中。</td></tr>
<tr><td>教学重点</td><td colspan="4">1. 学习本文用细节描写、语言描写刻画人物的方法。
2. 弘扬罗阳爱岗敬业的职业精神。</td></tr>
<tr><td>教学难点</td><td colspan="4">弘扬罗阳爱岗敬业的职业精神。</td></tr>
<tr><td colspan="5">教学策略</td></tr>
<tr><td>教学设计流程</td><td colspan="4">课前探索：学生 → 明 → 明确任务 课前初探（线上）
课中导学：引 → 研 → 探 → 悟 → 评；引入任务 启发思考；研读文本 知晓典型；探究形象 分析特点；领悟精神 内化于心；评价收获 外化于行（线上+线下）
课后践行：学生 → 践 → 学思践履 以知促行（线上）
教师采用课前、课中、课后“三阶七环”的教学流程进行教学，学生采用线上线下混合的方式学习。</td></tr>
<tr><td rowspan="2">教学方法</td><td>教法</td><td colspan="3">讲授法、任务驱动法。</td></tr>
<tr><td>学法</td><td colspan="3">自主学习法、合作探究法、圈点勾画法、随文批注法。</td></tr>
</table>

续表

<table>
<tr><td>教学手段与资源</td><td colspan="4">教学平台：
超星学习通：实现学生课堂互动，建立学生互评、教师评价机制，查看学生参与度，了解学生学习进度。
教学手段：
希沃交互式白板：实现课堂教学、播放教学资源。
《大国工匠群星闪耀》文本合集（电子书）：实现高效类文拓展阅读。
教学资源：
视频《2012年感动中国年度人物——罗阳》。</td></tr>
<tr><td colspan="5">教学实施</td></tr>
<tr><td>教学阶段</td><td>教学内容</td><td>教师活动</td><td>学生活动</td><td>设计意图</td></tr>
<tr><td colspan="5">课　前</td></tr>
<tr><td>明确任务，课前初探</td><td>1. 读准字音，记住字形和字意；
2. 报告文学的知识和特点；
3. 罗阳最后的八天</td><td>通过平台发布任务：
1. 自主检测的字音、字形、字意；
2. 报告文学的知识和特点；
3. 罗阳最后的八天。</td><td>1. 通过平台自我检测基础知识的掌握情况；
2. 同桌讨论报告文学的特点，借助百度百科搜索，组长记录；
3. 阅读课文，概括罗阳最后的八天七夜活动情况。</td><td>1. 检测基础知识在于夯实基础；
2. 培养学生的语言交际能力，运用网络学习的能力；
3. 通过小组合作培养概括能力。</td></tr>
<tr><td colspan="5">课　中</td></tr>
<tr><td colspan="5">第一课时</td></tr>
<tr><td rowspan="3">引入任务，启发思考</td><td>新课引入</td><td>播放2012年感动中国的颁奖词。抛出问题：这是谁？</td><td>观看视频之后讨论这是谁。（罗阳）</td><td>通过颁奖词激发学生兴趣，带领学生了解罗阳。</td></tr>
<tr><td>报告文学是一种在真人真事基础上塑造艺术形象，以文学手段及时反映现实生活的文学体裁，具有新闻性、文学性、政论性三大特点</td><td>1. 发布解题任务：通过学习平台展示什么是报告文学？
2. 报告文学的三大特点。</td><td>1. 小组展示课前查找的资料，知晓什么是报告文学。
2. 报告文学具有新闻性、文学性、政论性三大特点。</td><td>1. 培养动手查找资料的能力。
2. 弄懂报告文学的特点。</td></tr>
<tr><td>通过阅读文本初步理清罗阳最后的八天干了什么：
第一部分写罗阳登上辽宁舰，与总设计师孙聪、副司令员张永义见面。
第二部分介绍舰载机前期试验情况，记叙罗阳不辞辛苦为舰。</td><td>组织学生阅读文本，理清罗阳最后八天干了什么；
1. 巡视并指导找出相关句子并归纳。
2. 组织学生上台汇报展示。</td><td>学生自读文本，理清罗阳最后的八天干了什么；
1. 学生读文本相关句子并归纳。
2. 学生代表上台汇报展示。</td><td>引出本课学习内容:这是一篇报告文学，主要写的是罗阳为完成三代人的航天梦而【殚精竭虑、勇挑重担、无私奉献、因公殉职】的感人事件。</td></tr>
</table>

续表

教学阶段	教学内容	教师活动	学生活动	设计意图
引入任务，启发思考	载机的最后试验及后续保障做准备。 第三部分写罗阳在舰载机首次着舰起飞试验前夜的激动心情。 第四部分写罗阳现场感受歼-15 航母舰机首次着舰起飞试验首先详写23日的舰载机起降试验。 第五部分写罗阳因公职，悲壮离世。	3. 评价。 ① 组织学生评价。 ② 教师点评。	3.学生互评。	
研读文本，知晓典型	任务一： 理清文本脉络	1. 组织学生速读文本，理清行文脉络。 2. 组织学生开展小组合作学习。 ① 教师巡视指导； ② 组织学生上传平台。 3. 组织学生评价。 ① 通过学习通平台组织学生投票互评； ② 组织学生查看投票结果； ③ 教师点评。	1. 学生速读文本，试着理清行文脉络。 2. 学生合作速读文本。 ① 学生阅读接受老师指导阅读； ② 学生上传平台。 3. 学生评价。 ① 通过学习通平台进行投票结果； ② 学生看投票结果； ③ 教师点评。	1. 梳理文本，明确典型事例，为后续学习刻画人物形象奠定基础。 2. 评价可以让学生全面了解罗阳。
	任务二： 小标题概括事件。 兑现诺言、忙碌身影、试飞前夜、完美答卷、英雄谢幕	1. 发布任务： ① 组织学生讨论，用小标题概括事件； ② 引导学生概括，组织学生汇报展示讨论结果。 2. 教师评价。	1. 接受并完成任务 ① 学生讨论，组长记录； ② 组长上台汇报小组讨论结果。 2. 学生聆听评价。	培养概括能力，为理解刻画人物奠定基础。
第二课时				
探究形象，分析特点	任务三：析课文 学习第10自然段属于补叙手法。 补叙通常是中心事件的有机组成部分，文章的关键之处。没有补叙，故事情节上就可能出现漏洞，令人不解	1. 组织学习第10自然段叙述手法。 ① 出示第10自然段； ② 分析补叙手法； ③ 学习了罗阳的性格。	1. 学生学习第10自然段内容； ① 阅读第10自然段； ② 听老师讲解补叙手法； ③ 归纳罗阳的性格特点。	1. 弄明白补叙让人物更丰满立体。

续表

教学阶段	教学内容	教师活动	学生活动	设计意图
探究形象，分析特点	任务三：析课文 学习第10自然段属于补叙手法。 补叙通常是中心事件的有机组成部分，文章的关键之处。没有补叙，故事情节上就可能出现漏洞，令人不解	2. 组织学习第一部分的细节描写。 ① 组织学生找第1～2自然段细节描写的句子； ② 分析细节描写的作用； ③ 分析罗阳的性格； ④ 分析罗阳的精神。 3. 组织学习第一部分的语言描写。 ① 组织学生找到第 6～8 自然段，第10～12 自然段心理描写的句子； ② 分析心理描写的作用； ③ 分析罗阳的性格； ④ 分析罗阳的精神。 4. 组织学生记忆罗阳精神。	2. 学习第一部分的细节描写。 ① 找细节描写句子； ② 小组讨论细节描写的作用； ③ 从细节描写中分析罗阳的性格； ④ 从性格中分析罗阳的精神； 3. 学习第一部分的语言描写。 ① 组织学生找到第 6～8 自然段，第10～12 自然段心理描写的句子； ② 分析心理描写的作用； ③ 分析罗阳的性格； ④ 分析罗阳的精神。 4. 学生记忆罗阳精神。	2. 30% 的学生能理解补叙的作用，100% 的同学记住补叙这一手法。 3. 能找到语言、心理描写的段落。
	任务四：析课文 学习第二部分。 作者重点写罗阳在生产开工仪式上情深意切的讲话，表现了他不负重托、顽强拼搏的胸襟气度，勇挑重担、敢于负责的使命感。这是罗阳能顺利完成前期试验工作的精神动力所在，具有鲜明的时代特色	任务四：析课文 1. 分析为什么在第二至三部分第 2 自然段详细写罗阳在歼-15 舰载机生产开工仪式上的讲话？ ① 组织学生讨论； ② 组织汇报交流。 2. 组织学习本段语言描写手法，表现了罗阳一心奉公、勇敢担当、睿智深沉的高尚品格。 ① 组织学生找到语言描写的句子； ② 组织学生讨论并汇报； ③ 组织评价。	任务四：析课文 1. 学生学习详细写罗阳在歼-15 舰载机生产开工仪式上的讲话； ① 学生讨论详细描写的作用； ② 分组交流展示。 2. 聆听语言描写如何表现人物品格。 ① 学生分析并找到语言描写的句子； ② 学生分组讨论并汇报； ③ 学生互评。	1. 弄明白具体详写让人物更丰满立体。 2. 10% 的学生能理解罗阳顽强拼搏、勇挑重担的时代精神。

续表

教学阶段	教学内容	教师活动	学生活动	设计意图
探究形象，分析特点	任务五：析课文 学习第四部分	1. 学习按时间顺序写作事件。 2. 分析详略得当的安排。 ① 组织学生找详写和略写的句子； ② 分析详略得当的作用，重点突出。	1. 学生找出表时间顺序的词语，归纳事件。 2. 学习详略得当的安排。 ① 组织学生找详写和略写的句子； ② 分析详略得当的作用，重点突出。	1. 弄明白详略得当的写法让重点突出。 2. 30% 的学生能找到心理的语言。
	任务六：析课文 学习第五部分	1. 组织学习两个感人场面的细节描写； 2. 组织学生找细节描写的句子； 3. 组织评价。	1. 学生学习两个感人场面的细节描写； 2. 找到句子，汇报； 3. 学生互评，老师点评。	1. 弄明白细节描写让人物更丰满立体。 2. 30% 的学生能找到细节的语言并归纳。
领悟精神，内化于心	任务七：悟精神续传承 学习罗阳精神：爱岗敬业、忠诚职业，追求卓越。	1. 组织找句子； 2. 分析精神； 3. 组织汇报； 4. 组织评价。	1. 小组合作找句子； 2. 分析精神； 3. 学生汇报； 4. 投票互评，聆听教师点评、讲述。	
	任务八：学习视频《2012 年感动中国年度人物——罗阳》	1. 播放视频，组织观看视频； 2. 组织撰写挽联； 3. 组织学生上传学习通平台； 4. 组织评价。	1. 观看视频结束后讨论罗阳的时代精神； 2. 为罗阳写挽联； 3. 上传学习通平台； 4. 投票互评，聆听教师点评、讲述。	1. 将罗阳爱岗敬业，勇于担当的精神内化于心。 2. 培养学生的文学素养。
	任务八：拓展阅读 通过电子书阅读《大国工匠群星闪耀》	1. 出示二维码。 2. 组织阅读《大国工匠群星闪耀》。 3. 组织讨论这些人分别具有怎样的时代品质。 4. 组织上传平台。 5. 组织评价。	1. 学生扫描二维码。 2. 阅读电子书《大国工匠群星闪耀》。 3. 讨论这些人的时代品质：求真务实、精益求精、追求卓越，勇于创新。 4. 上传学习通平台。 5. 投票互评，聆听教师点评、讲述。	
课　后				
学思践履，以知促行	课后作业： 1.“现场工程师”实验班的同学参加了“云阳红橙节”服装展示活动，写一篇报告文学，字数不限。 2. 通过本课的学习，讨论“现场工程师”实验班应该具有哪些专业素质。 明确：良好的工匠精神、良好的审美能力、良好的表达能力、良好的文学修养。			

续表

板书设计

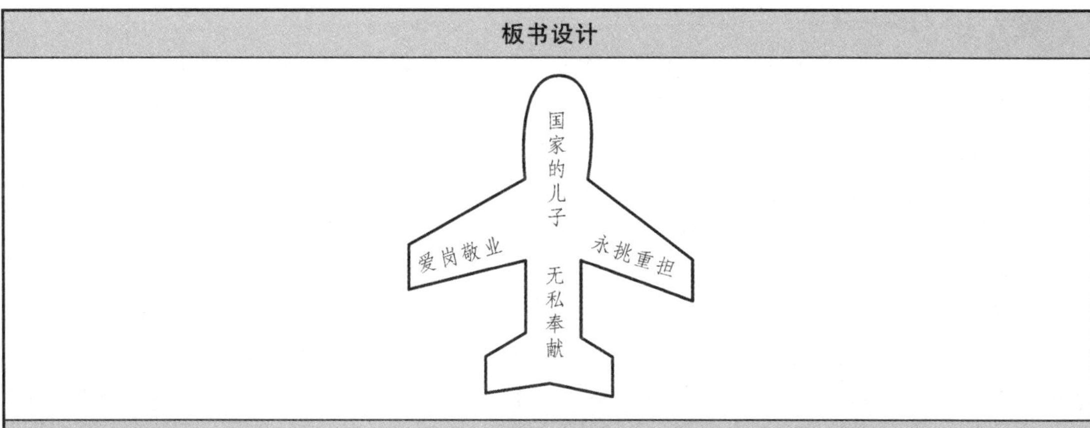

教学评价			
教学环节	评价主体	评价维度及权重	评价标准
课前（15%）	自评	课程预习（5%）	完成《国家的儿子》阅读者得×5%，未做按“0分”计
	互评、师评	课前测试（10%）	上传作业得分×10%，未做按“0分”计
课中（70%）	师评	课堂出勤（20%）	当前出勤得分总分×5%
	自评、互评、师评	课堂互动（20%）	（小组讨论+抢答+互动）×30%
	自评、互评、师评	课堂展示（15%）	（普通话标准，举止大方，着装得体）×15%
	自评、互评、师评	质疑问难（15%）	（能产生个人见解，敢于质疑，积极补充）×20%
课后（15%）	自评、师评	拓展提升（15%）	完成并上传作业得分×15%，未提交记 0分

教学反思

亮点与特色：

1. 丰富的教学手段，提高学生的积极性和参与度。

本次课堂在采用视频、图片、播放音乐等信息化教学手段，小组展示，游戏中学、自评互评师评等活动，使原本枯燥的语文教学课堂变得生动有趣，更易于学生感受和理解新时代爱岗敬业、拼搏奋斗、无私奉献的工匠精神。

2. 着眼人物精神，落实课程思政。

通过语言描写、心理描写、细节描写等分析人物精神，引导学生罗阳精神是新时代工匠精神创造性转化和创新性发展，培养学生爱岗敬业、拼搏奋斗、勇于创新，把平凡的工作做到极致就是工匠精神，就是在平凡中铸就工匠魂，弘扬时代精神。

问题与改进：

问题：问题设置有一定难度，有三个学困生跟不上课堂节奏。

改进措施：吾日三省吾身，课堂尽量照顾到每一个学生，争取有教无类。

【点　评】

主要特色：

1. 以学生为本，教学目标清晰可达成：本设计在知识、能力、素养目标基础上，增加了思政目标，将专业素养与公共基础课教学紧密融合，让学生将爱岗敬业的工匠精神融入服装

专业学习中；同时教师根据不同学生的学习水平设置了基座型、高原型、攀峰型教学目标，实现教学目标的接替递进。

2. 线上线下资源有效融合，共促教学任务的实现：本设计充分运用了线上教学资源，信息化手段多样，通过超星学习通、希沃交互式白板、《大国工匠群星闪耀》文本合集（电子书）、《2012 年感动中国年度人物—罗阳》，让学生真实体会本课主题—爱岗敬业精神。

3. 课堂评价突出过程性评价，有利于培养学生的学习自信：本设计中教师将课堂评价设置为课前（15%）、课中（70%）、课后（15%），突出过程性评价；由学生自评、学生互评、教师评三方构成，评价主体多元化，有助于培养中职学生的学习自信。

建议：

教学重难点浮于浅表，应设置具体可完成的重难点：本设计中教师设置的教学重难点“学习某方法”“弘扬某精神”偏宏大，在实际教学过程中难以对此类教学重难点的达成情况进行评价。教师应根据本班学生的学情特点，在充分研读教材的基础上结合课前预习检测、考纲等，设置具体可达成的教学重难点。

家族摆手舞基本舞姿

课程名称：艺术舞蹈

授课教师：李璠

<table>
<tr><td>授课题目</td><td colspan="2">土家族摆手舞基本舞姿</td><td>课程名称</td><td>艺术舞蹈</td></tr>
<tr><td>授课对象</td><td colspan="2">旅游服务与管理专业二年级</td><td>授课课时</td><td>2 课时</td></tr>
<tr><td>授课地点</td><td colspan="2">形体室</td><td>授课形式</td><td>面授</td></tr>
<tr><td colspan="5">教学分析</td></tr>
<tr><td>内容分析</td><td colspan="4">土家族是我国南方的一个少数民族，分布在湖南、湖北、重庆、贵州等地区。“摆手舞”是土家族最具有代表性的舞蹈，更是土家族的一张文化名片，展现出了土家族人民的智慧及热情。
摆手舞是以手部动作为主要表现手段的一种舞蹈，手部动作是独特的，形态多变。通过本节课摆手舞的基本舞姿学习，学生可以掌握摆手舞的基本动作及特点。
通过摆手舞的表演和训练，学生可以锻炼身体的柔韧性、协调性和平衡能力，提高身体素质和舞蹈技巧。摆手舞用手部和面部表情来传递情感，使观众更好地理解舞蹈作品所要表达的主题或故事情节。在学生心灵中种下爱祖国、爱家乡的红色种子。学生能够理解并发扬土家族的民族精神，弘扬民族精神，传承民族传统文化。</td></tr>
<tr><td>学情分析</td><td colspan="4">1. 摆手舞教学主要是针对高二年级旅游专业，具有一定舞蹈基础的学生。这个年龄段的学生具有活泼好动，乐于表现自己的特点，他们对于新的、富有挑战性的活动有着很高的热情，同时他们也具备一定的身体协调能力和模仿能力，这有助于他们更好地学习摆手舞。
2. 学生学习态度和动机是影响学习效果的重要因素。据问卷询问等多种方式统计学习反馈情况分析，70% 的学生对摆手舞有浓厚兴趣，并愿意为之付出努力和时间，这部分学生学习效果会更好。剩余 30% 的学生只是为了应付考试或者完成任务而学习，他们的学习效果会受到影响。
3. 对于学习有兴趣的学生，教师要对其加强训练，使其能完整流畅地表演。对于学习没有多大兴趣学生，教师能够以生动有趣的方式，引导他们学习，并提供及时有效的反馈和意见，他们的学习效果往往会更好。同时，良好的教学设施和环境，也可以提高学生的模仿能力和学习效果。</td></tr>
<tr><td rowspan="2">教学目标</td><td>四维目标</td><td>基座型教学目标
（全部学生）</td><td>高原型教学目标
（30% 学生）</td><td>攀峰型教学目标
（10% 学生）</td></tr>
<tr><td>知识目标</td><td>1. 了解土家族摆手舞的起源、发展历程和基本特点。
2. 理解土家族摆手舞所蕴含的传统文化和历史意义。
3. 掌握土家族摆手舞的基本舞姿和动作要领。</td><td>学生的个体差异和不同需求。学生对学科知识的掌握程度存在的差异，可能和学习方式、学习方法、学习态度和学习兴趣等因素有关。</td><td>学生的个体差异和不同需求，进行针对性地指导和培养。通过攀峰性教学目标的确立和实施，可以帮助学生更好地掌握土家族舞蹈的技艺和文化内涵，为土家族文化的传承和发展做出贡献。</td></tr>
</table>

续表

<table>
<tr><td rowspan="5">教学目标</td><td>四维目标</td><td>基座型教学目标
（全部学生）</td><td>高原型教学目标
（30% 学生）</td><td>攀峰型教学目标
（10% 学生）</td></tr>
<tr><td>技能目标</td><td>1. 学会土家族摆手舞的基本舞姿和动作，能够准确地进行模仿。
2. 掌握土家族摆手舞的技巧和要领，提高舞蹈表演的质量和水平。
3. 能够流畅地合上音乐节奏，展现出舞蹈的美感和魅力。</td><td>1. 30% 的学生基本上能够准确进行模仿。
2. 30% 的学生能够准确掌握舞蹈技巧和要领。
3. 30% 的学生能够流畅地合上音乐节奏，舞蹈的美感和魅力还需要提升。</td><td>1. 10% 的学生能够精准进行模仿。
2. 10% 的学生舞蹈基本功功底扎实，所以能够精准地掌握摆手舞的技巧和要领。
3. 10% 的学生通过训练，能够将动作和音乐节奏的完美配合，并独立完成舞蹈表演。</td></tr>
<tr><td>素养目标</td><td colspan="3">1. 提高学生的审美水平，培养对艺术的敏感度和表现力。
2. 锻炼学生身体协调性和灵活性，促进身心健康和全面发展。
3. 培养学生对土家族传统文化的热爱和尊重，增强民族自豪感和文化自信。</td></tr>
<tr><td>思政目标</td><td colspan="3">通过学习土家族摆手舞基本舞姿，学生将更深入地了解和认识土家族的传统文化和历史，增强对土家族的认同感和自豪感。同时，通过舞蹈的学习和表演，学生将能够更好地传承和弘扬土家族的传统文化，为民族文化的繁荣和发展做出贡献。</td></tr>
<tr></tr>
<tr><td>教学重点</td><td colspan="4">1. 能够准确地进行模仿摆手舞的基本舞姿动作。
2. 感知音乐节奏，舞蹈动作配合音乐节奏。</td></tr>
<tr><td>教学难点</td><td colspan="4">1. 掌握摆手舞基本舞姿动作要领和节拍训练。
2. 纠正舞蹈动作配合音乐的节奏。</td></tr>
<tr><td colspan="5">教学策略</td></tr>
<tr><td>教学设计流程</td><td colspan="4">本课课前、课中、课后三个阶段采用新—导—教—纠—拓—评—固的教学流程，课前老师通过钉钉平台推送摆手舞的基本舞姿视频，引导学生养成自主预习的学习习惯，为后续任务做准备，通过热身素质训练导入新课。然后教师示范，将摆手舞的基本动作展示给学生，并在学生练习过程中纠正不良身体体态。拓展延伸课后，进行相关舞蹈表演，对学生表现进行客观评价，进一步巩固课堂教学内容。具体流程如下图：
课前 → 课中 → 课后
课前新知：推送视频观看舞蹈
课程导入：课堂常规知识普及
示范教学：动作示范重难讲解
练习纠正：小组练习巡回纠错
实践展拓：拓展学习专业探究
集中展示：小组展示师生评价
评价总结：复习巩固评价总结</td></tr>
<tr><td rowspan="2">教学方法</td><td>教法</td><td colspan="3">讲授法、启发式法、示范法、分解教学法。</td></tr>
<tr><td>学法</td><td colspan="3">自主学习法、模仿法、分组学习法。</td></tr>
<tr><td>教学手段与资源</td><td colspan="4">教学手段：钉钉预习、动作直观展示、分小组练习。
教学资源：“学习强国”、抖音平台短视频。</td></tr>
</table>

续表

教学实施				
教学阶段	教学内容	教师活动	学生活动	设计意图
课　前				
课前准备	土家族摆手舞基本舞姿	通过钉钉平台,向学生推出土家族摆手舞基本舞姿视频，让学生找出动作特点。	观看视频，预习课程内容。	通过课前预习提高学生的学习效率。
课　中				
第一课时				
任务发布（第一阶）	课堂常规，安全注意事项和热身运动	先集合清点人数,再讲课堂安全注意事项，师生问好,并组织学生进行热身活动。	全班同学快速集合，班长清点人数，并向老师问好。认真聆听老师讲话,在老师的带领下,学生按照要求认真练习热身运动操。	培养学生的组织纪律性，形成良好的课堂习惯，营造良好的课堂氛围。集中学生注意力，充分热身，避免发生运动损伤。
分组进阶（第二阶）	导入	播放课前视频。	根据课前视频预习，能够说出土家族舞蹈动作特点及音乐节奏感的特点。	通过线上线下自主学习，为课堂学习做好准备，提高学生自主学习能力。
示范教学（第三阶）	动作模仿（重点）	四个基本动作示范： 1. 教师第一次动作示范。 顺拐、屈膝、抖动、下沉。 2. 教师第二次动作示范。 顺拐、屈膝、抖动、下沉。 3. 教师第三次动作示范。顺拐、屈膝、抖动、下沉。	完成任务： 1. 学生仔细观察老师的手臂动作示范。 2. 学生仔细观察老师的脚步动作示范。 3. 记住动作的顺序后，并认真模仿动作。	通过线上线下自主预习学习，摆手舞的四个基本舞姿动作就更加容易掌握。让学生注意力更加专注。增强学生的记忆力，促使学生养成自主学习习惯。
动作分解（第四阶）	讲解四个基本动作：顺拐、屈膝、抖动、下沉	分解基本舞姿动作。 顺拐：顾名思义同手同脚，左手与左脚同步右手，右脚同步。顺拐是手脚同向。 屈膝：上身平稳，两腿微曲，腿屈而腰不弯。 抖动：两腿微颤，两臂微抖，手与脚错位。 下沉：下沉时两手打开，再随右腿跟进，弧线向下用力摆手。	完成任务： 认真观察老师的动作，学生跟着老师讲解步骤完成，并掌握每一个动作正确的身体体态，平衡能力和协调能力以便更好地表现出摆手舞的优美和流畅。	通过分解动作练习，让学生充分熟悉基本舞姿的完整动作。

续表

教学阶段	教学内容	教师活动	学生活动	设计意图
练习纠正（第五阶）	掌握动作要领和节拍训练（难点）	发布任务： 1. 老师将学生分组动作节拍练习。 2. 教师巡回指导，纠错。 预设问题： 大部分学生动作与口令不一致。 解决措施： 通过数节拍，强化节奏训练。组织学生相互观摩、纠正。	完成任务： 1. 学生以小组为单位，每5人进行练习。 2. 每小组接受老师指导并纠正好动作。 学生练习：把老师纠正的动作再次练习。	1. 分组练习培养学生自主练习的主动性，团队协作能力。进一步提高学生掌握能力。 2. 以分组的形式更细化地指导，达到更好的效果更好。
实践拓展（第六阶）	自主创编	发布任务： 对本节课四个基本动作进行连贯创编，顺序可随意调整。	完成任务： 认真完成练习，分小组分别展示。	培养学生自主创编能力，这些技巧能运用到各类旅游活动。提升旅游体验，增强活动的趣味性。
展示评价（第七阶）	以小组为单位进行成果展示。	发布任务： 以小组为单位对本节课学习内容进行成果展示，然后教师进行点评以便于激励学生。教师选择优秀学生进行夸奖，然后进行课堂点评。	完成任务： 学生积极展示成果，并认真听取老师建议并对不足之处进行修改。	培养学生自信心，找到前进的动力。加强课后学习，养成良好习惯。
第二课时				
示范教学（第三阶）	1. 感知音乐节奏，理解音乐的节拍、节奏。 2. 动作配合音乐示范（重点）	发布任务： 1. 组织练习完整动作。 2. 跟着音乐律动拍手，感受音乐的节拍、节奏。 3. 老师动作与音乐配合示范。 4. 动作与音乐的配合练习。 5. 学生分组自己配合音乐练习。	完成任务： 1. 练习完整动作。 2. 用双手打节拍，感受音乐律动的节拍、节奏。 3. 观看老师动作与音乐配合示范。 4. 学生跟随老师慢慢地舞动起来。 5. 分为一小组，练习舞蹈动作配合音乐。	1. 让学生充分熟悉完整舞蹈动作。 2. 提升学生音乐审美。 3. 掌握音乐的律动的节拍、节奏。 4. 完成动作与音乐的配合训练。 5. 促使学生养成自主学习的习惯。
练习纠正（第四阶）	教师纠正舞蹈动作与音乐节奏的配合。（难点）	发布任务： 1. 分小组进行合音乐练习。 2. 教师巡回指导，纠正易错动作。	完成任务： 1. 认真练习动作，并合上音乐节奏。 2. 小组成员接受老师指导并纠正好动作。	1. 充分训练学生的柔韧性、节奏感。 2. 培养学生练习的主动性和团队协作能力。

续表

教学阶段	教学内容	教师活动	学生活动	设计意图
练习纠正（第四阶）	教师纠正舞蹈动作与音乐节奏的配合。（难点）	预设问题： 大部分同学动作与音乐节奏不一致。 解决措施： 通过数节拍，配合音乐强化节奏训练。组织同学相互观摩、纠正。	学生练习： 再次练习老师纠正的动作。	
实践拓展（第五阶）	感受土家族不同节奏音乐的特点，学习如何编排动作	发布任务： 听两首土家族具有代表性的音乐并思考：两者有哪些特点？遇到这一类音乐，舞蹈动作应该怎样编排？	A 同学：曲调丰富，旋律优美，节奏明快，高亢悠扬，生动形象，简洁朴实。加上别具一格的称词称腔。 B 同学：形式内容不拘一格，隔山唱隔河唱，面对面唱，一边劳动一边唱。 C 同学：根据歌词来编排动作。 D 同学：根据音乐节奏快慢来编排动作。	加强舞蹈动作与音乐的联系。可以帮助策划不同的旅游活动，将学习摆手舞和不同音乐运用到旅游服务管理中，可以为游客提供精彩的文化交流。
集中展示（第六阶）	1. 小组展示。 2. 学生互评。 3. 教师点评。 4. 放松运动	发布任务： 1. 教师组织各小组依次进行完整展示。 2. 安排小组之间进行互相评价。 3. 教师首先对小组练习情况和练习效果进行点评，然后对各组易错动作进行集中纠正。 4. 组织学生进行拉伸放松练习。	完成任务： 1. 各小组依次进行展示。 2. 小组进行认真细致的交流评价。 3. 认真听讲，反思总结。 4. 积极完成放松任务。	1. 课堂展示，提供展示机会，增强学生表现力和自信心。 2. 培养学生主动性，营造积极的学习氛围。 3. 对课程重难点进行重点讲解，也对每个小组的练习成功表示肯定。 4. 调整心态，放松身体。
评价总结（第七阶）	1. 课堂总结。 2. 作业布置	1. 教师对本节课的所学内容进行总结。 ① 70% 的学生能够准确地完成每一个动作。 ② 70% 的学生表现力很强。 ③ 70% 的学生准确地表现出舞蹈的韵律和节奏。 2. 作业：课后加强动作巩固练习。	思考、感悟。 愿意挑战困难，以及克服困难的精神，保持积极向上的学习态度。	1. 通过总结和实践经验积累，提高学生的表演技能水平。 2. 加强课后学习，养成良好习惯。

续表

<table>
<tr><th colspan="2">课　后</th></tr>
<tr><td>课后拓展</td><td>通过本节的学习和知识拓展，同学们在策划各类旅游活动时，根据主题旅游活动的需要，将学习的摆手舞和不同节奏的音乐应用到旅游服务当中，为游客们提供精彩的表演和文化交流。在提升旅游体验的同时，也增加活动的趣味性和吸引力，为旅游专业的发展做好终身的准备。</td></tr>
<tr><th colspan="2">教学评价</th></tr>
<tr><td colspan="2">本次土家族舞蹈教学，在多个方面都取得了显著的效果和成绩。教学目标明确、教学内容丰富、教学方法得当、学生参与度高、教学氛围浓厚、教学效果显著，但同时也需要认识到教学中存在的不足之处，需要进一步加强学生自主探究和实践能力，培养提高教师自身素质和教学水平等方面的工作。相信在不断努力和完善中土家族舞蹈教学将会在旅游事业中得到更好的发展和推广。</td></tr>
<tr><th colspan="2">教学反思</th></tr>
<tr><td colspan="2">亮点与特色：
1. 教学目标上贯穿于整个教学过程之中，明确而具有指导性。
2. 教学内容上不仅教授了土家族舞蹈基本动作和技巧，还介绍了土家族的文化背景，丰富了教学内容，提高了学生学习兴趣。
3. 本堂课学生参与度非常高，充分发挥了学生的主体作用。
问题与改进：
1. 细节讲解：教师在教学过程中，应对每个动作的细节进行讲解，包括动作的起承转合，密度变化，帮助学生准确掌握动作要领。
2. 速度控制：教师应在学生掌握动作要领后，逐渐加快舞蹈速度，提高学生对舞蹈节奏的把握能力。</td></tr>
</table>

【点　评】

主要特色：

1. 阶梯式教学目标设定，体现以人为本理念：该作品在教学目标设定板块从知识、技能、素养、思政四个方面分别设定了基座型、高原型、攀峰型教学目标，根据学生基础条件、学习能力分别要求实现对应的目标，为不同的学生都制定了学习目标，充分体现了以学生发展为中心的教学理念。

2. 师生互动设计巧妙，体现师生并行理念：在对摆手舞基本舞姿进行学习时，通过观看视频展示、教师示范、学生练习多种手段进行，整个教学过程体现了较多的师生互动环节，进一步加强对摆手舞动作要点教学的同时，也拉近了师生之间的距离，较好地融入了人字梯型“教学模式中的”师生并行理念。

3. 线上线下并行推进理念体现明显：该作品课前、课中、课后各阶段均设置有线上、线下环节，其中在示范教学阶段，利用“线上、线下”手段引导学生自主学习，掌握摆手舞的四个基本动作，让学生精准掌握摆手舞的技巧，并增加了学生的注意力，较好地体现了“人字梯型”教学模式的“线上、线下并行”理念。

建议：

学生审美意识体现不明显，可强化展示环节：该艺术课程除了要培养学生专业水平能力外，还应该注重学生对审美的理解，舞蹈既要展现舞者的基本功，还要体现美的视觉呈现，在后阶段可将审美意识的体现融入教学环节中。

土家族摆手舞同边手、同边脚

◎课程名称：艺术舞蹈

◎授课教师：张欢

<table>
<tr><td>授课题目</td><td colspan="2">土家族摆手舞同边手、同边脚</td><td>课程名称</td><td>艺术舞蹈</td></tr>
<tr><td>授课对象</td><td colspan="2">旅游服务与管理专业二年级</td><td>授课课时</td><td>2 课时</td></tr>
<tr><td>授课地点</td><td colspan="2">形体室</td><td>授课形式</td><td>讲授</td></tr>
<tr><td colspan="5">教学分析</td></tr>
<tr><td>内容分析</td><td colspan="4">摆手舞是土家族的一种历史悠久的传统舞蹈，流传在湘、鄂、渝、黔四省市交界的酉水流域及沅水流域一带，尤以酉水流域为甚。
摆手舞以手部动作为主要表现手段的一种舞蹈，手部动作是独特的，形态多变。本堂课同手同脚动作要领在于舞者以左手左脚同时开始，经过中间阶段后，右手右脚同时结束。这种动作需要舞者双手和双脚配合默契，动作协调一致。
摆手舞具有浓厚的民族特点，通过摆手舞的教学功能，发现其在教学中的意义，以实现对摆手舞的全新认识，有利于我们传承土家族摆手舞的文化内涵，对于摆手舞的现代性创新，保护摆手舞的文化传承，有着重要的意义。</td></tr>
<tr><td>学情分析</td><td colspan="4">1. 通过前两节课基本舞姿的学习，学生对于土家族摆手舞有了一定的认知，并掌握了摆手舞的基本舞姿和风格特点。这个年龄段的学生具有活泼好动、乐于表现自己的特点，他们对于新的、富有挑战性的活动有着很高的热情，同时他们也具备一定的身体控制能力、协调能力、模仿能力，这有助于他们更好地学习摆手舞。
2. 学生的学习能力各不不同。70% 的学生具有较强的学习能力和模仿能力，能够较快地掌握摆手舞同手同脚动作的要领和技巧，30% 的学生则可能需要更多的时间和练习才能掌握。因此，教师需要针对不同的学习能力制定不同的教学计划和策略，确保每个学生都能够得到有效的指导和帮助。
3. 学习土家族摆手舞，要求学生不仅能够熟练掌握舞蹈技能，还需要具备一定的表演技能，能够将舞蹈的情感和内涵传递给观众。学生需要在学习和表演过程中注重培养自己的表演技能，包括面部表情、身体语言、情感表达等方面，使表演更具感染力和吸引力。
通过系统的学习和实践，学生能够不断提高自己的舞蹈水平和表演能力，为传承和弘扬土家族传统文化做出贡献。</td></tr>
<tr><td rowspan="2">教学目标</td><td>四维目标</td><td>基座性教学目标
（全部学生）</td><td>高原型教学目标
（30% 学生）</td><td>攀峰性教学目标
（10% 学生）</td></tr>
<tr><td>知识目标</td><td>1. 了解土家族摆手舞基本动作特点。
2. 掌握土家族摆手舞的基本动作要领。
3. 理解土家族摆手舞所蕴含的传统文化和历史意义。</td><td>学生的个体差异和不同需求。学生对学科知识的掌握程度存在的差异，可能和学习方式、学习方法、学习态度和学习兴趣等因素有关。</td><td>学生的个体差异和不同需求，进行针对性地指导和培养。通过攀峰性教学目标的确立和实施，可以帮助学生更好地掌握土家族舞蹈的技艺和文化内涵，为土家族文化的传承和发展做出贡献。</td></tr>
</table>

续表

<table>
<tr><td rowspan="4">教学目标</td><td>四维目标</td><td>基座性教学目标
（全部学生）</td><td>高原型教学目标
（30% 学生）</td><td>攀峰性教学目标
（10% 学生）</td></tr>
<tr><td>技能目标</td><td>1. 学会土家族摆手舞的基本动作，能够准确地进行模仿，培养学生独立思考能力，养成自律习惯，形成终身舞蹈动作意识。
2. 掌握土家族摆手舞的动作要领，提高舞蹈表演的质量和水平，具备单独完成舞蹈动作训练的能力。
3. 能够流畅地表现出土家族摆手舞的动作特点和风格，并展现出舞蹈的美感和魅力。</td><td>1. 30% 的学生能基本上准确地进行模仿。
2. 30% 的学生能够准确掌握舞蹈动作要领。
3. 30% 的学生基本能展示出动作的风格特点。</td><td>1. 10% 的学生具备独立的思考能力，形成终身舞蹈动作意识。
2. 10% 的学生具备独立完成舞蹈训练的能力。
3. 10% 的学生能精准地展示出摆手舞的美感和魅力。</td></tr>
<tr><td>素养目标</td><td colspan="3">1. 提高学生的审美水平，培养对艺术的敏感度和表现力。
2. 锻炼学生身体协调性和灵活性，促进身心健康和全面发展。
3. 培养学生对土家族传统文化的热爱和尊重，增强民族自豪感和文化自信。</td></tr>
<tr><td>思政目标</td><td colspan="3">通过学习土家族摆手舞基本舞姿，学生将更深入地了解和认识土家族的传统文化和历史，增强对土家族的认同感和自豪感。同时，通过舞蹈的学习和表演，学生将能够更好地传承和弘扬土家族的传统文化，为民族文化的繁荣和发展做出贡献。</td></tr>
<tr><td>教学重点</td><td colspan="4">1. 能够准确地进行模仿摆手舞的同边手、同边脚动作。
2. 完成舞蹈动作与音乐节奏的配合。</td></tr>
<tr><td>教学难点</td><td colspan="4">1. 掌握舞蹈动作节奏训练。
2. 强化音乐节奏训练，纠正舞蹈动作与音乐的配合。</td></tr>
<tr><td colspan="5">教学策略</td></tr>
<tr><td>教学设计流程</td><td colspan="4">本课课前、课中、课后三阶段采用预—导—教—纠—拓—评—固的教学流程，课前老师通过钉钉平台推送摆手舞的基本舞姿视频，引导学生养成自主预习的学习习惯，为后续任务做准备，通过热身素质训练导入新课。然后教师示范，将摆手舞的基本动作展示给学生，并在学生练习过程中纠正不良身体体态。具体流程如下图：
课前 → 课中 → 课后
课前新知：推送视频知识普及
课程导入：课堂常规热身运动
示范教学：动作示范重难讲解
练习纠正：小组练习巡回纠错
实践展拓：拓展学习专业探究
展示评价：小组展示师生评价
复习巩固：评价总结课后巩固</td></tr>
<tr><td rowspan="2">教学方法</td><td>教法</td><td colspan="3">讲授法、示范法、分解教学法、小组教学法</td></tr>
<tr><td>学法</td><td colspan="3">自主学习法、模仿法、分组学习法</td></tr>
</table>

续表

教学手段与资源	教学手段：钉钉预习、动作直观展示、小组练习。 教学资源："学习强国"、抖音平台短视频。			
教学实施				
教学阶段	教学内容	教师活动	学生活动	设计意图
课　前				
课前准备	《土家族摆手舞同边手、同边脚》	通过钉钉平台，向学生推土家族摆手舞视频，获取学生知识掌握情况。	观看视频，预习课程内容。	通过课前预习提高学习效率。
课　中				
第一课时				
任务发布（第一阶）	课堂常规，安全注意事项和热身运动	先集合清点人数，再讲课堂安全注意事项，师生问好，并组织学生进行热身活动。	全班学生快速集合，班长清点人数，并向老师问好。认真聆听老师讲话，在老师的带领下，学生按照要求认真练习热身运动操。	培养学生的组织纪律性，形成良好的课堂习惯，营造良好的课堂氛围。集中学生注意力，充分热身，避免发生运动损伤。
课程导入（第二阶）	导入	播放课前视频。	根据课前视频观看，能够说出土家族摆手舞动作的基本特点。	通过课前视频学习，为课堂学习做好准备，提高学生自主学习能力。
示范教学（第三阶）	动作模仿。（重点）	基本动作示范： 1. 师第一次基本动作手位示范。 2. 师第二次基本动作脚位示范。 3. 师第三次基本动作完整示范。	完成任务： 1. 生仔细观察老师的手部动作示范。 2. 学生仔细观察老师的脚位动作示范。 3. 学生能完整记住动作要领，并且完整地模仿舞蹈动作。	让学生注意力更加专注。增强学生的记忆力，促使学生养成自主学习习惯。
动作分解（第四阶）	讲解三个基本动作：单摆、双摆、回旋摆	分解基本动作： 单摆：单手向前摆动，再落回体侧。 双摆：左手在前的双护手位准备，双手同时向身体两侧摆动，再落回胸前抱手。左脚向1点上步，右脚前点地，膝盖颤膝，重拍向下。 回旋摆：身体对1点，双手摆动到左边，在向右上方画一个圆，最后摆回左边。右脚向右边上步，左脚跟上。	完成任务： 认真观察教师动作，学生跟着教师讲解步骤完成，掌握每一个动作正确的身体姿态和平衡能力，协调能力以便更好地表现出摆手舞的优美和流畅。	通过分解动作的学习，让学生充分熟悉同边手、同边脚的完整动作。

续表

教学阶段	教学内容	教师活动	学生活动	设计意图
练习纠正（第五阶）	动作节奏训练（难点）	发布任务： 1. 教师将学生分组动作节奏训练。 2. 教师巡回指导，纠正错误。 预设问题：大部分同学动作与口令不一致。 解决措施：通过数节拍，强化节奏训练。	完成任务： 1. 学生以小组为单位，每 8 人进行练习。 2. 每小组接受老师指导并纠正错误动作。 学生练习：把教师纠正的动作再次练习。	1. 分组练习培养学生自主练习的主动性，团队协作能力。进一步提高学生掌握能力。 2. 以分组的形式更细化地指导，能更准确地掌握舞蹈动作。
实践拓展（第六阶）	自主学习反面动作	发布任务： 自主学习本节课单摆、双摆、回旋摆的反面舞蹈动作。	完成任务： 1. 认真聆听老师分享任务，并认真完成练习。 2. 分小组展示反面动作，并思考两者共同点。	1. 提高学生自主学习能力。 2. 让学生感受到土家族舞蹈的乐趣和成就感。
展示评价（第七阶）	以小组为单位进行成果展示	发布任务： 以小组为单位对本节课学习内容进行成果展示，学生互评，然后教师进行点评以便于激励学生，教师选择优秀学生进行夸奖，然后进行课堂点评。	完成任务： 学生积极展示成果，并认真听取老师建议并对不足之处进行修改。	培养学生自信心，找到前进的动力。加强课后学习，养成良好的习惯。
第二课时				
示范教学（第三阶）	舞蹈动作与音乐节奏的配合（重点）	发布任务： 1. 组织复习上节课舞蹈动作。 2. 教师根据音乐的节奏进行动作示范。 3. 让学生分组练习音乐与动作的配合。	完成任务： 1. 练习完整动作。 2. 观看教师舞蹈动作与音乐节奏的配合，并模仿练习。 3. 学生以小组为单位练习音乐节奏与动作的配合。	1. 让学生充分熟悉完整舞蹈动作。 2. 提升学生模仿的难度。 3. 提升学生学习兴趣，促使学生养成自主学习的习惯。
练习纠正（第四阶）	强化音乐节奏训练，纠正舞蹈动作与音乐的配合（难点）	发布任务： 1. 让学生分小组进行音乐练习。 2. 教师巡回指导，纠正学生易错动作与节奏。 预设问题： 大部分学生动作与音乐节奏不一致。 解决措施： 通过数节拍，多配合音乐强化节奏训练。	完成任务： 1. 认真练习动作，并配合音乐节奏。 2. 小组成员接受老师指导并使动作与音乐节奏一致。	1. 对学生协调性、节奏感进行充分训练。 2. 培养学生自主练习的主动性和团队协作能力。

续表

教学阶段	教学内容	教师活动	学生活动	设计意图
实践拓展（第五阶）	感受不同节奏的土家族音乐风格特点	发布任务： 让学生去感受两首不同节奏的土家族音乐，提出两者不同点在哪。	完成任务： 1. 思考并回答两者的不同点。 2. 认真聆听教师分享任务。	1. 加强舞蹈动作与音乐的联系。 2. 找出两门课程的不同点。
集中展示（第六阶）	1. 小组展示。 2. 学生互评。 3. 教师点评。 4. 放松运动	发布任务： 1. 教师组织各小组依次进行完整展示。 2. 安排小组之间进行互相评价。 3. 教师首先对小组练习情况和练习效果进行点评，然后对各组易错动作进行集中纠正。 4. 组织学生进行拉伸放松练习。	完成任务： 1. 各小组依次进行展示。 2. 小组进行认真细致的交流评价。 3. 认真听讲，反思总结。 4. 积极完成放松任务。	1.提供展示机会，增强学生表现力和自信心。 2. 培养学生主动性，营造积极的学习氛围。 3. 对课程重难点进行重点讲解。 4. 调整心态，放松身体。
评价总结（第七阶）（5 min）	1. 课堂总结。 2. 作业布置	1. 评价。 摆手舞的动作通常比较复杂，需要学生准确掌握每个动作的细节和要领，以确保舞蹈的流畅性和美感。通常需要配合音乐节奏进行表演，因此学生在本堂课的训练下具备了良好的节奏感和韵律感，学生通过舞蹈来表达情感和意境，并传达这些情感。 2. 总结。 ① 70% 的学生能够准确地完成每一个舞蹈动作。30% 的学生需要课后多花时间练习。 ② 70% 的学生表现力很强，30% 的学生感染力不足。 ③ 70% 的学生准确地表现出舞蹈的韵律和节奏，30% 的学生课后要花更多时间进行音乐节奏的训练。 3. 作业：要求课后加强巩固练习。	1. 学生思考、感悟。 2. 课后加强舞蹈动作与音乐节奏的练习。	1. 通过总结和实践经验积累，提高学生的表演技能水平。 2. 加强课后学习，养成良好习惯。

续表

课　后	
课后拓展	本堂课带着学生走进土家族，学会了摆手舞，感受了土家族人的幸福生活。希望学生能成为民族文化的传承者和传播者，继承和保护我们的非物质文化遗产，弘扬传统民族文化，并为旅游专业的发展做好终身的准备。
教学评价	
本次土家族舞蹈教学，在多个方面都取得了显著的效果和成绩：教学目标明确、教学内容丰富、教学方法得当、学生参与度高、教学氛围浓厚、教学效果显著。但教学中也存在的不足之处，如需要进一步加强学生自。探究和实践能力的培养。相信在不断努力和完善中土家族舞蹈教学将会得到更好的发展和推广。	
教学反思	
亮点与特色： 1. 教学目标上贯穿于整个教学过程之中，明确而具有指导性。 2. 教学内容上不仅教授了土家族舞蹈基本动作和技巧，还介绍了土家族的文化背景，丰富了教学内容，提高了学生学习兴趣。 3. 本堂课学生参与度非常高，充分发挥了学生的主体作用。 问题与改进： 1. 细节讲解：教师在教学过程中，应对每个动作的细节进行讲解，包括动作的起承转合，密度变化，帮助学生准确掌握动作要领。 2. 速度控制：教师应在学生掌握动作要领后，逐渐加强加快舞蹈速度，提高学生对于舞蹈节奏把握能力。	

【点　评】

主要特色：

1. 资源、教材充分结合，体现“资源、教材并行”理念：该作品在教学过程中以土家族摆手舞为内容准备了翔实的视频资源，并在平台上发布供学生观看和学习，同时结合规划教材明确了教学目标和重难点，有效将教材要求与在线资源进行了融合，较好地体现了“教材、资源并行”的理念。

2. 师生主体、主导定位清晰明确：教师在整个教学活动以引导、组织、示范、讲解、点评等方式体现，体现了教师在教学活动中的主导作用，学生以自主学习、小组讨论、小组练习、小组展示等方式呈现，较好地体现了学生的主体地位，整个设计对“师生并行”理念体现明显，有效体现了教师主导、学生主体地位。

3. 小组展示，较好体现“素养、技能并行”理念：在集中展示环节，分小组进行，并组织各小组在展示过程中认真进行互评，既对学生学习主动性进行了锻炼，也营造了较好的学习氛围，同时也增强了学生的表现力和自信心，较好地体现了素养与技能并行提升的理念。

建议：

评价还价分层评价、增值评价体现不清晰：该作品“思维目标”中分别设置了三个层次的要求，但是在评价环节中，为有效地对这三个层次进行评价，且学生增值评价环节也未能有效地呈现出来，建议可以对评价内容进一步完善。

土家族摆手舞组合舞蹈

◎课程名称：艺术舞蹈
◎授课教师：朱桤铖

<table>
<tr><td>授课题目</td><td colspan="2">土家族摆手舞组合舞蹈</td><td>课程名称</td><td>艺术舞蹈</td></tr>
<tr><td>授课对象</td><td colspan="2">旅游服务与管理专业二年级</td><td>授课课时</td><td>2 课时</td></tr>
<tr><td>授课地点</td><td colspan="2">形体室</td><td>授课形式</td><td>面授</td></tr>
<tr><td colspan="5">教学分析</td></tr>
<tr><td>内容分析</td><td colspan="4">摆手舞是土家族古老的传统舞蹈，主要流传在鄂、湘、渝交界的酉水河流域，以重庆市秀山县、酉阳县、湖北恩施自治州的来凤、湖南湘西自治州的龙山、永顺为主要传承地。摆手舞是土家族独有的舞蹈，能反映土家人的生产生活，通过本节课的摆手舞组合舞蹈训练，旅游服务与管理的学生能够把该组合舞蹈运用在合适的地点、场景及场合。
通过摆手舞的组合舞蹈的学习，使学生了解摆手舞动作中能反映出的土家人生产生活方式，丰富舞蹈眼界和知识，广泛积累舞蹈素材，不断提高自身鉴赏舞蹈，表演舞蹈的能力，让学生感受热闹的劳动场面和土家族的风俗民情，生发热爱少数民族文化的情感。</td></tr>
<tr><td>学情分析</td><td colspan="4">1. 摆手舞组合舞蹈的学习者主要是旅游服务与管理专业的高二年级学生，通过之前内容的学习，他们已经学会摆手舞的基本舞姿以及摆手舞的标准手、脚位，已具备一定的土家族舞蹈基础，这有助于他们更好地进行土家族摆手舞串联组合舞蹈的学习及练习。
2. 学生学习态度和动机是影响学习效果的重要因素。70% 的学生对摆手舞有浓厚兴趣，并愿意为之付出努力和时间，这些学生对于摆手舞小组合训练的呈现效果往往会更好。30% 的学生学习兴趣较弱，只是为了应付考试或者完成任务而学习，他们的小组合呈现的效果会受到影响。
3. 对于学习有兴趣的学生，教师要对其加强训练，使其达到行云流水的境界。对于学习兴趣较弱的学生，教师能够以生动有趣的方式，引导其学习，并提供及时有效的反馈和意见，他们的学习效果就会更好。同时，良好的教学设施和环境，也可以提高学生的模仿能力和学习效果。</td></tr>
<tr><td rowspan="2">教学目标</td><td>四维目标</td><td>基座性教学目标
（全部学生）</td><td>高原型教学目标
（30% 学生）</td><td>攀峰性教学目标
（10% 学生）</td></tr>
<tr><td>知识目标</td><td>1. 了解土家族摆手舞主要传承地。
2. 理解土家族摆手舞动作中能反映出的土家人生产生活方式，找出生活与舞蹈之间的共性。
3. 掌握土家族摆手舞组合舞蹈。</td><td>学生对学科知识的掌握程度存在的差异，可能和学习方式、学习方法、学习态度和学习兴趣等因素有关。</td><td>进行针对性地指导和培养。通过攀峰性教学目标的确立和实施，可以帮助学生更好地掌握土家族舞蹈的技艺和文化内涵，为土家族文化的传承和发展做出贡献。</td></tr>
</table>

续表

<table>
<tr><td rowspan="4">教学目标</td><td>四维目标</td><td>基座性教学目标
（全部学生）</td><td>高原型教学目标
（30% 学生）</td><td colspan="2">攀峰性教学目标
（10% 学生）</td></tr>
<tr><td>技能目标</td><td>1. 学会土家族摆手舞的串联组合，能够准确地进行模仿。
2. 掌握该组合舞蹈所适用的地点、场景，能够准确运用组合舞蹈。
3. 能够流畅地将组合进行表演，并表现出土家族摆手舞的韵律和风格，展现出舞蹈的美感和魅力。</td><td>1. 30% 的学生基本上能够准确地进行模仿。
2. 30% 的学生能够准确运用组合舞蹈，在合适的地点、场景进行组合舞蹈表演。
3. 30% 的学生能够流畅地将组合进行表演，并表现出土家族摆手舞的韵律和风格，舞蹈的美感和魅力还需要提升。</td><td colspan="2">1. 10% 的学生能够精准进行模仿。
2. 10% 的学生对组合串联动作理解到位，所以能够精准地根据适用组合舞蹈的场景、地点精准运用组合舞蹈。
3. 10% 的学生通过训练，能够将组合舞蹈的美感和魅力展现出，都能够独立完成舞蹈表演。</td></tr>
<tr><td>素养目标</td><td colspan="4">1. 提高学生的审美水平，培养对艺术的敏感度和表现力。
2. 锻炼学生的身体协调性和灵活性，促进身心健康和全面发展。
3. 培养学生对土家族传统文化的热爱和尊重，增强民族自豪感和文化自信。</td></tr>
<tr><td>思政目标</td><td colspan="4">通过学习土家族摆手舞基本舞姿，学生将更深入地了解和认识土家族的传统文化和历史，增强对土家族的认同感和自豪感。同时，通过舞蹈的学习和表演，学生将能够更好地传承和弘扬土家族的传统文化，为民族文化的繁荣和发展做出贡献；能够萌发扎根家乡、服务家乡的想法，为自己家乡的发展添砖加瓦。</td></tr>
<tr><td colspan="2">教学重点</td><td colspan="4">摆手舞的组合舞蹈能够准确地进行模仿。</td></tr>
<tr><td colspan="2">教学难点</td><td colspan="4">掌握土家族摆手舞组合舞蹈所适用的场景、地点，能够准确运用组合舞蹈。</td></tr>
<tr><td colspan="6">教学策略</td></tr>
<tr><td colspan="2">教学设计流程</td><td colspan="4">本课课前、课中、课后三阶段，采用复—导—教—练—评—拓—固的教学流程，课前学生通过学习通平台发送自己摆手舞基本舞姿及手、脚位动作的视频给教师，教师引导学生养成主动复习的学习习惯，为后续学习内容做准备。通过土家族摆手舞舞蹈视频导入新课，然后教师示范，将摆手舞的组合串联动作展示给学生，并在学生练习过程中纠正。具体流程如下图：
课前 → 课中 → 课后
课前复习：舞姿复习内容铺垫
视频导入：视频导入知识普及
示范教学：动作示范重难讲解
练习纠正：小组练习巡回纠错
展示评价：小组展示师生评价
实践展拓：拓展学习专业探究
复习巩固：自主复习课后巩固</td></tr>
<tr><td rowspan="2">教学方法</td><td>教法</td><td colspan="4">讲授法、引导法、示范法、分解教学法。</td></tr>
<tr><td>学法</td><td colspan="4">自主学习法、模仿法、分组学习法。</td></tr>
<tr><td colspan="2">教学手段与资源</td><td colspan="4">教学手段：学习通复习、动作直观展示、分小组练习。
教学资源：学习通、“学习强国”、抖音平台短视频。</td></tr>
</table>

续表

教学实施				
教学阶段	教学内容	教师活动	学生活动	设计意图
课　前				
课前准备（第一阶）	土家族摆手舞组合舞蹈	通过学习通平台，发布课前任务，向学生收取土家族摆手舞基本舞姿、手、脚位动作复习视频，获取学生知识掌握情况。	发送录制视频至学习通平台。	通过课前复习提高学生的学习效率。
课　中				
任务发布（第二阶）	1. 课堂常规，安全注意事项和热身运动。 2. 播放课件：展示土家族摆手舞视频	1. 先集合清点人数，再讲课堂安全注意事项，师生问好，并组织学生热身活动。 2. 通过多媒体课件和视频播放，提问、介绍摆手舞。	1. 全班同学快速集合，班长清点人数，并向老师问好。认真聆听老师讲话，按照要求在老师的带领下认真练习热身运动操。 2. 土家族摆手舞的动作源于生活，学生找出生活与舞蹈的共性，激发学习摆手舞组合舞蹈的热情。	1. 培养学生的组织纪律性，营造良好的课堂氛围。充分热身，集中学生注意力，避免发生运动损伤。 2. 通过课前复习，线上视频相结合学习，为土家族摆手舞组合舞蹈学习做好准备，提高学生自主学习能力。
分组进阶（第三阶）	通过课件、视频的学习，让学生了解“艺术来源于生活而高于生活”，生活与舞蹈之间的共性，从而使舞蹈动作能够更加容易被学生掌握	1. 石灰教师示范组合舞蹈。 2. 教师再次示组合舞蹈，学生模仿训练。 3. 教师分解动作，学生模仿学习。 4. 分小组练习，每组 8 人。 5. 教师对每组同学的动作做出指导与评价。	1. 学生仔细观察老师的示范动作。 2. 老师在做第二遍的时候同学们要快速记住动作要领以及动作的顺序。 3. 掌握正确的身体姿态以便更好地表现出摆手舞的优美和流畅。 4. 学生需要掌握动作的协调，以便更好地完成摆手舞组合舞蹈。	1. 让学生注意力更加专注。 2. 增强学生的记忆力 3. 分组相互学习，进一步提高学生掌握能力。 4. 学生在边练习边学习中进步，找到前进的动力。 5. 分组练习，提升专业能力。
分组展示（第四阶）	全班同学分组对土家族摆手舞组合舞蹈进行展示	对各个小组展示做出指导及评价。	各个小组依次展示。	达到再次巩固动作的作用。
评价总结（第五阶）	对整节课的总结	土家族在长期的社会生活和生产实践中创造了反映土家历史和生产、生活特点的舞蹈。摆手舞是土家族人们祭祀祖先、祈祷过年、喜庆佳节等活动中跳的一种群众性大型舞蹈。	思考、感悟。	通过总结和实践经验积累，提高学生的表演技能水平。

续表

<table>
<tr><td>教学阶段</td><td>教学内容</td><td>教师活动</td><td>学生活动</td><td>设计意图</td></tr>
<tr><td colspan="5">课　后</td></tr>
<tr><td>课后拓展（第六阶）</td><td colspan="4">通过本课程的教学，启发学生展开想象，并创造性地发挥。同时，可以将生活中其他动作编出更多的舞蹈动作，为继承和发扬保靖土家族摆手舞这一优秀文化做出贡献。</td></tr>
<tr><td colspan="5">教学评价</td></tr>
<tr><td colspan="5">本次土家族舞蹈组合训练教学，在多个方面都取得了显著的效果和成绩：教学目标明确、教学内容丰富、教学方法得当、学生参与度高、教学氛围浓厚、教学效果显著。但同时也需要认识到教学中存在的不足之处。如需要进一步加强学生自主探究和实践能力。相信在不断努力和完善中土家族舞蹈教学将会得到更好的发展和推广。</td></tr>
<tr><td colspan="5">教学反思</td></tr>
<tr><td colspan="5">亮点与特色：
1. 教学目标上贯穿于整个教学过程之中，明确而具有指导性。
2. 教学内容上不仅教授了土家族摆手舞的组合舞蹈，还介绍了该组合适用于哪些场景。本堂课学生参与度非常高，充分发挥了学生的主体作用。
问题与改进：
1. 细节讲解：教师在教学过程中，应对每个动作的串联进行讲解，包括动作的起承转合，密度变化，帮助学生增强组合舞蹈的记忆力。
2. 速度控制：教师应在学生掌握动作要领后，逐渐加快舞蹈速度，提高学生对于舞蹈节奏把握能力以及串联舞蹈动作的能力。</td></tr>
</table>

【点　评】

主要特色：

1. 合作学习理念体现较为充分：该作品在设计中组织学生进行分组，并在课前、课中、课后各个环节都设置了较多的小组合作学习环节，各组在小组长的带领下、教师的指导下开展各项摆手舞的要领学习，增进了小组成员之间的合作意识，也拉近了师生之间的距离，较好地体现了合作学习理念。

2. 线上、线下技术手段运用充分：该作品在各个阶段均有信息技术手段的运用，课前利用平台发布自主学习任务，做好学情分析，以此确定教学目标及重难点，课中利用信息技术手段开展线上自主学习、评价等，线下开展演示学习、总结评价等，课后利用平台开展课后作品上传，利用信息技术手段开展线上、线下教学的方式恰当且合理。

3. 引入生活实例，感悟艺术之美：在分组进阶环节中，教师发布了艺术来源于生活而高于生活的舞蹈视频，组织学生进行模仿练习，让学生通过舞蹈练习感悟艺术之美，同时也进一步提高学生的学习专注度，较好地将舞蹈艺术与实际生活相结合。

建议：

设计逻辑清晰，细节把握度不够：该作品基于“人字梯型”教学模式的“六阶”进行扩展应用，形成了“三段七步”教学策略，各个环节中都有一定的设计理念在里面，但是活动细节安排略显粗糙，有待进一步地完善细节问题。

函数的单调性

◎课程名称：数学

◎授课教师：龚孟春

<table>
<tr><th colspan="4">授课信息</th></tr>
<tr><td>授课题目</td><td>函数的单调性</td><td>课程名称</td><td>数学</td></tr>
<tr><td>授课对象</td><td>2023 级工业机器人技术应用 1 班</td><td>授课课时</td><td>2 课时</td></tr>
<tr><td>授课地点</td><td>工业机器人实训基地</td><td>授课形式</td><td>理实一体</td></tr>
<tr><th colspan="4">教学分析</th></tr>
<tr><td>内容分析</td><td colspan="3">教学内容为通过学习函数的单调性判断循环变量的增减。本课将通过机器人运动轨迹和学生熟悉的函数图像探究变量的变化规律，帮助学生理解函数的单调性，引导学生正确地使用符号语言刻画函数的单调性，并通过几种常见函数（一次函数、反比例函数、二次函数）整体系统地研究函数的性质，为后面学习函数的奇偶性奠定基础。</td></tr>
<tr><td rowspan="3">学情分析</td><td>知识与技能基础</td><td colspan="2">1. 96.7% 的学生会求函数的定义域和函数的值；
2. 50% 的学生能根据函数的图像判断变量的变化规律；
3. 全部学生都不会利用代数语言描述两个变量的增减情况。</td></tr>
<tr><td>认知与实践能力</td><td colspan="2">1. 具备绘制机器人运动轨迹的能力，但不知道如何设置变量参数；
2. 能配合老师使用在线学习平台和在线资源学习；
3. 通过集合与不等式的学习，会比较两个代数式的大小，不会在有一个变量条件下去比较另一个变量的大小。</td></tr>
<tr><td>学习特点</td><td colspan="2">1. 学生动手能力强，对机器人的轨迹变化研究兴趣浓厚；
2. 学生既能独立思考与创作，也能团队协作完成小组任务。</td></tr>
<tr><td rowspan="3">教学目标</td><td>知识目标</td><td colspan="2">1. 能结合函数图像，用数学语言表达函数单调性的定义；
2. 能通过图像法和定义法判断函数的单调性；
3. 能利用函数的单调性判断同一单调区间内两个函数值的大小。</td></tr>
<tr><td>能力目标</td><td colspan="2">1. 能根据机器人需要执行运动轨迹确定变量范围；
2. 能根据函数的变化规律设置参数的条件和区域；
3. 能根据函数在区间的值域设置变量的最大值和最小值。</td></tr>
<tr><td>素养目标</td><td colspan="2">1. 通过图像法和定义法判断函数的单调性，逐步提高直观想象、数学抽象和逻辑推理等核心素养；
2. 通过精确数据，形成轨迹，培养学生精益求精的工匠精神；
3. 形成大数据时代正确获取信息、分析信息的数字素养。</td></tr>
<tr><td>教学内容</td><td colspan="3">第一课时：函数的单调性
1. 增函数、增区间、减函数、减区间的概念；
2. 函数的单调性描述和单调区间的定义。
第二课时：变量在区间范围内的变化规律运用
1. 变量在区间范围内的大小比较的方法；
2. 设置对象在运动过程中变量的最值的步骤。</td></tr>
</table>

续表

<table>
<tr><td rowspan="2">教学重点</td><td>重点</td><td colspan="4">函数的单调性描述。</td></tr>
<tr><td>解决策略</td><td colspan="4">1. 通过希沃画板，分组体验函数的图像在坐标轴中的变化，教师示范讲解，以点概面，发散学生思维；
2. 通过优秀学生展示示范，让小组长给组员讲解，知识点全覆盖。</td></tr>
<tr><td rowspan="2">教学难点</td><td>难点</td><td colspan="4">设置对象在运动过程中变量的最值的步骤。</td></tr>
<tr><td>解决策略</td><td colspan="4">1. 通过机器人的实际运动轨迹，让学生切身观察、体验探究；
2. 发送微课和学习指南，通过小组讨论学习求变量的最值。</td></tr>
<tr><td colspan="6">教学策略</td></tr>
<tr><td>教学设计流程</td><td colspan="5">三阶段：课前 → 课中 → 课后
教学活动：预 》导 》探 》练 》用 》结 》拓
新知预习 练习自测 → 情境导入 融合专业 → 新知探究 自主建构 → 基础演练 知识内化 → 学以致用 知行并进 → 导图总结 评价提升 → 拓展演练 资源共享</td></tr>
<tr><td rowspan="2">教学方法</td><td>教法</td><td colspan="4">讲授法、直观演示法、体验式教学法。</td></tr>
<tr><td>学法</td><td colspan="4">独立学习、自主探究、合作交流法。</td></tr>
<tr><td colspan="6">教学实施</td></tr>
<tr><td>教学阶段</td><td colspan="2">教学内容</td><td>教师活动</td><td>学生活动</td><td>设计意图</td></tr>
<tr><td colspan="6">课　前</td></tr>
<tr><td>课前预习</td><td colspan="2">1. 根据机器人运动的轨迹并画出图像；
2. 观察图像的变化情况描述</td><td>1. 发布任务，在学习平台发送课前预习任务。
① 推送机器人视频；
② 设置运动轨迹画板。
2. 初步尝试，根据图像描述在坐标系中 X 和 Y 的变化规律。
① 描述X和Y的变化规律；
② 打分赋值。</td><td>1. 领取任务，完成作业。
① 观看视频；
② 描绘图像。
2. 完成任务，描述变化规律。
① 描述并上传平台；
② 查看。</td><td>通过专业课程学生需要解决的问题激发学生学习动力。</td></tr>
<tr><td colspan="6">课　中</td></tr>
<tr><td colspan="6">第一课时　函数的单调性</td></tr>
<tr><td>导入启发</td><td colspan="2">1. 增函数、增区间、减函数、减区间的概念；</td><td>1. 情境导入，引出本次课程任务。
① 发布天气变化图，组织学生观察温度随时间变化的规律；
② 组织学生用数学语言表示这个变化。</td><td>1. 观察变量的变化规律并总结。
① 观察图像，思考、做记录；
② 表示变化规律。</td><td>通过实例让学生观察函数图像的变化趋势，激发创作灵感，培养创新意识。</td></tr>
</table>

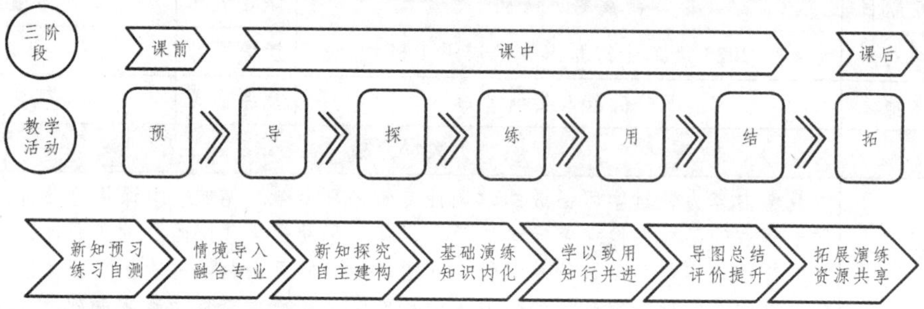

续表

教学阶段	教学内容	教师活动	学生活动	设计意图
导入启发	2. 函数的单调性描述和单调区间的定义（重点）	2. 引导总结，梳理学生的观点。 ① 总结变化规律； ② 讲解示范，给出标准表达。	2. 聆听讲解，查漏补缺。 ① 聆听； ② 分析体会。	
新知探究	1. 增函数：随着自变量的增加函数值不断增大图像呈上升趋势。 2. 减函数：随着自变量的增加函数值不断减小图像呈下降趋势	1. 案例分析，对比案例得出增函数、增区间的定义。 ① 归纳增函数的定义； ② 随机抽取学生回答增区间是什么。 2. 类比学习，组织学生通过图像，利用增函数、增区间的学习方法，小组合作探究减函数、减区间的定义。 ① 发送一个减函数的图像到平台； ② 组织小组讨论探究减函数、减区间的概念； ③ 记录优先完成的小组并邀请组长或成员进行示范讲解。 ④ 总结归纳概念并指出注意事项。	1. 理解增函数、增区间的概念 ① 聆听、记录； ② 回答问题并分享。 2. 学习新知，探究减函数、减区间的概念和性质 ① 查看图像； ② 分组讨论； ③ 讲解； ④ 聆听。	对比学习，培养学生自主学习能力；培养学生直观想象、逻辑推理和数学抽象等核心素养。
自主研习	技巧 1：从左往右看，图像是上升还是下降的？ 技巧 2：根据指南用数学语言来描述。 技巧 3：证明题型：函数 $f(x)$ 在区间上的单调性证明	1. 例题讲解，组织学生根据图像写出函数的单调性。 ① 给出两个函数图像，小组随机抽取一个分组完成； ② 查看学生完成情况并记录指导； ③ 交换任务，完成两个图像的单调性描述； ④ 检测过关率。 2. 发送指南，解决如何用代数方法判断函数的单调性。 ① 发送任务指南，引导学生探索学习； ② 解决学生遇到的个性问题。	1. 观察图像写单调性； ① 领取任务； ② 写单调性； ③ 互换图像； ④ 完成检测。 2. 领取指南，探索学习。 ① 接收指南并学习； ② 提出问题。	设置两个任务，交换完成，加深印象。

续表

教学阶段	教学内容	教师活动	学生活动	设计意图
展示评价	知识检测，旋转评价，对比总结	1. 知识检测，组织小组完成分层检测题。 ① 发布检测题； ② 组长分布任务并指导、写出标准答案。 2. 旋转评价，组织小组评作品，指出错误。 ① 相互错位展示； ② 组织评分并给出建议。 3. 对比总结，组织学生根据其他小组建议优化作品。 ① 组织学生根据反馈信息，调整优化； ② 完善检测题。	1. 合作完成知识检测题。 ① 查看； ② 完成。 2. 查看反馈信息。 ① 组织展示； ② 打分。 3. 总结优化作业 ① 优化； ② 完善。	1. 运用旋转式评价,体现公平公正原则。 2. 培养学生精益求精的工匠精神。 3. 梳理本节课的知识点,加深学生的记忆。
第二课时　变量在区间范围内的变化规律运用				
课堂导入	导入新课	1. 创设情境、兴趣导入。 ① 观察机器人做推杆运动的轨迹视频； ② 描绘运动轨迹。 2. 借助图像、让学生直观感知对象运动规律。 ① 发送运动图像； ② 组内相互描述图像的单调性。	1. 观看视频并思考 ① 观看思考； ② 动手绘图。 2. 描述对象的运动轨迹 ① 看图思考； ② 相互讲解。	实例来源于专业课程和实际生活，由此引入课题,为概念的理性认识做好铺垫。
新知探究	1. 变量在区间范围内的大小比较的方法。 2. 设置对象在运动过程中变量的最值的步骤(难点)	1. 探究规律，组织学生认识最高点、最低点并确定运动范围 ① 讲解如何利用单调性求函数的最大值、最小值； ② 小组探究根据单调性比较变量的大小。 2. 形成概念，讲解如何利用函数单调性确定的变量的增减 ① 探究各种轨迹图像的增减关系； ② 组织“小老师”用代数方法表示运动对象的变化规律。	1.认识对象的范围并求最值 ① 聆听； ② 练习。 2. 确定单调性。 ① 合作探究； ② 示范讲解。	培养学生逻辑推理能力和渗透数形结合思想。

续表

教学阶段	教学内容	教师活动	学生活动	设计意图
自主研习	技巧：举出函数单调性的机器人运动事例	1. 理论升华，设计机器人运动的轨迹图像。 ① 小组根据机器人的功能设计运动轨迹； ② 组织讨论确定图像。 2. 整体建构，根据要求确定变化规律和运动范围。 ① 组织设计师设计程序框架； ② 数据组填写数据。	1. 自主设计多种运动轨迹。 ① 绘图设计； ② 参与讨论。 2. 确定范围和最值并编写程序框架。 ① 求值编程； ② 填写数据。	培养细心观察分析、严谨论证思维习惯。
展示评价	评价与总结	1.组织学生发送学习平台并讲解思路和方法。 ① 组织各小组把结果发送到平台； ② 指导评价； 2.总结知识点并拓展。 ① 总结知识点； ② 讲解其他用途。	1. 组长发送学习平台并展示。 ① 发送平台； ② 讲解。 2. 聆听总结，开阔思维 ① 聆听； ② 思考。	评价反馈，学以致用，持续培养学生解决问题的能力。
课　后				
课后拓展	设计复合运动轨迹	探究分段函数的性质	完成拓展提升作业	拓展任务，培养学生创新意识

教学板书

函数的单调性

一、函数的单调性

1. 增函数、增区间、减函数、减区间的概念；

2. 函数的单调性描述和单调区间的定义。

二、变量在区间范围内的变化规律运用

1. 变量在区间范围内的大小比较的方法；

2. 设置对象在运动过程中变量的最值的步骤。

教学评价

1. 课堂学习检测表

评价内容	分值	能力的评定
知识掌握	85～100	用数学语言描述函数单调性和判断函数的单调性
	60～85	用数学语言描述函数单调性不会判断函数的单调性
	60 以下	不会用数学语言描述、判断函数单调性
能力掌握	85～100	会求函数的值域并设置对象的运动范围
	60～85	会求值域但不会设置对象的运动范围
	60 以下	不会求函数的值域、不会设置对象的运动范围
品德素养	85～100	直观想象、数学抽象、逻辑推理等核心素养明显提升
	60～85	只会观察、不会推理
	60 以下	不会观察图像、不会推理

续表

2. 小组评价得分表

分项	任务策划组	轨迹设计组	精确计算组	程序编写组	机器运行组	项目优化组
小组自评 A						
小组互评 B						
教师评 C						
导师评 D						
合计						
注：合计=A×20%+B×30%+C×30%+D×20%						

教学反思	
目标达成度	经过教学实施后，总体效果良好。所有学生能结合函数图像，用数学语言描述函数单调性，96.7%能通过图像法和定义法判断函数的单调性；96.7%能利用函数的单调性判断同一单调区间内两个函数值的大小。 以项目产出为导向，学生直观想象、数学抽象和逻辑推理等核心素养逐渐提高；通过精确数据，形成轨迹，学生精益求精的工匠精神展现明显。
亮点与特色	项目产出真实化。通过解决机器人运行存在的实际问题、使项目教学与实际应用的有效衔接，提高教学与应用的匹配度。 任务突破团队化。通过建立真实的工作小组，由技术总监带领团队突破任务，有效提升学生团队意识。
问题与改进	不足：专业生产过程中，需要的数学基础能力较强，实际问题较多。 改进策略：与专业教师融合教学，双师同步解决生产问题。

【点　评】

主要特色：

1. 教材、资源并行理念体现明显：该作品在进行函数单调性知识教学时利用了视频资源、图片资源和教材资源，通过天气变化图，组织学生进行观察发现规律，从而引出函数图像的变化趋势，激发了学生的创新意识，通过图形对比，培养了学生自主学习的能力，较好地将资源与教材内容进行了融合。

2. 旋转评价，体现了自我剖析的意识：在评价展示环节中，教师设计了一个旋转评价，组织小组分别对其余小组的作品进行点评，并针对错误进行记录和指出，对于做得较好的进行总结，一方面促进了小组间的讨论交流，另一方面也体现了学生分析问题的能力和精益求精的工匠精神。

3. 创设情景，体现了“以学生发展为中心”的理念：该作品第二课时中，创设了机器人做推杆运动的工作情景，让学生通过观察视频并思考，有效将数学知识与工作实际相结合，并借助相关信息资源协助学生进行理解，较好地体现了学生主体地位和以学生发展为中心的理念。

建议：

函数单调性在专业的运用复杂化了，不利于学生的理解：该作品很好地将知识点与专业知识进行了融合，但是忽略了在实际操作工作中，学生不需要通过计算去进行路径的规划，将简单知识复杂化了，后阶段应加强学生对知识简单化的理解，避免学生对专业失去信心。

构建函数模型完成机器人码垛程序

◎课程名称：数学

◎授课教师：黄亚运

<table>
<tr><th colspan="4">授课信息</th></tr>
<tr><td>授课题目</td><td>构建函数模型完成机器人码垛程序</td><td>课程名称</td><td>数学</td></tr>
<tr><td>授课对象</td><td>2023 级工业机器人技术应用 1 班</td><td>授课课时</td><td>2 课时</td></tr>
<tr><td>授课地点</td><td>智慧教室</td><td>授课形式</td><td>新授课</td></tr>
<tr><th colspan="4">教学分析</th></tr>
<tr><td>内容分析</td><td colspan="3">本次课选自中职数学课程基础模块第 3 章“函数”的任务六“构建函数模型完成机器人码垛程序”（2 课时）。其主要内容为构建一次函数、分段函数、二次函数的模型来解决实际问题。学生已经学习了一次函数、分段函数、二次函数，本次课结合 3 种函数的特点和适用范围，针对实际问题的复杂性，为提高函数的实际应用，继续学习函数模型。根据三种函数模型的特征，通过解决生活中的简单函数问题，增强学生数学应用的意识，真正体现数学在解决实际问题中的价值和作用，进而真正将函数知识应用到实际问题中。</td></tr>
<tr><td>学情分析</td><td>知识与技能基础</td><td colspan="2">1. 理解一次函数、分段函数、二次函数的定义、性质和图像，但不能够根据实际应用进行计算和分析；
2. 已学过一次函数、分段函数、二次函数的特点，但没有生成对应的函数模型。</td></tr>
<tr><td rowspan="2">学情分析</td><td>认知与实践能力</td><td colspan="2">1. 具备一定的数据分析及数学建模能力，缺乏从生活中抽象出函数模型的能力；
2. 会用已给的函数模型解决问题，但不会从实际问题中构建函数模型；
3. 具备局部知识的观察、迁移能力，但缺乏主动类比转化能力。</td></tr>
<tr><td>学习特点</td><td colspan="2">1. 对数学学习热情不高，缺乏学习数学的主动性与自信心，但对与机器人相关的专业学习非常重视；
2. 喜欢小组合作式、以活动为载体的课堂。</td></tr>
<tr><td rowspan="3">教学目标</td><td>知识目标</td><td colspan="2">1. 能建构一次函数模型；
2. 能建构分段函数模型；
3. 能建构二次函数模型；
4. 能根据实际问题选取适当的函数模型。</td></tr>
<tr><td>能力目标</td><td colspan="2">1. 结合为机器人码垛程序选择函数模型，能发现一次函数模型、分段函数模型、二次函数模型的特征；
2. 能从一次函数模型、分段函数模型、二次函数模型的区别得到三种函数模型的适用范围；
3. 通过为机器人码垛程序里关于路线要求去选择合适的函数模型解决问题，能够运用数学知识解决实际问题。</td></tr>
<tr><td>素养目标</td><td colspan="2">1. 通过小组合作，强化团队协作精神；
2. 提升数据分析、数学建模等学科核心素养；
3. 借助优化机器人码垛程序中路径问题，培养学生追求卓越、精益求精的工匠精神。</td></tr>
</table>

续表

<table>
<tr><td>教学内容</td><td colspan="2">第一课时：构建一次函数、分段函数、二次函数的模型
1. 一次函数模型的特征；
2. 分段函数模型的特征；
3. 二次函数模型的特征。
第二课时：三种函数模型的综合应用
1. 三种函数模型的区别；
2. 选取适当的函数模型解决实际问题。</td></tr>
<tr><td rowspan="2">教学重点</td><td>重点</td><td>1. 三种函数模型的概念；
2. 三种函数模型的正确选择。</td></tr>
<tr><td>解决措施</td><td>1. 通过分析机器人码垛程序中函数的特性，使学生发现并生成选取函数模型的重要性，突出重点 1；
2.将函数模型的难点分解成具有梯度的问题，使学生在逐个解决问题时归纳出构建模型的步骤，突出重点 2。</td></tr>
<tr><td rowspan="2">教学难点</td><td>难点</td><td>1.构建函数模型的一般步骤；
2.三种函数模型的适用范围。</td></tr>
<tr><td>解决措施</td><td>1. 分析解决专业问题时会受到哪些方面的影响，并结合函数模型的特点，归纳出构建函数模型的一般步骤，突破难点 1；
2. 借助三个专业情境和解决策略呈现三种函数模型，使抽象知识直观化，小组讨论，集思广益，归纳三种函数模型的适用场景，突破难点 2。</td></tr>
<tr><td colspan="3">教学策略</td></tr>
<tr><td>教学设计流程</td><td colspan="2">本次课分为七个环节，分别为预—启—探—释—练—评—拓。具体流程：课前，教师发布学习任务及预习小测，确定学生本次课的重难点。课中，在导入环节中，通过专业情景问题，强化数学相关概念，引入专业情境问题探究数学新知；接着，以给机器人码垛程序中路线设置为例探究新知，学习一次函数模型，借助问题引导，突破难点；通过解决给机器人码垛程序中设置不同高度箱子放置不同层数问题讨论得出分段函数的步骤，通过卡片寻找关键词、专业相关案例检测学生对分段函数步骤的掌握情况；学生借助案例分组讨论得出三种函数模型的区别，突出重点；学生通过学习平台检查纠错、分享互评，讲解易错点，突破难点；学生通过卡片游戏、刮刮乐游戏巩固知识点，形成知识体系。课后布置实践作业，让学生真真切切地用到专业里。具体流程如下图： 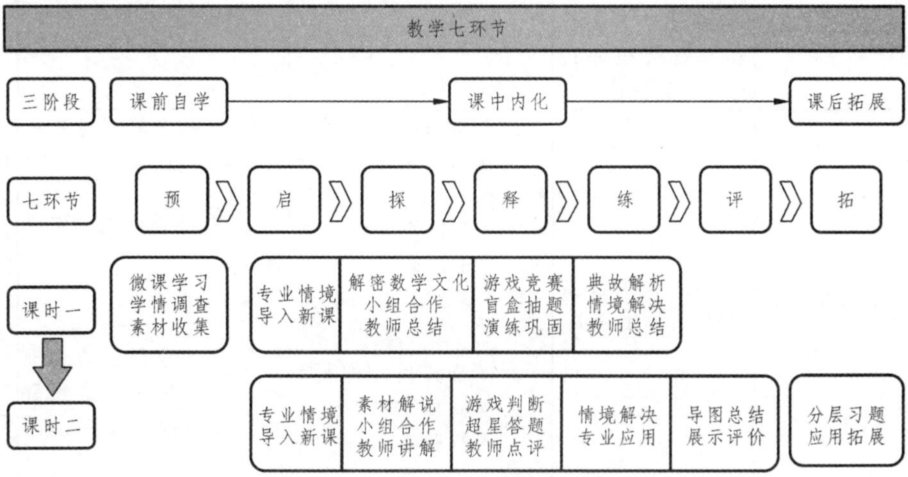

教学七环节
三阶段：课前自学 → 课中内化 → 课后拓展
七环节：预 〉启 〉探 〉释 〉练 〉评 〉拓
课时一：微课学习 学情调查 素材收集｜专业情境 导入新课｜解密数学文化 小组合作 教师总结｜游戏竞赛 盲盒抽题 演练巩固｜典故解析 情境解决 教师总结
课时二：专业情境 导入新课｜素材解说 小组合作 教师讲解｜游戏判断 超星答题 教师点评｜情境解决 专业应用｜导图总结 展示评价｜分层习题 应用拓展</td></tr>
</table>

续表

<table>
<tr><td rowspan="2">教学方法</td><td>教法</td><td colspan="4">案例分析法、问题牵引法、小组讨论法。</td></tr>
<tr><td>学法</td><td colspan="4">自主探究法、练习法、合作讨论法。</td></tr>
<tr><td colspan="2" rowspan="5">教学手段与资源</td><td rowspan="4">教学平台</td><td colspan="3">超星平台：课前课中任务推送、课后测评、收集数据。</td></tr>
<tr><td colspan="3">希沃白板：课中教学内容展示、游戏活动互动。</td></tr>
<tr><td colspan="3">问卷星：学情调查。</td></tr>
<tr><td colspan="3">钉钉群：即时沟通。</td></tr>
<tr><td>教学资源</td><td colspan="3">机器人码垛程序的路线要求。</td></tr>
<tr><td colspan="6">教学实施</td></tr>
<tr><td colspan="2">教学阶段</td><td>教学内容</td><td>教师活动</td><td>学生活动</td><td>设计意图</td></tr>
<tr><td colspan="6">课　前</td></tr>
<tr><td colspan="2">课前预习</td><td>一次函数、分段函数、二次函数的概念</td><td>发布任务：
1. 发布课前任务；
2. 分析学生完成任务的数据。</td><td>接收任务：
复习一次函数、分段函数、二次函数的概念。</td><td>通过测试，了解学生的学习态度、初步了解学情，确定难点。</td></tr>
<tr><td colspan="6">课　中</td></tr>
<tr><td colspan="6">第一课时：构建一次函数、分段函数、二次函数的模型</td></tr>
<tr><td colspan="2">导入启发</td><td>机器人需要将物品从一条传送带上抓取并码放在指定位置。为完成这个任务，机器人沿着一条直线移动，同时还需控制速度。现要求机器人以 10 cm/s 的速度移动，并将其位置控制在 $x=$ 50 cm 处，应对机器人码垛程序进行怎样的设计？</td><td>1. 发布任务，组织小组讨论；
2. 邀请小组分析数学知识点并分享结果；
3. 对其选出的函数模型是否符合机器人需求进行提问。</td><td>1. 接收任务，小组讨论；
2. 认真聆听小组分享结果；
3. 思考选取的函数模型是否符合机器人需求。</td><td>创设专业情境，帮助学生能更好地实现知识的迁移和应用。</td></tr>
<tr><td colspan="2">自主探究</td><td>一次函数模型的特征。（重点）</td><td>1. 回顾课前，利用学生课前练习引出一次函数的概念。
① 展示学生完成情况，提出问题；
② 抽取学生回答问题。
2. 专业应用，利用机器人码垛程序中路线需要直线行驶感受一次函数的应用。</td><td>1. 回顾课前，思考一次函数的概念。
① 观看班级同学完成情况；
② 回答问题。
2. 专业应用，通过机器人码垛程序中路线需要直线行驶感受一次函数的应用。</td><td>借助让学生针对机器人码垛需要进行直线行驶加强学生对影响问题的主要因素的判别，感受一次函数的特点，达成知识目标 1，能力目标 1，突破重点 1</td></tr>
</table>

续表

教学阶段	教学内容	教师活动	学生活动	设计意图
自主探究	一次函数模型的特征（重点）	① 展示机器人码垛程序中路线行驶的需求； ② 提出问题：一次函数的特征是否符合专业需求； ③ 利用平台随机抽取学生分享发现。 3. 案例分析，对比案例引导学生构建一次函数的模型。 ① 组织学生找出案例的特征； ② 平台抽取小组进行分享； ③ 对小组分享的结果进行提问； ④ 引导学生归纳概念； ⑤ 抽取学生分享概念。 4. 规范概念，点评并讲解一次函数的模型。 ① 对学生的概念进行点评； ② 展示并讲解一次函数的模型。 5. 巧用平台，组织学生在超星分享一次函数的模型。 ① 展示一次函数的模型； ② 邀请学生分享一次函数模型的特征。 6. 学生互评，邀请其他学生进行评分并说明评分理由。	① 阅读材料； ② 思考问题； ③ 聆听同学的回答。 3. 案例分析，观察案例构建一次函数的初步模型。 ① 组内互相讨论，尝试找出特征； ② 聆听小组分享； ③ 思考问题，尝试解答； ④ 尝试归纳概念； ⑤ 聆听同学分享。 4. 规范概念，聆听理解一次函数的模型。 ① 聆听点评； ② 理解一次函数的模型。 5. 巧用平台，在超星分享一次函数的模型。 ① 根据定义找出分层抽样的特征； ② 分享一次函数模型的特征。 6. 学生互评，对分享学生进行评分。	借助让学生针对机器人码垛需要进行直线行驶加强学生对影响问题的主要因素的判别，感受一次函数的特点，达成知识目标 1，能力目标 1，突破重点 1。
诠释定义		展示词云，利用词云展示并归纳一次函数模型的特征。	查看词云，聆听老师讲解并做笔记。	

续表

教学阶段	教学内容	教师活动	学生活动	设计意图
演练应用	一次函数模型的特征。(重点)	1. 平台练习，检测学生对一次函数模型的掌握情况。 ① 发布超星定时练习，组织学生完成； ② 组织学生在超星检测其他同学的完成情况。 2. 互评共进，邀请学生分享自己的发现。 ① 组织学生分享自己发现其他同学存在的问题； ② 邀请同学对错误的步骤分析并解决。 3. 平台展示，分析学生的掌握情况。	1. 平台练习，熟练掌握一次函数模型。 ① 完成超星定时练习； ② 借助超星平台检测其他同学的完成情况。 2. 互评共进，分享或聆听发现。 ① 分享其他同学存在的问题； ② 对错误的步骤分析并解决。 3. 平台展示，聆听分析。	通过具体的实例，让学生对文章进行数学分析，达到素养目标 2。
自主探究	分段函数模型。(重点、难点) 分段函数模型具体步骤： 1. 观察分析：首先观察和分析问题中涉及的变量和条件，明确问题的背景和目标； 2. 确定自变量：根据问题的具体情况，确定自变量及其取值范围； 3. 建立分段函数：根据问题的要求和条件，建立分段函数，确定每一段的表达式和边界条件； 4. 求解分段函数的值：根据给定的自变量的取值，计算分段函数的值； 5. 整合答案：将分段函数的值进行整合，得出问题的最终答案	1. 问题引导，分解难题。 ① 出示问题，组织学生思考； ② 组织学生将思考结果写在卡片上。 2. 头脑风暴，组织小组根据三个问题的解决尝试归纳出分段函数模型。 ① 组织小组讨论； ② 查看学生在大白纸上写的步骤； 3. 答疑解惑，利用巡视时间为学生进行个别指导。 ① 巡视指导，帮助学生解决疑惑； ② 学习通查看学生上传情况。 4. 成果展示，检测学生讨论结果。 ① 邀请小组分享成果； ② 邀请其他组对分享的小组的成果进行提问，分享的小组进行解答； ③ 组织学生通过超星看其他组的成果进行互评。	1. 思考问题，解决难题。 ① 观察并思考问题； ② 将思考结果写在卡片上。 2. 头脑风暴，讨论并归纳分段函数模型。 ① 小组讨论，分享各自观点； ② 将小组观点归纳并写在大白纸上。 3. 寻根究底，寻求老师帮助并细化分层抽样的一般步骤。 ① 遇到的难点及时向老师寻求帮助，解决难点； ② 将小组成果上传至学习通。 4. 成果展示，小组代表展示成果。 ① 聆听小组代表分享； ② 对分享的小组的成果进行提问，分享的小组进行回答； ③ 通过超星平台进行互评。	利用问题引导教学法，引导学生逐步总结分层抽样的一般步骤，达到知识目标 2。

续表

教学阶段	教学内容	教师活动	学生活动	设计意图
自主探究	分段函数模型（重点、难点）	5. 点评归纳,整理分段函数模型。 6. 组织学生在卡片上写关键字来总结每一步的步骤。 ① 组织学生讨论； ② 巡视指导； ③ 查看各小组完成的卡片。 7. 小组展示,邀请学生展示小组关键字。 8. 点评归纳,并对学生展示的成果进行总结。	5. 聆听理解，掌握分段函数模型。 6. 在卡片上写关键字总结每一步的步骤。 ① 各自对步骤进行词语提炼； ②小组长从中找出具有代表性的用于总结每一个步骤； ③ 将挑选的词语写在卡片上。 7. 观看小组关键字。 8. 聆听理解，认真聆听老师讲解并做笔记。	利用问题引导教学法,引导学生逐步总结分层抽样的一般步骤,达到知识目标2。
演练应用		组织学生完成超星平台上的测试题。 ① 发布任务，组织学生完成； ② 通过平台查看学生完成情况并点评。	完成超星平台上的测试题。 ① 接收并完成任务； ② 聆听点评。	
自主探究	二次函数模型	1. 发布专业情境任务,引发学生思考。 ① 分析机器人路线需求； ② 询问学生遇到的困难。 2. 头脑风暴,思考当路线为曲线时应如何选择。 ① 抛问题:当路线为曲线时，应如何选择； ② 邀请学生说出自己的意见，教师强调曲线的有哪些函数； ③ 整理学生的发言，引导学生说出二次函数。 3. 小组讨论,组织小组总结二次函数模型的特点。 ① 学习通发布任务，组织小组总结二次函数特点； ② 邀请小组代表分享小组成果； ③ 教师点评归纳，得出系统抽样的特点。	1. 接收专业情境任务。 ① 找出机器人路线需求； ② 思考哪一种函数符合要求。 2. 头脑风暴，思考如何函数模型。 ① 思考问题； ② 发表意见； ③ 聆听理解。 3. 小组讨论，总结二次函数模型的特点。 ① 接收学习通任务，小组讨论总结二次函数的特点； ② 聆听、互评； ③ 聆听，理解系统抽样的特点。	在码垛过程中，通过优化二次函数的参数，可以使机器人以最平滑、最快速的方式到达目标位置。引入思政点：工匠精神中的追求卓越、精益求精的精神。

续表

教学阶段	教学内容	教师活动	学生活动	设计意图
演练应用	二次函数模型	平台练习，利用超星了解学生对二次函数模型的掌握情况。	平台练习，熟练掌握二次函数模型。	通过平台检测学生对二次函数模型的理解，学生相互纠错点评，强化理解达成能力目标2。
第二课时：三种函数模型的综合应用				
自主探究	三种函数模型的区别。 定义域和值域：一次函数和二次函数的定义域和值域都是连续的，而分段函数的定义域是各个区间的并集，值域也是各个区间的并集。 表达式：一次函数和二次函数的表达式都是连续的，而分段函数的表达式在各个区间内是连续的，但在区间之间是间断的。 图像：一次函数和二次函数的图像都是连续的曲线，而分段函数的图像是由若干段连续的曲线组成的	1. 专业案例，组织学生找到三种函数模型的区别。 ① 展示机器人码垛程序针对不同场景所选择的函数模型； ② 组织学生找出三个案例间的区别。 2. 答疑解惑，对个别学生进行指导。 ① 巡视，答疑； ② 观察学生的作答情况。 ③ 平台监测，查看学生的上传情况。 3. 成果展示，邀请学生回答三种函数模型的区别。 ① 随机抽取学生进行分享； ② 邀请其他同学对其回答进行提问，分享的学生进行回答； ③ 组织学生互评。 4. 头脑风暴，组织小组讨论三种函数模型的适用范围。 ① 组织小组讨论； ② 巡视指导； ③ 学习通查看学生的上传情况。 5. 小组展示，邀请各组分享三种函数模型的适用范围。 ① 邀请小组进行分享； ② 邀请其他小组对分享小组进行提问，分享的小组	1. 专业案例，找到三种函数模型的区别。 ① 观看机器人码垛程序针对不同场景所选择的函数模型； ② 对比三个案例，找到案例间的区别。 2. 寻根究底，完成大白纸。 ① 接受指导； ② 独立完成大白纸。 ③ 拍照上传结果。 3. 成果展示，回答三种函数模型的区别。 ① 聆听同学的分享； ② 对分享的回答进行提问； ③ 同学互评。 4. 头脑风暴，讨论三种函数模型的适用范围。 ① 对前面的回答小组讨论并整合； ② 将小组答案写在大白纸上，接受老师指导； ③ 拍照上传至学习通。 5. 小组展示，分享三种函数模型的适用范围。 ① 聆听小组的分享； ② 对分享小组进行提问，分享小组回答；	借助对比三个案例，推导出三种函数模型的适用范围，达成知识目标3，能力目标2。 分组活动有助于学生对知识意义的深入理解，提高课堂学习和教学的效率，达成素养目标1。

续表

教学阶段	教学内容	教师活动	学生活动	设计意图
自主探究	三种函数模型的区别	进行回答； ③ 展示优秀小组的结果； ④ 组织小组互评。 6. 梳理总结，整理出三种函数模型的适用范围。	③ 观看优秀小组的结果； ④ 小组互评。 6. 理解记忆，聆听老师的讲解并做笔记。	
演练应用	三种函数模型的区别	“刮刮乐”游戏，选取学生说出三种函数模型的区别。 ① 开展“刮刮乐”游戏，邀请学生参加并说出函数如何在该方面体现不同； ② 组织学生对回答进行补充，引出精益精神； ③ 点评并让小助手对参与学生计分。	“刮刮乐”游戏，说出三种函数模型的区别。 ① 参加“刮刮乐”游戏，说出三种函数在刮出的哪一个方面如何体现不同； ② 对同学的回答进行补充； ③ 聆听。	借助“刮刮乐”游戏，提升数学知识的神秘感，增强学生的数学兴趣。
自主探究	三种函数模型的适用范围（重点）	1. 任务领取，播放企业需求视频，明确任务。 2. 头脑风暴，组织小组讨论专业任务适用的抽样方法。 ① 发布讨论活动，组织小组从专业任务中分析数学问题； ② 巡视指导，为学生答疑解惑。 3. 结果展示，组织小组分享小组成果。 ① 请小组分享选择的函数模型及理由，小助手加分记录； ② 组织其他小组对其提问，分享小组进行解决； ③ 应用评价，组织学生自评、互评和师评。 4.“你问我答”游戏，加深学生对三种函数模型适用范围的理解。 ① PPT 展示规则； ② 组织学生进行游戏； ③ 希沃计时，小助手统计游戏时间，组织学生对各组排名并计分。	1. 任务领取，接收企业管理人员发布的任务。 2. 头脑风暴，小组讨论专业任务适用的函数模型。 ① 小组讨论从专业任务里分析数学问题； ② 寻求帮助，为专业任务选择合适的函数模型并上传至学习通。 3. 结果展示，分享小组成果。 ① 小组代表分享小组选择函数模型并说明理由； ② 向分享小组提出问题，分享小组进行解决； ③ 应用评价，聆听师评并自评、互评。 4.“你问我答”游戏，加深对三种函数模型适用范围的理解。 ① 理解规则； ② 参与游戏； ③ 对各组所用时间进行排序并计分。	通过“你问我答”游戏可以增强学生的团队协作能力和沟通能力，有助于促进学生的全面发展。

续表

教学阶段	教学内容	教师活动	学生活动	设计意图
自主探究	三种函数模型的适用范围（重点）	5."这题我来选"，组织学生完成卡片游戏。 ① 出示卡片，讲解游戏规则； ② 组织学生参与游戏为展示的问题选择函数模型； ③ 展示游戏结果并邀请学生说出依据。	5."这题我来选"，完成卡片游戏。 ① 拿出卡片，理解游戏规则； ② 参与游戏为展示的问题选择函数模型； ③ 对所选择结果说出依据。	
演练应用	设计函数模型	1. 步骤连连看，检测对三种函数模型的步骤的掌握情况。 ① 在学习通发布作业，组织学生完成步骤的连线； ② 展示学生完成情况并点评。 2. 卡片游戏，组织学生对每一种函数模型具体操作进行说明。 ① 邀请学生随机抽选一张卡片，并对卡片上的函数模型的具体操作进行说明； ② 邀请其他学生点评、补充。 3. 方案大比拼，组织小组对案例设计函数模型。 ① 展示案例，组织各组对案例设计函数模型； ② 巡视指导； ③ 小组展示函数模型； ④ 学生互评选出最佳小组。	1. 步骤连连看，对每一种函数模型的步骤进行连线。 ① 打开学习通接收作业，完成对步骤的连线； ② 观看完成情况并点评。 2. 卡片游戏，对每一种函数模型的具体操作进行说明。 ① 随机抽选一张卡片，并对卡片上的函数模型的具体操作进行说明； ② 点评、补充。 3. 方案大比拼，对案例设计函数模型。 ① 观看案例，设计函数模型； ② 完成大白板； ③ 展示函数模型； ④ 互评。	小组竞争能提升学生的竞争意识、团队合作能力、决策能力、抗压能力和创新思维等多方面的能力
总结评价	1. 一次函数、分段函数、二次函数的概念及其图像； 2. 判断函数的单调性的具体步骤； 3. 判断函数的奇偶性的具体步骤； 4. 函数的定义	1. 借卡片游戏，检测步骤。 ① 讲解卡片游戏的规则； ② 邀请学生对函数模型的步骤进行排序； ③ 组织学生检查排序是否有误； ④ 邀请学生分享自己的发现。 2. 点评学生的完成情况。 3. 组织学生在卡片上书	1. 用卡片游戏，巩固步骤。 ① 理解游戏规则； ② 参与游戏； ③ 检查同学的排序是否有问题； ④ 分享自己的发现。 2. 聆听老师点评。 3. 在卡片上书写出需提	

续表

教学阶段	教学内容	教师活动	学生活动	设计意图
总结评价	1. 一次函数、分段函数、二次函数的概念及其图像； 2. 判断函数的单调性的具体步骤； 3. 判断函数的奇偶性的具体步骤； 4. 函数的定义	写知识点。 ①组织学生独立书写知识点； ②组织小组整理知识点； ③巡视查看各小组进度。 4.“谁是知识王”，小组互相挑战，检测知识点。 ①邀请小组出示一个知识点； ②让其指定其他组对知识点进行解释； ③组织小组评分； ④回答问题小组出示知识点并指定小组解释知识点； ⑤补充各小组都遗漏的概念并邀请小组解释其概念。 5. 平台再现评价，将学生这一章节的表现借助平台呈现。 ①展示学生本章节的评价； ②展示学习本章节后各项数据分析，组织学生与自己的数据进行对比； ③对学生进行评价。	问的知识点。 ①独立书写知识点； ②小组合作，整理知识点； ③将知识点分条写在卡片上。 4.“谁是知识王”，小组互相挑战，巩固知识点。 ①思考回答； ②在组员对概念回答有遗漏时及时补充； ③其他小组进行评分； ④思考回答，在组员对概念回答有遗漏时及时补充； ⑤思考，解释，聆听。 5. 平台再现评价，借助平台总结自己这一章节的成果。 ①查看本章节的成果； ②观看数据分析，与自己之前的数据进行对比； ③聆听点评。	借助平台展现学生的形成性评价和总结性评价。为学生对本章知识的掌握提供一个总体评估。
课　后				
课后拓展	实践作业：巧用本章知识制定机器人码垛时的路线程序			
教学板书				

构建函数模型完成机器人码垛程序

一、构建一次函数、分段函数、二次函数的模型

1. 一次函数模型的特征
2. 分段函数模型的特征
3. 二次函数模型的特征

二、三种函数模型的综合应用

1. 三种函数模型的区别
2. 选取适当的函数模型解决实际问题

续表

教学反思	
目标 达成度	授课过程中采用“三段三评”的多维教学评价，采用平台智能评、学生互评、教师点评三种评价方式对学生实施课前、课中、课后三段式全过程评价，实现了知识、能力、素养教学目标。 1. 知识目标：本课的知识目标，全部学生都能描述出四个知识目标的概念，由于数学建模的思维不是很高，导致在函数模型的适用范围知识点上优秀人数明显下降。但整体来看教学效果达成良好，知识目标得以高效完成。 2. 能力目标：学生在为机器人码垛程序中关于路线要求能生成二次函数模型的概念，并且在解决实际应用中，能够正确选择函数模型。 3. 素养目标：在小组合作中，增强团队协作意识。在解决为机器人码垛程序设计函数模型时，提高学生数据分析、数据建模能力，并且在思考问题时，培养创新精神和探索精神。
亮点 与特色	借助机器人码垛程序选择函数模型解决专业问题，增强学生的专业自信和认同感，感受到数学来源于生活，又应用于生活；通过课前设置函数知识、小组合作、随机抽人、刮刮乐游戏等多种教与学的方式，充分调动学生感官，学生乐学愿学，课堂效果达成率高。
问题 与改进	不足：本次课的课前布置中对学生在一次函数、分段函数、二次函数的知识掌握要求较高，部分学生不能完全自觉独立完成任务。 改进策略：在下次课前，一是与学生进行沟通交流，了解其在数学学习中遇到的困难与疑惑，从而对学生进行针对性的指导并且纠正其学习的不良习惯；二是在教学设计时，对概念的学习任务进行分解，选择性地分为课前或课中进行掌握；最后，加强小组长责任感的培养，要求其对组内成员严格督促，及时完成课前和课后的学习任务。

【点　评】

主要特色：

1. 线上、线下信息技术手段运用充分：该作品运用了超星平台、希沃平台等在线资源平台，通过平台发布课前预习内容，掌握学生学情，课中利用平台发布学习资源促进学生自主学习，课后利用平台收集学生扩展任务发现学生问题，较好地在各个阶段体现了线上、线下并行的理念。

2. 较好体现了师生并行理念：该教学设计中，教师设置了较多的师生互动环节，如自主探究环节中，教师问题引导，学生思考解决问题，教师组织学生头脑风暴，学生讨论、教师协助，评价环节中，设置了互评共进活动，引导学生互相评价，教师从中进行补充，各项活动均较好地体现了师生并行的理念。

3. 游戏设置，体现了“以人为本”理念：该设计教师在练习、评价、实践等环节多次设置了游戏环节，如“谁是知识王”小组挑战游戏，检查学生知识点掌握情况，明显可以提升学生的课堂参与度，也符合中职学生的学习规律，较好地融入了“以人为本”的教育理念。

建议：

课前学生预习知识体量较大，学生接受度较难：课前教师利用平台分别布置了一次函数、分段函数、二次函数的学习内容，体量偏大，学生掌握难度较高，可适当修订课前学习内容，以学生能掌握，教师能分析为主。

第二部分 专业课

导 语

“人字梯型”教学模式中教学设计的总体框架包括教学基本信息、教学分析、教学策略、教师实施、教学评价、板书设计和教学反思。

教学基本信息包括授课题目、课程名称、授课对象、授课课时等。教学分析包括内容分析、学情分析、学生目标、教师目标、教学内容、教学重难点。其中最有特色的是教师目标，为体现“人字梯型”教学模式中“教师与学生”共同发展理念，专门设计了教师目标这部分内容。教学策略包括教学设计流程、教学方法和教学手段与资源。教学实施是重点，“六阶递进”实施教学，分别是：第一阶，课前教学准备；第二阶，课头任务发布；第三阶，课中分组进阶；第四阶，课中集中展示；第五阶，课尾集中评价；第六阶，课后拓展延伸。六阶衔接、相互依托，顺序不能更改。知识、技能层层递进，循序渐进。教学过程先分后合，先分组教学，后集中展示总结，形成“人”字结构。教学反思包括目标达成度、亮点与特色、问题与改进。

在教学设计中，六对关键要素并行推进，包括教师与学生、品德素养与知识技能、教材与资源、课程标准与职业标准、理论学习与技能训练、线上与线下，每对关键要素并行于教学全过程。

根据“人字梯型”教学模式总体框架，运用“六阶递进”“六双并行”教学理念进行教学设计。在教学实践中，主要有两种方式，一是直接运用“人字梯型”教学设计的总体框架进行教学。二是创新性地运用“六阶递进”理念进行教学。与以往教学设计不同的部分主要体现在教学实施过程，因此，后文主要针对教学实施过程进行阐述。

对于直接运用“人字梯型”总体框架的教学设计，大体是按照如下方法进行实践的。

第一阶，教学准备（课前），是课堂教学的基础和前提。教师进行学情分析，在学习通等平台发布课前预习任务、课前检测题等，根据学生的完成情况评估教学内容的难易程度。教师设计阶梯式学习任务，制作、收集、整理好教学工具及资料，学生根据任务的完成情况进行自我阶梯定位。教师可以在课前制作微课、微视频、课堂小游戏，准备好“线上与线下”的教学资源，使“教材与资源”相结合。

第二阶，任务发布（课首），是课堂教学的导入部分。教师引导学生组建学习团队，发布任务。一般以任务单的方式发布任务，包括发布任务单、完成任务流程单、发布任务评价表、完成任务资源包四方面的内容。教师公布评价方法，讲解完成任务必备的知识，示范、演示必备技能。学生领取任务，拟订完成任务的计划，储备好完成任务必备的知识、技能。在任务发布环节，可以对接职业标准，邀请企业导师发布真实的工作任务，校企深度合作，产教融合，充分体现“六双并行”中“课程标准与职业标准”并行的教学理念。例如，在“端午节海报长图设计”中，引入企业发布的海报制作订单，师生根据订单要求，制定实施计划，逐步完成企业分配的任务。

第三阶，分组进阶（课中），学生分组完成任务，是教学过程的主要部分。任务分为由易到难、逐步递进的多个层级，学生分组对抗，层层升级。任务可以按照难度、要求、复杂度进行分层。按照难度分层，可分为容易、一般、较难三层；按照要求分层，可分为模仿完成、教师指导完成、独立完成三层；按照复杂度分层，可分为单一项目、包含两个单一项目的组合项目、包含多个单一项目的组合项目三层。教师查看学生任务完成情况，实时评估、指导。面对学生的共性问题，教师则及时进行集中讲解、示范。学生以小组为单位合作完成任务，步步进阶。遇到难题团队攻坚，或者请教老师，或者请教同学。例如，在“汽车零部件码垛工艺分析”中，在应用仿真软件验证规划图时，由于难度稍大，教师会组织学生在仿真软件上完成重叠式码垛运动路径的验证，针对学生操作不当的地方，给予实时指导。针对学生共性的问题，教师提出改进方法，并引导学生根据词条，总结规划原则，带领学生掌握本课知识技能要点。又如，在“组合体三视图的绘制”中，学生先分组讨论，再交换检查，教师引导学生提出问题、分析问题、解决问题，“理论学习与技能训练”相结合，逐步掌握本课所学。教师在教学中，有效融入课程思政，润物细无声，实现“品德素养与知识技能”同步发展。

第四阶，集中展示（课中），展示学生完成任务的成果、作业、作品，供大家相互学习借鉴，促进修改完善。本环节可以运用陈列式，各小组把作业陈列出来，让大家观摩。或运用展演式，将作业以展示、表演的方式呈现出来，学生边展示边解说。教师组织学生展示任务完成情况，引导学生说出优缺点，发现问题并及时解决。学生对比其他小组完成情况，学习借鉴更好的经验，及时弥补不足。例如在“主图设计”中，可运用展示式，学生汇报作品，既可以展示完成情况，又可以锻炼学生的语言表达能力。

第五阶，集中评价（课尾），是对学生任务完成情况进行评价，对课堂学习情况进行总结。评价主体主要有5类，分别为教师、学生、家长、企业人员、网络平台。总结包括3个方面，成效总结、问题总结、拓展总结。教师对全体学生进行测试，根据测试情况进行总结评价。教师还可以制定详细的评价指标，有利于精准评估学生的学习效果。

第六阶，拓展延伸（课后），是让学生通过课后作业对所学内容进行复习、巩固和拓展。作业的方式有书面作业、实践作业、活动作业、网络作业等。教师布置课后作业，学生完成后提交，并修改完善。课后教师参与企业项目，与学生共同进步，步步提升。

对于创新运用“人字梯型”总体框架的教学设计，没有固定的范式，主要运用了“人字梯型”教学模式中“六阶递进”“六双并行”的教学理念，六个环节的名称虽有所区别，但六个环节循序渐进，步步提升的本质特征没有改变。“六双并行”的六对关键要素虽有区别，但每对要素相互关联的特征不变。

“人字梯型”教学模式中教学设计，充分体现了“人”字的特征，一撇一捺互为相互关联的两个重要因素，最后都汇集为一个目标，促进人的全面发展。

规范运用

汽车零部件码垛工具坐标系设定

◎课程名称：工业机器人操作与编程

◎授课教师：向辉华

<table>
<tr><td colspan="2">授课题目</td><td colspan="2">汽车零部件码垛工具坐标系设定</td><td>课程名称</td><td>工业机器人操作与编程</td></tr>
<tr><td colspan="2">授课对象</td><td colspan="2">工业机器人技术应用专业 2021 级 2 班</td><td>授课课时</td><td>2 课时</td></tr>
<tr><td colspan="2">授课地点</td><td colspan="2">工业机器人理实一体化实训室</td><td>授课形式</td><td>理实一体化</td></tr>
<tr><td colspan="6">教学分析</td></tr>
<tr><td colspan="2">内容分析</td><td colspan="4">本节介绍项目整体情况及汽车零部件码垛坐标系设定。本次课在“汽车零部件码垛编程与调试”项目教学中起承上启下作用。主要内容为：认识机器人坐标系，会创建工具坐标系，能管理工件坐标系；学习工业机器人码垛的动作规划与路径规划，合理地设置坐标系能提高生产效率，符合企业效益最大化；做好码垛编程与调试，为后面学习机器人运动指令编写、操作与调整打基础。</td></tr>
<tr><td colspan="2" rowspan="3">学情分析</td><td>知识与技能基础</td><td colspan="3">1. 通过前期的学习，学生已掌握工业机器人的基础知识，能较为熟练地应用示教器操作机器人运动；
2. 通过上一节内容的学习对汽车零部件码垛有了深刻的认识，但不能有效将机器人的运行路径与码垛相结合；
3. 30 名学生中有 3 名学生在接受技能大赛训练，操作技能熟练，能独立完成坐标系设定，起到一个班级带头作用。</td></tr>
<tr><td>认知与实践能力</td><td colspan="3">1. 重实践轻理论，更愿意借助微课、教师演示等方式学习，在教学过程中以做中学，学中做的任务驱动法完成新知学习；
2. 对新事物好奇心强，希望能用自己所学去解决生活中的相关问题，获得较强的成就感。</td></tr>
<tr><td>学习特点</td><td colspan="3">1. 重实践轻理论，更愿意借助微课、教师演示等方式学习，在教学过程中以做中学、学中做的任务驱动法完成新知学习。
2. 对新事物好奇心强，希望能用自己所学去解决生活中的相关问题，获得较强的成就感。</td></tr>
<tr><td rowspan="3">目标</td><td rowspan="3">学生目标</td><td>知识</td><td colspan="3">1. 掌握工业机器人四种坐标系的基本概念；
2. 掌握工具坐标系的测量原理及方法；
3. 掌握工件坐标系的测量原理及方法。</td></tr>
<tr><td>能力</td><td colspan="3">1. 能熟练地应用“六点法”设定工具坐标系；
2. 能按要求控制坐标精度。</td></tr>
<tr><td>素质</td><td colspan="3">1. 培养学生互帮互助、精诚团结的团队合作意识；
2. 培养学生养成规范操作习惯及树立安全生产的意识；
3. 培养学生遵守标准、精益求精的工匠精神。</td></tr>
</table>

续表

<table>
<tr><td rowspan="3">目标</td><td rowspan="3">教师目标</td><td>内容</td><td>工具坐标系的标定方法。</td></tr>
<tr><td>方法</td><td>任务驱动法、示范演示法、讲授法。</td></tr>
<tr><td>教研</td><td>工业机器人发展思路和现代前沿发展动态。</td></tr>
<tr><td colspan="2">教学内容</td><td colspan="2">汽车零部件码垛坐标系设定
第一课时：
1. 工具坐标系的概念及用途；
2. 工具坐标系标定方法（六点法）；
3. 工具坐标系精度提高方法。
第二课时：
工具坐标系精度提高方法。</td></tr>
<tr><td colspan="2">教学重点</td><td colspan="2">能用六点法标定工具坐标系。</td></tr>
<tr><td colspan="2">教学难点</td><td colspan="2">1. 掌握降低工具坐标系误差值的方法；
2. 右手法则在工件坐标系中的应用。</td></tr>
<tr><td colspan="4">教学策略</td></tr>
<tr><td colspan="2">教学设计流程</td><td colspan="2">工业机器人教学流程设计
课前：奠基础（任务初探、微课学习、课前测试）
课中：明任务（任务分析、视频导入、明确任务）；探原理（图例展示、游戏竞技、师生同练）；强练习（师生演示、仿真验证、现场操作）；展成果（成果分享、总结提升、双师评价）
课后：拓应用（任务拓展、双师指导、预习新知）
通过“知行合一，手脑并用”的教学理念，坚持与长城汽车、卓瑞科技等优质企业共同开展实训基地建设、校本教材开发、课程资源建设等专业内涵建设，共同开展校企联合办学，采用“学中做，做中学”的教学理念，按照“奠—明—探—强—展—拓”的教学流程实施教学任务。
本次课围绕汽车零部件码垛坐标系设定，能完成机器人工具坐标系与工件坐标系的设定。课前，学生根据预习任务，观看“认识机器人坐标系”微课，教师引导学生自主学习机器人四种坐标系，学生完成课前预习任务，为后续学习做准备；课中，学生在教师的帮助下，明确四种坐标系的概念与用途，并且通过仿真练习、现场示教等方式学习工具坐标系与工件坐标系的设定方法；课后，教师通过巩固作业与拓展任务，让学生巩固与拓展所学，将知识与技能内化于心，随后布置预习任务，为后续学习做准备。</td></tr>
<tr><td rowspan="2">教学方法</td><td>教法</td><td colspan="2">任务驱动法、示范演示法、讲授法。</td></tr>
<tr><td>学法</td><td colspan="2">探究学习法、小组合作学习法、讨论学习法。</td></tr>
</table>

续表

教学实施				
教学阶梯	教学内容	教师活动	学生活动	设计意图
课　前				
教学准备（第一阶）	1. 四种坐标系的概念及作用； 2. 工具坐标系的概念与设定方法（六点法）； 3. 工件坐标的概念与标定方法（三点法）	1. 任务初探，预习新知。 ① 借助智慧教育平台发布“认识机器人坐标系”微课； ② 应用 RobotStudio 仿真软件做好前期准备工作。 2. 在学习通平台布置预习任务。 ① 发布微课“六点法建立工具坐标系操作视频”和“三点法建立工件坐标操作视频”，布置操作尝试； ② 发布“坐标系基本知识”测试题； ③ 利用平台点评作业，为优秀学生计分。	1. 预习新知。 ① 观看“认识机器人坐标系”微课； ② 打开仿真软件，并选好机器人。 2. 领取任务，自主探究。 ① 在线观看微课，打开 RobotStudio 仿真软件，尝试创建工具坐标系与工件坐标系，记录问题并上传； ② 在平台查询资讯，在学习通平台完成课前测试并提交； ③ 在平台讨论交流。	1. 通过微课资源、线上测试和互动平台，了解学生对知识点、技能的理解情况，梳理出问题，为课中学习打基础。 2. 通过观看微课和操作练习，让学生初步尝试创建坐标系。
课　中				
任务发布（第二阶）	坐标系的作用与设定方法	1. 动画导入、激发兴趣。 ① 播放“引入坐标系概念动画”； ② 提问：动画中的好朋友如何找到对方的? ③ 提示坐标系的重要性。 2. 课前预习情况反馈。 ① 平台展示学生课前测试情况； ② 对易错点进行知识补充讲解。 3. 明确本次学习任务。 ① 出示《汽车零部件码垛坐标系设定》任务手册； ② 组织学生明确学习任务要求。	1. 观看动画，思考问题。 ① 观察视频； ② 小组讨论； ③ 推选代表发言，班组长帮其计 1 分。 2. 回顾课前预习。 ① 观看课前测试数据，明确自身不足； ② 聆听讲解。 3. 领取任务书。 ① 接收任务手册； ② 了解本课任务及要求。	1. 通过真实生产案例激发学生的探究意识。 2. 利用平台测试数据使学生清晰认识自己对知识点掌握的不足。 3. 教师总结归纳，利用任务手册让学生明确学习目标。

续表

教学阶梯	教学内容	教师活动	学生活动	设计意图
分组进阶（第三阶）	四种坐标系种类与适用范围： （1）大地坐标系； （2）基坐标系； （3）工具坐标系； （4）工件坐标系	1. 展示不同坐标系示意图，讲解坐标系的含义。 ① 以电影院的座位为例，讲解机器人的四种坐标系的含义； ② 讲解坐标系的 *X*、*Y*、*Z* 方向，引出“右手法则”。 2. 结合图例，介绍生产实际中坐标系的适用范围。 ① 介绍机器人四种坐标系的适用范围； ② 组织学生记忆掌握，选择填空，为优秀成员计分。	1. 根据示意图，理解工具坐标系的含义； ① 联系生活中更多关于坐标的例子，理解坐标系的含义； ② 掌握 *X*、*Y*、*Z* 方向，了解“右手法则”。 2. 观察图例，了解坐标系适用范围。 ① 思考坐标系的适用范围； ② 完成填空练习。	1. 从生活实例联系到生产实际。 2. 利用图例、填空练习，帮助学生掌握概念、特点与应用。
	（1）工具坐标系的概念及用途； （2）定义机器人到达预设目标时所使用工具的位置	1. 展示图片，认识默认工具中心点。 ① 展示图片，引导观察：机器人原始中心点 tool0 位置； ② 出示工业机器人手臂末端工具的不同形态图片，组织学生寻找工具中心点； ③ 仿真演示将默认 TCP 移到吸盘工具中心。 2. 激发思考，引出学习目标。 ① 展示焊枪工具图片，提问：我们可不可以用同样的方法定义工具中心？ ② 引出本次课学习重点——工具坐标设定。	1. 在教师引导下，明确机器人 TCP 位置。 ① 观察图片，明确原始中心点 tool0 位置； ② 寻找不同形态的工具中心点； ③ 观看教师演示。 2. 思考探究 TCP 的定义方法。 ① 观察图片，讨论分析教师提问； ② 聆听，记录。	1. 借助动画、微课等多媒体资源，帮助学生理解坐标系的设定原理。 2. 通过对比观察、仿真演示进一步认识原理的应用。

续表

教学阶梯	教学内容	教师活动	学生活动	设计意图
集中展示（第四阶）	“六点法”设定工具坐标的步骤	1. 播放微课，组织学生学习操作步骤。 ① 播放“六点法设定工具坐标”微课，要求学生圈出关键词； ② 组织小组讨论步骤，并将结果上传平台； ③ 抽选小组上台展示操作步骤，并补充讲解。 2. 发布练习任务。 ① 发布小组任务：运用六点法设定工具坐标； ② 巡视并个别指导； ③ 组织小组上传练习结果。	1. 观看微课演示，学习操作。 ① 观看微课； ② 完成讨论结果上传； ③ 观看展示。 2. 领取任务单。 ① 分小组按要求完成练习； ② 反馈问题，接受指导； ③ 上传结果。	1. 通过实操视频和教师编写操作手册，有助于学生反复练习，解决学生操作难点。 2. 完成既定任务，巩固提高。
第五阶：集中评价	工具坐标系精度提高诀窍： （1）前三个点动作幅度要大； （2）Z、X 的变化范围要大； （3）对点尽量接近目标	1. 找出小组设定结果中的精度误差。 ① 检查学生提交的任务，邀请误差最大的小组介绍操作过程； ② 针对误差数据，讲解误差值对搬运工作的影响； ③ 组织学生尝试自我评分，概括指出展示小组之前存在的问题。 2. 参考企业生产标准，明确精度要求。 ① 展示生产实际的误差值范围要求； ② 课程思政融入：质量控制。 3. 再次要求运用六点法设定工具坐标要点。 ① 再次播放“六点法设定工具坐标”微课，分析六个点的姿态位置及关键点位；	1. 听取点评，找到不足，明确优秀小组的得分结果。 ① 观看展示； ② 聆听教师讲解； ③ 自我评价，找出之前存在的问题并改进。 2. 明确精度要求，思考自身存在的问题。 ① 明确误差要求范围； ② 控制坐标设定误差，保证质量。 3. 再次运用六点法设定工具坐标要点。 ① 再次观看“六点法设定工具坐标”微课，分析六个点的姿态位置及关键点位；	1. 通过在实际操作中发现问题、解决问题，培养学生主动探究的精神。 2. 在实际操作中，通过多次对点修正，让学生养成严谨、细致的职业品质。 3. 引入企业实际生产标准，帮助学生建立质量控制意识、培养精益求精的工匠精神。

续表

教学阶梯	教学内容	教师活动	学生活动	设计意图
集中评价（第五阶）	工具坐标系精度提高诀窍： （1）前三个点动作幅度要大； （2）Z、X 的变化范围要大； （3）对点尽量接近目标	② 组织抢答游戏，检查学生掌握情况。 4. 教师示范，总结操作口诀。 ① 提供控制误差记忆口诀，组织学生熟悉口诀； ② 根据口诀示范操作并强调操作关键点，姿态件时开增量，延伸点范围尽量大。	② 参与抢答游戏。 4. 学习工具坐标系设定要点。 ① 分析对比； ② 参与游戏，在游戏中加深记忆。	4. 掌握诀窍，掌握操作技能。
课　后				
拓展延伸（第六阶）	布置作业，巩固提高	课时小结，布置课后巩固练习任务。	完成评价表，完成课后作业。	巩固提高。
教学反思				

目标达成情况

本堂课充分利用现代化技术手段，演练结合、讲练结合、理实结合，教学重点突出，板书条理清楚。教学步骤设计合理，由浅入深，一步一步地进行，学生学习兴趣高涨，达到预期教学效果。

在丰富的教学资源的支持下，学生通过探究坐标设定方法、实际操作坐标设定、提高设定精度、评价总结等教学环节，循序渐进，层层深入，掌握工具坐标和工件坐标的设定方法，并能总结提高坐标精度的注意点，完成搬运操作工作的坐标设定。经测试发现，学生已达到预期教学目标（具体见下表）。

教学目标	测试成绩分布人数				
	不及格	60～80 分	80～90 分	>90 分	优秀率
能理解坐标系的概念和作用	0	0	0	30	100%
能正确判断 X、Y、Z 的方位	0	0	0	30	100%
能独立正确创建工具坐标系	0	0	0	30	100%
能用六点法进行工具坐标的设定	0	0	1	29	97%
能用三点法进行工件坐标的设定	0	0	0	30	100%
能按要求控制坐标精度	0	0	3	27	90%
精诚团结的合作意识、遵守标准、精益求精的工匠精神以及安全生产意识得到增强	非常符合：26 人		符合：4 人	不太符合：0 人	不符合：0 人

续表

亮点与特色	1. 虚实结合，知识技能相统一：通过仿真练习与现场实操两个教学活动的相互配合应用，让学生能更好更快地理解所学习的知识点，并在“学中做，做中学”，真正将知识点与技能点融会贯通。 2. 教师示范，学生跟练，规范、提升学生技能操作：通过教师的示范操作，来规范学生的操作习惯，并让学生跟着教师一同练习技能，能更有效地提升学生学习效果，更好地达成教学目标。
问题与改进	不足：由于实训工位的缺少，在课中教学环节，学生的个人练习时间减少。 改进：课后开放实训室，组织各小组在课余时间进入工作站，在保证安全操作的前提下，让学生反复练习坐标系设定。

【点　评】

主要特色

1. 学情分析到位，教学目标明确：对班级的 30 名学生进行个性分析，引导 3 名参加技能大赛的学生在班级起榜样作用；教学目标表述清晰，内容得当。

2.“教材与资源”并行：在教学中，除了主教材，还有丰富的数字资源，能灵活运用信息化教学手段，包括学习通平台、希沃白板、仿真软件 RobotStudio，以及工业机器人任务书，还有“认识机器人坐标系”“六点法建立工具坐标系操作视频”等微课，充分体现了“人字梯型”教学模式中“六双并行”中“教材与资源”并行的理念。

3. 结合企业要求，对接岗位标准：在教学实施过程，参考企业生产标准，让学生明确精度要求，控制坐标设计误差，通过多次对点修正，保证质量，同时让学生养成严谨、细致的职业品质，有效融入课程思政。

4. 教学目标达成度高：知识技能目标优秀率 90%以上，素养目标非常符合的有 26 人，符合的有 4 人。特别是在理解坐标概念和作用、正确判断 XYZ 的方位、正确创建工具坐标系、用三点法进行工件坐标的设定上，优秀率均为 100%。

建议

教学设计流程与教学实施匹配度不高，可优化教学设计流程图：教学设计流程图可结合教学实施中“六阶递进”进行设计，将“教学准备”“任务发布”“分组进阶”“集中展示”“集中评价”“拓展延伸”与原有的“奠基础、明任务、探原理、强练习、展成果、拓应用”六环节进行有效融合。

汽车零部件码垛工艺分析

◎课程名称：工业机器人操作与编程

◎授课教师：李振华

<table>
<tr><td colspan="2">授课题目</td><td colspan="2">汽车零部件码垛工艺分析</td><td>课程名称</td><td>工业机器人操作与编程</td></tr>
<tr><td colspan="2">授课对象</td><td colspan="2">工业机器人技术应用专业 2021 级 2 班</td><td>授课课时</td><td>2 课时</td></tr>
<tr><td colspan="2">授课地点</td><td colspan="2">工业机器人理实一体化实训室</td><td>授课形式</td><td>理实一体化</td></tr>
<tr><td colspan="6">教学分析</td></tr>
<tr><td colspan="2">内容分析</td><td colspan="4">授课内容选自《工业机器人编程与操作》“模块二：汽车总装产线工业机器人系统编程与调试”中的“项目三：汽车零部件码垛编程与调试”中的“任务一：汽车零部件码垛工艺分析”，共计 2 课时，教学内容源于新能源汽车总装产线的任务“汽车零部件码垛工艺分析”。
本课内容介绍项目整体情况及汽车零部件码垛工艺分析。本任务在“汽车零部件码垛编程与调试”项目教学中起到导向性的作用。通过项目整体介绍，让学生了解项目背景，明确学习任务，知晓码垛的六个规范要求以及码垛的三种方式及其特点，学习工业机器人码垛的动作规划与路径规划。运动规划是企业生产设计重要的工作流程，其设计的合理性与否直接影响机器人工作的质量和效率。做好码垛工艺分析，为后面继续学习机器人编程与操作奠定基础。</td></tr>
<tr><td colspan="2" rowspan="3">学情分析</td><td>知识与技能基础</td><td colspan="3">通过调查、测试得出以下分析：
经过项目一至项目三的学习、练习与检测，100%的学生能熟练手动操纵机器人，以及能在“Robotstudio”仿真软件中构建虚拟工作站。
通过课前的预习反馈：
1. 86.6% 的学生知晓码垛的六个规范要求；
2. 25% 的学生能分辨码垛的三种方式，并说出其特点；
3. 16.6% 的学生能根据码垛工艺要求分析机器人运动路径；
4. 10% 的学生能按照任务要求设计出运动轨迹规划图。</td></tr>
<tr><td>认知与实践能力</td><td colspan="3">1. 通过前期的学习，学生已具备工业机器人的基础知识，能较为熟练地应用示教器操作机器人运动；
2. 学生通过收看新闻与短视频，已经对机器人码垛工作有了初步的认知，但对码垛的方式与机器人码垛的运动路径缺乏理解；
3. 在 30 名学生中，有 3 名学生在机器人技术应用赛项训练，能熟练应用机器人进行码垛、涂胶等操作。</td></tr>
<tr><td>学习特点</td><td colspan="3">1. 喜欢借助微课、动画、仿真软件等信息化手段学习；
2. 渴望学习和本专业相关的知识和技能，对真实生产案例表现出强烈的好奇心。</td></tr>
<tr><td>目标</td><td>学生目标</td><td>知识</td><td colspan="3">1. 能准确描述零部件码垛的六个规范要求；
2. 能根据图片信息准确分辨码垛的三种方式，并说出其特点；
3. 能准确描述工业机器人码垛的动作规划流程；
4. 能准确描述机器人码垛运动路径规划的要点。</td></tr>
</table>

续表

<table>
<tr><td rowspan="5">目标</td><td rowspan="2">学生目标</td><td>能力</td><td>1. 能按照码垛流程和垛型要求设计出运动轨迹规划图；
2. 能手动操作机器人验证运动轨迹规划图。</td></tr>
<tr><td>素质</td><td>1. 培养学生合作探究的能力与团队协作的意识；
2. 培养学生有责任、有担当、讲质量、讲安全的职业品质与规范操作、精益生产的职业素养；
3. 培养学生懂规范操作、精益生产，增强匠心、匠艺的职业素养。</td></tr>
<tr><td rowspan="3">教师目标</td><td>内容</td><td>1. 帮助学生将理论知识和实践相结合，重点掌握码垛的方式；
2. 帮助学生掌握运动规划的具体步骤；
3. 帮助学生应用实践体验验证理论知识，修正教学设计中不合理处。</td></tr>
<tr><td>方法</td><td>真实案例引入、仿真模拟、修订验证、现场示教。</td></tr>
<tr><td>教研</td><td>如何在“工业机器人操作与编程”课堂教学中有效融入“人字梯型”教学模式。</td></tr>
<tr><td colspan="2">教学内容</td><td colspan="2">汽车零部件码垛工艺分析：
第一课时：
1. 零部件码垛的六个规范要求（合理、整齐、节约、方便、牢固、定量）；
2. 码垛的三种方式及其特点（重叠式、正反交错式、旋转交错式）；
3. 工业机器人码垛的运动规划要点（动作规划、路径规划）。
第二课时：
1. 机器人码垛运动路径优化练习；
2. 机器人码垛运动轨迹规划图点位现场示教。</td></tr>
<tr><td colspan="2">教学重点</td><td colspan="2">1. 码垛的三种方式及其特点；
2. 能根据码垛方式进行机器人运动路径规划，并能设计出运动轨迹规划图。</td></tr>
<tr><td colspan="2">教学难点</td><td colspan="2">能根据机器人码垛的动作规划合理设计机器人运动点位，并能手动操作机器人进行点位示教，验证方案。</td></tr>
<tr><td colspan="4">教学策略</td></tr>
<tr><td colspan="2">教学设计流程</td><td colspan="2">工业机器人教学流程设计
课前：奠基础——任务初探、微课学习、课前测试
课中：明任务——项目引领、视频导入、明确任务；探原理——探明知识、仿真验证、课堂测验；强练习——优化要点、师生演示、现场操作；展成果——成果分享、总结提升、双师评价
课后：拓应用——任务拓展、双师指导、预习新知

通过“知行合一，手脑并用”的教学理念，坚持与长城汽车、卓瑞科技等优质企业共同开展实训基地建设、校本教材开发、课程资源建设等专业内涵建设，共同开展校企联合办学，采用“学中做，做中学”的教学手段，按照“奠—明—探—强—展—拓”的教学流程开展教学任务。
本次课围绕汽车零部件码垛的工艺分析，完成机器人码垛的运动轨迹规划与点位示教。课前，学生根据教师要求，观看“汽车机器人总装产线”视频，引导学生树立科技强国的信念。学生完成课前预习任务，为后续学习做准备；课中，学生根据码垛方式及特点，完成机器人运动轨迹规划，并分小组进入工作站进行点位示教，验证规划方案；课后，通过开放式实训室，让学生巩固所学知识，强化技能操作，提升学生学习效果，为后续任务做好准备。</td></tr>
</table>

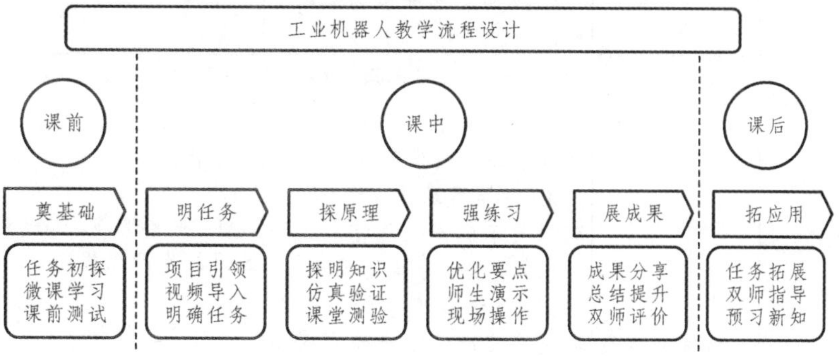

续表

教学方法	教法	任务驱动教学法、示范演示法。		
	学法	探究学习法、小组合作学习法、角色扮演法。		
教学手段与资源		1. 学习通平台：实现课堂互动，为教师、学生课前、课中、课后学习包的推送、信息的采集、任务的布置等提供技术支撑。 2. 国家职业教育智慧教育平台：用于微课等教学资源的收集与下载。 3. 希沃白板：资料收集的专用平台，为教师日常教学、学生学习的专业资源做支撑，及课堂互动小游戏收集。 4. RobotStudio6.08 软件：仿真软件用于机器人仿真模拟练习。 5. 腾讯会议：记录教师与学生的操作过程，从而找到问题的出处，有效解决问题。 6. 微信：用于课前、课后教师与学生讨论、交流和学习。 7. 任务书、企业合作校本教材《工业机器人操作与编程》、路径规划点位参照图。		

教学实施				
教学阶梯	教学内容	教师活动	学生活动	设计意图
课　前				
教学准备（第一阶）	1. 汽车零部件码垛项目整体分析； 2. 码垛基本要求； 3. 码垛机器人工作流程	1. 发布视频、微课及课前自主探究任务； ① 在学习通平台上传视频“汽车机器人总装产线”； ② 发布智慧教育平台“码垛基础知识”微课； ③ 探究任务：机器人根据码垛特点应该进行怎样的运动？ 2. 发布“码垛基础知识”测试题。	1. 观看视频及微课，提炼码垛基本要求； ① 观看视频：了解汽车机器人总装产线机器人的工作任务； ② 观看微课，提炼码垛基本要求。 ③ 小组合作，探究课前任务。 2. 学习通平台上完成测试。	1.让学生直观地了解新能源汽车生产线的工作流程，引导学生树立科技强国的信念； 2. 通过微课资源、线上测试和互动平台，了解学生对知识点、技能点理解情况，梳理出问题。
课　中				
任务发布（第二阶）	码垛基本要求：合理、整齐、节约、方便、牢固、定量	1. 播放短视频，组织学生学习总装产线生产线流程。 ① 从学习通平台调出“新能源汽车机器人总装产线”短视频，组织学生记录要点； ② 组织学生小组讨论并形成总装产线生产线流程词条； ③ 组织小组代表根据词条描述具体生产流程。 2. 组织学生根据产线运动轨迹图，明确任务。 ① 出示汽车零部件码垛产线运动轨迹图，组织学生小组讨论码垛的基本要求； ② 下发任务工单，公布码垛运动轨迹规划任务。	1. 观看视频，描述生产流程。 ① 观看视频，了解总装产线生产流程； ② 小组讨论； ③ 听取小组代表描述。 2. 根据产线运动轨迹图，明确任务。 ① 小组讨论； ② 明确工作任务。	1. 通过视频的观看，引出项目任务一：汽车零部件码垛的工艺分析，并激发学生科技强国的信念。 2. 通过发布任务工单，帮助学生清楚了解项目整体情况，明确工作任务。

续表

教学阶梯	教学内容	教师活动	学生活动	设计意图
分组进阶（第三阶）	码垛的方式及特点：重叠式、正反交错式、旋转交错式	1. 展示课前测试，分析并讲解。 ① 在学习通上展示学生在课前测试中存在的问题； ② 对比分析，讲解问题原因； ③ 利用机器人码垛动画，重点讲解重叠式与正反交错式码垛的方式及特点； ④ 组织学生完成码垛方式及特点的连线游戏。 2. 提出问题，引导探究。 ① 抛出问题：旋转交错式码垛的特点是什么？ ② 引导学生思考，并形成词条。 ③ 出示实际码垛图片，组织学生回答图中垛型特点，为回答学生加分。 ④ 在学习通上发布测试题。	1. 课前测试分析，完成游戏。 ① 回顾课前测试； ② 对比分析找个人问题； ③ 观看动画，聆听教师讲解； ④ 完成游戏。 2. 回答问题，探究学习。 ① 倾听问题，思考； ② 形成旋转交错式码垛特点词条； ③ 观察图片，并回答特点； ④ 完成测试。	1. 通过对比分析让学生快速找到个人问题所在，通过聆听教师讲解，及时解决问题。 2. 通过机器人码垛的动画，帮助学生直观地理解码垛的方式及特点，以突出重点。 3. 通过小组探究学习，培养学生合作探究的能力与团队协作的意识。 4. 通过再测再验，学生能举一反三、学以致用，突破重点。
	工业机器人运动路径规划： （1）工业机器人动作规划及运动模式。 ① 动作一：抓取工件——线性运动； ② 动作二：移动工件——单轴运动； ③ 动作三：放置工件——线性运动。	1. 微课回顾三种运动模式。 ① 借助微课“机器人运动模式”，回顾机器人的三种运动模式； ② 针对运动模式特点，组织学生抢答，为回答学生加分。 2. 分解工作流程，规划机器人动作。 ① 带领学生观察零部件码垛产线实际场景，提问：工业机器人实现码垛需要哪些动作？ ② 组织学生将码垛工作流程拆分为具体动作； ③ 组织学生回答各个动作的含义； ④ 组织学生思考机器人各个动作的运动模式。 3. 出示路径点位参照图，	1. 观看微课，参与抢答。 ① 观看微课，回顾三种运动模式； ② 运动模式特点抢答。 2. 观察分析，学习机器人动作运动模式。 ① 观察分析，回答问题； ② 拆分动作； ③ 回答各个动作的含义； ④ 思考机器人动作所需要的运动模式。 3. 聆听讲解，完成重	1. 通过旧知的回顾及抢答，活跃课堂氛围，增强学生自信心。 2. 通过对实际场景和视频的观看，让学生直观感受机器人的动作流程，便于理解。

续表

教学阶梯	教学内容	教师活动	学生活动	设计意图
分组进阶（第三阶）	（2）工业机器人码垛的路径规划。 ① 分解机器人动作为一系列坐标点位，进一步设计机器人运动路径。； ② 规划原则：安全、效益、质量	分析讲解。 ① 教师强调，总体设计对运动路径规划的重要性； ② 带领学生在图例上标注各程序点位，并排列顺序； ③ 问：为什么工业机器人需要设计过渡点？ ④ 组织各小组在学习通上完成重叠式码垛运动轨迹规划图。 4. 应用仿真软件，验证规划图。 ① 组织学生在仿真软件上完成重叠式码垛运动路径的验证； ② 教师巡视指导； ③ 组织学生上传仿真路径动画至学习通平台。	叠式码垛运动轨迹规划图。 ① 明确运动路径规划的重要性； ② 找出程序点位，并编号； ③ 思考并回答问题； ④ 分小组设计运动轨迹流程图，并上传规划图。 4. 仿真操作，验证规划图。 ① 在仿真软件上验证重叠式码垛运动路径； ② 接受教师指导； ③ 上传仿真动画至学习通平台。	3. 通过讨论分析集思广益，培养学生解决及分析问题的能力。 4. 通过观察、分析、画图、编号这些活动，帮助学生将动作规划、路径规划理论要点进行理解，突出重难点。 5. 通过教师记录明确学生问题，及时掌握学生学习情况，及时调整教学方法及手段。
集中展示（第四阶）	运动路径优化： （1）工业机器人动作规划及运动模式； （2）规划原则：安全、效益、质量	1. 展示小组作品，引出规划原则。 ① 在学习通平台展示学生仿真动画； ② 创设情景，提出问题：机器人运动应该有哪些规划原则呢？ ③ 引导学生利用词条，提炼路径规划原则关键词； ④ 教师总结规划原则：安全、效益、质量。 2. 展示动画，教师演示，避免碰撞。 ① 播放作品不完善的动画； ② 提出问题：结合原则，引导学生指出动画中存在的问题，并引出“安全、规范操作”等思政元素； ③ 教师仿真演示操作，避免碰撞。 预设问题：机器人和其他设备发生碰撞； 解决措施：教师演示操作如何避免发生碰撞。	1. 观看动画，利用词条关键词，聆听总结。 ① 观看路径规划图与仿真动画； ② 小组讨论找出关键词； ③ 用词条，找关键词并粘贴到白板上； ④ 思考，聆听总结规划原则。 2. 观看动画及教师演示，解决碰撞问题。 ① 观看动画； ② 思考并回答问题； ③ 观看教师演示，记录要点。	1. 通过信息化技术收集学生作品，让教师能更直观地找到学生存在的问题，并通过数字化手段将问题数据化、可视化。 2. 通过教师的引导，让学生能发现问题，找到问题，以此突出重难点，带领学生找到解决问题的方法，培养学生独立思考的能力。 3. 通过教师的强调突出重难点，并通过不同层次学生的展示，让“小老师”用贴合学生的语言来突破重难点，以达到分层教学的目的。

续表

教学阶梯	教学内容	教师活动	学生活动	设计意图
集中展示（第四阶）	运动路径优化： （1）工业机器人动作规划及运动模式； （2）规划原则：安全、效益、质量	3. 组织学生仿真操作练习，避免碰撞。 ① 组织学生仿真练习，避免碰撞； ② 巡视指导，发现问题：奇点。 4. 技能大赛学生操作演示，解决奇点问题。 ① 提出问题：示教器发生报错的原因是什么？② 组织小组讨论：为什么会出现奇点？ ③ 组织技能大赛学生进入工作站，现场演示奇点规范操作，并投屏展示； ④ 总结点评，并对技能大赛学生在学习通上进行加分记录。 预设问题：学生频繁出现“奇点”，只应用了一种运动方式。 解决措施：技能大赛学生演示，如何让机器人平稳运动。 5. 总结、布置课堂任务。 ① 教师总结路径规划：安全、效益、质量； ② 教师在学习通平台上发布正反交错式码垛的路径设计任务，并要求学生分组进入工作站，现场验证设计方案。	3. 仿真操作，解决碰撞问题。 ① 仿真操作练习； ② 接受指导。 4. 观看学生操作演示，解决奇点问题。 ① 思考，并回答问题； ② 小组讨论，并分享讨论结果； ③ 观看技能大赛学生投屏演示； ④ 聆听讲解，记录要点。 5. 聆听总结，分组验证设计方案。 ① 聆听教师总结； ② 接受任务，设计正反交错式码垛的运动路径方案，准备进入工作中现场验证。	4. 通过技能大赛学生的演示，教师分析讲解，规范学生操作流程，强化学生操作技巧，内化学生的匠造技艺，培养学生一丝不苟、精益求精的工匠精神。
	现场点位示教，验证设计方案： （1）进入工作站，点位示教； （2）合理优化正反交错式码垛的运动路径	1. 组织小组讨论，设计运动规划图。 ① 组织小组讨论，完成正反交错式码垛运动规划图； ② 教师指导，记录问题。 2. 根据运动规划图，实训操作验证。 ① 组织学生按流程进入工作站，根据小组设计的正反交错式码垛运动路径规划图，进行现场点位示教； ② 教师佩戴安全帽进入工作站，巡视、指导； ③ 发布竞赛任务及要求； ④ 组织小组在规定时间内完成竞赛； ⑤ 组织操作小组返回理论教学区。	1. 小组讨论，设计运动规划图。 ① 小组讨论； ② 小组完成运动规划图。 2. 进入工作站，进行实操。 ① 学生离开理论教学区域，佩戴安全帽，准备进入工作站； ② 操作小组根据本组所规划的运动轨迹，应用示教器操作机器人进行点位示教； ③ 接收竞赛任务； ④ 完成竞赛； ⑤ 上传本组操作视频。	1. 现场示教，让学生将理论知识应用到实际操作中，达到理实一体化的效果。 2. 通过角色扮演，明确小组分工，培养学生责任担当的职业品质，团队协作攻克难关的职业精神。 3. 通过竞赛将企业生产原则融入课程教学中，让学生意识到任务完成要品质高、成本低、周期短。

续表

教学阶梯	教学内容	教师活动	学生活动	设计意图
集中评价（第五阶）	小组展示，教师点评： （1）正反交错式码垛的运动路径规划图； （2）正反交错式码垛的运动路径现场示教视频	课堂小结、点评。 ① 组织小组代表，分享各组路径规划图与现场示教视频； ② 组织学生互评； ③ 企业师傅点评； ④ 教师总结、点评。	小组发言，聆听点评。 ① 聆听小组代表发言； ② 学生互评； ③ 聆听企业师傅点评； ④ 听取教师点评并进行记录。	1. 通过汇报与反思，培养学生客观分析问题的能力和正确评价的意识； 2. 企业师傅点评，融入岗位标准，让学生能提前适应岗位要求。
课　后				
拓展延伸（第六阶）	课后拓展： （1）课后技能训练； （2）预习新课	1. 巩固作业。 ① 旋转交错式码垛运动轨迹规划图设计； ② 通过学习平台发放课后实训室开放时间表；批阅学生上传的设计图。 2. 发布微课。 发布微课学习内容：“工业机器人 I/O 通信设置”“I/O 信号的仿真”。	1. 完成课后作业。 ① 完成轨迹规划图设计； ② 课后利用开放实训室，操作验证规划图是否合理，并将完成的规划图及操作视频上传至学习通平台。 2. 预习新知。 观看微课并完成相应测试。	1. 巩固课堂教学内容，拓展深化。 2. 在课后开放实训室，让学生利用课余时间提升专业技能水平，查漏补缺。 3. 借助微课，让学生自主学习及探究，为下一课时的学习奠定基础。

教学评价

在丰富的教学资源的支持下，学生通过项目分析，明确教学任务；分析汽车总装产线生产流程，学习机器人码垛方式和运动规划，并对机器人运动路径进行优化，展示与评价学习成果。通过六个教学环节，循序渐进，层层深入，学生掌握了工业机器人码垛的运动路径规划，能通过码垛的要求及特点设计相对应的运动轨迹规划图，并能现场操作验证运动轨迹规划图。

教学反思

目标达成情况

教学目标	测试成绩分布人数				
	不及格	60～80 分	80～90 分	＞90 分	优秀率
能准确描述零部件码垛的六个规范要求	0	0	0	30	100%
能根据图片信息准确分辨码垛的三种方式，并说出其特点	0	0	0	30	100%
能按照码垛流程和垛型要求设计出运动轨迹规划图	0	1	1	28	93.3%
能手动操作机器人验证运动轨迹规划图	0	1	2	27	90%
团队合作意识和精益求精工匠精神得到增强	非常符合：27 人		符合：3 人	不太符合：0 人	不符合：0 人

续表

亮点与特色	1. 动画对比分析，提高课堂效率：利用动画，直观地让学生理解搬运工艺原则的合理应用，让理论性的知识点通过对比分析，使学生快速地理解和应用，提高学生课堂学习效率。 2. 利用信息化技术教学，课堂生动有趣：通过微课学习、视频教学、仿真验证、在线测试、投屏展示分享等信息化教学手段，原来枯燥的理论学习变得生动形象，同时也活跃了课堂氛围。
问题与改进	不足：在投屏展示的过程中，教师对于学习兴趣不浓厚的学生关注度不够高，忽略了少部分学生的学习状态。 改进措施：一方面是应当多利用信息化技术手段，及时收集与掌握学生学习状态，在投屏展示活动中，多与学生进行互动交流；另一方面是调整学生小组成员，利用大数据分析，将积极活跃的学生与较为沉默的学生搭档组队，利用团队带动学生学习兴趣。

【点　评】

主要特色：

1. 学情分析到位，数据图标清晰：对学生知识与技能基础的分析，十分细致，除了有准确的数据，还制作了柱状图，对学生情况掌握较好，有利于因材施教。本班学生的学习特点是对真实生产案例表现出强烈的好奇心，因此在教学实施中，针对这一特点，教师设计了探究式的学习方法。

2. 结合实景进行教学，体现“理论学习与技能训练”并行：在教学实施过程中，通过组织观察零部件码垛产线实际场景，将码垛工作流程拆分为具体动作，让学生回答各个动作的含义，开展理论学习，再组织学生应用仿真软件完成重叠式码垛运动轨迹规划图，进行技能训练，充分体现了“人字梯型”教学模式中“六双并行”中“理论学习与技能训练”并行的理念。

3. 强调职业素养，体现“品德素养与知识技能”并行：在教学实施过程中，教师在带领学生进入工作站，进行实训操作验证时，要求学生佩戴安全帽，安全规范进行操作，让学生意识到任务完成要品质高、成本低、周期短的职业素养，体现了品德素养和知识技能并重的教学理念。

建议：

教学评价数据分析少，可新增评价指标：在教学评价部分，主要呈现了叙述性描述，可以增加知识点、技能点、素养点的评价指标，针对学生学习情况进行评价分析，对班级、小组或者个人进行综合评价。

组合体三视图的绘制

◎课程名称：机械制图

◎授课教师：黄林林

<table>
<tr><td colspan="2">授课题目</td><td colspan="2">组合体三视图的绘制</td><td>课程名称</td><td>机械制图</td></tr>
<tr><td colspan="2">授课对象</td><td colspan="2">2022 级机械高考 1 班</td><td>授课课时</td><td>2 课时</td></tr>
<tr><td colspan="2">授课地点</td><td colspan="2">多媒体网络教室</td><td>授课形式</td><td>信息化教学</td></tr>
<tr><td colspan="6">教学分析</td></tr>
<tr><td colspan="2">内容分析</td><td colspan="4">本课内容选自《机械制图》项目五任务二，它是全书的重点内容，起着承上启下的作用。本课内容既是前面所学知识的综合运用，又是从投影法原理过渡到零件图部分的桥梁。</td></tr>
<tr><td colspan="2" rowspan="3">学情分析</td><td>知识与技能基础</td><td colspan="3">通过前面项目的学习，学生具备了一定的投影知识，掌握了正投影、轴测图等基础知识与技能。</td></tr>
<tr><td>认知与实践能力</td><td colspan="3">学习中重实践而轻理论，更愿意借助微课、教师演示等方式学习，在教学过程中以“做中学，学中做”的任务驱动法完成新知学习。</td></tr>
<tr><td>学习特点</td><td colspan="3">思维敏捷，动手能力较强，对新事物、新观念容易接受，适应性强，具有创新精神，但不自信，不善于表达。</td></tr>
<tr><td rowspan="6">目标</td><td rowspan="3">学生
目标</td><td>知识</td><td colspan="3">1. 能判别组合体的组合类型；
2. 能分析组合体各表面的接触方式。</td></tr>
<tr><td>能力</td><td colspan="3">能运用形体分析法绘制组合体的三视图。</td></tr>
<tr><td>素质</td><td colspan="3">1. 培养团队协作精神。
2. 树立科学严谨的职业意识，弘扬精益求精的工匠精神。</td></tr>
<tr><td rowspan="3">教师
目标</td><td>内容</td><td colspan="3">组合体三视图的绘制。</td></tr>
<tr><td>方法</td><td colspan="3">任务驱动法。</td></tr>
<tr><td>教研</td><td colspan="3">机械行业发展历程及未来走向。</td></tr>
<tr><td colspan="2">教学内容</td><td colspan="4">1. 组合体的形体分析及视图选择；
2. 合体三视图的画法。</td></tr>
<tr><td colspan="2">教学重点</td><td colspan="4">组合体的形体分析及视图选择。</td></tr>
<tr><td colspan="2">教学难点</td><td colspan="4">组合体三视图的绘制。</td></tr>
<tr><td colspan="6">教学策略</td></tr>
<tr><td colspan="2">教学设计流程</td><td colspan="4">课前：奠基础——通过学习资源预习了解组合体的组合形式。
课中：明任务——任务发布，明确任务。
强练习——师生演练，现场实际操作。
展成果——成果分享，学生互评，教师点评。
课后：拓应用——任务拓展，预习新知识。</td></tr>
</table>

续表

<table>
<tr><td rowspan="2">教学方法</td><td>教法</td><td colspan="4">任务驱动法。</td></tr>
<tr><td>学法</td><td colspan="4">自主探究法、合作学习法。</td></tr>
<tr><td colspan="2">教学手段与资源</td><td colspan="4">1. 希沃白板；　　2. UMU 学习平台；
3. 情境视频；　　4.“组合体视图的画法”微课；
5. 在线测试；　　6. 游戏——开心对对碰。</td></tr>
<tr><td colspan="6">**教学实施**</td></tr>
<tr><td colspan="2">教学阶梯</td><td>教学内容</td><td>教师活动</td><td>学生活动</td><td>设计意图</td></tr>
<tr><td colspan="6">**课　前**</td></tr>
<tr><td colspan="2">教学准备（第一阶）</td><td>初步了解组合体的组合形式</td><td>1. 将课前学习资源包上传至 UMU 平台，并发布通知。
2. 整理学生预习过程中的问题。</td><td>接受学习指导，按要求完成预习。</td><td>通过信息技术手段拓展学生的学习空间，培养学生自主学习的能力。</td></tr>
<tr><td colspan="6">**课　中**</td></tr>
<tr><td colspan="2">任务发布（第二阶）</td><td>帮助企业进行零件图纸设计。
组合体的组合形式：叠加型、切割型、混合型</td><td>组织教学，讲解要求播放视频。
提问：组合体的组合形式有哪些？</td><td>按要求完成各项准备工作，明确任务。
思考分析。
以小组为单位，推举代表回答。</td><td>通过生产实际，实现教学任务与企业生产实际相对接，增强学生服务意识。
了解学生已有知识、技能和学习态度。</td></tr>
<tr><td colspan="2">分组进阶（第三阶）</td><td>任务一：组合体的形体分析及视图选择。
1. 利用网络资源查阅资料、阅读教材、交流讨论完成任务一；
2. 展示评比；
3. 点拨。
任务二：组合体三视图的画法。
1. 提出问题；
2. 分析问题；
3. 解决问题；
4. 总结作图步骤</td><td>布置任务。
巡回指导，查看完成情况。
通过学习平台，检查学生的任务完成情况并及时给予学生评价。
根据学生提出的问题，引导学生分析问题、自我解决问题。
巡回指导，查看完成情况。
要求相互帮助。</td><td>通过微信公众号课堂派，领取任务一。
小组讨论，交换检查。
绘图。
提出问题，小组讨论。
修改。
通过 QQ 群提交作品。</td><td>通过启发式教学启发学生思考，发展学生的逻辑思维能力。
抓住机会，展现自己。
培养学生科学严谨的职业素养。
培养学生发现问题、分析问题、解决问题的能力，训练组长的责任意识。小组间互帮互助的精神。</td></tr>
<tr><td colspan="2">集中展示（第四阶）</td><td>通过 QQ 群提交作品</td><td>审阅任务书，检查各小组的完成情况。</td><td>在展示的过程中及时修正自己错误的地方。</td><td>培养学生精益求精的意识。</td></tr>
<tr><td colspan="2">集中评价（第五阶）</td><td>自我评价。
小组评价。
教师评价。
企业评价</td><td>表扬优秀小组，鼓励其他小组，同时表扬小组中表现优秀的个人。</td><td>通过小组互评和自我评价找出小组和个人的优缺点。</td><td>多元化考核评价有效提升学生学习积极性。</td></tr>
</table>

续表

教学阶梯	教学内容	教师活动	学生活动	设计意图
课　后				
拓展延伸（第六阶）	组合体三视图。 开心对对碰，找出与组合体相对应的三视图。	出示任务。	参与对对碰连线游戏。	检查学生对本堂课知识的掌握情况。
教学评价				
本堂课充分利用现代化技术手段，演练结合、讲练结合、理实结合，教学重点突出，板书条理清楚。教学步骤设计合理，由浅入深，一步一步地进行，学生学习兴趣高涨，达到预期教学效果。				
教学板书				
组合体三视图的画法 任务一：组合体的形体分析及视图选择。 任务二：组合体三视图的画法。 问题 1：肋板与圆柱相接处的画法。 问题 2：底板与圆柱相切处投影的画法。				
教学反思				
目标达成情况	1. 学生学会了对组合体形体的分析。 2. 学生掌握了组合体三视图的绘制方法。			
亮点与特色	利用信息化教学手段配合形式多样的教法学法让学生积极主动参与到本课的教学过程中，激发学生的学习兴趣，有效地开发各层次学生的潜在智能，培养学生自主探索知识的能力，真正做到了以学生为主体、以教师为主导的教学理念。			
问题与改进	不足：班级成员较多，不能做到让每一位学生展示自己的成果。 改进：课后让每一位学生将自己的成果上传到 QQ 群共享平台，大家相互借鉴学习。			

【点　评】

主要特色：

1. 教学资源丰富，体现了“教材与资源”并行的教学理念：能够运用希沃白板、UMU 学习平台、情境视频、“组合体视图的画法”微课、在线测试、开心对对碰课堂游戏进行教学，能有效提升师生的数字素养，提升课堂教学的有效性，丰富了学生的学习内容。

2. 对接工作岗位，进行课堂教学：能够按照工作要求完成教学任务，结合生产实际，实现教学任务与企业生产实际相对接，增强学生职业素养，提升学生知识技能的运用水平和能力。

3. 体现了“训练过程要进阶”的教学理念：在分组进阶教学环节中，教师先用启发式教学启发学生思考，发展学生的逻辑思维能力（初阶能力）。再培养学生发现问题、分析问题、解决问题的能力（中阶能力），最后在小组间形成互帮互助的氛围（高阶能力），层层递进，步步提升。

4. 采用了多元评价方法：评价主体多元化，采取了自己评、小组评、教师评、企业导师评的评价方法。表扬小组中表现优秀的个人，指出优缺点，这样能有效提高学生学习积极性。

建议：

缺少教学难点突破的方法，可邀请企业导师提示技术要点。对于教学难点，没有明确指出如何突破的。由于本次教学，企业导师的参与度相对较多，那么在难点突破上，也可以邀请企业导师参与教学、指导学生，突破难点。

LED 闪烁编程

◎课程名称：单片机基础

◎授课教师：黄建

<table>
<tr><td colspan="2">授课题目</td><td colspan="2">《LED 闪烁编程》</td><td>课程名称</td><td>单片机基础</td></tr>
<tr><td colspan="2">授课对象</td><td colspan="2">机电专业 2 年级学生</td><td>授课课时</td><td>2 课时</td></tr>
<tr><td colspan="2">授课地点</td><td colspan="2">单片机实训室</td><td>授课形式</td><td>理实一体化</td></tr>
<tr><td colspan="6">教学分析</td></tr>
<tr><td colspan="2">内容分析</td><td colspan="4">本课程是机电专业学生的专业课，侧重技术应用。针对此种课程性质，结合学习者特征，选择具有“以用促学，学以致用”教材特色的由机械工业出版社出版的《单片机基础》作为教学内容载体。本节课选自项目五任务一“灯光闪烁控制电路的安装与调试”，闪烁灯的控制在生活中非常常见，贴合学生的感性认识，同时也为后续跑马灯的学习做了知识铺垫。</td></tr>
<tr><td colspan="2" rowspan="3">学情分析</td><td>知识与技能基础</td><td colspan="3">通过课前测试，学生对 LED 的点亮和熄灭的程序编写掌握情况较好，并能使用 Proteus 绘制电路模型以及仿真。</td></tr>
<tr><td>认知与实践能力</td><td colspan="3">1. 通过前期的学习，学生已具备编程的基础知识，能较为熟练地应用 Proteus 软件进行仿真；
2. 学生通过短视频，已经对 LED 闪烁的工作原理有初步的认知，对如何控制闪烁频率还比较困惑。</td></tr>
<tr><td>学习特点</td><td colspan="3">喜欢借助微课、动画、仿真软件等信息化手段学习。</td></tr>
<tr><td rowspan="5">目标</td><td rowspan="3">学生目标</td><td>知识</td><td colspan="3">1. 程序循环跳转指令的应用；
2. 延时的原理及编写。</td></tr>
<tr><td>能力</td><td colspan="3">培养学生合作探究的能力与团队协作的意识。</td></tr>
<tr><td>素质</td><td colspan="3">通过分组实践，培养学生乐观向上、团结协作、热爱集体、关爱他人、热爱生活的美好情感，激发学生学习兴趣，形成主动学习的习惯，培养团队精神，树立安全文明生产的观念，形成良好的职业道德。</td></tr>
<tr><td rowspan="2">教师目标</td><td>内容</td><td colspan="3">1. 使学生掌握灯光闪烁控制电路控制系统的编程、接线、调试方法；
2. 在实践过程中开阔学生对可编程控制器的编程思路，提高学生创造能力以及对知识的探索能力。</td></tr>
<tr><td>方法</td><td colspan="3">动手实践，总结归纳，工学结合。</td></tr>
<tr><td colspan="2">教学内容</td><td colspan="4">LED 闪烁的仿真及程序编写。acall、djnz 语句的应用。</td></tr>
<tr><td colspan="2">教学重点</td><td colspan="4">1. 程序的循环设计；
2. 程序的编写。</td></tr>
<tr><td colspan="2">教学难点</td><td colspan="4">延时程序的应用。</td></tr>
</table>

续表

<table>
<tr><th colspan="5">教学策略</th></tr>
<tr><td colspan="2">教学设计流程</td><td colspan="3">课前预习、测试→布置任务→练习→展示、评价→总结→课后巩固。</td></tr>
<tr><td rowspan="2">教学方法</td><td>教法</td><td colspan="3">任务驱动教学法、示范演示法。</td></tr>
<tr><td>学法</td><td colspan="3">探究学习法、小组合作学习法。</td></tr>
<tr><td colspan="2">教学手段与资源</td><td colspan="3">问卷星、微信、抖音短视频、超星学习通。</td></tr>
<tr><th colspan="5">教学实施</th></tr>
<tr><td>教学阶梯</td><td>教学内容</td><td>教师活动</td><td>学生活动</td><td>设计意图</td></tr>
<tr><th colspan="5">课　前</th></tr>
<tr><td>教学准备
（第一阶）</td><td>1. 课前预习，测试；
2. 安全教育；
3. 分组</td><td>1. 通过问卷星发布预习任务，测试题目，分析测试结果，及时调整教学策略。
2. 查找教学资源。</td><td>预习，完成测试。</td><td>1. 通过预习让学生直观地了解生活中的现象。
2. 通过微课资源、线上测试和互动平台，了解学生对知识点、技能点的理解情况，梳理问题，及时调整教学策略。
3. 分组时将不同层次的同学安排在一组，讨论时可以做到取长补短。安全教育常抓不懈，防祸患于未然。</td></tr>
<tr><th colspan="5">课　中</th></tr>
<tr><td>任务发布
（第二阶）</td><td>LED 闪烁的实现原理</td><td>1. 课件展示，播放视频。
2. 提问：
（1）视频中广告灯变化的规律是什么？
（2）这种灯光在什么时候、什么地方出现最多？
3. 点评学生回答问题。
4. 布置任务。</td><td>1. 观看闪烁灯视频。
2. 思考，回答问题。
3. 讨论回答的问题是否正确。</td><td>1. 在学生已有经验的基础上，教师创设出与学生密切相关的生活情景，解除学生的陌生感和对新知的抵触情绪，激发学生学习兴趣。
2. 教师通过多媒体视频材料演示的方法和启发式教学的方法，学生能够在观察视频材料的基础上自行分析、归纳并回答教师提问，锻炼学生的观察能力、逻辑思维能力和表达能力。</td></tr>
<tr><td>分组进阶
（第三阶）</td><td>1. 循环程序的编写，acall 的应用。
2. 延时程序的编写。
3. Proteus 绘制仿真图。
4. 仿真运行</td><td>多媒体课件展示：
任务一：一盏信号灯延时亮的控制。
一、任务要求：
LED 闪烁显示。间隔时间 0.1 s。
二、任务分析：
步骤一：读题。
视频和动画展示。
步骤二：程序编写。
1. 教师找 2 位学生将结果写在黑板上。</td><td>1. 学生读题。
2. 两位学生在黑板上写出程序框架，其余学生画在任务书上，并记录时间。</td><td>1. 采用任务驱动的方法，教师通过视频展示和动画展示在学生头脑中构建目标图景，学生懂得题意，明确任务结果应该是什么。</td></tr>
</table>

续表

教学阶梯	教学内容	教师活动	学生活动	设计意图
分组进阶（第三阶）	1. 循环程序的编写，acall的应用。 2. 延时程序的编写。 3. Proteus绘制仿真图。 4. 仿真运行	2. 教师要求其余学生画在任务书上，并记录时间。 3. 教师巡视查看学生完成任务情况。 4. 教师点评两位学生的完成情况，指出在巡视过程中发现的错误。 步骤三：画接线图。 1. 教师找两位学生写在黑板上。 2. 教师要求其余学生画在任务书上，并记录时间。 3. 教师巡视查看学生完成任务情况。 4. 教师点评两位学生的完成情况和在巡视过程中发现的错误	3. 两位学生在黑板上画出接线原理图，其余学生画在任务书上，并记录时间。 4. 使用Proteus进行仿真。	2. 针对学生能进行程序编写，教师选择两位性格较为内向，发言不够积极的学生在黑板上完成书写任务，提供机会鼓励他们积极向外成长发展。其他学生在完成任务书上相关任务并记录时间的过程中，联系新知复习旧知，同时进行时间管理训练。教师点评，让做得好的学生体会成就感，使做得不好的学生经历一次挫折训练，同时明白自己的问题的症结所在，明确努力方向。针对巡视中发现的问题，教师及时给予反馈信息。
集中展示（第四阶）	小组展示仿真作品。讨论在完成过程中的问题，强化知识	1. 教师布置小组讨论交流任务。 2. 布置典型问题汇报交流任务。	1. 小组讨论：学生就任务书中记录的问题及解决方案展开小组内部交流讨论。 2. 典型问题汇报交流：小组内部选出典型性问题及典型性解决方案。	1. 不同层次的学生组成小组进行讨论做任务过程中遇到的问题及解决方案，问题及解决方案有多样性和层次性的特点，对每位学生都是大有裨益。潜移默化地进行同理心教育和换位思考教育，开放分享的意识教育。 2. 典型问题汇报交流目的在于让学生对常规出现的问题引以为戒，共同学习解决方案，养成资源共享的开放意识和心态，同时给予学生表现自己的机会，培养学生的语言表达能力和临场发挥的应变能力。小组内部选出典型性问题及典型性解决方案过程中锻炼学生的团队合作意识和能力。
集中评价（第五阶）	小组自评、互评，教师评价小结	课堂小结、点评。 1. 组织小组代表，分享成果； 2. 组织学生互评； 3. 教师总结、点评。	学生根据工作任务书自评，小组互评。	及时反馈信息，让学生在评价中找到努力方向，在评价中体会成就感。

续表

教学阶梯	教学内容	教师活动	学生活动	设计意图
课　后				
拓展延伸（第六阶）	1. 课后技能训练； 2. 预习新课	布置作业： 三盏信号灯以间隔一秒的时间顺序点亮后，最后亮起的灯亮三秒后，从最后一盏灯起以间隔一秒的时间逆序熄灭。	完成作业。	检查学生对本堂课知识的掌握情况。
教学评价				
重难点突出，教法选择灵活恰当，教学过程设计较详，体现了“以学生为主体”教学理念的师生互动过程设计。个别学生的学习兴趣不浓，需调整学习策略。				
教学反思				
目标达成情况	本节课在丰富的教学资源的支持下，学生通过项目分析，明确教学任务，通过课堂实践，学生掌握了 LED 闪烁程序的编写。经测试发现，学生已达到预期教学目标。			
亮点与特色	通过微课学习、视频教学、仿真验证、在线测试、投屏展示分享等信息化教学手段，使原来枯燥的理论学习变得生动形象，同时也活跃了课堂氛围。			
问题与改进	对于部分学习兴趣不浓厚的学生，教师没有采取有效的策略。一方面应当多利用信息化技术手段，及时收集与掌握学生学习状态，在投屏展示活动中，多与学生进行互动交流；另一方面调整学生小组成员，利用大数据分析，将积极活跃的学生与较为沉默的学生搭档组队，利用团队带动学生学习兴趣。			

【点　评】

主要特色：

1. 信息化教学手段运用较好：能够灵活运用问卷星、微信、抖音短视频、超星学习通等进行教学，给学生分发测试题，根据测试结果，及时调整教学策略。资源准备充分，包括了任务书、信号灯视频、信号灯动画、仿真软件、编程软件、单片机一体化实训考核装置等。

2. 典型问题汇报交流，教学效果好：在集中展示教学环节，教师布置了典型问题汇报交流任务，让小组内部选出典型性问题及给出典型性解决方案，并相互交流。这不但能培养学生的语言表达能力、临场发挥的应变能力，还能进一步巩固本课所学，提升教学效果。

3. 体现了“教师与学生”共同发展的理念：教师制定了清晰的教师发展目标，需要在实践过程中去开阔学生可编程控制器的编程思路，提高学生的创造能力以及对知识的探索能力，教师自己也动手实践、归纳总结，充分体现了“人字梯型”教学模式“教师与学生”并行发展的理念。

建议：

1. 教学评价不清晰，可增加评价指标：教学评价的内容很少，没有具体的评价方法与评价指标，不利于掌握学生的学习情况。教师后期可以针对本课的知识技能点，给予评价指标。另外，还可以结合自己评、小组评、企业评、家长评和教师评，综合评价学生的学习效果。

2. 教学板书不清晰，可以罗列本课知识技能点：板书不清晰会导致教学内容零散，无法形成系统思维，因此，应罗列出本课内容，从整体到局部，让学生熟悉本课所学。

环境营造

◎课程名称：幼儿生活照护

◎授课教师：程林玲

<table>
<tr><td>授课题目</td><td colspan="2">环境营造</td><td>课程名称</td><td>幼儿生活照护</td></tr>
<tr><td>授课对象</td><td colspan="2">中职幼儿保育3+2专业二年级1班</td><td>授课课时</td><td>2课时</td></tr>
<tr><td>授课地点</td><td colspan="2">理实一体教室</td><td>授课形式</td><td>理论课</td></tr>
<tr><td colspan="5">教学分析</td></tr>
<tr><td>内容分析</td><td colspan="4">授课内容为：1. 托幼园所睡眠物质环境营造；2. 托幼园所的心理环境营造。
本课程按照托幼园所工作流程将内容分为多个板块。“环境营造”是指幼儿在托幼园所中睡觉时，保育工作要点的内容。睡眠是托幼园所一日生活日程中必不可少的环节。</td></tr>
<tr><td>学情分析</td><td colspan="4">学生的知识和技能基础：通过学习通上传的作业情况，全班100%同学已经掌握了托幼园所一日生活环节内容，85%的学生掌握了低龄幼儿的生理特点和心理学知识。
认知和实践能力：100%同学见习过托幼园所保育工作，60%的学生能熟练完成保育工作中的基本清洁工作。
学习特点：使用问卷星对班级学生进行调查：最希望这节课在哪里授课？以什么方式授课？得出的结论是：学生不喜欢传统的上课模式，对于和行业对接的方式和内容更感兴趣。</td></tr>
<tr><td rowspan="5">教学目标</td><td>四维目标</td><td>基座型教学目标
（全部学生）</td><td>高原型教学目标
（30%学生）</td><td>攀峰型教学目标
（10%学生）</td></tr>
<tr><td>知识目标</td><td>1. 能口述托幼园所睡眠环境营造工作流程。
2. 掌握清理睡眠室的正确方法。
3. 知道床铺整理方法。
4. 知道睡眠心理环境营造方法。</td><td>能讲述案例流程中的细小注意事项。</td><td>能说出睡眠准备中经常出现的错误点。</td></tr>
<tr><td>技能目标</td><td>1. 能完成托幼园所中睡眠环境营造工作。
2. 会整理幼儿床铺。
3. 会运用到合适的睡眠心理环境营造方法。</td><td>能按照“1+X”证书照护标准完成午检、清洁睡眠室、整理床铺。</td><td>1. 能按照国赛标准完成床铺整理。
2. 找出案例中常见的错误。</td></tr>
<tr><td>素养目标</td><td colspan="3">1. 规范操作的职业素养。
2. 耐心细心的职业精神。
3. 培养良好的审美能力，带动幼儿审美。</td></tr>
<tr><td>思政目标</td><td colspan="3">完成“五心共育”中的责任心和细心。</td></tr>
<tr><td>教学重点</td><td colspan="4">会整理幼儿床铺。</td></tr>
<tr><td>教学难点</td><td colspan="4">会整理幼儿床铺。</td></tr>
</table>

续表

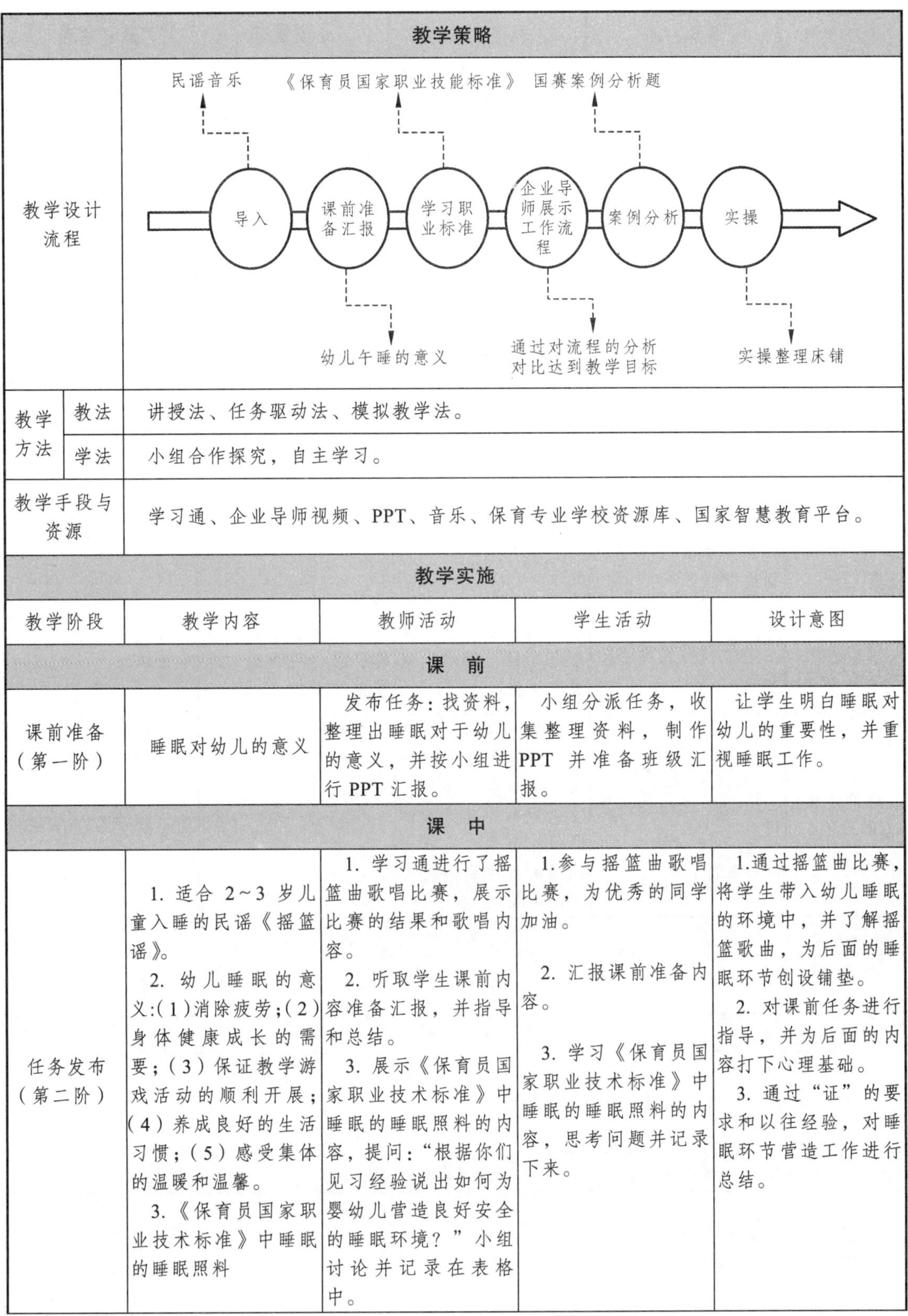

教学策略				
教学设计流程	民谣音乐 → 导入；课前准备汇报 → 幼儿午睡的意义；学习职业标准 → 《保育员国家职业技能标准》；企业导师展示工作流程 → 通过对流程的分析对比达到教学目标；案例分析 → 国赛案例分析题；实操 → 实操整理床铺			
教学方法 教法	讲授法、任务驱动法、模拟教学法。			
教学方法 学法	小组合作探究，自主学习。			
教学手段与资源	学习通、企业导师视频、PPT、音乐、保育专业学校资源库、国家智慧教育平台。			
教学实施				
教学阶段	教学内容	教师活动	学生活动	设计意图
课　前				
课前准备（第一阶）	睡眠对幼儿的意义	发布任务：找资料，整理出睡眠对于幼儿的意义，并按小组进行 PPT 汇报。	小组分派任务，收集整理资料，制作 PPT 并准备班级汇报。	让学生明白睡眠对幼儿的重要性，并重视睡眠工作。
课　中				
任务发布（第二阶）	1. 适合 2~3 岁儿童入睡的民谣《摇篮谣》。 2. 幼儿睡眠的意义:（1）消除疲劳;（2）身体健康成长的需要;（3）保证教学游戏活动的顺利开展;（4）养成良好的生活习惯;（5）感受集体的温暖和温馨。 3.《保育员国家职业技术标准》中睡眠的睡眠照料	1. 学习通进行了摇篮曲歌唱比赛，展示比赛的结果和歌唱内容。 2. 听取学生课前内容准备汇报，并指导和总结。 3. 展示《保育员国家职业技术标准》中睡眠的睡眠照料的内容，提问：“根据你们见习经验说出如何为婴幼儿营造良好安全的睡眠环境？”小组讨论并记录在表格中。	1.参与摇篮曲歌唱比赛，为优秀的同学加油。 2. 汇报课前准备内容。 3. 学习《保育员国家职业技术标准》中睡眠的睡眠照料的内容，思考问题并记录下来。	1.通过摇篮曲比赛，将学生带入幼儿睡眠的环境中，并了解摇篮歌曲，为后面的睡眠环节创设铺垫。 2. 对课前任务进行指导，并为后面的内容打下心理基础。 3. 通过“证”的要求和以往经验，对睡眠环节营造工作进行总结。

续表

教学阶段	教学内容	教师活动	学生活动	设计意图
分组进阶（第三阶）	1. 托幼园所保育老师对睡眠环境营造的工作流程视频。（打扫睡眠室，整理床铺，提醒上厕所，午检，拉窗帘，帮助幼儿脱衣服，关灯放音乐或故事，关注小部分幼儿）。 2. 视频中保育老师拖地的手法不规范。 3. 案例分析：（国赛案例分析题目）红红在床铺上脱完衣服躺在床上看绘本，你作为保育老师应该怎么办？（睡眠心理环境营造方法）	1. 出示托幼园所中的保育老师对睡眠环境的营造视频，并对比小组的观察表格，找到不一样的地方。 2. 请小组展示结果，并给予适当的指导。 3. 小组讨论视频中的保育老师哪些操作很优秀，哪些操作有问题？ 4. 出示案例分析题，提出睡眠心理环境营造方法。	1. 观看视频，小组完成表格，找到两处不同之处。 2. 小组展示成果，复述睡眠准备工作流程。 3. 小组讨论并准备发言。 4. 思考案例分析，并积极回答问题。	1. 完成对知识目标的掌握。 2. 通过小组展示成果，小组与小组之间相互学习。 3. 通过找到保育老师的优点和问题，学生完成技能目标和素养目标。 4. 通过案例分析完成教学重点。
集中展示（第四阶）	国赛对床铺整理的要求	出示国赛选手床铺整理视频，请学生完成床铺整理。	学习国赛床铺整理的要求，现场进行床铺整理。	将“赛”和“课”紧密联系。
评价总结（第五阶）	培养中国式现代化保育人才	总结保育工作的特点，在睡眠环节中每项工作出发点都是以幼儿为本，真正做到以幼儿为本才是社会和国家需要的中国式现代化保育人才。	理解幼儿为本，理解中国式现代化保育人才。	达成思政目标。
课　后				
课后拓展（第六阶）	每个学生去实训室完成幼儿床铺整理，拍成视频，上传超星学习通平台。			
板书设计				
幼儿睡眠环境的营造 1. 打扫睡眠室 2. 整理床铺 3. 提醒上厕所 4. 午检 5. 拉窗帘 6. 帮助幼儿脱衣服 7. 关灯放音乐或故事 8. 关注小部分幼儿				
教学反思				
亮点与特色：融入“岗课赛证”。 问题与改进：“人字梯型”模式没有很好地体现。				

附件：任务单

如何为幼儿营造良好安全的睡眠环境		托幼园所保育老师对睡眠环境营造的工作流程	
工作内容	具体操作	工作内容	具体操作

【点　评】

主要特色：

1. 学情分析到位，数据图清晰：能利用饼状图对学生学习特点进行分析，用清晰的数据展示学生特点。根据数据分析发现，学生喜欢去托育园所实习地学习，喜欢和企业导师一起学习，这些分析对教学策略制定和教学实施有较好指导作用。

2. 教学目标明确，分层教学，因材施教：将教学目标分为基座型教学目标、高原型教学目标、攀峰型教学目标，针对不同的学生制定对应的教学目标，将“1+X”证书照护标准中完成午检、清洁睡眠室、整理床铺等设置为高原型教学目标，将国赛标准中完成床铺整理设置为攀峰型目标，根据知识技能难度的不同来设计，充分体现因材施教的教学理念和“人字梯型”教学模式中层层递进的教学理念。

3. 体现了“人字梯型”教学模式中“课程标准与职业标准”并行的理念：在任务发布教学环节，学生需要学习《保育员国家职业技术标准》中睡眠照料的内容，通过证书的要求和以往经验，学习睡眠环境营造，充分体现了“课程标准与职业标准”的融合。在集中展示教学环节，学生通过国赛选手床铺整理视频，学习床铺整理。本课结合大赛标准，提升了教学质量。

建议：

缺少教学评价，可新增评价内容：在教学评价部分，可以增加知识点、技能点、素养点的评价指标，采用教师评、企业评、自评、互评等方式进行评价，反馈学习效果。

幼儿午检

◎课程名称：幼儿生活照护

◎授课教师：古华平

<table>
<tr><td>授课题目</td><td colspan="2">幼儿午检</td><td>课程名称</td><td>幼儿生活照护</td></tr>
<tr><td>授课对象</td><td colspan="2">中职幼儿保育专业（3+2）二年级 1 班</td><td>授课课时</td><td>2 课时</td></tr>
<tr><td>授课地点</td><td colspan="2">幼儿保健实训室</td><td>授课形式</td><td>理实一体</td></tr>
<tr><td colspan="5">教学分析</td></tr>
<tr><td>内容分析</td><td colspan="4">“幼儿午检”是《婴幼儿生活照护》的第六个项目睡眠照护的第二个任务。结合“1+X”证书幼儿照护职业技能标准，确定授课内容为：1. 理解幼儿午检的作用；2. 熟知幼儿午检的内容；3. 掌握幼儿午检的注意事项。
午检可更好地掌握幼儿的健康状况以及睡眠状态，调节幼儿生理机能和促进幼儿生长发育，是保育专业学生必学内容之一。</td></tr>
<tr><td></td><td colspan="4">学生的知识和技能基础：结合学生已学课程和课前预习，95% 的学生掌握了睡眠环境的营造，90% 的学生能规范地对幼儿进行午检，85% 的学生掌握了指导幼儿穿脱衣服的方法及对不良睡姿的指导，为本内容的学习奠定了良好的基础。
认知和实践能力：100%的学生参加过托幼园的见习，对幼儿的不良睡眠有一定感性认识，但缺乏系统的理论和实践能力。
学习特点：保育专业（3+2）二年级 1 班 90% 的学生理论理解能力较差，对理论知识的学习不感兴趣，98% 的学生动手能力较强，实践学习积极性高。</td></tr>
<tr><td rowspan="5">教学目标</td><td>四维目标</td><td>基座型教学目标
（全部学生）</td><td>高原型教学目标
（30% 学生）</td><td>攀峰型教学目标
（10% 学生）</td></tr>
<tr><td>知识目标</td><td>1.熟知幼儿午检的作用。
2. 熟记幼儿午检的内容。</td><td colspan="2">通过案例，能够分析出幼儿午检内容及注意事项。</td></tr>
<tr><td>技能目标</td><td>能掌握午检流程，完成检查。</td><td>能掌握幼儿行为认知和午检注意事项，及时发现问题、处理问题，保障幼儿安全。</td><td>探索不同幼儿的观察要点。</td></tr>
<tr><td>素养目标</td><td colspan="3">能认识到自己在幼儿午检中所承担的责任，树立预防意识，并积极参与相关知识的学习。</td></tr>
<tr><td>思政目标</td><td colspan="3">将“五心”融入课程，热爱学前教育。</td></tr>
<tr><td>教学重点</td><td colspan="4">掌握幼儿午睡作用和内容。</td></tr>
<tr><td>教学难点</td><td colspan="4">午间检查各种异常情况的处理方法。</td></tr>
</table>

续表

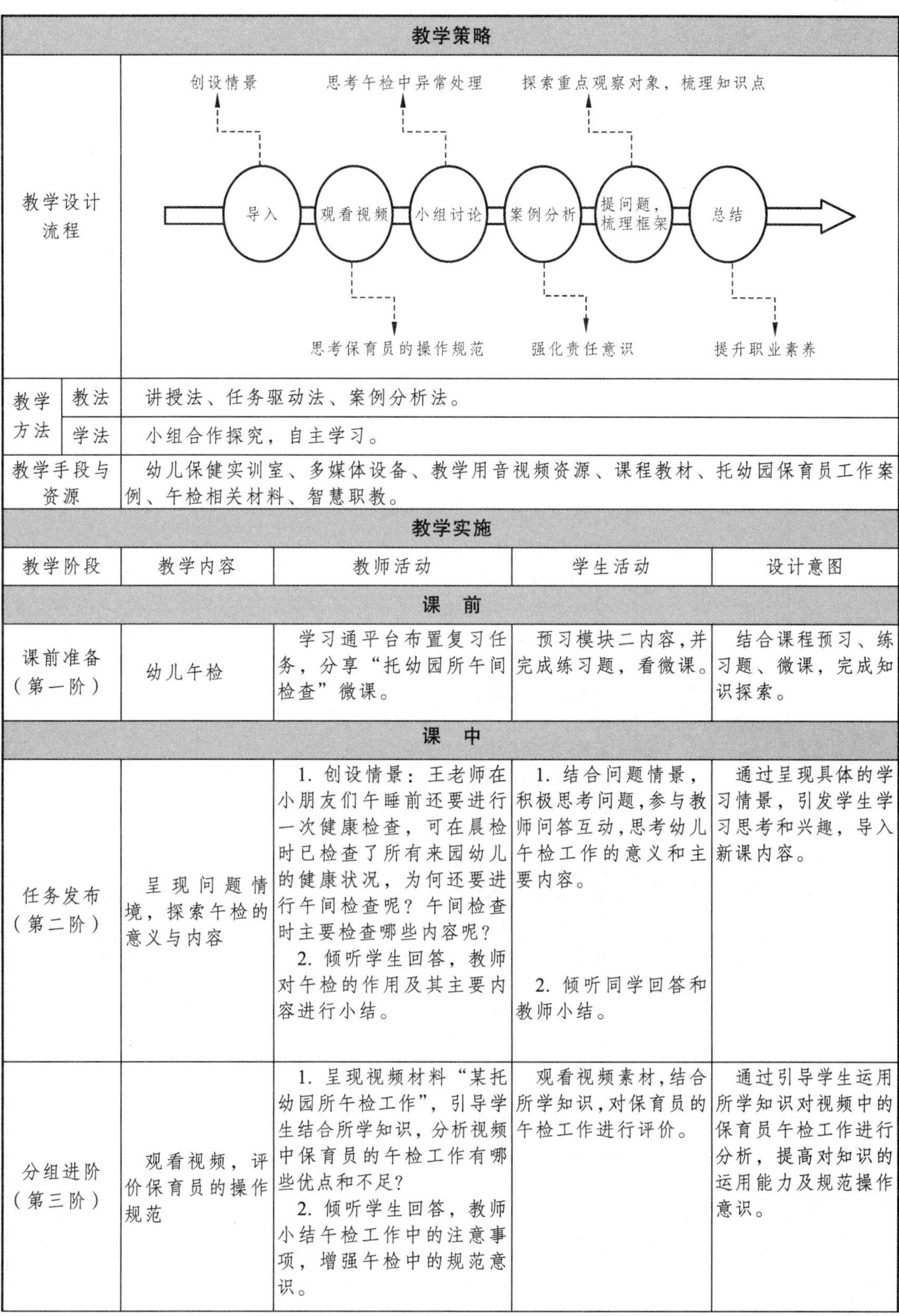

教学策略				
教学设计流程	导入 → 观看视频 → 小组讨论 → 案例分析 → 提问题，梳理框架 → 总结 导入：创设情景 观看视频：思考保育员的操作规范 小组讨论：思考午检中异常处理 案例分析：强化责任意识 提问题，梳理框架：探索重点观察对象，梳理知识点 总结：提升职业素养			
教学方法 教法	讲授法、任务驱动法、案例分析法。			
教学方法 学法	小组合作探究，自主学习。			
教学手段与资源	幼儿保健实训室、多媒体设备、教学用音视频资源、课程教材、托幼园保育员工作案例、午检相关材料、智慧职教。			
教学实施				
教学阶段	教学内容	教师活动	学生活动	设计意图
课　前				
课前准备（第一阶）	幼儿午检	学习通平台布置复习任务，分享“托幼园所午间检查”微课。	预习模块二内容，并完成练习题，看微课。	结合课程预习、练习题、微课，完成知识探索。
课　中				
任务发布（第二阶）	呈现问题情境，探索午检的意义与内容	1. 创设情景：王老师在小朋友们午睡前还要进行一次健康检查，可在晨检时已检查了所有来园幼儿的健康状况，为何还要进行午间检查呢？午间检查时主要检查哪些内容呢？ 2. 倾听学生回答，教师对午检的作用及其主要内容进行小结。	1. 结合问题情景，积极思考问题，参与教师问答互动，思考幼儿午检工作的意义和主要内容。 2. 倾听同学回答和教师小结。	通过呈现具体的学习情景，引发学生学习思考和兴趣，导入新课内容。
分组进阶（第三阶）	观看视频，评价保育员的操作规范	1. 呈现视频材料“某托幼园所午检工作”，引导学生结合所学知识，分析视频中保育员的午检工作有哪些优点和不足？ 2. 倾听学生回答，教师小结午检工作中的注意事项，增强午检中的规范意识。	观看视频素材，结合所学知识，对保育员的午检工作进行评价。	通过引导学生运用所学知识对视频中的保育员午检工作进行分析，提高对知识的运用能力及规范操作意识。

续表

教学阶段	教学内容	教师活动	学生活动	设计意图
分组进阶（第三阶）	组织小组讨论，思考午检中的异常及处理	1. 结合“学而时习之”中的情境，组织学生思考幼儿在午睡中还可能出现哪些异常情况？不同情况又该如何处理？ 2. 倾听学生回答，教师对午睡中常见的异常情况和处理方法进行小结。	1. 积极参与小组合作，思考幼儿午睡中可能出现的不同异常情况，并讨论其应对方法。 2. 小组代表分享，教师小结。	通过小组讨论，师生概括出午睡中幼儿可能出现的异常情况及其相应的处理措施。
	组织分析案例，强化午检中的责任意识	1. 呈现案例视频——“男童幼儿园午睡猝死”，引导学生分析：案例中保育员的工作有哪些过失？如何做能避免悲剧的发生？ 2. 倾听学生回答，教师强化保育员在幼儿午睡中健康观察的责任意识。	观看案例视频，积极分析、思考问题，倾听教师小结，增强午检中的责任意识。	通过案例分析，引发学生思考，强化自身责任意识。
集中展示（第四阶）	提出思考问题，探索重点观察对象。	1. 引导学生结合所学知识与生活照护实践经历，思考以下问题：哪些幼儿需要重点观察？不同类型幼儿的健康观察各有什么要求？ 2. 倾听学生回答，师生共同小结不同幼儿的观察要点。	积极参与问题思考与教师共同概括出不同类型幼儿的观察要点。	创设问题情境，学生在问题引领下探索保育员的角色与职责，同时，明确午检的重难点。
	梳理知识框架	引导学生以小组为单位，使用思维导图对本课所学知识进行总结，然后与大家分享收获。	积极参与小组思维导图绘制与小结分享。	通过对本课所学知识的概括与梳理，巩固本课所学知识。
评价总结（第五阶）	强化职业素养要求	教师点评各小组的分享，强调保育员在午间检查中的角色与责任，引导学生认识到规范操作、细心观察、生命意识等职业素养的重要意义。	认真倾听教师小结，巩固本课所学知识。	强化对规范操作、细心观察、生命意识等综合职业素养的养成。
课　后				
课后拓展（第六阶）	请结合所学知识思考以下问题： 1. 午间检查与晨间检查有什么区别？ 2. 午检中应重点关注哪些幼儿？不同类型的幼儿观察要点是什么？			

续表

教学评价
本教学设计围绕“1+X”证书幼儿照护技能要求确定教学目标，以午检内容和应急处理方法为重难点，以学生为主体，教师为主导，通过情景创设、小组研讨，教师理论讲解，托幼园保育老师的案例分享、托幼园实践等环节突出重点，突破难点，学生目标达成度高。
教学反思
亮点与特色： 1. 以创设情景导入，激发学生学习兴趣，引发思考。 2. 做到了理实一体，既有理论的学习，也有案例分享，为进托幼园实践打下基础。 问题与改进： 缺乏实践经验，理论与实践没有更好地融合。

【点　评】

主要特色：

1. 信息化教学手段丰富，“线上与线下”融合：在教学中，使用了智慧职教平台，引导学生观看微课等音视频资源，结合托幼园保育员工作案例，有丰富的教学资源。

2. “品德素养与知识技能”并行：在分组进阶教学环节中，学生学习保育员操作时，除了需要掌握相关知识技能，教师还引导学生树立规范操作的意识，并通过案例视频，强调安全的重要性，增强学生的责任意识。在评价总结教学环节中，强化细心观察、生命意识等综合职业素养，体现了“人字梯型”教学模式中“品德素养与知识技能”并行的教学理念。

3. 围绕“1+X”证书相关要求进行教学：将“1+X”证书幼儿照护技能要求引入教学中，将午检内容和应急处理方法设为重难点，提升了学生的技能水平。

建议：

1. 学情分析缺少分析图，可增加数据图：在进行学情分析的时候，可以设计柱状图、饼状图或者雷达图，结合文字描述，清晰展示学生情况，指导教学实施。

2. 基座型目标内容较少，表述过于简洁，可以适当增加内容：基座型目标作为大部分学生应该完成的内容，需要细化，可以将知识点技能点等罗列出来。

3. 缺少教学评价，可新增评价内容：在教学评价部分，可以增加评价主体、评价方式、评价内容等，通过过程性评价和结果评价，全方位评价教学。

正确穿脱衣服及睡眠指导

◎课程名称：幼儿生活照护

◎授课教师：刘禹涵

<table>
<tr><td>授课题目</td><td colspan="2">正确穿脱衣服及睡眠指导</td><td>课程名称</td><td>幼儿生活照护</td></tr>
<tr><td>授课对象</td><td colspan="2">中职幼儿保育专业（3+2）二年级 1 班</td><td>授课课时</td><td>2 课时</td></tr>
<tr><td>授课地点</td><td colspan="2">实训室</td><td>授课形式</td><td>理实一体</td></tr>
<tr><td colspan="5">教学分析</td></tr>
<tr><td>内容分析</td><td colspan="4">本课程选自《幼儿照护》睡眠照护，主要内容包含：
1. 正确穿脱衣服的方法；
2. 培养婴幼儿的正确睡姿及指导；
3. 婴幼儿的不良睡姿及其纠正与指导建议。
该课程主要让保育专业学生学会如何培养幼儿良好的生活习惯、如何使幼儿学会自己动手穿衣、如何加强幼儿的自理能力，同时让保育专业学生了解幼儿的穿衣特点和睡姿特点，加强职业认同，树立行业责任感，为后续证书考取打下坚实基础。</td></tr>
<tr><td></td><td colspan="4">学生的知识和技能基础：授课对象为中职二年级第一学期幼儿保育专业学生，经过“儿童学习教育发展”“儿童卫生与保健”等课程的学习，学生已经有了儿童生理和心理的知识基础。经过本课程前面 4 个项目的学习，学生已经了解了托育园所一日生活日程的工作流程，工作的模式和特点，但对睡眠环节的工作特点还没有掌握。
认知和实践能力：学生在中职一年级前往过托育园所见习，知道保育工作内容。通过理实一体实训室的实践，学生能判断幼儿常见的问题，但在处理问题和工作规范流程还需要学习和训练。
学习特点：学生喜欢动手操作，对于传统理论学习存在排斥心理。本专业女生多，他们对周围事物观察细致，但深度学习的能力还需要培养。</td></tr>
<tr><td rowspan="6">教学目标</td><td>四维目标</td><td>基座型教学目标
（全部学生）</td><td>高原型教学目标
（30% 学生）</td><td>攀峰型教学目标
（10% 学生）</td></tr>
<tr><td>知识目标</td><td>1. 正确穿脱衣服的方法；
2. 培养婴幼儿的正确睡姿及指导；
3. 幼儿的不良睡姿及其纠正与指导建议。</td><td colspan="2">完成案例分析，给出幼儿不良睡姿的改正建议。</td></tr>
<tr><td>技能目标</td><td>1. 能根据不同年龄段的幼儿、身心特点正确指导穿脱衣服；
2. 能正确判断幼儿的不良睡姿并及时纠正。</td><td>找到多种方法指导幼儿穿脱衣服。</td><td>创新指导幼儿穿脱衣服的方式。</td></tr>
<tr><td>素养目标</td><td colspan="3">1. 培养学生职业感认同，树立行业责任感；
2. 养成耐心细心并坚持不懈的工作态度。</td></tr>
<tr><td>思政目标</td><td colspan="3">将“五心”融入课程，热爱保育事业。</td></tr>
</table>

续表

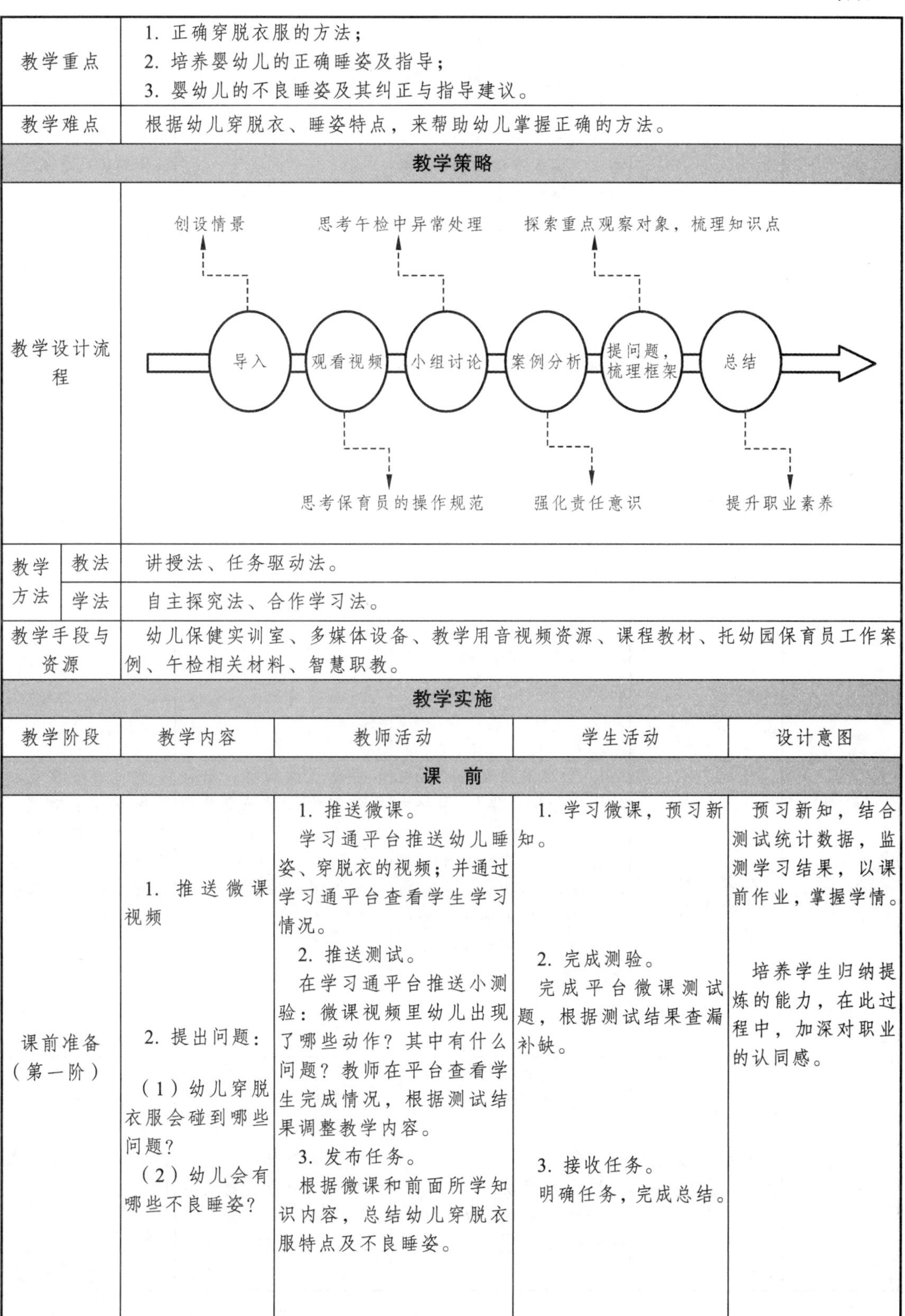

教学重点	1. 正确穿脱衣服的方法； 2. 培养婴幼儿的正确睡姿及指导； 3. 婴幼儿的不良睡姿及其纠正与指导建议。			
教学难点	根据幼儿穿脱衣、睡姿特点，来帮助幼儿掌握正确的方法。			
教学策略				
教学设计流程	导入→观看视频→小组讨论→案例分析→提问题，梳理框架→总结 导入：创设情景；观看视频：思考保育员的操作规范；小组讨论：思考午检中异常处理；案例分析：强化责任意识；提问题，梳理框架：探索重点观察对象，梳理知识点；总结：提升职业素养			
教学方法	教法	讲授法、任务驱动法。		
	学法	自主探究法、合作学习法。		
教学手段与资源	幼儿保健实训室、多媒体设备、教学用音视频资源、课程教材、托幼园保育员工作案例、午检相关材料、智慧职教。			
教学实施				
教学阶段	教学内容	教师活动	学生活动	设计意图
课　前				
课前准备（第一阶）	1. 推送微课视频 2. 提出问题： （1）幼儿穿脱衣服会碰到哪些问题？ （2）幼儿会有哪些不良睡姿？	1. 推送微课。 学习通平台推送幼儿睡姿、穿脱衣的视频；并通过学习通平台查看学生学习情况。 2. 推送测试。 在学习通平台推送小测验：微课视频里幼儿出现了哪些动作？其中有什么问题？教师在平台查看学生完成情况，根据测试结果调整教学内容。 3. 发布任务。 根据微课和前面所学知识内容，总结幼儿穿脱衣服特点及不良睡姿。	1. 学习微课，预习新知。 2. 完成测验。 完成平台微课测试题，根据测试结果查漏补缺。 3. 接收任务。 明确任务，完成总结。	预习新知，结合测试统计数据，监测学习结果，以课前作业，掌握学情。 培养学生归纳提炼的能力，在此过程中，加深对职业的认同感。

续表

教学阶段	教学内容	教师活动	学生活动	设计意图
课　中				
任务发布（第二阶）	1. 通过课前微课视频，学生掌握部分幼儿不规范地穿脱衣服方法； 2. 教师分享幼儿在穿脱衣中的常见问题	1. 组织课堂。 通过对微课的学习，学生初步了解本节课的内容，教师宣布课堂内容。 2. 幼儿穿脱衣常见问题。 （1）幼儿小手肌肉力量比较弱，穿较厚的衣服时比较费劲；幼儿做事速度较慢，需要老师的帮助和催促才能跟上节奏。 （2）幼儿没有记住穿衣顺序，穿衣过程中一会拿上衣，一会儿放下又拿裤子，耽误时间。 （3）家长包办代替，幼儿依赖性强，懒得自己穿脱衣服。 3. 提出问题。 面对前面的问题，我们应该如何解决？	1. 认真倾听，做好记录。 2. 课堂练习。 分小组讨论，初步构思。	1. 让学生对幼儿穿脱衣服过程出现的问题进行了解。 2. 为解决问题做准备，调动学生的积极性，完成知识目标。
分组进阶（第三阶）	观看视频，评价保育员的操作规范	1. 呈现视频材料“某托幼园所午检工作”，引导学生结合所学知识，分析视频中保育员的午检工作有哪些优点和不足？ 2. 倾听学生回答，教师小结午检工作中的注意事项，增强午检中的规范意识。	观看视频素材，结合所学知识，对保育员的午检工作进行评价。	通过引导学生运用所学知识对视频中的保育员午检工作进行分析，提高对知识的运用能力及规范操作意识。
	小组展示解决方法，教师点评	1. 组织小组进行展示。 2. 教师点评。 针对发现的共性问题进行讲解。 3. 组织修改。 组织学生对做得不好的地方讨论修改。	1. 完成小组展示。 2. 聆听记录。 认真聆听，记录要点。 3. 修改方法。 继续讨论修改解决办法。	通过小组实践尝试和教师点拨，提升知识应用能力，初步完成教学重点1。

续表

教学阶段	教学内容	教师活动	学生活动	设计意图
分组进阶（第三阶）	1. 组织小组展示修改方法； 2. 教师示范其中小儿歌的解决方法	1. 组织展示。 （1）组织各小组展示修改后的方法； （2）小组互评，发现问题并及时优化； （3）教师点评，总结解决方法。 2. 示范展示。 （1）教师展示解决方法思路； （2）教师示范。	1. 修改展示。 （1）小组展示，修改后的方法； （2）认真聆听，记录要点。 2. 聆听分析。 聆听教师讲解并做好记录。	通过修改解决方法、教师展示，让学生发现自己的不足，掌握合理的解决方法，解决教学重点 1。
集中展示（第四阶）	1. 了解婴幼儿的正确睡姿； 2. 了解婴幼儿的不良睡姿及其纠正	1. 总结幼儿的不良睡眠习惯。 （1）睡觉频繁要求小便，有一位小朋友上厕所其他小朋友也要跟着去； （2）不良睡眠习惯，如蒙头睡、咬被角、吸手指摸耳朵； （3）自己不睡在床上翻腾，影响他人入睡； （4）不良睡姿多种多样，常见的有仰睡、趴着睡。 2. 构思解决办法。 让学生分小组分别解决以上四个问题。巡视观察，发现问题并及时反馈指导。	1. 认真倾听，做好记录。 2. 课堂练习。 分小组讨论 ，初步构思。	1. 让学生对幼儿不良睡姿出现的问题进行了解。 2. 为解决问题做准备，调动学生的积极性，完成知识目标。
	1. 小组展示解决方法，教师点评。 2. 组织小组展示修改方法。 3. 教师示范纠正不良趴睡的解决方法	1. 组织小组进行展示。 小组互评，发现问题并及时优化。 2. 教师点评。针对发现的共性问题进行讲解。 3. 组织修改展示。 （1）组织学生对做得不好的地方讨论修改； （2）组织各小组展示修改后的方法； （3）教师点评，总结解决方法。 4. 示范展示。 （1）教师展示解决方法思路； （2）教师示范。	1. 完成小组展示。 2. 聆听记录。 认真聆听，记录要点。 3. 修改方法。 继续讨论修改解决办法。 4. 修改展示。 （1）小组展示修改后的方法； （2）认真聆听分析教师示范，记录要点。	通过小组实践尝试和教师点拨，修改解决方法、教师展示，让学生发现自己的不足，掌握合理的解决方法，提升知识应用能力，解决教学重点 2、3。

续表

教学阶段	教学内容	教师活动	学生活动	设计意图
评价总结（第五阶）	教师总结课堂重点内容，要求学生关注幼儿的穿脱衣特点，及时纠正幼儿不良睡姿，让幼儿健康快乐成长。要求学生树立职业责任感，为考取保育员证书打下坚实基础	教师总结两节课内容。 分享幼儿穿脱衣的重要性，正确睡姿对幼儿的影响，让学生树立职业责任感。	聆听总结： （1）聆听教师讲解； （2）认真聆听教师总结，反思自身问题。	教师分享幼儿穿脱衣重要性和睡姿对幼儿影响，加强保育专业学生职业感，责任意识，为后续证书考取打下坚实基础。
课　后				
课后拓展（第六阶）	巩固本次课内容（作业）； 预习新知（任务）。			
板书设计				
正确穿脱衣服及睡眠指导 1. 正确穿脱衣服的方法 小班： 中班： 大班： 2. 不良睡姿的纠正				
教学评价				
1. “岗课赛证”融合，在教学环节中很好地融合了“岗课赛证”。企业导师、国赛内容、“1+X”证书在课堂中呈现，紧跟行业。 2. 上课方式采用理实一体，理论学习后，能快速进入实践环节，很好地帮助学生适应和接触托育园所的工作和内容。 3. “五心共育”课程思政，根据保育岗位特殊性，需要较高的职业操守，将“信心、细心、耐心、爱心、责任心”这“五心”融入课程中，使课程思政达到浸润的作用。				
教学反思				
1. 结合行业发展，进一步开发课程资源。 依据托育园所行业发展，适应保育岗位的新业态、新模式、新理念，持续开发新型资源，动态提升资源质量。 2. 进一步关注学生成长持续开展增值评价。 教学评价的数据采集模式单一，需要借助更多的大数据分析，在教学过程中探索并开展了个性化指导和评价，激励和促进了学生学习，取得良好效果。				

【点　评】

主要特色：

1. 教学目标清晰、梯度递进：设计基座型教学目标、高原型教学目标、攀峰型教学目标，根据学生特点，设置不同的教学任务，体现因材施教的教学理念。在基座型教学目标中，设计大部分学生需要完成的教学内容，例如正确穿脱衣服的方法、正确判断幼儿的不良睡姿并及时纠正等；在高原型目标中，提升难度，需要学生找到多种方法；在攀峰型目标中，需要创新思维方式，层层递进，梯度提升。

2. 体现了“教师与学生”共同进步的教学理念：在集中展示教学环节中，教师需要示范操作，在演示操作中讲解纠正不良趴睡的解决方法，点拨技巧，提升学生知识应用能力。教师在展示中，也需要熟练操作，需要展示新的技巧，充分体现了“人字梯型”教学模式中“教师与学生”共同发展的教学理念。

建议：

1. 学情分析缺少数据，可增加数据图：对学生知识和技能基础、认知和实践基础需精准化分析，对全班学生学情数据进行采集，写出采集后的结果。例如，可用百分比呈现已掌握知识点的情况，结合数据图，指导教学实践。

2. 教学评价体现不明确，可增加评价内容：教学评价需要写出评价相关的内容，例如写出评价的主体、知识点、技能点、素养点等评价指标。对学生的学习过程及学习效果进行综合评价，反馈教学。

短视频账号定位

◎课程名称：新媒体运营

◎作者姓名：谭思为

<table>
<tr><td>授题目</td><td colspan="2">短视频账号定位</td><td>课程名称</td><td>新媒体运营</td></tr>
<tr><td>授课对象</td><td colspan="2">电子商务专业 2022 级 2 班</td><td>授课课时</td><td>2 课时</td></tr>
<tr><td>授课地点</td><td colspan="2">电子商务专业校外实训基地</td><td>授课形式</td><td>理实一体</td></tr>
<tr><td colspan="5">教学分析</td></tr>
<tr><td>内容分析</td><td colspan="4">教学内容为短视频内容定位、短视频用户定位。短视频定位是短视频创作的第一步，决定了短视频账号的发展方向，让用户能够对短视频进行区分，提高短视频的市场竞争力。本次课主要包含内容定位和用户定位两部分：第一课时确定短视频要“讲什么”，第二课时确定短视频内容“给谁看”。通过以上两个课时明确短视频的制作方向。</td></tr>
<tr><td rowspan="3">学情分析</td><td>知识和
技能基础</td><td colspan="3">1. 100% 的学生能够认识到账号定位的重要性，98% 的学生对用户使用环境定位的数据分析存在较大困难；
2. 95% 的学生能够了解账号定位的作用，70% 的学生能够了解用户定位的数据分析类型，50% 的学生了解短视频定位的整体流程，只有 10% 的学生了解短视频定位的流程及方法；
3. 全班学生都不知道具体怎么做才能精准定位，数据分析水平不高。</td></tr>
<tr><td>认知和
实践能力</td><td colspan="3">1. 只熟悉短视频的类型，不熟悉短视频定位的方法，缺乏短视频定位的系统学习；
2. 能够配合老师使用在线学习平台，关注学习的全过程的效果评价。</td></tr>
<tr><td>学习特点</td><td colspan="3">1. 喜欢新奇的短视频，喜欢做企业发布的真实项目；
2. 对理论知识的理解能力较弱，喜欢体验感强的课堂。</td></tr>
<tr><td rowspan="3">教学目标</td><td>四维目标</td><td>基座型教学目标
（全部学生）</td><td>高原型教学目标
（30% 学生）</td><td>攀峰型教学目标
（10% 学生）</td></tr>
<tr><td>知识目标</td><td>1. 熟悉 USP（Unique Sales Proposition，独特的销售主张）理论定位法；
2. 熟悉差异化定位、熟悉反差定位法；
3. 了解“5WIH”法；
4. 了解获取数据的方法形成用户画像。</td><td>1. 掌握 USP 理论定位法；
2. 掌握差异化定位、掌握反差定位法；
3. 掌握“5WIH”法；
4. 掌握获取数据的方法形成用户画像。</td><td>1. 熟练运用 USP 理论定位法；
2. 熟练运用差异化定位、熟练运用反差定位法；
3. 熟练运用了解“5WIH”法；
4. 熟练运用获取数据的方法形成用户画像。</td></tr>
<tr><td>技能目标</td><td>1. 能通过 USP 理论定位法找到内容定位的方向；
2. 能使用差异化定位法、能使用反差定位法；
3. 能用“5W1H”法描绘用户使用场景，形成用户画像。</td><td>1. 能将内容定位进行人设、风格、记忆点细分；
2. 能通过差异化定位法找到独特之处；
3. 能使用获取信息数据的方法查看不同账号信息、筛选类似账号。</td><td>1. 能将人设定位、风格定位等做差异化内容；
2. 能通过反差定位法颠覆固有印象；
3. 可使用数据分析，结合筛选同类型账号，形成精准用户画像。</td></tr>
</table>

续表

<table>
<tr><td rowspan="2">教学目标</td><td colspan="2">素养目标</td><td colspan="4">1. 培养学生学习能力、信息素养、职业能力；
2. 培养精益求精的工匠精神和爱岗敬业的劳动态度。</td></tr>
<tr><td colspan="2">思政目标</td><td colspan="4">1. 德法兼修：在短视频定位中树立遵纪守法的意识；
2. 诚信服务：注重服务品质，树立良好的诚信经营意识。</td></tr>
<tr><td rowspan="2">教学重点</td><td colspan="2">重点</td><td colspan="4">短视频内容定位。</td></tr>
<tr><td colspan="2">解决措施</td><td colspan="4">1. 企业发布任务，提升学习兴趣；
2. 通过金字塔学习模型法转化学生自主学习的动力；
3. 运用思维导图，让学生将提炼过程视觉化，加深记忆。</td></tr>
<tr><td rowspan="2">教学难点</td><td colspan="2">难点</td><td colspan="4">短视频内容定位。</td></tr>
<tr><td colspan="2">解决措施</td><td colspan="4">1. 通过角色扮演法，站在用户角度设计短视频定位，实现角色转换，获得更好的传播效果；
2. 运用思维导图，让学生将提炼过程视觉化，加深记忆。</td></tr>
<tr><td colspan="7">教学策略</td></tr>
<tr><td>教学设计流程</td><td colspan="6">短视频画面拍摄
课前准备：微课学习、尝试拍摄
任务发布：分析作业、找出差距、发布任务
分组进阶：小组合作、角色扮演、教师示范
集中展示：汇报展示、点评作品
评价总结：知识检测、本课小结
课后拓展：拓展任务、预习下节</td></tr>
<tr><td rowspan="2">教学方法</td><td>教法</td><td colspan="5">讲授法、角色扮演法、项目式学习法。</td></tr>
<tr><td>学法</td><td colspan="5">自主学习、金字塔学习模型法。</td></tr>
<tr><td colspan="7">教学实施</td></tr>
<tr><td colspan="2">教学阶段</td><td colspan="2">教学内容</td><td>教师活动</td><td>学生活动</td><td>设计意图</td></tr>
<tr><td colspan="7">课　前</td></tr>
<tr><td colspan="2">课前准备（第一阶）</td><td colspan="2">1. 了解短视频的类型；
2. 了解目前短视频市场的主流平台及其各自的优势和特征</td><td>1. 发布课前任务，收集短视频案例。
① 让学生收集案例，了解短视频的类型；
② 让学生收集各主流平台的短视频爆款案例。
2. 检测预习效果。
① 在学习通平台发布自学任务和在线知识点检测题；
② 分析学生完成情况，反馈学生。
3. 按照电商平台组建小队。
① 确定队名；
② 确定小队名单和队长。</td><td>1. 完成预习任务。
① 了解商品短视频相关知识；
② 收集、提交短视频案。
2. 完成检测题。
① 完成自学，在平台完成检测题；
② 查看教师反馈信息。
3. 熟悉团队成员。
① 确定组名；
② 熟悉小组成员。</td><td>1. 通过课前自学，让学生提前了解基础性知识。
2. 运用各电商平台分成 6 个小队，体现全网矩阵营销理念。
3. 加深对电商主流平台的认识，通过组队锻炼学生的人际交往、团队协作能力。</td></tr>
</table>

续表

教学阶段	教学内容	教师活动	学生活动	设计意图
课　中				
第一课时：短视频账号定位				
任务发布 （第二阶）	USP 理论定位法，找到内容优势： ① 人设定位； ② 风格定位； ③ 记忆点设置	1. 短视频案例，讲解展示内容。 ① 播放课前学生收集短视频案例。 ② 用学习通平台随机选人提问，短视频中展示了哪些类型？ ③ 赏析并讲解商品短视频的展示内容。 2. 连线企业导师，分析任务。 ① 接受企业真实任务； ② 分析项目任务，讲解短视频定位方法 USP 理论； ③ 结合本课任务，拆分 USP 理论。	1. 思考，领会知识。 ① 观看案例视频； ② 回答问题； ③ 聆听讲解。 2. 观看视频连线，接受任务。 ① 观看视频； ② 在活页式工作手册查看评价表； ③ 聆听讲解。	通过企业真实项目，提高学生的参与感和实践能力。
分组进阶 （第三阶）	1. 差异化定位法，找到独特之处。 2. 反差定位法，颠覆固有印象。 ① 年龄反差； ② 性别反差； ③ 技能反差	1. 制作思维导图，运用差异化定位找到独特之处。 ① 组织学生运用平板搜索差异化视频，寻找视频独特点； ② 教师巡视，指导学生制作思维导图； ③点评，在学习通平台上加分。 2. 布置任务，利用反差定位法颠覆印象。 ① 组织学生三种颠覆印象的短视频，分析观众心理； ② 发布主题讨论，写出反差的类型； ③ 展示“词云”。	1. 学习差异化定位。 ① 运用平板搜索差异化视频，寻找视频独特点； ② 尝试制作思维导图理清定位； ③ 汇报思维导图构思，在学习通平台上加分。 2. 接受任务，利用反差定位法颠覆印象。 ① 观看短视频，分析观众心理； ② 写出反差的类型词语，上传平台； ③ 观看“词云”。	通过观看视频，学生感受视频差异化定位的类型，体会每个视频的独特之处。通过信息化平台的运用，记录学生的学习过程。

续表

教学阶段	教学内容	教师活动	学生活动	设计意图
第二课时：短视频用户定位				
分组进阶（第三阶）	描绘用户使用场景，使用“5W1H”法： ① Who； ② When； ③ What； ④ Where； ⑤ Why； ⑥ How	布置任务，通过角色扮演，体会用户使用环境： ① 组织学生给短视频内容定位假设播放环境，上传关键词； ② 分析词云，讲解分析用户使用的方法“5WIH”法； ③ 组织学生进行角色扮演，引导学生深度理解用户使用环境； ④ 组织制作思维导图记录结果。	接受任务，组内分角色，扮演用户，体会使用环境： ① 上传关键词； ② 观看词云，聆听“5WIH”法讲解； ③ 进行角色扮演，深度理解用户使用环境； ④ 制作思维导图记录结果。	让学生沉浸式体验短视频内容，深层次理解用户使用环境的重要性。
集中展示（第四阶）	获取相关信息数据： ① 查看同类型账号信息； ② 筛选类似账号； ③ 数据分析	观看学生作品，思考优缺点： ① 总评各组讨论结果，对优秀小队加小星星； ② 对学生的知识技能、品德素养进行分项评价，提出改进措施。	看小组的思维导图： ① 学习其他小组讨论结果，反思自己小组的思路； ② 聆听评价。	通过汇报作品，培养学生的表达能力。
评价总结（第五阶）	形成用户画像	组织学生进行用户画像的知识检测： ① 随机抽人、提问课堂知识点； ② 发布主题讨论：本课的收获，点评； ③ 发布主题讨论：在课中遇到的困难。 2. 本课小结，归纳重难点。	1. 回顾本课。 回答问题； ② 提交答案； ③ 提交答案。 2. 聆听总结。	1. 通过作业数据结果反馈，指导接下来的教学工作。 2. 归纳总结。
课　后				
课后拓展（第六阶）	1. 选择一种商品，制作视频定位思维导图。 2. 预习	1. 布置拓展任务在学习通平台发布作业。 2. 预习下节课内容，分镜脚本创作。	1. 完成作业。 2. 预习下节课内容。	1. 通过拓展任务，提升技能。 2. 为下课做准备。

续表

板书设计

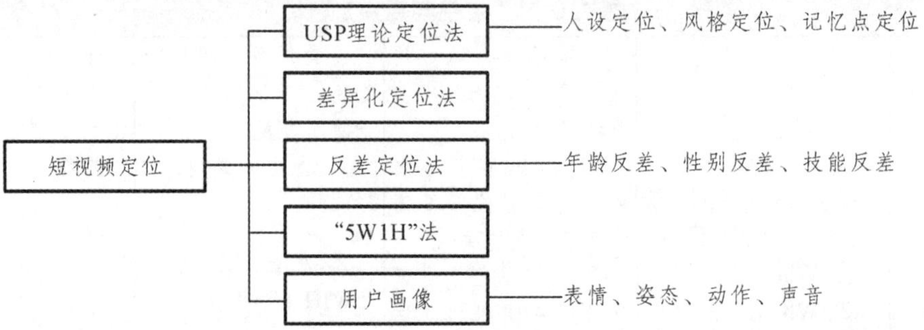

- 短视频定位
  - USP理论定位法——人设定位、风格定位、记忆点定位
  - 差异化定位法
  - 反差定位法——年龄反差、性别反差、技能反差
  - “5W1H”法
  - 用户画像——表情、姿态、动作、声音

教学评价

分项	新鲜水果小组	蔬菜蛋品小组	粮油调味小组	滋补养生小组	四季茗茶小组	休闲零食小组
小组自评						
小组互评						
企业导师评						
家长评						
教师评						

教学反思

亮点与特色	1. 开展分层教育。因中职学生的知识结构存在较大差异，结合学生的个性、特点开展分层教学可以使学生的学习更有效率。 2. 信息化手段运用较多。本节课理论较强，需要使用喜闻乐见的信息化手段激发学生学习兴趣。
问题与改进	问题：本节课知识点偏理论，需要考虑学生与实际生活的联系和学生的自身认知状况，设置适合学生思维的真实电商运营环境。 改进：开展与本地小商家的合作教学任务，创设真实运营环境，分组完成账号创建、账号定位等工作。

【点　评】

主要特色：

1. 线上线下相结合，体现了“六双并行”的教学理念：在学习账号定位这个主题时，教师利用互联网平台、学习通 APP 等软件资源，丰富了教学手段，激发了学生学习兴趣，提升了教学效果。在课堂上，采用思维导图等方式帮助学生梳理相关知识和重难点，能够更有针对性的帮助学生解决问题。

2. 体现了理论和实际相结合的育人的理念：教师在教学的任务发布阶段，就让学生们进行视频拍摄，从中总结出差异，进而引入账号定位的 5 个理论，从实践中探寻真知，能更好地帮助学生吸收理论知识。

3. 强调小组合作，锻炼学生沟通表达能力：将学生划分成不同类别的小组进行学习，可以促进同学之间的相互了解和沟通，增强团队协作能力。“人字梯型”教学模式鼓励合作探究，重视培养学生的协作能力。

建议：

1. 课程时长为 80 分钟，但课程设计内容相对繁杂，在短时间内全部完成是否可行，以及完成效果如何，需要再思考：本节课主题为短视频账号定位，且讲授了五种定位的方法，在实操过程中分成了六个不同类别的农产品小组，这六个小组如何组成、如何选取队长、确认任务并开展活动，需要事先构思清楚。此外，划分好的六个农产品类型账号定位是否存在差异，也可组织同学们做进一步的探讨。

2. 根据学生兴趣选取实战类目：高中学生对农产品兴趣不高，可尝试选取高中生感兴趣的短视频账号进行定位，例如女生喜欢的美妆，男生喜欢的游戏，甚至可以试着运行一学期，从实战中加深对理论知识的理解。

农产品抖音短视频运营

◎课程名称：新媒体运营

◎作者姓名：王燕

<table>
<tr><td>授课题目</td><td colspan="2">农产品抖音短视频运营</td><td>课程名称</td><td colspan="2">新媒体运营</td></tr>
<tr><td>授课对象</td><td colspan="2">电子商务专业 2022 级 2 班</td><td>授课课时</td><td colspan="2">2 课时</td></tr>
<tr><td>授课地点</td><td colspan="2">电子商务服务中心运营实训室</td><td>授课形式</td><td colspan="2">理实一体</td></tr>
<tr><td colspan="6">教学分析</td></tr>
<tr><td>内容分析</td><td colspan="5">教学内容为市场调研、数据分析、产品测试、品牌合作、用户反馈、供应链管理。本课选自《新媒体运营》中“项目四抖音农产品短视频运营”中“任务二短视频——选品”，共计 2 课时。本课属于新媒体运营重要的工作任务，决定了新媒体运营的质量和传播效果。该课是根据账号定位、人设定位进行选品，本次课的作品还为下次课“选题库创建与筛选”打下基础，起着承上启下的作用，因此学好本课对后续教学内容的学习十分重要。</td></tr>
<tr><td rowspan="3">学情分析</td><td>知识和
技能基础</td><td colspan="4">1. 40% 的学生掌握市场调研的方法，43.3% 的学生能利用数据分析工具对数据进行分析；
2. 16.7% 的学生知道选品的流程，但都没有进行实操选品专项练习。</td></tr>
<tr><td>认知和
实践能力</td><td colspan="4">1. 学生对短视频——选品有强烈的意愿，但是不熟悉选品的流程；
2. 具有一定的分析和解决问题的能力，但自我的管理能力较差。</td></tr>
<tr><td>学习特点</td><td colspan="4">1. 学生喜欢实践性项目，参与感强，有获得感；
2. 学生热衷于使用网络进行学习，思维方式具有跳跃性。</td></tr>
<tr><td rowspan="5">教学目标</td><td>四维目标</td><td>基座性教学目标
（全部学生）</td><td colspan="2">高原型教学目标
（30% 学生）</td><td>攀峰性教学目标
（10% 学生）</td></tr>
<tr><td>知识目标</td><td>1. 了解市场调研的方法；
2. 掌握选品的流程。</td><td colspan="2">1. 掌握数据分析的方法；
2. 能说出不同的产品的测试方法。</td><td>掌握收集用户反馈信息的方法。</td></tr>
<tr><td>技能目标</td><td>1. 能采用问卷调查、访谈、观察等方式进行市场调研；
2. 能根据选品的流程进行选品。</td><td colspan="2">1. 能利用数据分析工具进行数据分析；
2. 能利用测试方法对不同的产品进行测试。</td><td>能根据用户反馈的信息及时调整选品策略。</td></tr>
<tr><td>素养目标</td><td colspan="4">1. 通过课前发布任务，培养学生学习能力；
2. 通过小组合作，培养学生的团队合作精神。</td></tr>
<tr><td>思政目标</td><td colspan="4">通过选品，了解本土地方特色产品，增强服务乡村振兴意识。</td></tr>
<tr><td rowspan="2">教学重点</td><td>重点</td><td colspan="4">市场调研。</td></tr>
<tr><td>解决策略</td><td colspan="4">1. 通过课前学生完成市场调研、小组展示、辩论、互评、教师点评，帮助学生了解市场调研的方法；
2. 通过互动游戏，提升学生的学习兴趣，掌握市场调研的知识；
3. 通过头脑风暴，让学生熟悉市场调研的方法。</td></tr>
</table>

续表

<table>
<tr><td rowspan="2">教学难点</td><td colspan="2">难点</td><td colspan="3">数据分析。</td></tr>
<tr><td colspan="2">解决策略</td><td colspan="3">1. 通过小组合作掌握数据分析的方法；
2. 通过教师示范，展示数据分析工具，学生掌握利用数据分析工具进行数据分析；
3. 通过数据分析得到的结果进行选品，让学生获得参与感，掌握数据分析的能力。</td></tr>
<tr><td colspan="6">教学策略</td></tr>
<tr><td>教学设计流程</td><td colspan="5">短视频——选品
课前准备：视频学习、预习新知
任务发布：分析作业、视频导入、发布任务
分组进阶：小组合作、教师巡视
集中展示：汇报展示、点评作品
评价总结：知识检测、本课小结
课后拓展：拓展任务、预习下节</td></tr>
<tr><td rowspan="2">教学方法</td><td>教法</td><td colspan="4">讲授法、项目教学法、体验法。</td></tr>
<tr><td>学法</td><td colspan="4">自主学习、合作探究法、主题讨论法。</td></tr>
<tr><td>教学手段与资源</td><td colspan="5">1. 学习通 APP：实现课堂互动，为教师、学生课前、课中、课后学习包的推送、信息的采集、任务的布置等提供技术支持；
2. 学校在线精品课程：自主建设的网络课程，“店铺运营”课程已认定为市级在线精品课程，为学生的课前预习，课后复习提供资源支撑；
3. 网络学习平台：通过网络学习平台如“我要自学网”“虎课网”等，为教师终身学习、学生扩展学习做资源支撑。</td></tr>
</table>

<table>
<tr><td colspan="5">教学实施</td></tr>
<tr><td>教学阶段</td><td>教学内容</td><td>教师活动</td><td>学生活动</td><td>设计意图</td></tr>
<tr><td colspan="5">课　前</td></tr>
<tr><td>课前准备（第一阶）</td><td>1. 乡村振兴视频。
2. 了解选品的思路</td><td>1. 发布学习资料，在学习通发布视频、选品思路的学习资料。
① 发布乡村振兴相关的视频；
② 发布选品思路的学习资料。
2. 知识检测，在学习通平台发布知识点检测题。
① 发布连线题、判断题；
② 收取作业；
③ 批改作业；
④ 指出问题；
⑤ 评讲作业。</td><td>1. 接收任务。
① 观看视频；
② 学习选品思路。
2. 完成知识点检测题。
① 完成测试；
② 上交作业；
③ 检查作业；
④ 查看错题；
⑤ 订正作业。</td><td>1. 通过观看视频，引导学生了解乡村振兴，增强服务乡村振兴意识；
2. 了解学生的学习态度、学习效果，初步摸底学情。</td></tr>
</table>

续表

教学阶段	教学内容	教师活动	学生活动	设计意图
课　中				
第一课时：选品原则				
任务发布（第二阶）	市场调研： 市场调研可以采用多种方法，如问卷调查、访谈、观察等	1. 查看作业，组织学生查看课前在学习通平台上完成的作业。 2. 视频导入，引出市场调研的方法。 ① 播放视频。 ② 抛出问题：市场调研的方法有哪些？ ③ 组织学生分析视频，引出市场调研的方法。	1. 在学习通查看作业。 2. 观看视频。 ① 观看视频； ② 思考问题； ③ 聆听教师的分析，领会新知。	1. 信息化技术引入教学。 2. 视频导入，激发学生的学习兴趣。
分组进阶（第三阶）	1. 数据分析； 2. 产品测试	1. 问题导入，引出本课的真实教学任务。 ① 提出问题：既然我们已经进行了市场调研，那请同学们思考一下，市场调研后，我们接下来应该怎么做？ ②点评。 2. 分组讨论，组织学习 小组合作，对已经选好的产品进行测试。 ① 巡视指导中发现问题，个别指导； ② 巡视指导，提出意见。 3. 发布游戏，在学习通平台发布连连看小游戏。 ① 发布连连看游戏，邀请两名学生上台参与游戏； ② 展示答案，解析方法； ③ 提问：从游戏的结果分析，得到了什么样的知识点？	1. 学习新知。 ① 思考问题，回答问题； ② 聆听。 2. 分组讨论，对产品进行测试。 ① 小组合作讨论； ② 修改完善。 3. 参与游戏。 ① 参与游戏； ② 聆听； ③ 小组代表回答问题。	1. 通过思考，培养学生的思维能力； 2. 以讨论法，培养学生的学习能力和协作能力； 3. 通过游戏，激发学生的兴趣，提升课堂活跃度，检查学生学习效果。
第二课时　选品的流程				
分组进阶（第三阶）	1. 品牌合作； 2. 用户反馈； 3. 供应链管理	1. 头脑风暴，在学习通平台发布主题讨论，为什么要进行品牌合作。 ① 组织学生小组讨论，品牌合作的优势？ 引导学生将讨论结果发送到学习通平台；	1. 思考。 ① 小组讨论；	1. 通过头脑风暴，激发学生思考；通过“词云”提升学生的数字素养。

续表

教学阶段	教学内容	教师活动	学生活动	设计意图
分组进阶（第三阶）	1. 品牌合作； 2. 用户反馈； 3. 供应链管理	② 用“词云”展示讨论结果； ③ 分析讨论结果，总结。 2. 问题导入，引出用户反馈进行选品的好处。 ① 提出问题：既然知道了选品的流程，那具体的市场调研怎么做呢？ ②点评。 3. 发布任务，组织学生进行供应链管理。 ① 巡视中发现问题，个别指导； ② 巡视中发现共性问题，集中指导。	② 观看讨论结果； ③ 思考，领会。 2. 学习新知。 ① 思考问题，回答问题； ② 聆听。 3. 小组合作完成任务。 ① 小组合作完成任务； ② 提交任务。	2. 通过思考，培养学生的思维能力。 3. 层层递进完成教学任务，提升技能水平。
集中展示（第四阶）	为抖音短视频拍摄选品	1. 观看选品结果，组织学生展示选品结果。 ① 点评各组作品，对优秀小组加星星； ② 对学生的知识和技能、素养进行分项评价，提出改进措施。 2. 提出建议，总评。	1. 小组汇报展示作品。 ① 聆听教师讲解； ② 自评、互评本课学习情况，评价阶梯任务的达成度。 2. 聆听。	1.通过展示汇报作品，培养学生的表达能力。 2.通过学生自评、互评、教师评，有利于帮助师生掌握学习情况。
评价总结（第五阶）	知识检测与本课小结	1. 知识检测，发布知识检测题。 ① 抽人提问课堂知识点； ② 发布主题讨论：本课的收获，点评； ③ 发布主题讨论：在本课中遇到的困难。 2. 本课小结，梳理本课的重难点，回顾本课所学内容。 ① 梳理所学； ② 回顾重难点。	1. 完成检测。 ① 回答问题； ② 回答，点评； ③ 思考，回答。 2. 思考，领会。 ① 领会； ② 思考，理解。	1. 通过检测，有利于帮助师生掌握学习情况。 2. 梳理本课所学，加深印象。
课后				
课后拓展（第六阶）	1. 各小组换一个类目，进行抖音小店引流款商品打造。 2. 批改作业。 3. 预习。	1. 布置拓展任务。 在学习通平台发布作业。 2. 批改作业，点评完成情况。 ① 按照课中评价标准，对拓展作业进行打分； ② 提出改进方法。 3. 预习下节课内容。	1. 完成作业。 2. 提交作业，查看得分。 ① 查看； ② 理解。 3. 完成预习任务。	1. 过拓展练习，提升技能。 2. 馈作业完成情况，思考改进。 3. 下一节课做好准备。

续表

板书设计

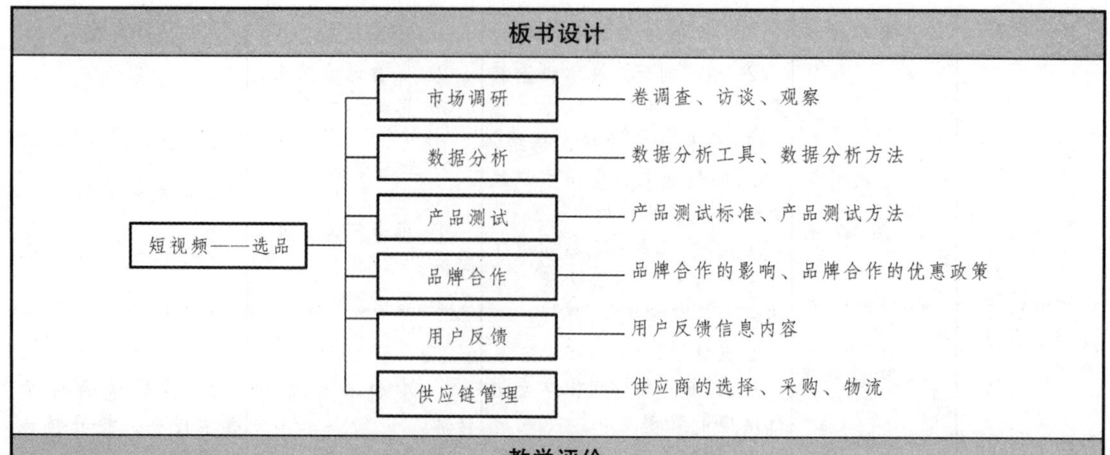

教学评价

分项	新鲜水果小组	蔬菜蛋品小组	粮油调味小组	滋补养生小组	四季茗茶小组	休闲零食小组
小组自评						
小组互评						
企业导师评						
家长评						
教师评						

教学反思

亮点与特色	1. 借助视频“为农服务敢当先锋，乡村振兴职教先行”引入思政：课前通过平台发放视频，让学生了解乡村振兴，培养职业学生服务乡村振兴的意识。课中任务围绕农特产品选品，促进学生主动了解农特产品，引导学生对乡村振兴的社会责任感和使命感。 2. 通过热门电视剧“法医秦明”片段引入知识点：激发学生学习兴趣，树立遵纪守法的意识。 3. 通过自评、小组评、教师评、家长评：多方位评价，更能对自己的学习过程、学习效果进行综合了解，及时得到改进，提升习得的技能的质量和效率。
问题与改进	1. 不足：在抖音小店打造引流款的课后拓展任务环节中，部分学生自主学习性较差，专业知识综合应用灵活性不足，思考不够全面，不能很好地举一反三完成拓展任务。 2. 改进策略：教师在下节课采用两方面进行改造：一方面通过对学生的学习特点、各环节成绩总体分析，面对面的有效沟通方式，了解其学习过程中遇到的瓶颈，从而更深层次地对学生有针对性地指导，加强学生树立正确的理想信念；另一方面，通过大数据评价分析，对调整小组队员，优势互补的学生进行组队，构建团结和谐、积极上进的团队学习环境。

【点　评】

主要特色：

1. 教学资源和手段丰富：在本节课的教学过程中，利用了大量的媒体资源，如热播剧《法医秦明》片段和《为农服务当先锋，乡村振兴职教先行》等视频资源，以及学习通、词云等软件资源，能更好地提高教学和学习效率，但平台的转换和利用，本身需要一定时间和使用成本（如学生手机内存和流量数据等），需要结合实际情况，让所有学生都能参与进来。

2. 思政元素的有机融入：本课主题为农产品选品，有机融入乡村振兴等国家战略政策是便利且有意义的，因此，该课程老师巧妙地抓住了这个机会，在课前通过平台发放视频，让同学们了解乡村振兴，培养其服务乡村的意识。

建议：

1. 突出重难点，及时检验学习成效：本节课主题为短视频选品，因此市场调研是最重要的一步。市场调研应包含对买家和卖家两个方面，很明显本次课程的主要调研对象是买家。调研方法主要讲了问卷调查法、访谈法、观察法三种，在这三种方法中，应该有一个主要的方法，进行深入讲解。其次，调研完后的数据分析部分，其数据结果背后揭示出的现象或者说底层逻辑，才是进行市场调查的最终目的，应着重讲解，才不会本末倒置。用 40 分钟和小组讨论的方式，对相关内容进行吸收，从理性层面是较为困难的，且在课堂结束后没有相应的练习项目，学习成效存疑。

2. 合理利用团队间竞争，提高学生学习自主性：小组合作中难免有浑水摸鱼者存在，因此，可以设置一些奖励机制，对优秀团队予以嘉奖，以激发团队内部动力。

短视频画面拍摄

◎课程名称：新媒体运营

◎作者姓名：邬月野

<table>
<tr><td>授课题目</td><td colspan="2">短视频画面拍摄</td><td>课程名称</td><td>新媒体运营</td></tr>
<tr><td>授课对象</td><td colspan="2">电子商务专业 2022 级 2 班</td><td>授课课时</td><td>2 课时</td></tr>
<tr><td>授课地点</td><td colspan="2">电子商务专业校外实训基地</td><td>授课形式</td><td>理实一体</td></tr>
<tr><td colspan="5">教学分析</td></tr>
<tr><td>内容分析</td><td colspan="4">教学内容为短视频画面的景物拍摄技巧、短视频画面的人物拍摄技巧，包括选择合适的拍摄设备、选择构图方式和景别、合理使用运镜技巧、指导人物表情姿势等。拍摄的场景要与账号定位、人设定位相符合。根据上次课创作的脚本进行拍摄，本次课的拍摄作品还是下次课剪辑的素材，对短视频作品的整体质量有较大影响，可见本课十分重要。</td></tr>
<tr><td rowspan="3">学情分析</td><td>知识和
技能基础</td><td colspan="3">1. 96.67% 的学生会使用拍摄设备，了解构图方式、景别，但不知道哪些适合抖音平台的短视频；
2. 90% 学生不知道蚂蚁镜头；
3. 46.67% 的学生了解人物动作指导，全班都不会进行人物动作指导。</td></tr>
<tr><td>认知和
实践能力</td><td colspan="3">1. 具备短视频拍摄的操作经验，不熟悉抖音平台短视频的拍摄技巧；
2. 了解人物拍摄基本技能，但不熟悉真人出镜带货短视频人物动作指导。</td></tr>
<tr><td>学习特点</td><td colspan="3">1. 学生喜欢真实项目，真实项目让学生更有获得感；
2. 学生喜欢以实践为主的教学内容，动手操作能力强。</td></tr>
<tr><td rowspan="5">教学目标</td><td>四维目标</td><td>基座性教学目标
（全部学生）</td><td>高原型教学目标
（30% 学生）</td><td>攀峰性教学目标
（10% 学生）</td></tr>
<tr><td>知识目标</td><td>1. 了解拍摄的构图方法、景别；
2. 掌握运镜技巧，包括推拉摇移的运镜方法；
3. 掌握人物表情、姿势指导方法。</td><td>1. 掌握环绕任务镜头的拍摄技巧；
2. 能够掌握人物动作的指导方法。</td><td>1. 掌握蚂蚁镜头的拍摄技巧；
2. 能够掌握人物声音的指导方法。</td></tr>
<tr><td>技能目标</td><td>1. 能够选择合适的拍摄设备；
2. 能够合理进行构图、景别；
3. 能够将人物画面拍出预期效果。</td><td>能根据抖音短视频的特点、账号定位，拍摄人物画面。</td><td>能够使用新技术拍摄短视频画面。</td></tr>
<tr><td>素养目标</td><td colspan="3">1. 通过分组进阶环节的小组合作、组间合作，培养学生的团队合作精神；
2. 通过多次拍摄，提升质量，培养精益求精的工匠精神。</td></tr>
<tr><td>思政目标</td><td colspan="3">1. 通过拍摄农民种植场景，培养学生的“三农”情怀；
2. 通过拍摄高质量的短视频，用技能助农。</td></tr>
</table>

续表

教学重点	重点	运镜技巧。
	解决措施	1. 通过互动游戏，提升学生的学习兴趣，掌握知识； 2. 通过组间指导，生生互助，掌握运镜技能； 3. 通过教师示范，展示技巧，突出重点内容。
教学难点	难点	人物动作指导。
	解决措施	1. 通过角色扮演，让学生体验动作指导的方法； 2. 通过实时投屏，让全班学生都能观看学习拍摄技巧； 3. 通过人物表情、姿势、动作、声音的全方位指导，突破教学难点。

教学策略		
教学设计流程		短视频画面拍摄 课前准备：微课学习、尝试拍摄 任务发布：分析作业、找出差距、发布任务 分组进阶：小组合作、角色扮演、教师示范 集中展示：汇报展示、点评作品 评价总结：知识检测、本课小结 课后拓展：拓展任务、预习下节
教学方法	教法	演示法、项目教学法、演示法。
	学法	角色扮演法、小组合作法。
教学手段与资源		国家智慧教育公共服务平台、虎课网在线学习资料、学习通、希沃、单反相机、三脚架、手持稳定器、柔光灯。

教学实施

教学阶段	教学内容	教师活动	学生活动	设计意图
课　前				
课前准备（第一阶）	选择合适的拍摄设备： 手机拍摄、相机拍摄、手机稳定器、三脚架、美颜灯、领夹麦克风等	1. 组织学生在学习通平台预习微课。 ① 微课“适合抖音平台短视频的拍摄设备”、微视频“云阳红橙‘一带一路’”； ② 发布知识点检测题； ③ 批改检测题。 2. 组织学生尝试拍摄短视频。 ① 提示拍摄方法； ② 观看拍摄效果。	1. 观看视频。 ① 观看，记录； ② 完成测试； ③ 修改错题。 2. 尝试拍摄。 ① 领会； ② 尝试拍摄，提交作业。	1. 通过微课学习，让学生储备相关知识； 2. 通过尝试拍摄，找出拍摄难点。
课　中				
第一课时：视频画面的景物拍摄技巧				
任务发布（第二阶）	拍摄构图方式：横式、竖式、斜线、S形等	1. 展示学生课前的试拍作业。 ① 在学习通平台打开学生作业； ② 点评，提出改进方法。	1. 观看作业。 ① 观看； ② 学生互评。	1. 承前启后，通过课前作业分析，找出学生提示的空间，引出本课所学。

续表

教学阶段	教学内容	教师活动	学生活动	设计意图
任务发布（第二阶）	拍摄构图方式：横式、竖式、斜线、S形等	2. 发布本课任务，让学生拍摄“真人出镜带货短视频”。 ① 提示要点； ② 引导各组选择阶梯式教学目标任务。	2. 领取任务。 ① 聆听，领取； ② 选择基座性、高原性或攀峰性目标。	2. 通过基座性、高原性、攀峰性目标，体现因材施教的教学理念。
分组进阶（第三阶）	1. 景别类型：特写、近景、中景、远景、全景。 2. 运镜方式：推拉摇移镜头、环绕人物镜头、蚂蚁镜头、升降镜头	1. 组织学生参与“连连看”互动小游戏。 ① 在学习通平台发布景别类型的连连看小游戏； ② 观看游戏完成情况，点评。 2. 播放案例短视频，组织学生构思拍摄景别。 ① 播放“云阳红橙短视频”； ② 组织学生写出拍摄构思的关键词。 3. 播放微课集锦，让学生猜一猜运镜方法。 ① 播放推拉摇移和蚂蚁镜头等的画面，在学习通平台上用随机选人，让学生回答； ② 展示运镜方式的顺口溜。 4. 组织学生小组合作完成景物的拍摄。 ① 布置任务； ② 巡视指导，解决个别问题； ③ 引导学生组间互助。 5. 示范操作，展示操作技巧。 ① 指出学生存在的问题； ② 演示操作技巧； ③ 组织学生优化拍摄作品。	1. 参与互动小游戏。 ① 一名学生上台完成，其他学生在平台完成； ② 聆听。 2. 观看视频，写构思关键词。 ① 观看； ② 写关键词； 3. 观看微课，回答问题。 ① 观看，并回答问题； ② 背诵顺口溜。 4. 小组合作完成任务。 ① 领取任务； ② 小组合作完成； ③ 组间合作。 5. 观看，领会。 ① 聆听； ② 观看，思考； ③ 优化拍摄作品。	1. 通过课堂互动小游戏，激发学生的学习兴趣。 2. 组织学生观看农产品短视频，感受种植的过程的精细，培养学生的“三农”情怀。 3. 通过猜一猜，培养学生独立思考的能力，通过顺口溜梳理知识要点。 4. 通过小组合作、组间合作，层层递进，掌握本课技能要点。 5. 通过教师示范，讲解技巧，突出教学重点。
第二课时　短视频画面的人物拍摄技巧				
分组进阶（第三阶）	人物动作指导：表情、姿势、动作、声音	1. 用学习通平台随机选人，选学生进行角色扮演。 ① 引导学生扮演种植、采摘农特产品的人物； ② 组织2名学生在校外	1. 角色扮演，学习拍摄人物。 ① 观看； ② 观看，思考；	1. 通过在校外实训基地（果园）进行实拍，以及角色扮演，让课堂形成丰富多彩，提升

续表

教学阶段	教学内容	教师活动	学生活动	设计意图
分组进阶（第三阶）	人物动作指导：表情、姿势、动作、声音	实训基地（果园）进行短视频拍摄； ③ 运用实时投屏功能，让学生观看拍摄情况。 2. 发布任务，组织小组分工合作完成真人出镜短视频的拍摄。 ① 提示操作要点； ② 巡视指导，解决个别问题； ③ 指导学生修改拍摄作品。 3. 教师示范，演示操作技巧。 ① 展示操作技巧，特别是动作和声音，指导对应小组完成高原性、攀峰性目标。 ② 查看各组作品。	③ 领会拍摄要点。 2. 领取任务，小组合作完成任务。 ① 领会； ② 小组合作完成； ③ 修改效果。 3. 观看操作。 ① 提升技能，优化作品； ② 提交作品。	了学生的学习兴趣和参与度。 2. 通过小组合作完成拍摄人物，培养学生团队合作的精神，通过多次拍摄优化作品，培养学生精益求精的工匠精神。 3. 通过教师示范技术难点，引导学生完成高原性、攀峰性目标，突破教学难点。
集中展示（第四阶）	抖音短视频的拍摄技巧	观看学生作品，思考优缺点： ① 总评各组作品，对优秀小组加分赋值； ② 对学生的知识技能、素养等进行分项评价，提出改进方法。	小组汇报展示作品： ① 聆听； ② 自评、互评本课学习情况。	通过汇报展示作品，培养学生语言表达能力。
评价总结（第五阶）	知识检测与本课小结	1. 知识检测。 ① 用学习通平台随机选人，问本课知识点； ②点评学生学习效果。 2. 本课小结，归纳重难点。	1. 回顾本课。 ① 回答问题； ② 聆听，领会。 2. 聆听。	1. 通过反馈结果，提出改进措施。 2. 梳理本课所学。
课　后				
课后拓展（第六阶）	各小组选择另一种类型的产品进行拍摄	1. 布置拓展任务。 更换拍摄产品，巩固练习。 2. 布置预习任务。 抖音短视频的剪辑，熟悉剪映软件的相关操作。	1. 完成作业。 完成作业并提交。 2. 完成预习任务 预习新知。	1. 通过拓展任务，提升技能。 2. 为下一课做好准备。

续表

板书设计
短视频画面拍摄 拍摄设备——手机、相机、稳定器、三脚架、美颜灯、领夹麦克风 构图方式——横式、竖式、斜线、S形、品字形 景别——特写、近景、中景、远景、全景 运镜方式——推拉摇移跟、蚂蚁镜头、环绕人物镜头、升降镜头 人物动作指导——表情、姿态、动作、声音

教学评价

分项	新鲜水果小组	蔬菜蛋品小组	粮油调味小组	滋补养生小组	四季茗茶小组	休闲零食小组
小组自评						
小组互评						
企业导师评						
家长评						
教师评						

教学反思	
亮点与特色	1. 拓宽了教学场域。利用学校电子商务专业的校外实训基地进行课程教学，拓宽了教学场域。在果园里进行拍摄，提升了学生的学习兴趣与课堂的参与度。 2. 通过角色扮演提升技能水平。由于是真人出镜带货短视频，需要人物的频繁出现，为解决人物难以配合的情况，让学生运用角色扮演的方式，先练习技能，掌握后再进行真人拍摄，提升了工作效率。
问题与改进	问题：校外实训基地离学校较远，来回耗时较长。 改进：拓展校外实训基地，加快基地建设，尽量选择较近的地方开展教学。

【点　评】

主要特色：

1. 教学场域真：在本节课的教学场地为学校校外实训基地，拍摄场地在果园里。较为真实的环境可以给到学生们更为新奇的感受，激发学生们学习的热情，增强情感体验。学生在真人出镜的短视频拍摄中，在和真实出镜演员的沟通中，更能真切体会到动作指导的沟通要点和注意点。

2. 教学方法新：在具体的拍摄环节，通过角色扮演的方式，让学生体验“出镜演员”这个角色的工作状态，学生能更好地换位思考，有利于后续人物动作指导部分的学习。划分团队并进行评分，能更好激发学生学习动力，增强团体荣誉感。

3. 教学内容精：本节课教学内容较为简单，集中在“拍”这个环节，主线清晰，学生学起来难度较小，效果检验也更集中和直接。

建议：

1. 针对校外实训基地离学校较远的、耗时长的问题：可以更换所拍摄短视频的类型，选择可以在教室或者校内进行的视频类型，比如美妆或者就是对校园情况介绍的内容，以节约时间和经济成本，同时也可以更好保障学生安全，维护好课堂纪律。

2. 针对视频脚本和实际拍摄效果进行讨论：视频脚本作为对拍摄效果的一种预设，和最终拍摄成片肯定会存在误差。教师可以组织学生对此进行思考和讨论，明确前期脚本的写法和关键点，镜头语言表达的逻辑性和可行性分析等，以更好完成拍摄任务。

数据分析与优化

◎课程名称：新媒体运营

◎作者姓名：张春艳

<table>
<tr><td>授课题目</td><td colspan="2">数据分析与优化</td><td>课程名称</td><td>新媒体运营</td></tr>
<tr><td>授课对象</td><td colspan="2">电子商务专业 2022 级 2 班</td><td>授课课时</td><td>2 课时</td></tr>
<tr><td>授课地点</td><td colspan="2">电子商务服务中心运营实训室</td><td>授课形式</td><td>理实一体</td></tr>
<tr><td colspan="5">教学分析</td></tr>
<tr><td>内容分析</td><td colspan="4">教学内容为短视频运营数据采集路径查看和数据分析优化，包括基础数据、关联数据指标、2s 跳出率和 5s 完播率以及权重分析，借助飞瓜数据选择热门应用。在“任务七”各小组已掌握了短视频的发布与推广，接下来就是收集分析数据，对推广效果进行复盘，优化短视频。本节课是本项目最后一个任务，学好本节课对整个运营起到关键性作用。</td></tr>
<tr><td rowspan="3">学情分析</td><td>知识和
技能基础</td><td colspan="3">1. 90% 的学生会基本的 Excel 应用；
2. 53.33% 的学生知道数据查看路径；
3. 36.67% 的学生能识别部分数据指标；
4. 3.33% 的学生知道简单的数据分析方法。</td></tr>
<tr><td>认知和
实践能力</td><td colspan="3">1. 会用新媒体平台；
2. 抖音账号及短视频发布；
3. 是否进行过付费推广。</td></tr>
<tr><td>学习特点</td><td colspan="3">1. 学生对数据好奇；
2. 数据分析敏感度不够</td></tr>
<tr><td rowspan="3">教学目标</td><td>四维目标</td><td>基座性教学目标
（全部学生）</td><td>高原型教学目标
（30% 学生）</td><td>攀峰性教学目标
（10% 学生）</td></tr>
<tr><td>知识目标</td><td>1. 记住短视频运营基础数据指标；
2. 理解关联数据指标的含义及换算公式；
3. 理解 2s 跳出率、5s 完播率、均播时长、投稿数、互动指数、粉丝净增量；
4. 讲述数据采集的 2 条路径。</td><td>1. 讲述数据采集的第三方路径；
2. 理解增量、总量、基础权重、热度监控、指数分析、DOU+、CPM、佣金的含义。</td><td>理解爆款数量、阈值、上线作品量、粉丝净值的含义。</td></tr>
<tr><td>技能目标</td><td>1. 能用 2 条路径采集数据；
2. 会看单个视频运营数据详情；
3. 会看雷达图和用户画像；
4. 会根据运营数据调整视频基本信息（发布时间、话题、时长等）。</td><td>1. 会看账号运营数据 7 日诊断结果；
2. 会分析“涨粉”作品；
3. 会进行视频数据监控；
4. 会投放 DOU+。</td><td>会打造爆款视频。</td></tr>
</table>

续表

<table>
<tr><td rowspan="2">教学目标</td><td>素养目标</td><td colspan="4">激发学生学习数据分析的兴趣；
培养学生养成留心观察的学习习惯。</td></tr>
<tr><td>思政目标</td><td colspan="4">1. 增强电商职业素养，落实二十大中数字经济的精神；
2. 树立大国工匠信念，具有耐心细致、精益求精的态度。</td></tr>
<tr><td rowspan="2">教学重点</td><td>重点</td><td colspan="4">会对雷达图和用户画像进行运营数据分析。</td></tr>
<tr><td>解决措施</td><td colspan="4">1. 通过分析某本地“三农”（小叶片*）视频案例，让学生直观感受到这雷达图和用户画像的呈现；
2. 通过尝试操作、原理讲解、操作示范的形式让学生掌握数据分析方法；
3. 在掌握方法的基础上，进行实际操作，分析每一小组自己发布的短视频数据，最终完成任务，解决教学重点。</td></tr>
<tr><td rowspan="2">教学难点</td><td>难点</td><td colspan="4">会优化短视频和投放 DOU+。</td></tr>
<tr><td>解决措施</td><td colspan="4">1. 通过两组视频的数据对比，让学生清楚投放 DOU+的作用；
2. 组织学生开展同一视频，不同 DOU+投放比例对比视频，让学生通过真实体验直观感受 DOU+的作用；
3. 组织学生讨论投放结果，学生最终理解 DOU+投放方法。</td></tr>
<tr><td colspan="6">教学策略</td></tr>
<tr><td>教学设计流程</td><td colspan="5">短视频运营数据分析与优化
课前准备：探索新知、打牢基础
任务发布：任务试学、领取任务、任务讨论
分组进阶：小组合作、查看数据、教师示范
集中展示：小组展示、协助分析
评价总结：表单验学、本课小结
课后拓展：拓展深化、月报分析</td></tr>
<tr><td rowspan="2">教学方法</td><td>教法</td><td colspan="4">讲授法、任务驱动法、演示法 。</td></tr>
<tr><td>学法</td><td colspan="4">自主学习、小组合作法、实践操作。</td></tr>
<tr><td>教学手段与资源</td><td colspan="5">1. 学习通平台：进行任务发布，抽选小组；
2. 抖音平台：创作者中心查看数据指标、用户画像 ；
3. 第三方数据工具：飞瓜、新抖、灰豚、巨量算数；
4. “三农”视频：激发学生兴趣，引出更多运营数据作参考对比；
5. 助学数据表单：帮助有困难的学生在操作的过程中解决困难。</td></tr>
<tr><td colspan="6">教学实施</td></tr>
<tr><td>教学阶段</td><td colspan="2">教学内容</td><td>教师活动</td><td>学生活动</td><td>设计意图</td></tr>
<tr><td colspan="6">课　前</td></tr>
<tr><td>课前准备（第一阶）</td><td colspan="2">抖音短视频作品运营数据指标</td><td>1. 在学习通发布预习基础数据指标的任务。
① 回看各小组已发布的短视频“云阳红橙”；
② 发布数据指标的学习资料。
2. 发布检测题。</td><td>1. 接收任务。
① 观看视频；
② 学习基础数据和关联数据指标的含义。
2. 根据需求，完成在线测试任务。</td><td>视频回看和知识检测，便于学生初步了解短视频运营数据指标，为后续学习打下基础。</td></tr>
</table>

续表

教学阶段	教学内容	教师活动	学生活动	设计意图
课　中				
第一课时：短视频运营数据分析				
任务发布（第二阶）	1. 数据采集。 路径一：打开抖音平台的视频界面右侧可直观看到点赞量等； 路径二：进入创作者中心，左侧界面找到数据分析雷达图等； 路径三：借助第三方工具，例如飞瓜数据可以看整个大盘及类似短视频数据。	1. 展示学生课前完成的作业。 ① 在学习通平台打开学生作业； ② 点评，提出改进方法。 2. 发布本课任务，让学生自行采集自己单条短视频运营的数据。 ① 提示要点； ② 引导各组选择阶梯式教学目标任务。	1. 观看作业。 ① 观看； ② 学生互评。 2. 领取任务。 ① 聆听，领取； ② 选择基座性、高原性或攀峰性目标。	1. 承前启后，通过课前作业分析，掌握学生的知识储备情况，引出本课所学。 2. 通过基座性、高原性、攀峰性目标，体现因材施教的教学理念。
分组进阶（第三阶）	1. 雷达图分析。 完播率、互动指数、粉丝净增量、播放量、投稿数。 2. 观众分析。 ① 观众数据； ② 观众偏好； ③ 观众画像； ④ 观众评论	1. 组织学生参与答题闯关互动小游戏。 ① 在希沃平台发布关于雷达图 5 个指标的小游戏； ② 观看游戏完成情况，点评。 2. 播放微课集锦，让学生罗列观众分析有哪些元素。 播放大 V 观众分析图片，在学习通平台上用随机选人，让学生回答。 3. 组织学生小组合作分析观众数据。 ① 布置任务； ② 巡视指导，解决个别问题； ③ 引导学生组间互助。 4. 利用表单，展示分析要点。 ① 指出学生存在的问题； ② 提炼分析要点； ③ 组织学生分析数据。	1. 参与互动小游戏。 ① 一名学生上台完成，其他学生在平台完成； ② 聆听。 2. 观看微课，回答问题。 观看，并回答问题。 3. 小组合作完成任务。 ① 领取任务； ② 小组合作完成； ③ 组间合作。 4. 观看，领会。 ① 聆听； ② 观察，思考； ③ 分析数据。	1. 通过课堂互动小游戏，激发学生的学习兴趣。 2. 通过知识梳理，培养学生提炼知识的能力。 3. 通过小组合作、组间合作，层层递进，掌握本课数据分析要点。 4. 通过教师示范，讲解要点，突出教学重点。

续表

教学阶段	教学内容	教师活动	学生活动	设计意图
第二课时：短视频运营数据优化				
分组进阶 （第三阶）	1. 短视频运营数据优化方式。 2. DOU+投放技巧。	1. 发布任务，组织学生利用数据分析结果，对本小组数据进行优化。 ① 巡视中发现问题，个别指导； ② 巡视中发现共性问题，集中指导。 2. 教师示范，演示投放技巧。 ① 通过学习通向每小组发放一份DOU+投放表单。 指导对应小组完成高原性、攀峰性目标。 ② 查看各组情况。	1. 小组合作完成任务。 ① 小组合作完成任务。 2. 观看投放。 ① 提升技能，优化作品； ② 达成优化。	1. 层层递进完成教学任务，提升技能水平。 2. 通过教师示范技术难点，引导学生完成高原性、攀峰性目标，突破教学难点。
集中展示 （第四阶）	数据优化前后对比	观看学生数据，思考优缺点： ① 总评各组优化情况，对优秀小组加分赋值； ② 对学生的知识技能、素养等进行分项评价，提出改进方法。	小组汇报展示数据： ① 聆听； ② 自评、互评本课学习情况。	通过优化，让各小组的运营达到预期的效果同时汇报过程培养了学生语言表达能力。
评价 总结 （第五阶）	知识检测与本课小结	1. 知识检测。 ① 用学习通平台随机选人，提问本课知识点； ②点评学生学习效果。 2. 本课小结，归纳重难点。	1. 回顾本课。 ① 回答问题； ② 聆听，领会。 2. 聆听。	1. 通过反馈结果，提出改进措施。 2. 梳理本课所学。
课　后				
课后拓展 （第六阶）	账号月报分析	发布拓展任务。	在电脑端下载近30天数据。	为后续账号的运营做出更好的决策。

续表

板书设计

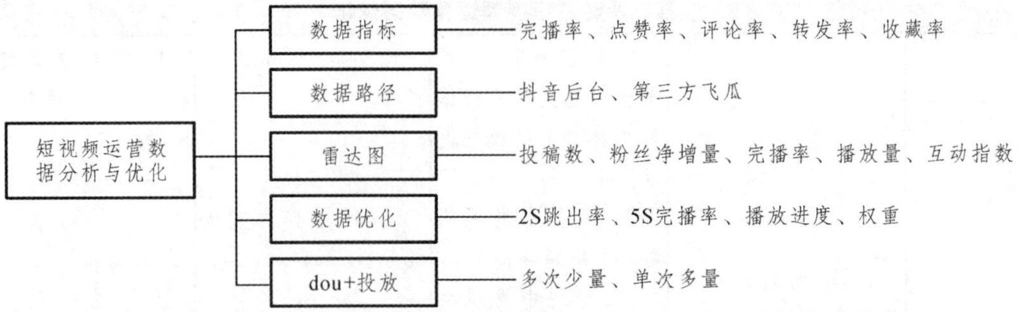

- 短视频运营数据分析与优化
  - 数据指标——完播率、点赞率、评论率、转发率、收藏率
  - 数据路径——抖音后台、第三方飞瓜
  - 雷达图——投稿数、粉丝净增量、完播率、播放量、互动指数
  - 数据优化——2S跳出率、5S完播率、播放进度、权重
  - dou+投放——多次少量、单次多量

教学评价

分项	新鲜水果小组	蔬菜蛋品小组	粮油调味小组	滋补养生小组	四季茗茶小组	休闲零食小组
小组自评						
小组互评						
企业导师评						
家长评						
教师评						

教学反思

亮点与特色	1. 资源丰富，运用得当。数字经济本身就是当下的趋势，恰当地运用第三方工具飞瓜等对数据进行图表可视化查看，借助热门，为每小组的视频数据分析和优化起到了很好的作用。 2. 任务式教学，知识点服务于任务。打破传统工具讲解方式，依据任务需求讲解各知识点，所用即所学，易于学生接受，同时也为学生提供了更多反思，提升的空间。 3. 自制表单。合理利用表单为学生的知识点梳理任务完成起到引领作用。
问题与改进	问题：对运营数据的分析还不够敏感透彻，短视频运营优化效果不太理想。 改进：根据所讲技巧多去观察分析自身数据，借助第三方工具多看同类型视频账号运营情况，借助热门。

【点　评】

主要特色：

1. 善用学习表单和思维导图，提升学习效率：高中生抽象思维发展不完全，且中职生大都缺乏对所学知识进行总结归纳的意识和方式方法，通过知识表单的方式，可以将知识点具象化，让学生清楚明白所学知识点，从而深化对所学内容的了解。

2. 教学思路清晰：整个教学过程遵循数据查看—数据分析—数据优化（投放豆荚）的主线，逻辑分明，学生学起来思路较为清晰。

3. 教学情境真实：豆荚作为抖音平台引流的重要工具，掌握其使用方法技能技巧是重要且必要的。在讲授豆荚投放的过程中，该教师组织学生开展同一视频，不同豆荚投放比例对比视频，营造出了真实的投放场景，让学生直观感受到了投放豆荚的作用，能有效促进学生对知识的转化和吸收。

建议：

1. 强化讲授重点：本课主题为数据分析与优化，因此讲授重点分别为数据分析与数据优化，那么在数据优化部分，除了投放豆荚这一方式，其他视频优化方法，显然也是重要的。比如我们如何通过数据分析的结果来确定视频内容本身的改进方向等问题，需要教师再做进一步的引导和讲解，以更好地帮助学生掌握抖音运营的妙门，也让整个课程更完整。

2. 针对部分学生对运营数据分析不敏感透彻的问题，可再增加 1 课时，交流视频优化的成果和经验：在课程结束后，也就是课后延伸环节，可以让学生们分组进一步思考视频优化的方向和方式方法，并进行实战，在课堂上进行交流分享成果或失败的经验。

研学旅行路线设计

◎课程名称：模拟导游

◎授课教师：蒋媛媛

<table>
<tr><td colspan="2">授课题目</td><td colspan="2">研学旅行路线设计</td><td>课程名称</td><td>模拟导游</td></tr>
<tr><td colspan="2">授课对象</td><td colspan="2">旅游服务与管理专业 2020 级 1 班</td><td>授课课时</td><td>1 课时</td></tr>
<tr><td colspan="2">授课地点</td><td colspan="2">模拟导游室</td><td>授课形式</td><td>理实一体</td></tr>
<tr><td colspan="6">教学分析</td></tr>
<tr><td colspan="2">内容分析</td><td colspan="4">本次课教学内容节选自《模拟导游》项目五：“研学指导师技能训练——农耕文化研学”中任务一“研学旅行路线设计”。
研学旅行路线设计是实施研学旅行活动的前提。根据旅游服务与管理专业“1+X”研学导师（初级）证书标准要求，进行研学旅行路线设计是一名合格研学导师的必备技能，通过组合最佳研学线路，以保证研学主体以最低的成本获取最大的收获。
本次课的教学内容主要包含研学对象分析、农耕文化内涵、研学旅行路线设计的原则与流程等三大主要内容。通过学习，学生可以加深对“研学指导师”这一新兴职业的认识和理解，了解农耕文化的内涵，掌握研学路线设计的原则 与流程，学会分析研学对象、主题、旅游资源，培养研学路线设计的能力，从而产生对农耕文化的精神认同。</td></tr>
<tr><td colspan="2" rowspan="3">学情分析</td><td>知识与技能基础</td><td colspan="3">1. 通过前面四个项目的学习，学生已经掌握了山岳景观、水体景观、古建筑与古典园林景观、博物馆景观的线路设计；
2. 能独立完成一般旅游团队线路设计，有一定的设计基础；
3. 学生大部分来自农村，对农耕活动有一定的了解，但对农耕文化的内涵以及如何运用到线路设计中还缺乏认识；
4. 通过预习，28 名学生中，有 22 名学生对研学旅行和研学指导师的理解较为准确，但几乎所有学生对一般旅游线路的设计和研学路线的设计之间的内在联系和差别难以区分。</td></tr>
<tr><td>认知与实践能力</td><td colspan="3">1. 具备设计一般旅游团队线路的能力，但对研学路线的设计不太了解；
2. 28 名学生中，有 9 名学生曾在初中阶段参加过研学旅行，但根据其描述来看，算不上“研学旅行”， 而是在旅游，所以在认知上有一定的偏差。</td></tr>
<tr><td>学习特点</td><td colspan="3">1. 喜欢与行业和实际工作任务相关的学习内容；
2. 对“研学指导师”这一职业表现出浓厚的兴趣，希望通过学习可以在工作中进行应用；
3. 学习积极性较高，但对文化的感知和理解能力较弱。</td></tr>
<tr><td rowspan="2">目标</td><td rowspan="2">学生目标</td><td>知识</td><td colspan="3">1. 能描述分析研学主体的方法；
2. 能理解和描述农耕文化内涵；
3. 能描述研学旅行路线设计的原则与流程。</td></tr>
<tr><td>能力</td><td colspan="3">1. 能根据小学生的认知水平、身心特点进行研学需求分析；
2. 能根据农耕文化的内涵合理选择旅游资源；
3. 能根据研学旅行路线设计的流程及原则合理设计研学路线。</td></tr>
</table>

续表

<table>
<tr><td rowspan="5">目标</td><td>学生目标</td><td>素质</td><td colspan="3">1. 感受中国传统农耕文化；
2. 培养学生作为一名合格的研学指导师的职业意识；
3. 增强民族自豪感。</td></tr>
<tr><td rowspan="4">教师目标</td><td>内容</td><td colspan="3">1. 研学旅行路线设计的原则；
2. 研学旅行路线设计流程。</td></tr>
<tr><td>方法</td><td colspan="3">任务驱动法。</td></tr>
<tr><td>教研</td><td colspan="3">AI 技术助力旅游教学。</td></tr>
<tr></tr>
<tr><td colspan="2">教学内容</td><td colspan="4">1. 分析研学对象、主题；
2. 分析研学旅游资源；
3. 研学旅行路线设计的原则；
4. 研学旅行路线设计流程。</td></tr>
<tr><td colspan="2">教学重点</td><td colspan="4">结合研学对象需求、研学旅行路线设计原则合理设计研学路线。</td></tr>
<tr><td colspan="2">教学难点</td><td colspan="4">结合研学对象身心特点、认知水平、路线设计原则合理完善设计研学旅行路线。</td></tr>
<tr><td colspan="6">教学策略</td></tr>
<tr><td colspan="2">教学设计流程</td><td colspan="4">本课按“三段七步”流程进行教学，分为课前奠基、课中实训、课后强化三个阶段。</td></tr>
<tr><td rowspan="2">教学方法</td><td>教法</td><td colspan="4">任务驱动法。</td></tr>
<tr><td>学法</td><td colspan="4">自主探究法、合作学习法。</td></tr>
<tr><td colspan="2">教学手段与资源</td><td colspan="4">略。</td></tr>
<tr><td colspan="6">教学实施</td></tr>
<tr><td colspan="2">教学阶梯</td><td>教学内容</td><td>教师活动</td><td>学生活动</td><td>设计意图</td></tr>
<tr><td colspan="6">课　前</td></tr>
<tr><td colspan="2">教学准备（第一阶）</td><td>研学旅行的概念：
研学旅行是由学校根据区域特色、学生年龄特点和各学科教学内容需要，组织学生通过集体旅行、集中食宿的方式走出校园，在与平常不同的生活中拓宽视野、丰富知识，加深与自然和文化的亲近感，增加对集体生活方式和社会公共道德的体验</td><td>1. 推送微课。
学习通平台推送“研学旅行”“研学指导师”微课，登录平台查看学生学习情况。
2. 推送测试。
在学习通平台推送小测验，平台查看学生完成情况，根据测试结果调整教学内容
3. 发布任务。
① 城区实验小学五年级学生三天两夜农耕文化主题研学旅行。
② 调研家乡具有农耕文化特色的旅游资源，并以照片形式上传至平台。
③ 对研学旅行路线设计方案上的需求分析进行调研。</td><td>1. 学习微课。
观看微课，自学新知。
2. 完成测验。
完成平台微课测试题，根据测试结果查漏补缺。
3. 接收任务。
① 明确任务。
② 调研家乡农耕文化特色研学旅游资源。
③ 完成研学旅行路线设计方案上的需求分析。</td><td>1. 预习新知，结合测试统计数据，监测学习结果，掌握学情；通过课前作业确定教学重难点。
2. 培养学生收集整理资料的能力、归纳提炼的能力，在此过程中，加深对专业的认同感。</td></tr>
</table>

续表

教学阶梯	教学内容	教师活动	学生活动	设计意图
课　中				
任务发布（第二阶）	研学旅行的目的和意义： （1）目的：培养孩子科学思维方式和学习能力，培养学生良好思想品德和健全人格，实现素质教育的目标。 （2）意义：研学旅行，有利于促进学生培育和践行社会主义核心价值观，激发学生对党、对国家、对人民的热爱之情；引导学生主动适应社会，促进书本知识和社会实践的深度融合，培养创新人才，推动全面实施素质教育	1. 组织课堂。 ① 通过图片介绍研学旅行，介绍研学指导师这一职业。 ② 介绍研学旅行的目的和意义。 2. 发布任务。 为城区小学五年级学生三天两晚的农耕文化主题研学旅行进行路线设计。	1. 课前学习。 ① 了解研学旅行，认识研学指导师这一职业。 ② 熟悉研学旅行的目的和意义。 2. 接收任务。 明确学习主题。	1. 深入了解研学旅行和研学指导师的岗位职责，树立正确的职业意识。 2. 以企业真实工作项目为情境，激发学生学习兴趣，引入课题。
分组进阶（第三阶）	研学旅行路线设计原则： 立足研学主体； 突出教育意义； 避免路线重复； 点间距离适当； 景点选择适量； 成本控制有效	1. 文化探究。 ① 播放“农耕文化”视频； ② 深度讲解农耕文化。 2. 梳理知识。 ① 挑选学生分析收集到的典型研学资源点； ② 引导学生分析研学对象的特点； ③ 总结研学旅行路线设计原则； ④ 用三句半带领学生巩固记忆研学旅行路线设计原则。 3. 构思方案。 ① 引导学生运用研学路线设计原则和课前做的需求分析进行初步构思； ② 抽选小组讲解构思。	1. 文化探究。 ① 观看视频。 ② 认真倾听，做好记录。 2. 探究学习。 ① 分析研学资源点； ② 思考分析； ③ 记录知识点； ④ 完成记忆练习。 3. 课堂练习。 ① 小组讨论，初步构思； ② 小组代表讲解构思。	1. 深入了解农耕文化，培养学生热爱劳动、传承农耕文化的意识。 2. 检查学生课前调研情况，为后续资源分析做准备；让学生获得成功感；用轻松快乐的方式让学生记忆了知识点，又调动了学生的积极性，完成知识目标3。 3. 通过小组实践尝试和教师点拨，提升知识应用能力，初次完成教学重点。

续表

教学阶梯	教学内容	教师活动	学生活动	设计意图
分组进阶（第三阶）	研学旅行路线设计原则： 立足研学主体； 突出教育意义； 避免路线重复； 点间距离适当； 景点选择适量； 成本控制有效	4. 发布任务。 ① 利用地图软件进行研学旅行路线设计； ② 巡视观察，发现问题并及时反馈指导。	4. 领取任务。 （1）利用地图软件进行研学旅行路线设计； （2）组内练习，根据老师反馈的问题及时调整。	
集中展示（第四阶）	研学路线设计合理性的方法： 1. 确定首尾站； 2. 路线要合理； 3. 成本要有效	1. 组织展示。 ① 组织各小组展示修改后的路线设计； ② 小组互评，发现问题并及时优化； ③ 教师点评，总结路线设计中线路组合的合理性。 2. 示范展示。 ① 教师展示路线设计，讲解设计思路； ② 引导学生分析教师的路线设计主线。	1. 设计展示 ① 小组代表展示路线设计。 ② 小组互评，提出优化策略。 ③ 认真倾听，记录要点。 2. 模仿分析。 ① 聆听教师讲解； ② 积极讨论，分析。	运用多方评价，让学生发现路线设计中的不足，掌握研学旅行路线设计合理性的方法，解决教学重点；通过教师示范，让学生找到差距，明确修改方向，同时达成素养目标 2。
集中评价（第五阶）	组织评价	1. 小组互评。 2. 教师点评。	1. 对照评价标准，以小组为单位进行讨论，进行自评和互评； 2. 记录要点，结合点评再次完善。	通过多元评价为后续教学活动提供参考依据。
课　后				
拓展延伸（第六阶）	发布作业并实时点评	1. 发布作业。 ① 各小组将课堂中的设计上传到平台，将由企业导师评选出最符合市场的线路设计； ② 引导学生根据评价标准设计本区域“红色文化”研学路线 2. 实时点评。 学生上传作业后，及时点评。	1. 完成作业。 ① 将课堂中的小组设计上传至平台，及时查看企业导师的反馈； ② 完成作业并上传到平台。 2. 完善作业。 根据教师点评，再做调整。	巩固本课知识，培养学生举一反三的运用能力。

续表

教学评价

本次课有多样的课堂活动。课前学生亲身调研，课中头脑风暴、独立探索、集体研讨，课后拓展延伸，给学生搭建充分发表意见的平台，引导学生融合多种思考方式，从而提升他们解决问题的能力。在教学中教师由“扶”到“放”，帮“扶”指导学生探究农耕文化内涵和研学对象特点，再引导学生发现研学路线设计中的问题，归纳总结出研学路线设计的流程，最后“放”手让学生自主设计研学路线。

教学板书

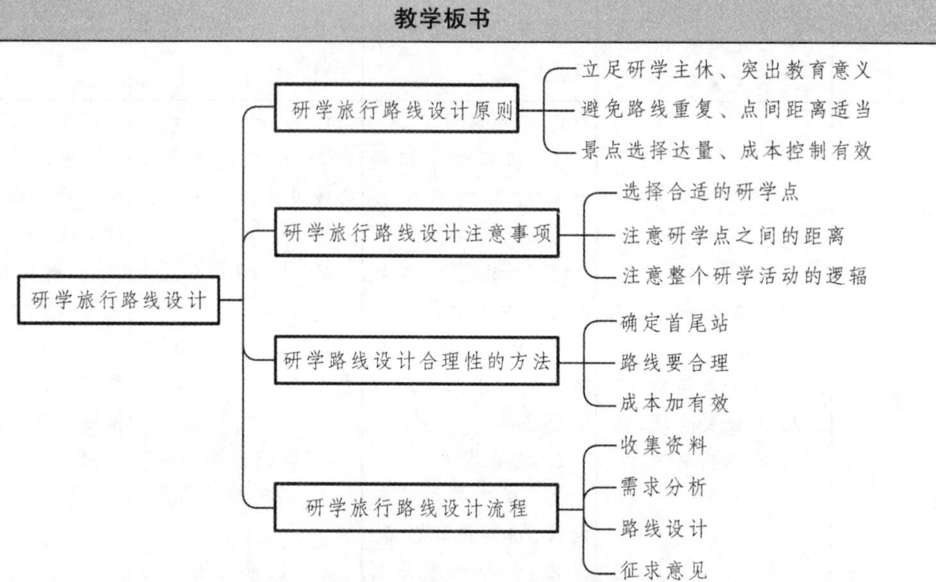

教学反思

目标达成情况

教学目标	测试成绩分布人数				优秀率 90 分以上
	不及格	60～80 分	80～90 分	90 分以上	
能描述分析研学主体的方法	0	0	0	28	100%
能理解和描述农耕文化内涵	0	0	0	28	100%
能描述研学旅行路线设计的原则与流程	0	0	3	25	90%
能根据研学旅行路线设计的流程及原则合理设计研学路线	0	0	5	23	82%
文化自信得以增强	非常符合：20 人	符合：8 人		不太符合：0 人	不符合：0 人
树立了职业意识	非常符合：24 人	符合：4 人		不太符合：0 人	不符合：0 人

续表

亮点与特色	1.“真实工作情境”使课堂内容与企业运行标准无缝对接，为今后的工作打下坚实的基础； 2. 学生的课后作业点评加入企业导师的意见，实现多元评价； 3. 通过学习通平台、希沃交互性白板、视频等信息化手段，结合讨论、头脑风暴、词条分类等活动全方位分析研学对象、主题及旅游资源，让枯燥的分析变得生动有趣。
问题与改进	不足之处：本次课的研学路线设计，从课前、课中到课后，所有操作都需要在小组的合作情况下完成，评价也是以小组为单位进行的，因此，在对学生个体的评价上没有做到全面具体。 改进方法：在教学设计中将评价具体到每个学生，任务发布时要考虑到小组成员的分工。

【点　评】

主要特色：

1. 体现了“人字梯型”教学模式既关注学生的自主学习，又关注教师作用的发挥、学习资源的提供和学习环境的营造等，突出以学生为中心的特点：根据本教学设计“学情分析”内容，可看出教师在授课前以预习、访谈等方式，结合新授课内容对学生作了详细的学情排查，并在后续“训练技能”环节以任务驱动法等方式调动学生的学习积极性。在教学中，教师通过多样的课堂活动，课前学生亲身调研，课中头脑风暴、独立探索、集体研讨，课后拓展延伸，给学生搭建充分发表意见的平台，引导学生融合多种思考方式，从而提升他们解决问题的能力。教师由“扶”到“放”，帮“扶”指导学生探究农耕文化内涵和研学对象特点，再引导学生发现研学路线设计中的问题，归纳总结出研学路线设计的流程，最后“放”手让学生自主设计研学路线。

2. 体现了“人字梯型”教学模式多元评价的特点：本教学设计在学生的课后作业点评环节加入了企业导师的意见，实现多元评价，有助于学生明确其研学路线设计的亮点和不足，促进学生的进一步成长。

3. 体现了“人字梯型”教学模式线上与线下融合进行，有机衔接的特点：通过学习通平台、希沃交互性白板、视频等信息化手段，结合讨论、头脑风暴、磁条分类等活动全方位分析研学对象、主题及旅游资源，让枯燥的分析变得生动有趣。

4. 体现了专业课教学理论学习与技能训练并行推进，与“1+X”证书有效衔接的特点：研学旅行路线设计是实施研学旅行活动的前提。根据旅游服务与管理专业“1+X”研学导师（初级）证书标准要求，进行研学旅行路线设计是一名合格研学导师的必备技能，通过组合最佳研学线路，以保证研学主体以最低的成本获取最大的收获

建议：

忽视了对学生个体的评价，应将评价具体到每个学生：本次课的研学路线设计，从课前、课中到课后，所有操作都需要在小组的合作情况下完成，评价也是以小组为单位进行的，因此，在对学生个体的评价上没有做到全面具体。在教学设计中将评价具体到每个学生，任务发布时要考虑到小组成员的分工。

旗袍领型设计

◎课程名称：旗袍设计

◎授课教师：李术辉

<table>
<tr><td>授课题目</td><td colspan="2">旗袍领型设计</td><td>课程名称</td><td>旗袍设计</td></tr>
<tr><td>授课对象</td><td colspan="2">2021 级服装设计与工艺 2 班</td><td>授课课时</td><td>2 课时</td></tr>
<tr><td>授课地点</td><td colspan="2">服装理实一体化实训室</td><td>授课形式</td><td>理实一体</td></tr>
<tr><td colspan="5">教学分析</td></tr>
<tr><td colspan="2">内容分析</td><td colspan="3">本次课选自项目六任务一，教学内容为介绍项目整体情况、了解旗袍文化及设计主题旗袍领型技巧和方法。通过对主题旗袍整体项目介绍（红船起航、建国伟业、改革开放、伟大复兴），使学生了解项目背景，明确学习任务，知晓主题旗袍设计流程。同时，领型作为主题旗袍设计的主要组成要素之一，其设计的好坏将直接影响旗袍最后效果。本次课主要深入了解旗袍文化，学习旗袍领型的种类和风格特征，掌握旗袍领型的设计方法，从而能完成主题旗袍领型设计，也为开襟设计奠定基础。</td></tr>
<tr><td colspan="2" rowspan="3">学情分析</td><td>知识与技能基础</td><td colspan="2">1. 已初步掌握服装绘画基础知识；
2. 已掌握了 T 恤、衬衣、西服、连衣裙的领的分类及设计要点；
3. 能熟练绘制 T 恤、衬衣、西服、连衣裙的领型；
4. 已初步掌握了简单的形式美法则；
5. 通过预习，25 名学生中，有 21 名学生对旗袍领子的种类理解较好，但对领型的风格特征理解不够深入。仅有 5 名学生设计的旗袍领型较符合旗袍领型的设计要点。</td></tr>
<tr><td>认知与实践能力</td><td colspan="2">1. 具备一定的审美能力；
2. 对设计师岗位有初步认识，具备了一定的服装设计能力，但对领型设计的分析和解决能力不够，需要持续引导。</td></tr>
<tr><td>学习特点</td><td colspan="2">1. 喜欢与实际工作任务相关的学习内容；
2. 对学习旗袍领的设计表现出浓厚的兴趣，但仍有部分学生学习积极性不高，有畏难情绪，需要重点关注。</td></tr>
<tr><td rowspan="6">目标</td><td rowspan="3">学生目标</td><td>知识</td><td colspan="2">1. 了解旗袍的文化，感受旗袍的魅力；
2. 了解旗袍的设计流程；
3. 掌握旗袍领型的种类及风格特征；
4. 掌握旗袍领型的设计要点。</td></tr>
<tr><td>能力</td><td colspan="2">1. 能辨别旗袍领型的风格特征；
2. 能运用领子的设计要点设计出与主题旗袍相匹配的领型。</td></tr>
<tr><td>素质</td><td colspan="2">1. 增强学生对红色文化的认同感和使命感；
2. 传承民族服饰，弘扬旗袍文化；
3. 培养学生具有良好的人际交往、团队协作能力等职业精神。</td></tr>
<tr><td rowspan="3">教师目标</td><td>内容</td><td colspan="2">1. 旗袍的文化和魅力；
2. 旗袍的设计流程；
3. 旗袍领型的种类及风格特征；
4. 旗袍领型的设计要点。</td></tr>
<tr><td>方法</td><td colspan="2">1. 讲授法；
2. 小组讨论法。</td></tr>
<tr><td>教研</td><td colspan="2">针对旗袍文化可以延伸到旗袍的起源，了解旗袍的变化历史。</td></tr>
</table>

续表

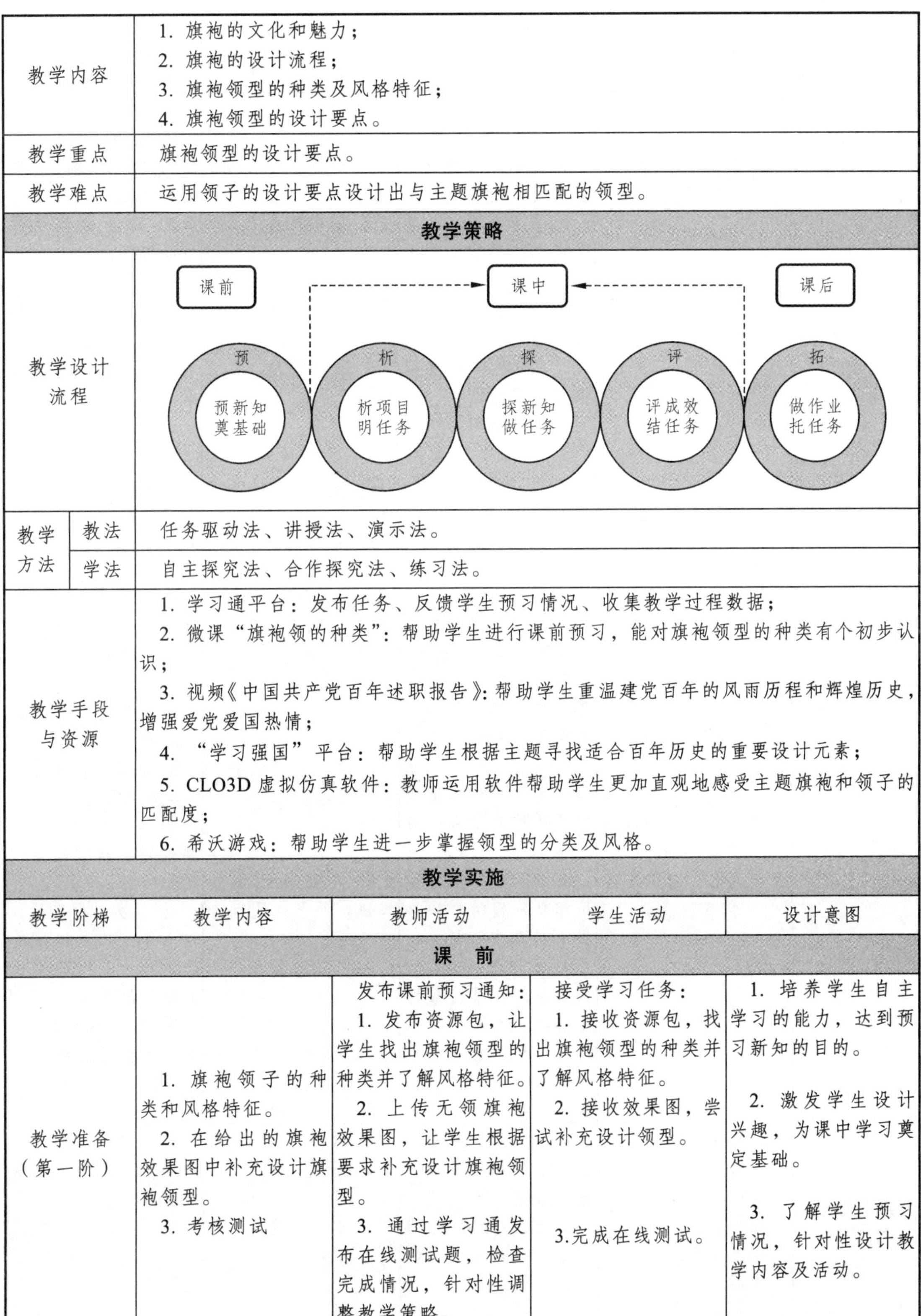

<table>
<tr><td colspan="2">教学内容</td><td colspan="4">1. 旗袍的文化和魅力；
2. 旗袍的设计流程；
3. 旗袍领型的种类及风格特征；
4. 旗袍领型的设计要点。</td></tr>
<tr><td colspan="2">教学重点</td><td colspan="4">旗袍领型的设计要点。</td></tr>
<tr><td colspan="2">教学难点</td><td colspan="4">运用领子的设计要点设计出与主题旗袍相匹配的领型。</td></tr>
<tr><td colspan="6">教学策略</td></tr>
<tr><td colspan="2">教学设计流程</td><td colspan="4">课前　课中　课后
预：预新知 奠基础
析：析项目 明任务
探：探新知 做任务
评：评成效 结任务
拓：做作业 托任务</td></tr>
<tr><td rowspan="2">教学方法</td><td>教法</td><td colspan="4">任务驱动法、讲授法、演示法。</td></tr>
<tr><td>学法</td><td colspan="4">自主探究法、合作探究法、练习法。</td></tr>
<tr><td colspan="2">教学手段与资源</td><td colspan="4">1. 学习通平台：发布任务、反馈学生预习情况、收集教学过程数据；
2. 微课“旗袍领的种类”：帮助学生进行课前预习，能对旗袍领型的种类有个初步认识；
3. 视频《中国共产党百年述职报告》：帮助学生重温建党百年的风雨历程和辉煌历史，增强爱党爱国热情；
4. “学习强国”平台：帮助学生根据主题寻找适合百年历史的重要设计元素；
5. CLO3D 虚拟仿真软件：教师运用软件帮助学生更加直观地感受主题旗袍和领子的匹配度；
6. 希沃游戏：帮助学生进一步掌握领型的分类及风格。</td></tr>
<tr><td colspan="6">教学实施</td></tr>
<tr><td colspan="2">教学阶梯</td><td>教学内容</td><td>教师活动</td><td>学生活动</td><td>设计意图</td></tr>
<tr><td colspan="6">课　前</td></tr>
<tr><td colspan="2">教学准备（第一阶）</td><td>1. 旗袍领子的种类和风格特征。
2. 在给出的旗袍效果图中补充设计旗袍领型。
3. 考核测试</td><td>发布课前预习通知：
1. 发布资源包，让学生找出旗袍领型的种类并了解风格特征。
2. 上传无领旗袍效果图，让学生根据要求补充设计旗袍领型。
3. 通过学习通发布在线测试题，检查完成情况，针对性调整教学策略。</td><td>接受学习任务：
1. 接收资源包，找出旗袍领型的种类并了解风格特征。
2. 接收效果图，尝试补充设计领型。
3.完成在线测试。</td><td>1. 培养学生自主学习的能力，达到预习新知的目的。
2. 激发学生设计兴趣，为课中学习奠定基础。
3. 了解学生预习情况，针对性设计教学内容及活动。</td></tr>
</table>

续表

教学阶梯	教学内容	教师活动	学生活动	设计意图
课　中				
任务发布（第二阶）	1. 分析“建党百年华诞”主题旗袍设计的流程。 2. 旗袍领型设计	1. 播放视频《中国共产党百年述职报告》，介绍项目背景并公布设计流程。 2. 发布任务：让学生完成主题旗袍领型设计。	1. 观看视频，明确项目背景及设计流程。 2. 明确任务。	1. 重温党的百年光辉历程，增强学生爱党爱国热情，明确整个项目的意义和任务。 2. 明确本节课的主要任务。
分组进阶（第三阶）	1. 旗袍文化：旗袍的概念、旗袍的发展历程。 2. 旗袍领型的种类。 无领、圆领、V 领、方领、波浪领、马蹄领、凤仙领、水滴领、元宝领。 3. 旗袍领型的风格特征：经典风格、性感风格、甜美风格、古典风格、端庄风格	1. 播放视频“旗袍文化”。 2. 分发不同旗袍领型款式的图片，让学生自主分类。 3. 让学生小组讨论，并上传讨论结果。 4. 发布归类游戏，检测分类结果。 5. 归纳小结领型的分类要领。 6. 播放微课“旗袍领型的风格”，并提问：旗袍领型的风格有？不同旗袍领型给你的直观感受是什么？ 7. 教师点评并结合领型图片讲解该领型的风格及适合的款式及人群。 8. 引导学生围绕风格特征提炼口诀并展示点评并补充。 9. 点评学生表现，投票推选提炼得最好小组。 10. 带领学生运用口诀小结领的风格特征。	1. 观看视频。 2. 接收图片，自主查阅资料，并进行分类。 3. 就分类结果进行组内辨析，提交结果。 4. 完成游戏。 5. 聆听教师讲评，记录相关知识点。 6. 观看微课，回答问题。 7. 学生聆听讲解，认真记录。 8. 小组合作编制口诀，并上台展示。 9. 听讲并投票。 10. 运用口诀回顾领的风格特征。	1. 让学生了解旗袍文化，感受旗袍魅力，培育学生民族自豪感。 2. 培养学生自主学习的能力。 3. 通过辨析，培养学生的语言组织能力和分析、解决问题的能力。 4. 希沃游戏，激发学生兴趣，确保学生掌握领的种类。 5. 通过教师归纳小结，帮助学生掌握基础知识。 6. 微课讲解，利于学生理解掌握基础知识。 7. 点评讲解，确保学生理解旗袍领型的风格特征。 8. 激发学生兴趣，培养学生归纳提炼知识的能力，同时利于对新知的记忆。 9. 提升学生自信，鼓励学生积极参与。 10. 利于学生快速掌握。
集中展示（第四阶）	主题旗袍的领型设计（难点）。 设计主题： 红船启航； 建国伟业； 改革开放； 伟大复兴	1. 通过“神秘盒子”，让小组代表抽取设计主题。 2. 让各小组挑选出小组代表为主题设计的模特。	1. 小组代表抽取设计主题。 2. 小组讨论，挑选出本组模特。	1. 激发学生兴趣的同时，让学生确定小组主题。 2. 模特从小组挑选，可提升学生的自信和参与度。

续表

教学阶梯	教学内容	教师活动	学生活动	设计意图
集中展示（第四阶）	主题旗袍的领型设计（难点）。 设计主题： 红船启航； 建国伟业； 改革开放； 伟大复兴	3. 分发素材包，结合小组抽取的主题，对照模特去完善主题设计方案。 4. 巡视课堂，了解学生完善情况，解决争议。 5. 让小组代表讲解设计方案（廓形、元素、领型的意义和作用）。 6. 点评方案。 7. 让小组结合设计方案进行领型设计。 8. 巡视课堂，解决学生遇到的问题，并示范讲解。 9. 让学生进行小组展示，并让学生结合评分标准进行组内自评、小组互评。 10. 把学生作品利用 CLO3D 虚拟仿真软件展示三维效果。 11. 让学生根据三维效果再次修改完善领型。	3. 接收素材包，小组协作完善主题设计方案。 4. 请教老师，解决疑惑。 5. 小组代表讲解设计方案。 6. 聆听点评，修改完善方案。 7. 小组讨论并设计绘制领型。 8. 绘制领型，请教老师，记录要点。 9. 小组展示并讲解，学生互评。 10. 观看 CLO3D 虚拟仿真软件绘制出的直观效果，并记录问题。 11. 学生修改完善领型设计。	3. 培养小组团结协作能力。 4. 帮助学生解决疑惑。 5. 检测学生合作完成情况，培养学生的交流及语言表达能力。 6. 明确设计方案调整方向，为后续任务的开展做好准备。 7. 通过做去发现问题。 8. 通过示范讲解，帮助学生解决疑惑，突破难点。 9. 小组展示讲解并互评，有利于小组之间相互学习，相互提升。 10. 通过 CLO3D 软件更加直观高效地呈现设计效果，激发学生的兴趣，也有助于完善设计。 11. 培养学生对作品一定要高要求。
集中评价（第五阶）	1. 旗袍的领型成品展示； 2. 总结评价	1. 组织学生进行成品展示及交流； 2. 评价设计成品，小结设计过程； 3. 企业设计师点评； 4. 播放图片，结合板书带领学生回顾知识要点。	1. 展示小组作品，总结设计过程中的收获与不足； 2. 认真倾听，并进行小组互评； 3. 聆听企业专家点评； 4. 回顾知识要点。	1. 提升学生自信，培养学生养成善于总结反思的好习惯； 2. 师生共同评价，肯定学生表现，将评价结果统一录入系统，数据化、可视化； 3. 明确行业设计产品的标准和要求，树立正确的定位； 4.实现对知识的梳理及巩固。
课　后				
拓展延伸（第六阶）	巩固、迁移任务	完成旗袍领型设计的测试题； 结合设计要点为自己设计一款相适应的旗袍领型。	以“荷塘月色”为主题，为自己设计 1 ~ 2 款创意旗袍领型。	加强对旗袍的理解。

续表

<table>
<tr><th colspan="2">教学评价</th></tr>
<tr><td colspan="2">本次课合理运用视频、游戏、妙笔生花软件、色环盘等教学资源和新颖的教学手段，使知识、技能有效达成，经评价测试发现，97.2% 的学生掌握了对比色、互补色的含义，95% 的学生能分辨对比色与互补色，88.7% 的学生掌握了互补色的搭配技巧。</td></tr>
<tr><th colspan="2">教学板书</th></tr>
<tr><td colspan="2">任务一　旗袍领型设计
一、旗袍领型的种类及风格特征
☞ 旗袍领型的种类
☞ 旗袍领型的风格特征
二、旗袍领型的设计要点
☆ 根据穿衣人的脸型和颈部特点设计（重点）
☆ 符合流行趋势
☆ 与服装的外形协调
☆ 符合工艺制作要求和活动规律
三、设计以“建党百年华诞”为主题的旗袍领型
（难点）☞ 红船起航　☞ 建国伟业
☞ 改革开放　☞ 伟大复兴</td></tr>
<tr><th colspan="2">教学反思</th></tr>
<tr><td>目标达成情况</td><td>本次课，以“建党百年华诞”主题为主线，围绕红船起航、建国伟业、改革开放、伟大复兴为四个子主题进行旗袍的领型设计，整个教学主要是任务式教学，以学生为中心，以“预、析、探、评、拓”为主要流程，合理运用视频、测试、游戏、CLO3D 虚拟仿真软件等教学资源和新颖的教学手段，使知识、技能有效达成。经评价测试发现，98% 的学生掌握了旗袍领型的种类和风格特征，92% 的学生掌握了旗袍领型的设计要点。87% 的学生设计的主题旗袍领型符合领型设计要点，同时通过小组合作，增强了学生的团队精神和合作意识，通过文化的渗透，极大增强了学生爱党爱国的情怀和民族自豪感。</td></tr>
<tr><td>亮点与特色</td><td>1. 以“建党百年华诞”为主题旗袍设计的背景，带领学生回顾建党百年征程，增强对红色文化的认同感和使命感，激发学生爱党、爱国的热情。
2. 注重信息化手段与教学融合，特别是教师使用 CLO3D 虚拟仿真软件，通过软件实时展现学生作品的 3D 效果，让抽象问题可视化，让设计效果直观化，让款式结构可行化，充分调动学生学习和探究的主动性，大大提高了课堂的效果，有效提高学生的岗位核心能力。</td></tr>
<tr><td>问题与改进</td><td>由于学生前面学习了其他款式的领型设计，在旗袍领型设计中，部分同学缺少大胆创新，用前面所学的款式领型较多，缺乏对旗袍领型的创新和拓展，不利于学生思维能力提升，需要在课后加强针对性的练习。</td></tr>
</table>

【点　评】

主要特色：

1. 合理运用线上线下资源，将信息化手段与传统课堂模式结合：本节课合理运用视频、游戏、妙笔生花软件、色环盘等教学资源和新颖的教学手段，使知识、技能有效达成，经评价测试发现，97.2% 的学生掌握了对比色、互补色的含义，95% 的学生能分辨对比色与互补色，88.7% 的学生掌握了互补色的搭配技巧。

2. 以“建党百年华诞”主题为主线，围绕红船起航、建国伟业、改革开放、伟大复兴为四个子主题进行旗袍的领型设计，整个教学主要是任务式教学，以学生为中心，以“预、析、探、评、拓”为主要流程，通过文化的渗透，极大增强了学生爱党爱国的情怀和民族自豪感。

3. 重难点清晰，且有效突出了重点，突破了难点：教师在“课前准备”环节，利用考核测试了解学生预习情况，明确了教学重点，并通过针对性设计教学内容及活动如游戏、讨论等完成了重点知识的学习，后期教师通过示范讲解，帮助学生解决疑惑，有效突破了难点。

建议：

学生思维固着现象明显，应锻炼学生的创新思维：由于学生前期已学习了其他款式的领型设计，在旗袍领型设计中，部分同学缺少大胆创新，用前面所学的款式领型较多，缺乏对旗袍领型的创新和拓展，不利于学生思维能力提升，需要在课后加强针对性的练习。

创新运用

红色旅游景区实景讲解训练

◎课程名称：导游基础服务

◎授课教师：杨敏

<table>
<tr><td>授课题目</td><td colspan="2">红色旅游景区实景讲解训练</td><td>课程名称</td><td>导游基础服务</td></tr>
<tr><td>授课对象</td><td colspan="2">23 级旅游实验班</td><td>授课课时</td><td>2 课时</td></tr>
<tr><td>授课地点</td><td colspan="2">彭咏梧纪念广场</td><td>授课形式</td><td>理实一体</td></tr>
<tr><td colspan="5">教学分析</td></tr>
<tr><td>内容分析</td><td colspan="4">本次课教学内容节选自《导游服务基础》项目四“景区（点）讲解服务技能技巧中”任务 1“红色旅游景区讲解服务技能技巧”中的“红色旅游景区实景讲解训练”。
红色旅游具有不可比拟的教育宣传功能，担负着弘扬和培育民族精神的使命。革命传统是中华民族的宝贵精神财富，中国共产党在长期革命斗争实践中形成的井冈山精神、长征精神、延安精神和西柏坡精神等，都是民族精神在特定历史时期的升华。
本次课的教学内容主要包含红色旅游景区概况、红色旅游景区讲解内容梳理与注意事项、导游词讲解模拟演练。通过学习，让学生加深对“红色旅游景区讲解员”这一职业的认识和理解，了解红色旅游的内涵，掌握红色旅游景区讲解员的日常讲解工作，学会分析红色旅游景区、内容受众，培养学生红色景区导游词讲解能力，从而产生对红色文化的精神认同。</td></tr>
<tr><td rowspan="3">学情分析</td><td>知识和
技能基础</td><td colspan="3">1. 通过前面三个项目的学习，学生已经掌握了地陪导游、全陪导游、领队导游的服务技能技巧，对导游的基本日常工作已有一定基础；
2. 能独立完成一般景区景点的导游讲解服务；
3. 学生通过其他学科（如政治、历史等）的学习掌握了我国的红色历史文化，对红色旅游有一定的了解，但如何针对不同的游客进行差异性的红色旅游景区实景讲解，以及如何做好红色旅游景区的讲解员工作还不太了解；
4. 通过预习，41 名学生中，有 32 名学生对红色旅游景区实景讲解理解较为准确，但几乎所有学生对红色旅游景区讲解员讲解服务技巧工作难以胜任。</td></tr>
<tr><td>认知和
实践能力</td><td colspan="3">1. 具备一定景区讲解员的能力，但对红色旅游景区讲解员的讲解服务技能技巧不太熟悉；
2. 41 名学生中，有 25 名学生曾在初中阶段参观过红色革命基地，但根据其描述来看，还是对红色旅游景区的讲解员服务技能技巧的认识有一定的偏差。</td></tr>
<tr><td>学习特点</td><td colspan="3">1. 喜欢与行业和实际工作任务相关的学习内容；
2. 对“红色旅游景区讲解员”这一职业表现出浓厚的兴趣，希望通过学习可以在工作中进行应用；
3. 学习积极性较高，但对文化的感知和理解能力较弱。</td></tr>
<tr><td>教学目标</td><td>知识目标</td><td colspan="3">1. 能描述分析红色旅游受众的方法；
2. 能理解和描述红色旅游实景讲解的文化内涵；
3. 能描述红色旅游导游词讲解过程中的技能技巧。</td></tr>
</table>

续表

<table>
<tr><td rowspan="2">教学目标</td><td>能力目标</td><td>1. 能根据受众的要求、身心特点对红色旅游景区导游词讲解需求进行分析；
2. 能根据红色旅游的内涵、意义、目的合理进行导游讲解服务。</td></tr>
<tr><td>素质目标</td><td>1. 感受中国红色文化；
2. 培养学生做一名合格的红色旅游景区讲解员的职业意识；
3. 增强民族自豪感、认同感。</td></tr>
<tr><td>教学内容</td><td colspan="2">1. 理解红色旅游；
2. 分析红色旅游主要受众群体；
3. 分析红色旅游实景讲解服务技能技巧；
4. 红色旅游导游词实景范例讲解；
5. 红色旅游导游词实景演练。</td></tr>
<tr><td rowspan="2">教学重点</td><td>重点</td><td>结合红色旅游景区特点、红色景区讲解服务技能技巧对所设定的红色旅游景区进行讲解服务。</td></tr>
<tr><td>解决策略</td><td>1. 调研考察：通过课前调研，周边考察，了解红色旅游景区概况；
2. 评价分析：学生互评、教师评价，指出红色旅游景区导游词讲解过程中的问题；
3. 模仿修改：通过教师示范，学生对比、模仿、完善导游词讲解服务。</td></tr>
<tr><td rowspan="2">教学难点</td><td>难点</td><td>结合受众群体的身心特点、目的、要求以及红色旅游景区的差异性对不同红色旅游景区做出有针对性的导游讲解服务。</td></tr>
<tr><td>解决策略</td><td>1. 头脑风暴：通过“头脑风暴”活动，分析红色旅游景区受众的身心特点，认知水平；
2. 初步构思：引导学生运用前面的知识体系和课前做的受众需求分析对红色旅游导游讲解服务形成初步构思；
3. 发现问题：通过学生展示发现红色旅游导游讲解服务的问题；
4. 完善设计：通过小组合作，小组互评和教师点评，边评边完善，调整红色旅游导游讲解服务，突破教学难点。</td></tr>
<tr><td colspan="3">教学策略</td></tr>
<tr><td colspan="2">教学设计流程</td><td>本课按“三段七步”流程进行教学，分为课前奠基、课中实训、课后强化三个阶段，具体流程如下图所示： 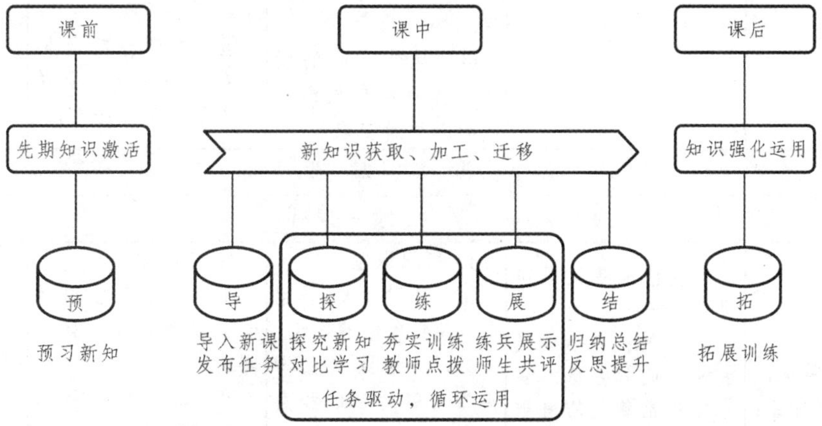
课前 → 先期知识激活 → 预：预习新知
课中 → 新知识获取、加工、迁移 → 导：导入新课 发布任务；探：探究新知 对比学习；练：夯实训练 教师点拨；展：练兵展示 师生共评；结：归纳总结 反思提升
任务驱动，循环运用
课后 → 知识强化运用 → 拓：拓展训练</td></tr>
<tr><td rowspan="2">教学方法</td><td>教法</td><td>任务驱动法</td></tr>
<tr><td>学法</td><td>自主探究法、合作学习法</td></tr>
</table>

续表

教学手段与资源	教学平台：学习通。 教学手段：希沃交互式白板。 教学资源："红色旅游实景讲解"视频、红色旅游图书、思政教育基地。			
教学实施				
教学阶段	教学内容	教师活动	学生活动	设计意图
课　前				
预习新知，收集信息	红色旅游的概念： "红色旅游"是指以革命纪念地、纪念物及其所承兄镇负载的革命精神为吸引物，组织接待旅游者旅客进行参观游览，实现学习革命历史知识、接受革命传统教育和振奋精神、放松身心、增加阅历的旅游活动	1. 推送微课。 学习通平台推送"红色旅游实景讲解"微课、"井冈山导游讲解"视频；并登录平台查看学生学习情况。 2. 推送测试。 在学习通平台推送小测验；平台查看学生完成情况，根据测试结果调整教学内容。 3. 发布任务。 ① 根据微课和"井冈山导游讲解视频"和前面所学知识内容，完成一次红色旅游景区导游讲解，并拍摄成视频发布于学习通平台。 ② 相互观看，评价分析，指出同学之间在红色旅游实景讲解过程中的不足和突出点。 ③ 调查不同的受众群体对红色旅游景区导游讲解要求。	1. 学习微课。 预习新知。 2. 完成测验。 完成平台微课测试题，根据测试结果查漏补缺。 3. 接收任务。 ① 明确任务。 ② 拍摄关于红色旅游景区的实景导游讲解视频。 ③ 调查分析不同受众的要求与特点并发布于学习通平台。	1. 预习新知，结合测试统计数据，监测学习结果，掌握学情；通过课前作业确定教学重难点。 2. 培养学生收集整理资料的能力、归纳提炼的能力，在此过程中，加深对专业的认同感。
课　中				
第一课时				
导师解疑，明确任务	红色旅游景区导游词的功能： 1. 目的：导游词是导游人员引导旅游者进行观光游览的讲解词，其作用在于引导旅游者参观游览，达到宣传景区的效	1. 组织课堂。 ① 通过彭咏梧生平介绍红色旅游景点。 ② 介绍红色旅游实景讲解的目的和意义。	1. 课前学习。 ① 了解彭咏梧的生平以及受众群体的特点。 ② 熟悉彭咏梧红色旅游景点。	深入了解红色旅游讲解员的岗位职责，树立正确的职业意识。

续表

教学阶段	教学内容	教师活动	学生活动	设计意图
导师解疑，明确任务	果。红色旅游景区导游词承载着重要的教育和宣传功能，旨在正确描述历史、引起旅游共鸣，进而弘扬爱国主义精神和民族认同感。 2. 意义：①有利于加强和促进新时期爱国主义教育。②有利于保护和利用革命历史文化遗产。	2. 发布任务。 为初中二年级的学生讲解彭咏梧红色旅游景点。	2. 接收任务。 明确学习主题。	以企业真实工作项目为情境，激发学生学习兴趣，引入课题。
任务探究，构思方案	红色文化： 红色文化是在革命战争年代，由中国共产党、先进分子和人民群众共同创造并极具中国特色的先进文化，蕴含着丰富的革命精神和厚重的历史文化内涵。 红色旅游景区实景讲解原则： 1. 凸显人物故事挖掘精神内涵； 2. 避免路线重复点间距离适当	1. 文化探究。 ① 带领学生熟悉人物生平。 ② 深度讲解红色文化。 2. 梳理知识。 ① 挑选学生分析收集到的实景资料。 ② 引导学生分析受众对象的特点。 ③ 总结红色旅游景区实景讲解原则。 3. 构思方案。 ① 引导学生运用前面所学知识及技能实景讲解红色旅游景点。 ② 抽选小组讲解构思。	1. 文化探究。 ① 梳理人物生平以及景区特点。 ② 认真倾听，做好记录。 2. 探究学习。 ① 分析红色景区的特点。 ② 思考分析。 ③ 记录知识点。 ④ 完成红色旅游景区实景讲解方案设计。 3. 课堂练习。 ① 小组讨论，初步构思。 ② 小组代表讲解构思。	1. 让学生对实景讲解过程，讲解要点，景点讲解方案设计思路清晰。 2. 检查学生课前调研情况，为实景讲解做准备；让学生获得成功感；用轻松快乐的方式让学生记忆了知识点，又调动了学生的积极性，完成知识目标。
尝试设计，教师点拨	红色旅游实景讲解注意事项： 1. 人物故事符合历史逻辑； 2. 结构完整、顺序正确，详略得当，衔接自然； 3. 具备一定文化底蕴； 4. 注意主要受众的知识水平及身心特点 5. 讲解时严肃认真，符合人物背景	1. 发布任务。 ① 请同学们依据现场调研和导游词进行彭咏梧纪念广场导游词实景讲解。 ② 巡视观察，发现问题并及时反馈指导。 2. 教师点拨。 针对发现的共性问题进行讲解。 3. 组织修改。 组织学生继续讨论修改。	1. 领取任务。 ① 依据调研结果和前面所学知识技能对景点进行实景讲解。 ② 组内练习，根据老师反馈 的问题及时调整。 2. 聆听记录。 认真聆听，记录要点。 3. 修改设计。 继续讨红色景点实景讲解技巧。	通过小组实践尝试和教师点拨，提升知识应用能力，初次完成教学重点。

续表

教学阶段	教学内容	教师活动	学生活动	设计意图
展示设计，学生示范，师生互评	红色旅游景区实景讲解展示： 1. 结合人物特点、受众群体身心特点及景区景点特色进行彭咏梧景区实景讲解； 2. 态势语言，讲解情感符合人物特点。 3. 普通话标准，自信大方	1. 组织展示。 ① 组织各小组展示修改后的红色旅游景点实景讲解。 ② 小组互评，发现问题并及时优化。 ③ 教师点评，总结红色旅游景点讲解技巧。 2. 示范展示。 ① 教师示范讲解红色旅游景点实景讲解。 ② 引导学生分析教师的讲解过程和方法。	1. 设计展示。 ① 小组代表展示讲解过程。 ② 小组互评，提出优化策略。 ③ 认真倾听，记录要点。 2. 模仿分析。 ① 聆听教师讲解。 ② 积极讨论，分析。	运用多方评价，让学生发现红色旅游实景讲解中的不足，掌握红色旅游实景讲解技能，解决教学重点；通过教师示范，让学生找到差距，明确修改方向，同时达成素养目标。
第二课时				
完善设计，教师点拨	评价标准	1. 引导完善讲解方案。 ① 引导学生结合教师示范，完善自身讲解不足。教师对彭咏梧纪念广场进行实景示范讲解。 ② 巡视指导，针对各组存在的问题进行点拨。 2. 分析标准。 ① 梳理红色旅游实景讲解评价标准。 ② 帮助学生明确评价标准。 3. 展示评价。 ① 利用现场抽签抽取小组展示并进行完整实景导游讲解 ② 小组互评。 ③ 教师点评。	1. 完善讲解方案。 ① 结合教师示范，针对存在的问题进一步完善红色旅游实景讲解。 ② 小组协作修改，完善改进。 2. 分析标准。 ① 研学旅行路线设计方案评价标准。 ② 明确评价标准，为设计方案做好准备。 3. 课堂练习。 ① 积极讨论，完善方案。 ② 依据反馈完善方案。	小组协作，教师指导，突破教学难点。明确评价标准。
展示成果，多元评价	多元评价： 1. 小组自评； 2. 小组互评； 3. 教师点评	展示评价： 1. 利用现场抽签抽取小组展示并进行完整实景导游讲解。 2. 小组互评。 3. 教师点评。	展示评价： 1.小组代表现场展示。 2. 对照评价标准，以小组为单位进行讨论，进行自评和互评。 3. 记录要点，结合点评再次完善。	1. 检测学生学习情况，提升讲解能力，完成教学难点。 2. 通过多元评价为后续教学活动提供参考依据。

续表

教学阶段	教学内容	教师活动	学生活动	设计意图
总结要点，反思提升	红色旅游实景讲解注意事项及知识要点： 1. 情感态度严肃认真； 2. 内容故事详略得当； 3. 时间主线穿插其中	1. 梳理本课知识点，引导学生归纳出红色旅游实景讲解注意事项和知识要点。 2. 结合任务完成情况，给予积分奖励。	1. 聆听教师的总结，记录要点。 2. 根据任务完成情况领取积分奖励。	明确红色旅游实景讲解注意事项及知识要点，对本次课所有内容再次总结梳理。
课　后				
拓展练习，实践运用	知识迁移： 对刘伯承故居进行实景讲解	1. 发布作业。 （1）以个人为单位对本节课进行的实景讲解拍摄成视频并发布于学习通平台。 （2）引导学生根据本次课程的实景讲解对其他红色景区景点进行实景讲解。 2. 实时点评。 学生上传作业后，及时点评。	1. 完成作业。 （1）将课堂中实景讲解拍摄成视频。 （2）完成作业并上传到平台。 2. 完善作业。 根据教师点评，再做调整。	巩固本课知识，培养学生举一反三的运用能力。

板书设计

- 红色旅游景区实景讲解
  - 一、景区特点及人物生平
  - 二、主要受众群体特点
  - 三、练习及展示导游实景讲解
  - 四、评价并完善实景讲解

课后反思

学习效果	本次课程通过在红色旅游进行的实景导游讲解，将学生前面课程所学习到的知识以及技能实际地运用，使学生将理论与实际相结合，提升了学生红色旅游实景讲解的能力，同时也提升了学生在红色旅游实景讲解过程中能根据讲解对象、受众需求的不同来提供个性化讲解服务的能力。
特色创新	1. 线上线下资源有效融合，通过学习通平台信息化手段、有效调动学生的学习积极性，增强了实景讲解的趣味性。 2. 注重过程性评价和终结性评价，培养学生的学习自信。
反思改进	不足之处：本节课的红色旅游景区实景讲解任务从课中到课后所有操作都是学生在小组合作的情况下完成的，评价也是以小组为单位进行，因此，在对学生个体的评价上没有做到全面具体，以至落实分层作业时没有科学的数据支撑。 改进方法：在教学设计中将评价具体到每位学生，任务发布时要考虑到小组成员的分工。

【点 评】

主要特色

1. 景区实景授课，凸显专业课教学特色：本设计以“红色旅游景区实景讲解”为主题，为了有效达成教学目标，提升学生红色旅游景区实景讲解技能，教师带领学生到彭咏梧景区进行实地授课，有效打破了传统的教学空间限制，提升了授课效率。

2. 第一课堂、第二课堂课程思政协同育人：本设计的课程思政育人不仅局限于课堂教学这一阵地，教师根据课程内容特点，将学生带至景区实地授课，让学生在参观游览彭咏梧景区的同时，锻炼、提升实景讲解技能，实地感受红色文化，培养爱国主义精神。

3. 课后作业的设置紧扣主题，实现知识迁移与运用：教师在“拓展练习，迁移运用”环节让学生根据课堂所学，对刘伯承故居进行导游讲解，达到巩固本课所学的目的，同时锻炼了学生的知识迁移和运用能力。

建议

1. 缺乏对学生个体的评价，应关注学生主体的发展：本节课的红色旅游景区实景讲解任务从课中到课后所有操作都是学生在小组合作的情况下完成的，评价也是以小组为单位进行，因此，对学生个体的评价没有做到全面具体。教师应将课堂评价落实到具体学生，为学生的长远发展提供过程性依据。

2. 缺乏对学生学习效果的评估，应关注学生的学习过程和结果：本教学设计未见对学生知识目标、能力目标、素养目标达成情况的具体统计，因此教师在授课过程中应积极运用学习通、问卷星等线上 App 对教学目标达成情况进行实时监督，并将结果可视化，从而为后续布置作业、复习提供针对性的建议。

红色旅游景区导游词创编

◎课程名称：导游基础服务

◎授课教师：黄海涛

<table>
<tr><td>授课题目</td><td colspan="2">红色旅游景区导游词创编</td><td>课程名称</td><td>导游服务基础</td></tr>
<tr><td>授课对象</td><td colspan="2">23 级旅游实验班</td><td>授课课时</td><td>2 课时</td></tr>
<tr><td>授课地点</td><td colspan="2">模拟导游实训室</td><td>授课形式</td><td>理实一体</td></tr>
<tr><td colspan="5">教学分析</td></tr>
<tr><td>内容分析</td><td colspan="4">本次课教学内容节选自《导游服务基础》项目四“景区（点）讲解服务技能技巧中”任务 1“红色旅游景区讲解服务技能训练”中的“红色旅游景区导游词创编训练”。
红色旅游景区作为革命教育基地，具有重要的教育、宣传功能。红色旅游景区讲解员、导游词编创承载着培育和弘扬民族精神的使命。
本节课的教学内容主要包含红色旅游景区概况、导游词创编结构、导游词创编技巧，旨在让学生加深对“红色旅游景区导游词”的认识和理解，理解红色旅游景区的概念，掌握红色旅游景区导游词创编的结构及技巧，学会结合红色旅游景区特点、受众群体特点创编结构完整、顺序正确、衔接自然、主题鲜明的导游词，从而培养学生的民族认同感和爱国主义精神。</td></tr>
<tr><td rowspan="3">学情分析</td><td>知识和技能基础</td><td colspan="3">1. 通过前面三个项目的学习，学生已经熟悉、掌握了地陪导游、全陪导游、海外领队的服务流程、技能和技巧，对导游的基础服务工作已有一定了解和掌握。
2. 能独立完成一般景区景点的导游讲解服务。
3. 学生通过其他学科如政治、历史等的学习，了解、掌握我国的红色历史文化，同时也对红色旅游、红色旅游景区有了一定了解，但学生对如何结合红色景区（点）的特点进行导游词创编，以及如何做好红色旅游景区的讲解服务工作还比较陌生，期待进一步学习。
4. 学生通过对“旅游地理”等专业课程的学习，结合课前预习及自身经验，41 名学生中已有 36 名学生对红色旅游景区有较准确的理解，但几乎所有学生都表示难以胜任红色旅游景区的导游词创编工作。</td></tr>
<tr><td>认知和实践能力</td><td colspan="3">1. 学生已具备一定导游词创编能力，但对红色旅游景区的导游词创编流程和技巧还不熟悉；同时学生渴望学习有关红色旅游景区的导游词创编知识，有效提升红色旅游景区的导游词创编水平。
2. 41 名学生中，有 25 名学生曾在初中阶段参观过红色革命基地，但根据其描述来看，还是对红色旅游景区的讲解员服务技能技巧的认识有一定的偏差。</td></tr>
<tr><td>学习特点</td><td colspan="3">1. 对行业和实际工作任务相关的学习内容感兴趣；
2. 对“红色旅游景区讲解员”这一职业表现出浓厚的兴趣，希望通过学习可以掌握一定导游词创编能力；
3. 学习积极性较高，但对文化的感知和理解能力较弱。</td></tr>
<tr><td>教学目标</td><td>知识目标</td><td colspan="3">1. 了解红色旅游景区的概念，了解分析红色旅游受众的方法；
2. 理解红色旅游景区的特点；
3. 掌握红色旅游景区导游词的基本结构；
4. 熟悉、掌握红色旅游景区导游词的语言特点和创编技巧。</td></tr>
</table>

续表

<table>
<tr><td rowspan="2">教学目标</td><td>能力目标</td><td>1. 能简要总结红色旅游景区不同类型受众的要求和特点；
2. 能准确复述导游词的基本结构和创编程序；
3. 能根据受众群体特点、景区特点创编结构完整、顺序正确、衔接自然、主题鲜明的导游词。</td></tr>
<tr><td>素质目标</td><td>1. 体会、弘扬爱国主义精神；感悟、宣扬红色旅游文化和民族认同感。
2. 提升学生的职业认同感。
3. 增强学生“讲好中国故事”的使命感。</td></tr>
<tr><td>教学内容</td><td colspan="2">1. 理解红色旅游和红色旅游景区；
2. 分析红色旅游主要受众群体及特点；
3. 掌握红色旅游景区导游词的基本结构；
4. 掌握、运用红色旅游景区导游词的创作流程和创编技巧；
5. 以特定红色旅游景区为例创编导游词。</td></tr>
<tr><td rowspan="2">教学重点</td><td>重点</td><td>结合红色旅游景区的特点和导游词创编的格式、原则、技巧要求与受众群体的特点合理创编导游词。</td></tr>
<tr><td>解决措施</td><td>1. 先期调查：通过课前线上收集资料，线下实地考察，了解红色旅游景区概况；
2. 评价分析：学生互评、教师评价，指出红色旅游景区导游词创编的结构、原则及相关技能技巧；
3. 模仿修改：通过教师示范，学生对比、模仿、完善导游词创编。</td></tr>
<tr><td rowspan="2">教学难点</td><td>难点</td><td>结合红色旅游景区的特点和受众群体的特点，结合导游词创编的基本原则、流程创编主题鲜明、衔接自然、有底蕴的导游词。</td></tr>
<tr><td>解决措施</td><td>1. 头脑风暴：通过预习、“头脑风暴”活动，分析红色旅游景区受众的不同特点及需求。
2. 初步构思：引导学生运用前面的知识体系和课前做的受众需求分析形成红色旅游景区导游词初稿。
4. 发现问题：教师点评，总结学生初稿存在的普遍问题。
5. 完善设计：教师精讲、示范规范的红色旅游景区导游词，学生通过小组合作，小组互评和教师点评，修改完善导游词，调整导游词结构和语言，突破教学难点。</td></tr>
<tr><td colspan="3">教学策略</td></tr>
<tr><td>教学设计流程</td><td colspan="2">本课按“三段七步”流程进行教学，分为课前奠基、课中实训、课后强化三个阶段，具体流程如下图所示：
课前 课中 课后
先期知识激活 新知识获取、加工、迁移 知识强化运用
预 导 探 练 展 结 拓
预习新知 导入新课 发布任务 探究新知 对比学习 夯实训练 教师点拨 练兵展示 师生共评 归纳总结 反思提升 拓展训练
任务驱动，循环运用</td></tr>
</table>

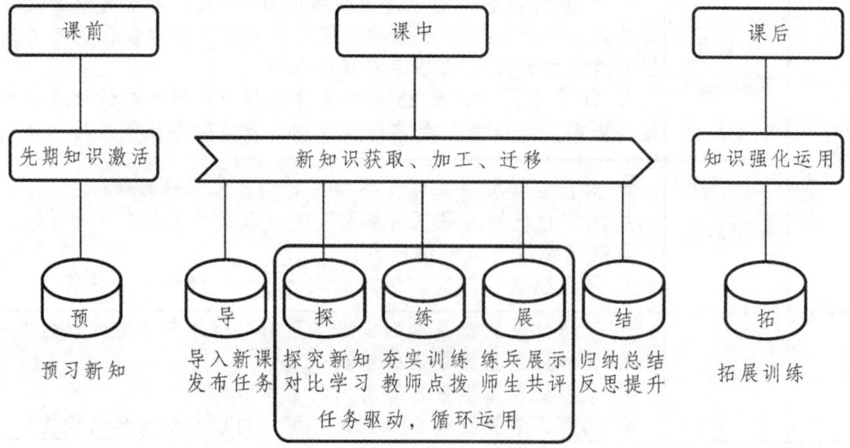

续表

<table>
<tr><td rowspan="2">教学方法</td><td>教法</td><td colspan="4">任务驱动法。</td></tr>
<tr><td>学法</td><td colspan="4">自主探究法、合作学习法。</td></tr>
<tr><td colspan="2">教学手段与资源</td><td colspan="4">教学平台：学习通。
教学手段：希沃交互式白板。
教学资源：红色旅游智慧景区 VR 全景展示、红色旅游图书、思政教育基地。</td></tr>
<tr><td colspan="6">教学实施</td></tr>
<tr><td colspan="2">教学阶段</td><td>教学内容</td><td>教师活动</td><td>学生活动</td><td>设计意图</td></tr>
<tr><td colspan="6">课　前</td></tr>
<tr><td colspan="2">预习新知，收集信息</td><td>红色旅游的概念：
“红色旅游”是指以革命纪念地、纪念物及其所承载的革命精神为吸引物，组织接待旅游者进行参观游览，实现学习革命历史知识、接受革命传统教育和振奋精神、放松身心、增加阅历的旅游活动</td><td>1. 推送微课。
学习通平台推送“红色旅游”微课、“张文天故居”全景 VR 资源；并登录平台查看学生学习情况。
2. 推送测试。
在学习通平台推送小测验；平台查看学生完成情况，根据测试结果调整教学内容。
3. 发布任务。
① 学生根据微课和“张文天故居”全景 VR 资源，结合前面所学知识，完成“张文天故居”导游词编创，并以图片的形式上传至学习通平台。
② 学生互评，总结彼此的亮点和不足。
③ 调查不同受众群体（以老年、初中生为例）的特点及其对红色旅游景区导游词的不同要求。</td><td>1. 学习微课。
预习新知。
2. 完成测验。
完成平台微课测试题，根据测试结果查漏补缺。
3. 接收任务。
① 明确任务。
② 根据微课及回顾旧知，结合“张文天故居”全景 VR 资源创编导游词，并以图片的形式将作业上传至学习通平台。
③ 调查分析不同受众群体（以老年、初中生为例）的要求与特点，并将调查结果发布至学习通平台。</td><td>1. 预习新知，结合测试统计数据，监测学习结果，掌握学情；通过课前作业确定教学重难点。
2. 培养学生收集整理资料、归纳提炼的能力，让学生在预习环节加深对专业的认同感、对红色旅游景区的认识，同时提升学生的参与度。</td></tr>
<tr><td colspan="6">课　中</td></tr>
<tr><td colspan="6">第一课时（40 分钟）</td></tr>
<tr><td colspan="2">导师解疑，明确任务</td><td>红色旅游景区导游词的功能：
1. 目的：导游词是导游人员引导旅游者进行观光游览的讲</td><td>1. 组织课堂。
① 通过播放重庆市导游讲解大赛获奖选手——“渣滓洞”讲解视频导入新课。</td><td>1. 课前学习。
① 结合身边的红色旅游景区（点），了解红色旅游景区导游词的功能及意义。</td><td>1. 深入了解红色旅游景区导游词的功能和意义，培养严谨性。</td></tr>
</table>

续表

教学阶段	教学内容	教师活动	学生活动	设计意图
导师解疑，明确任务	解词，其作用在于引导旅游者参观游览，达到宣传景区的效果。红色旅游景区导游词承载着重要的教育和宣传功能，旨在正确描述历史、引起旅游共鸣，进而弘扬爱国主义精神和民族认同感。 2. 意义：① 有利于加强和促进新时期爱国主义教育。② 有利于保护和利用革命历史文化遗产	② 提问：请同学们认真倾听，总结该讲解员的讲解词结构，并对比自己写的导游词初稿，总结自己的不足之处。 2. 发布任务。 对比总结导词的基本结构。	② 观看视频，对比学习。 2. 接收任务。 明确学习主题。	2. 对比学习，激发学生学习兴趣。
任务探究，构思方案	1. 导游词的基本结构。 ① 欢迎词（问候语、介绍语）； ② 景区概况介绍语； ③ 重要景点介绍； ④ 欢送词、结束语。 2. 导游词创编环节及规范	1. 梳理结构。 ① 带领学生梳理导游的基本结构。 ② 明确导游词不同部分的传递的内容点、详略程度。 2. 梳理知识。 ① 挑选学生分析收集到的实景资料。 ② 引导学生分析受众对象的特点。 ③ 总结红色旅游景区实景讲解原则。 3. 教师点评。 ① 教师列举课前收集的学生作业图片，引导学生根据表格总结初稿的不足之处。 ② 请小组代表发言。	1. 梳理结构。 ① 明确导游词的基本结构。 ② 认真倾听，做好记录。 2. 探究学习。 ① 分析红色景区的特点。 ② 思考分析。 ③ 记录知识点。 3. 课堂练习。 ① 小组讨论，总结不足。 ② 小组代表讲解可提升之处。	1. 让学生对导游词结构、导游词内容有准确的认识。 2. 小组合作调动了学生的积极性，提高了学生的课堂参与度；以同学的作业为例，更真实、具体，有利于完成知识目标。
尝试设计，教师点拨	红色旅游景区导游词创编技巧： 1. 主题鲜明； 2. 结合受众群体特点； 3. 结构完整、顺序正确，详略得当，衔接自然； 4. 具备一定文化底蕴	1. 发布任务。 ① 请同学们以小组为单位，合作完成对这6篇初稿的修改，并进行现场展示。 ② 巡视观察，发现问题并及时反馈指导。 2. 教师点拨。 针对发现的共性问题进行讲解。 3. 组织修改。 组织学生继续讨论修改。	1. 领取任务。 ① 根据导游词基本结构、创编环节和规范对“张文天故居”导游词进行修改。 ② 分工合作，根据师生反馈的问题及时调整。 2. 聆听记录。 认真聆听，记录要点。 3. 修改“张文天故居”导游词。 结合要点，修改导游词初稿。	通过小组实践尝试和教师点拨，提升知识应用能力，初次完成教学重点。

续表

教学阶段	教学内容	教师活动	学生活动	设计意图
展示设计，学生示范，师生互评	红色旅游景区导游词展示： 1. 结合“张文天故居”全景 VR 资源，对导游词进行现场展示； 2. 合理使用“张文天故居”全景 VR 展示，基本做到景随人动； 3. 普通话标准；自信大方	1. 组织展示。 （1）组织各小组展示修改后的“张文天故居”导游词。 （2）小组互评，发现问题并记录。 （6）教师点评，总结红色旅游景点讲解技巧。 2. 组织展示。 （1）教师有序组织的导游词现场展示。 （2）及时肯定学生的进步。	1. 设计展示。 （1）小组代表展示讲解过程。 （2）小组互评，提出优化策略。 （3）认真倾听，记录要点。 2. 示范展示。 （1）聆听学生的导游词展示。 （2）积极讨论，分析，取长补短。	运用多方评价，让学生发现红色旅游词编创对导游讲解的重要性，掌握红色旅游景区导游词创编的流程及规范，解决教学重点；通过学生示范，让学生互相学习，提升口语表达能力。通过“讲”发现导游词创编存在的问题。
第二课时				
师生互评	评价标准	1. 展示评分标准。 （1）引导学生结合考试标准，对学生的导游词展示、导游词本身进行点评。 （2）巡视指导，针对各组存在的问题进行点拨。 2. 分析标准。 梳理、分析考试标准。 （2）帮助学生明确评价标准。 3. 组织评价。 （1）请同学们结合代表的实际表现，参照评分标准进行打分，我们将评选出“最佳展示个人”。 （2）公布评分结果，及时肯定进步，指出不足。	1. 明确评分标准。 （1）结合考试标准化，精准点评。 （2）记录，反思，改进。 2. 分析标准。 （1）梳理、分析考试标准。 （2）明确考试评价标准，为精准点评、修改导游词做准备。 3. 评价。 （1）每位学生通过学习通平台“投票”功能打分。 （2）听结果，做记录。	1. 师生共评，突破教学难点。 2. 明确评价标准。 3. 通过多元评价为后续教学活动提供参考依据。
总结提升，迁移运用	迁移运用： 1. 突出主题； 2. 详略得当，重点突出； 3. 衔接自然	1. 提出问题。 通过同学们的点评可知，在大家的努力下，导游词（第二版）已做到结构完整、顺序正确，内容。	1. 明确问题。 （1）认真倾听，思考老师所提问题。 （2）回答问题。	

续表

教学阶段	教学内容	教师活动	学生活动	设计意图
总结提升，迁移运用	迁移运用： 1. 突出主题； 2. 详略得当，重点突出； 3. 衔接自然	也有了详略之分，但同学们也反馈了当前导游词存在的问题——主题不鲜明，各部分的衔接生硬，那该如何解决这个问题呢？ 2. 解决问题。 （1）教师展示“张文天故居”全景 VR 资源，带领学生明确“张文天故居”的布局、重要景点资源； （2）教师示范讲解重要景点。 3. 发布任务。 请同学们根据课堂所学，进一步独立优化导游词，并将作业提交至学习通平台。	2. 解决问题。 （1）观看教师展示的“张文天故居”全景 VR，明确景区布局、重要景点资源。 （2）关注教师讲解的语言，为导游词的进一步修改做铺垫。 （3）认真记录要点。 3. 明确任务。 （1）独立优化导游词。 （2）按时上传作业。	1. 运用全景 VR 资源调动学生的学习注意力，符合学生的学习特点。 2. 教师示范，有利于突破教学难点。3. 任务导向，探练结合，由浅至深，有利于完成教学重点，突破教学难点。 4. 有利于学生逐层感悟红色文化底蕴，提升民族认同感和自豪感。
总结要点，反思提升	红色旅游景区导游词创编要点： 1. 结构完整，顺序正确； 2. 主题鲜明，衔接自然。 3. 富含文化底蕴，具备科学性和真实感	师生共绘思维导图： （1）梳理本课知识点，引导学生总结归纳出红色旅游景区导游词创编的技巧； （2）绘制思维导图，结合任务完成情况，给予奖励。	师生共绘思维导图： （1）聆听教师的总结，记录要点； （2）绘制思维导图，根据任务完成情况领取积分奖励。	明确红色旅游景区导游词创编的知识要点，对本次课所有内容再次总结梳理。
拓展练习，实践运用	知识迁移： 1. 继续完成“张文天故居”导游词的优化； 2. 根据自己的红色旅游经历，通过网上收集资料，运用本节课所学选取市内任一红色旅游景区（点），以老年旅游者为对象进行导游词创编	1. 发布作业。 （1）根据自己课堂作业的完成速度、学习水平，从这两项作业中选其一完成。 （2）按时完成作业并上传。 2. 实时点评。 学生上传作业后，及时点评。	1. 完成作业 （1）根据自己课堂作业的完成速度、学习水平，从这两项作业中选其一完成。 （2）完成作业并上传到平台。 2. 完善作业。 根据教师点评，再做调整。	巩固本课知识，培养学生举一反三的运用能力。 根据不同学生的学习水平，设置分层作业，有利于突出学生的主体性。

续表

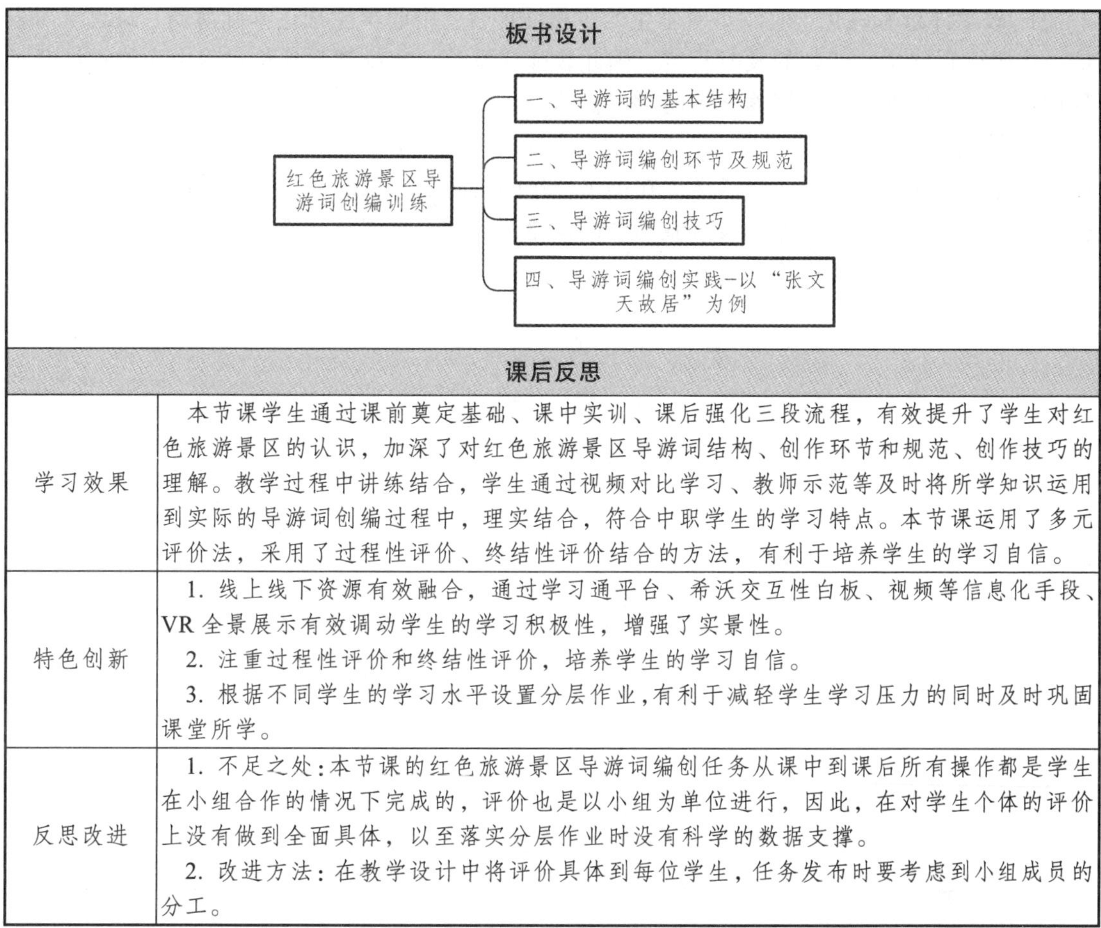

板书设计	
红色旅游景区导游词创编训练 一、导游词的基本结构 二、导游词编创环节及规范 三、导游词编创技巧 四、导游词编创实践—以“张文天故居”为例	
课后反思	
学习效果	本节课学生通过课前奠定基础、课中实训、课后强化三段流程，有效提升了学生对红色旅游景区的认识，加深了对红色旅游景区导游词结构、创作环节和规范、创作技巧的理解。教学过程中讲练结合，学生通过视频对比学习、教师示范等及时将所学知识运用到实际的导游词创编过程中，理实结合，符合中职学生的学习特点。本节课运用了多元评价法，采用了过程性评价、终结性评价结合的方法，有利于培养学生的学习自信。
特色创新	1. 线上线下资源有效融合，通过学习通平台、希沃交互性白板、视频等信息化手段、VR 全景展示有效调动学生的学习积极性，增强了实景性。 2. 注重过程性评价和终结性评价，培养学生的学习自信。 3. 根据不同学生的学习水平设置分层作业,有利于减轻学生学习压力的同时及时巩固课堂所学。
反思改进	1. 不足之处:本节课的红色旅游景区导游词编创任务从课中到课后所有操作都是学生在小组合作的情况下完成的，评价也是以小组为单位进行，因此，在对学生个体的评价上没有做到全面具体，以至落实分层作业时没有科学的数据支撑。 2. 改进方法：在教学设计中将评价具体到每位学生，任务发布时要考虑到小组成员的分工。

【点　评】

主要特色：

1. 以学生为本，设置分层作业：本设计中教师在教学评价标准中将学生水平设置为“不及格”“60 ~ 80 分”“80 ~ 90 分”“90 分以上”四个等级，据此将课后作业设置为“继续完善”和“创新”，让学生根据自己的课堂表现选择相应作业进行完成，有利于减轻学生学习压力的同时及时巩固课堂所学。

2. 线上线下资源有效融合，促进小学目标的有效达成：本设计通过学习通平台、希沃交互性白板、视频等信息化手段、红色旅游智慧景区“张文天”VR 全景展示有效调动学生的学习积极性，增强了实景性，解决了学生不能“身临其境”的问题。

3. 讲练结合，突出专业课教学理实一体特色：本节课学生通过课前奠定基础、课中实训、课后强化三段流程，有效提升了学生对红色旅游景区的认识，加深了对红色旅游景区导游词结构、创作环节和规范、创作技巧的理解；教学过程中讲练结合，学生通过视频对比学习、教师示范等及时将所学知识运用到实际的导游词创编过程中，理实结合，符合中职学生的学习特点。

建议：

1. 教学评价单一化，应注重对学生的过程性评价：中职学生理论基础薄弱，缺乏学习自信，渴望得到同学、老师的及时肯定，因此教师在设计、实施教学评价过程中应注重结合过程性评价和终结性评价，培养学生的学习自信。

2. 缺乏对学生个体的评价，应关注学生主体的发展：本节课的红色旅游景区导游词创编任务从课中到课后所有操作都是学生在小组合作的情况下完成的，评价也是以小组为单位进行，因此，对学生个体的评价没有做到全面具体。教师应将课堂评价落实到具体学生，为学生的长远发展提供过程性依据。

智能采集终端安装与调试

◎课程名称：物联网安装与调试

◎授课教师：于埸

<table>
<tr><td>授课题目</td><td colspan="2">智能采集终端安装与调试</td><td>课程名称</td><td>物联网安装与调试</td></tr>
<tr><td>授课对象</td><td colspan="2">22 级现代学徒制 2 班</td><td>授课课时</td><td>2 课时</td></tr>
<tr><td>授课地点</td><td colspan="2">物联网现代学徒制试点班</td><td>授课形式</td><td>理实一体</td></tr>
<tr><td colspan="5">教学分析</td></tr>
<tr><td>内容分析</td><td colspan="4">本次课选自《物联网设备安装与调试》模块三的项目一中的任务四。随着物联网技术的快速发展，智能终端设备如智能手机、平板电脑、智能手表等已经成为我们日常生活中必不可少的物品，它们已经逐渐融入物联网中，并且成为物联网的核心设备之一，因此智能采集终端的安装与调试在“物联网设备安装与调试”这门课程中起着至关重要的作用，同时也为智慧农业环境系统部署与智慧农业实践与创新打下坚实的基础。</td></tr>
<tr><td>学情分析</td><td colspan="4">1. 学生结构分析：22 级物联网现代学徒制 2 班有 38 名学生，其中男生 33 名，女生 5 名。
2. 学校学习特征分析：学习热情较高，但不能持续。逻辑思维能力普遍较差，对物联网中智能终端处理采集信号、传输信号、执行命令的逻辑关系理解较为吃力。约 73.5% 的学生敢于动手，26.5%左右的学生自信心不足害怕损坏器材不敢动手操作。
3. 最近发展区情况：在本节课之前完成了模块二享生活的学习，约 78.5% 的学生已经掌握了智能家居的安装和调试方法，通过课前问卷调查得知有 95% 的学生对模块三的学习有兴趣。</td></tr>
<tr><td rowspan="6">教学目标</td><td>四维目标</td><td>基座型教学目标
（全部学生）</td><td>高原型教学目标
（30% 学生）</td><td>攀峰型教学目标
（10% 学生）</td></tr>
<tr><td>知识目标</td><td>1. 熟悉智能采集终端的参数。
2. 熟知智能采集终端的工作原理。</td><td>1. 能够熟练地说出智能采集终端的主要参数。
2. 熟记智能采集终端的工作原理。</td><td>知道智能采集终端在智慧农业中的作用。</td></tr>
<tr><td>技能目标</td><td>1. 认识智能采集控制终端端口。
2. 掌握智能采集终端的安装步骤。</td><td>在智能采集终端上点亮三颗 LED 灯。</td><td>1. 会下载固件包到智能采集控制终端中。
2. 能根据实际情况选用智能采集控制终端。</td></tr>
<tr><td>素养目标</td><td colspan="3">1. 培养沟通和协调人际关系的能力，培养团队合作精神。
2. 培养主动获取新知识、不断进行自我完善和推动物联网发展的意识。
3. 培养具有创新精神的新时代接班人。</td></tr>
<tr><td>思政目标</td><td colspan="3">服务“三农”助力乡村振兴。</td></tr>
<tr><td colspan="4" style="display:none"></td></tr>
<tr><td>教学重点</td><td colspan="4">智能采集终端的安装。</td></tr>
<tr><td>教学难点</td><td colspan="4">智能采集终端的安装调试。</td></tr>
</table>

续表

<table>
<tr><th colspan="5">教学策略</th></tr>
<tr><td colspan="2">教学设计流程</td><td colspan="3"> 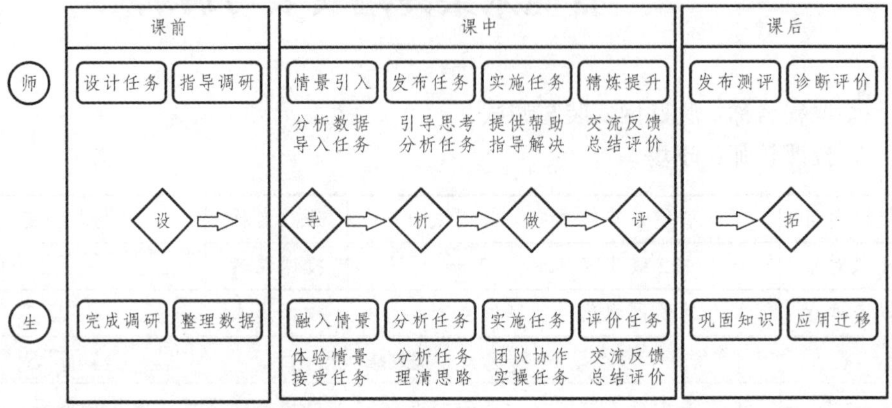课前：
师：设计任务、指导调研
设 ⇨
生：完成调研、整理数据
课中：
师：情景引入（分析数据 导入任务）、发布任务（引导思考 分析任务）、实施任务（提供帮助 指导解决）、精炼提升（交流反馈 总结评价）
导 ⇨ 析 ⇨ 做 ⇨ 评
生：融入情景（体验情景 接受任务）、分析任务（分析任务 理清思路）、实施任务（团队协作 实操任务）、评价任务（交流反馈 总结评价）
课后：
师：发布测评、诊断评价
⇨ 拓
生：巩固知识、应用迁移</td></tr>
<tr><td rowspan="2">教学方法</td><td>教法</td><td colspan="3">情境教学法、问题引导教学法、任务驱动教学法、讲授教学法。</td></tr>
<tr><td>学法</td><td colspan="3">学思结合法、合作探究法、发现法、观察法。</td></tr>
<tr><td colspan="2">教学手段与资源</td><td colspan="3">学习通、希沃、微信。</td></tr>
<tr><th colspan="5">教学实施</th></tr>
<tr><th>教学阶段</th><th>教学内容</th><th>教师活动</th><th>学生活动</th><th>设计意图</th></tr>
<tr><th colspan="5">课　前</th></tr>
<tr><td>课前准备
（第一阶）</td><td>课前准备；
预探新知</td><td>1. 课前预习，辅助新课教学。
2. 任务布置：自主查找智能采集终端图片和主要参数。
3. 查找不同型号智能采集终端的对应参数，选出合适的智能采集终端。
4. 通过学习通跟踪管理，检查学生的线上预习情况。</td><td>1. 线上预习初步了解新课内容。
2. 资料收集，将收集到智能采集终端的主要参数发布到学习通。
3. 智能采集终端在物联网中的应用。</td><td>初探任务，了解学情。
通过线上预习，让学生了解学习内容；通过学生数据反馈，了解学生学情，调整学习方法。</td></tr>
<tr><th colspan="5">课　中</th></tr>
<tr><td>引入新知
（第二阶）</td><td>情景建构；
发人深省</td><td>情景导入：（提出问题，引人深思）智能采集终端在物联网中的应用非常广泛，可以与其他智能设备进行互联，比如与智能家居设备进行联动，实现居家智能化，比如可以通过手机随时随地掌握智慧农业环境的情况状况。那么智能终端控制器在农业中有什么作用呢？</td><td>1. 思考回答，结合课前预习情况思考并回答。
2. 聆听记录，智能采集终端的作用：与其他智能设备进行互联。</td><td>从问题开始，激发学生思考，检查学生预习情况，引入新课。</td></tr>
</table>

续表

教学阶段	教学内容	教师活动	学生活动	设计意图
初识新知（第三阶）	初识智能采集终端	1. 探知解惑（工作原理），讲解智能采集终端的工作原理。 2. 深入了解（主要参数），收集学生课前线上收集的资料，归纳总结合适的智能采集终端的主要参数。	1. 理解并记录知识点。 2. 展示课前线上收集的资料（温湿度传感器的主要参数）。 3. 分组探讨，总结讨论结果。	1. 使学生由浅到深地认识智能采集终端。 2. 便于检查学生课前准备情况及数据的统计。 3. 学会总结归纳知识点。
应用新知（第四阶段）	安装、调试智能采集终端	1. 列出清单，引导学生列出安装工具清单。 2. 演示步骤，演示操作步骤，对注意事项进行强调。 3. 巡视检查，指导学生进行安装调试，发现问题及时引导学生解决问题。	1. 列出安装工具清单，领取实训设备及工具。 2. 终端固件更新，点亮三颗 LED 灯。 3. 紧跟老师的示范一步步规范操作。 4. 分小组完成智能采集终端的安装与调试。	1. 培养学生自主思考的能力。 2. 说出温湿度线序，防止线序接错导致设备损害。 3. 分小组完成，培养学生的团队协作精神。
展示成果、评价总结（第五阶）	分组展示成果	1. 巡视检查。 2. 引导学生介绍安装及调试方法。	1. 展示整体安装情况及调试结果。 2. 介绍安装及调试方法。	通过展示及介绍突破重难点。
	评价总结	1. 检测结果。 2. 小组单独评价。 3. 小组对比评价。	1. 小组长对本组整体情况进行自评。 2. 小组间相互评价。	1. 正确认识自己。 2. 扬长补短。
课　后				
课后拓展（第六阶）	自主收集资料：智能采集终端在智慧农业中的应用。			
板书设计				

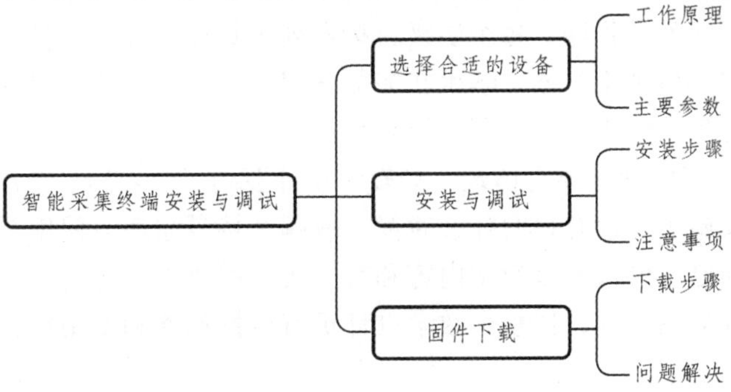

智能采集终端安装与调试
- 选择合适的设备
  - 工作原理
  - 主要参数
- 安装与调试
  - 安装步骤
  - 注意事项
- 固件下载
  - 下载步骤
  - 问题解决

续表

教学反思
亮点与特色： 1. 个性化教学：根据学生的不同学习特点和兴趣爱好，采用差异化教学策略，满足每个学生的学习需求，激发学生的学习兴趣和主动性。 2. 实践性教学：注重将理论知识与实际运用相结合，通过实际案例分析、实地考察等方式，使学生能够将所学知识应用于实际问题解决中。 3. 合作学习：鼓励学生之间的合作与互动，通过小组讨论、团队合作等方式，培养学生的团队合作精神和沟通能力。 问题与改进： 问题：在教学过程中，评分等级常常成为评判学生学习成果的唯一标准，这导致学生过分关注评分等级，而忽略了理解知识和实践能力等方面的综合素质。 改进：考试制度应该科学合理，不仅要考核知识理解，还要兼顾实践应用能力。可通过多种模式，比如循环考试。综合测评等方式进行考核，减轻学生的考试压力，同时更加注重知识的应用和实践能力。

【点　评】

主要特色：

在落实“人字梯型”教学模式上，有如下几点特色。

1. 立足学情，分层设置任务目标。教学中学情分析很重要，只有准确分析学情，教学活动才能有的放矢，也才能“因材施教”，学情分析注重专业特点，围绕技能学习的态度、过程、方法情况进行分析，抓住了职业教育的特点。在目标设置中，根据学生学情进行目标分层，更能调动各个层级的学生学习积极性和主动性。

2. 知行合一，教学过程“六双并行”。在教学实施过程中，教师注重知识和技能的传授，抓学生技能的训练，以学生训练为主体，教师演示主导，运用学习通、希沃、微信等教学手段与资源，传授传感器在农业生产中的应用，实现教师与学生、品德素养与知识技能、教材与资源、课程标准与职业标准、理论学习与技能训练、线上与线下的并行推进。

3. 梯级进阶，教学设计“六阶递进”。整个教学流程按照课前、课中、课后三个阶段六个层级推进，在教师的指导和组织下，遵循学生认知规律和技能训练流程，通过“设、导、析、做、评、拓”六步层层推进，实现了预定的教学目标。

建议：

1. 评价内容要与分层目标相匹配。本教学设计在四维目标设计中，分别设计了基座型、高原型、攀峰型三级教学目标，每个层级目标罗列了具体内容，在教学评价指标中，对前面的三级教学目标内容体现不明显，学生在完成学习后，通过自评、组评、师评，评价的最终结果并不能很好地反映学生达到了哪种层级目标。

2. 教学手段与资源使用要有体现。本教学设计罗列了学习通、希沃、微信等教学手段与资源，但在教学实施中，没有写明什么时候，或哪个场景与环节使用哪种教学手段。教学手段不是随意写写而已，应该根据教学内容和教学实际需要进行运用，并要在教学设计中写明并在教学实施体现运用过程，让整个教学设计更有可操作性和实用性，也更有利于教学设计的推广运用。

土壤水分传感器安装与调试

◎课程名称：物联网安装与调试

◎授课教师：向勇

<table>
<tr><td>授课题目</td><td colspan="2">土壤水分传感器安装与调试</td><td>课程名称</td><td>物联网安装与调试</td></tr>
<tr><td>授课对象</td><td colspan="2">2022 级物联网班</td><td>授课课时</td><td>2 课时</td></tr>
<tr><td>授课地点</td><td colspan="2">实训室 509</td><td>授课形式</td><td>理实一体化</td></tr>
<tr><td colspan="5">教学分析</td></tr>
<tr><td>内容分析</td><td colspan="4">本次课选自《物联网设备安装与调试》模块三的项目一中的任务 2。水分是植物进行光合作用制造有机物质的原料，如果水分过少，会影响到光合作用的强度，从而影响到产量。如何根据农作物的需求，及时补充水分，且不会造成水分过多的情况，需对土壤进行水分监测，以便做出是否补充水分、补充多少水分的决定。</td></tr>
<tr><td>学情分析</td><td colspan="4">本班级是中职二年级物联网技术应用专业，学生已经学习了传感器基础知识、认识了常见工具，对智能家居相关系统安装与调试进行了学习。90% 以上的学生来自农村，对农作物的生长环境有一定的观察能力，对如何运用专业知识帮助农户更加科学地培养农作物有一定的兴趣。</td></tr>
<tr><td rowspan="5">教学目标</td><td>四维目标</td><td>基座型教学目标
（全部学生）</td><td>高原型教学目标
（30% 学生）</td><td>攀峰型教学目标
（10% 学生）</td></tr>
<tr><td>知识目标</td><td>掌握土壤水分传感器的线序、配置地址、波特率。了解土壤水分传感器的应用领域。</td><td>说出土壤水分传感器工作的过程。</td><td>了解本地区常见农作物对土壤水分的需求。</td></tr>
<tr><td>技能目标</td><td>使学生掌握土壤水分传感器的安装方法和调试技巧。</td><td>在老师的指导下，解决安装和调试中的问题，并帮助其他学生解决问题。</td><td>模仿土壤水分传感器的安装与调试，构思土壤 pH 值传感器的安装与调试方法。</td></tr>
<tr><td>素养目标</td><td colspan="3">培养学生对土壤水分传感器的兴趣，激发学生的创新意识和实践应用能力。</td></tr>
<tr><td>思政目标</td><td colspan="3">培养学生“三农”情怀，促进投入到乡村振兴的意愿。</td></tr>
<tr><td>教学重点</td><td colspan="4">掌握土壤水分传感器的安装方法和调试技巧。</td></tr>
<tr><td>教学难点</td><td colspan="4">解决安装和调试中的问题。</td></tr>
</table>

续表

教学策略		
教学设计流程		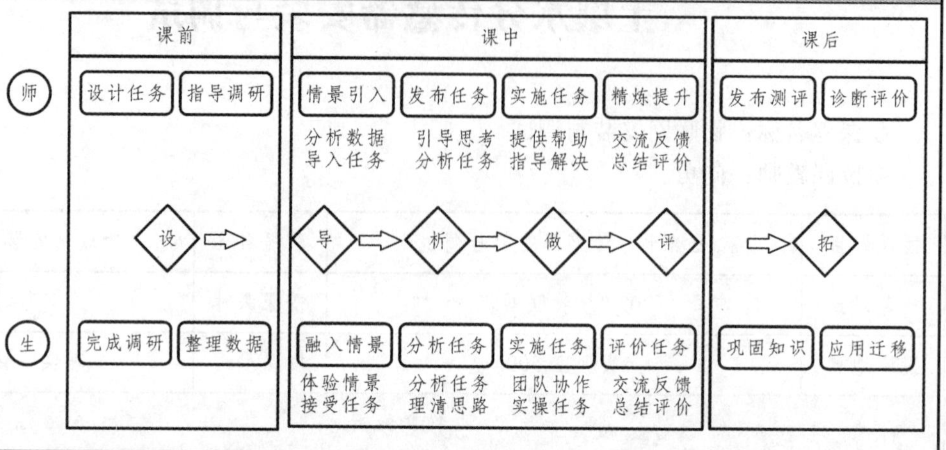 课前：师：设计任务、指导调研；设；生：完成调研、整理数据 课中：师：情景引入（分析数据 导入任务）、发布任务（引导思考 分析任务）、实施任务（提供帮助 指导解决）、精炼提升（交流反馈 总结评价）；导→析→做→评；生：融入情景（体验情景 接受任务）、分析任务（分析任务 理清思路）、实施任务（团队协作 实操任务）、评价任务（交流反馈 总结评价） 课后：师：发布测评、诊断评价；拓；生：巩固知识、应用迁移
教学方法	教法	1. 采用讲授法，让学生掌握土壤水分传感器的线序、配置地址、波特率、操作步骤。 2. 采用示范法，让学生观摩教师安装和调试土壤水分传感器的过程。 3. 采用实践法，让学生自己动手安装和调试土壤水分传感器。
	学法	学思结合法、合作探究法、自主学习法。
教学手段与资源		多媒体教学一体机，《教学资源手册》。

教学实施				
教学阶段	教学内容	教师活动	学生活动	设计意图
课　前				
课前准备（第一阶）	课前准备	联系实训室，教学准备等。	准备工具、《教学资源手册》等。	做好课前准备，确保教学活动顺利开展。
课　中				
新授（第二阶）	导入新课，新授土壤水分传感器安装与调试。	1. 以水分对农作物生长的重要性引入新课。 2. 讲授并示范土壤水分传感器的安装与调试。 3. 提醒操作注意事项。	1. 联系生活实际，明白水分对农作物生长的重要性。 2. 聆听老师的讲授内容，观察操作步骤、技术技巧等。 3. 结合《教学资源手册》备注注意事项。	1. 激发学生学习兴趣。 2. 采取边讲边练的方式，完成水分传感器的安装与调试。
实践（第三阶）	分组连接传感器、配置土壤水分传感器地址、波特率、读取数据	1. 巡回指导各组学生的操作。 2. 对存在的共性问题实时纠正。 3. 突出问题的解决，一是确保设备正常；二是连线准确；三是配置无误。	1. 连接传感器，配置土壤水分传感器地址、波特率、读取数据。 2. 发现操作过程中的问题，适时解决或寻求解决。 3. 先小组完成，再组员逐一完成。	1. 将教师新授和示范的内容转化为自己操作的技术技巧。 2. 通过分组完成可提高团队协作能力，个人完成培养学生独立操作能力。

续表

教学阶段	教学内容	教师活动	学生活动	设计意图
展示（第四阶）	展示布线情况和温度测试结果	安排分组展示顺序。	展示本组或本人布线情况，报告测试温度。分享操作过程中的心得。	展示作品，巩固对知识和技能的掌握，增强语言表达能力，培养自信。
评价总结（第五阶）	评价与总结	点评各组完成情况，提出表扬和建议，总结本课内容。	巩固自己取得的成绩，针对性地改进不足。	实时评价，让学生明白优点和不足，总结本课内容。
课　后				
课后拓展（第六阶）	如何在三峡阳菊种植基地实景布设土壤水分传感器，实现土壤水分监测？			
板书设计				
项目七　任务2：土壤水分传感器安装与调试 步骤： 1. 土壤水分传感器安装接线。 2. 土壤水分传感器变送器配置。 3. 土壤水分传感器变送器测试。 注意要点： 1. 确保设备正常。2. 连线准确。3. 配置无误。4. 操作过程中注意人身和设备安全。				
教学评价				
1. 教学目标的达成情况。 2. 教学内容的设计与组织。 3. 教学方法的选择与应用。 4. 课堂氛围的营造与管理。 5. 教学效果的评价。 附件：教学过程评价表 土壤水分传感器安装与调试评价表				

教学目标	评价项目	评价指标	自评			组评			师评		
			A	B	C	A	B	C	A	B	C
知识与技能	学习效果	①能形成多元化多角度分析、解决问题的能力和策略。②形成动脑、动手习惯									
过程与方法	课前预习	能做好预习，能发现和提出问题，并针对问题进行思考，作出推测或假设									
	语言表达	能把自己的想法简洁、清晰、有条理地表达出来									
	思维发展	①积极、独立思考，自觉钻研，主动探索，思维活跃。②能联系实际举一反三，有初步创新意识									

续表

续表

过程与方法	个性展示	①有自信，积极主动，充满好奇，积极与师生交流。②能发现问题，大胆质疑，大胆尝试并表达自己的想法③能进行自我评价、诊断、相比纠错									
	合作表现	①积极举手发言，参与讨论与交流。②有独立思考的习惯和与他人交流的热情。③能虚心听取别人的意见建议。④乐于与其他同学合作，乐于提供帮助并懂得向他人寻求帮助									
	纪律表现	①形成自我反思、监控的意识和能力。②认真听讲，勤做笔记，学习态度端正。③认真倾听他人的发言									
情感与价值观	品德修养	①运用学到的知识提高自己。②养成了良好的学习习惯									
总 评											

教学反思

亮点与特色：

1. 教学内容贴近学生生活，激发学生兴趣，帮助树立乡村振兴的信念。
2. 先讲授并示范，再操作，理实一体。
3. 先小组完成，再独立完成，既培养团队协作能力，又培养个人独立操作能力。

问题与改进：

1. 因设备不足，无法保障所有学生同时进行，采取分组分批次操作。
2. 缺乏在实景中的应用锻炼，将定期组织学生进入农业基地实践。

【点　评】

主要特色：

在落实“人字梯型”教学模式上，有如下几点特色。

1. 教学方法清楚，教学过程中使用到位。在教法中，对整个教学过程中采用的讲授法、示范法、实践法等教法有清楚的使用说明，对完成的不同内容采用的教法有清晰的安排，在教学过程中对教法有具体的落实。在学法中，教师指导学生采用学思结合、合作探究、自主学习等方法，开展对土壤水分传感器安装与调试学习，让学生在学习思考、小组交流合作和自主学习中掌握相关技能。

2. 任务目标清晰，教学实施中落实到位。在分层目标中，对三个分层目标进行了清晰定位，在教学实施中，教师和学生的任务明确，教学过程中每个阶段有明确的师生活动安排。

3. 师生互动，落实“六双并行”要求。教师主导和学生主体地位明确，在教学实施过程中，注重了师生互动，教师有任务布置，学生有任务完成要求和落实措施。在教学过程中注重对资源手册的运用，体现了“六双并行”中“教材与资源”并行推进的要求。

建议：

1. 板书设计可以进一步优化。板书在于用关键词呈现教学重点和难点，本教学设计板书文字内容过多，教师板书费时，会影响课堂效率，分散学生注意力，容易造成学生对关键的知识点和能力点注意不够或不到位。在设计板书时，可以采用思维导图或流程图的形式呈现土壤水分传感器安装、配置、测试等环节步骤及注意要点，这样有利于学生掌握操作的内在逻辑和要点。

2. 在评价中加入具体的技能目标。学生评价指标中，在“知识与技能”学习效果评价里，要对分层目标的具体达成情况进行评价，有利于师生更清楚地了解在上课中对具体技能的掌握情况，也可以更好地区别学生到达基座型、高原型、攀峰型三种不同层级的情况。

消费者需求分析数据可视化

◎课程名称：数据可视化技术应用

◎授课教师：甘加燕

<table>
<tr><td>授课题目</td><td colspan="2">消费者需求分析数据可视化</td><td>课程名称</td><td>数据可视化技术应用</td></tr>
<tr><td>授课对象</td><td colspan="2">2022 级大数据 3 班</td><td>授课课时</td><td>2 课时</td></tr>
<tr><td>授课地点</td><td colspan="2">产教融合实训中心</td><td>授课形式</td><td>理实一体</td></tr>
<tr><th colspan="5">教学分析</th></tr>
<tr><td>内容分析</td><td colspan="4">本节课选自《数据可视化技术应用》模块三“农产品管理数据可视化”任务二“消费者需求分析数据可视化”。本节课将对消费者趋势分析、行为特征等数据进行简要分析处理，使用折线图实现数据可视化。
通过本次学习，所有学生将明白折线图的特征以及应用场景，掌握折线图的制作步骤，能预处理数据，能制作单轴折线图、多系列折线图、并列系列折线图和动态折线图。</td></tr>
<tr><td rowspan="3">学情分析</td><td>知识基础</td><td colspan="3">1. 所有学生知道 Excel 整理数据的操作方法。
2. 所有学生都知道 Tableau 软件的使用方法。
3. 86.36%（38 人）的学生知道制作折线图的方法。
4. 4.5%（2 人）的学生知道 Tableau 制作动态折线图的方法。</td></tr>
<tr><td>技能基础</td><td colspan="3">1. 所有的学生能对 Excel 数据表进行增删改查操作。
2. 所有学生能在 Tableau 中导入数据源，并简单整理数据。
3. 22.72% 的学生会利用 Tableau 制作单轴折线图。
4. 4.54% 的学生会利用 Tableau 制作动态折线图。</td></tr>
<tr><td>认知能力和实践能力</td><td colspan="3">1. 通过前期学习，所有学生能深刻理解使用可视化手段呈现数据的优势，但只有 70.45%（31 人）的学生能根据数据选择合适的可视化手段。
2. 所有学生能合理使用在线学习平台。
3. 90.9%（40 人）的学生知道折线图是用来分析数据的变化趋势。</td></tr>
<tr><td></td><td>学习特点</td><td colspan="3">1. 所有学生喜欢动手操作，对单纯理论学习方式比较反感。
2. 学生对新奇事物接受较快，探究意识较强。
3. 学生习惯教师操作演示，只看过程，对实质知识原理分析较欠缺。</td></tr>
<tr><td rowspan="2">教学目标</td><td>四维目标</td><td>基座型教学目标
（全部学生）</td><td>高原型教学目标
（60% 学生）</td><td>攀峰型教学目标
（10% 学生）</td></tr>
<tr><td>知识目标</td><td>1. 能描述折线图的概念及应用场景；
2. 能描述多系列折线图制作步骤；
3. 能描述并列系列折线图制作步骤。</td><td>能说出动态折线图制作方法。</td><td>能描述交互式动态折线图的制作方法。</td></tr>
</table>

续表

<table>
<tr><td rowspan="4">教学目标</td><td>四维目标</td><td>基座型教学目标
（全部学生）</td><td>高原型教学目标
（60% 学生）</td><td colspan="2">攀峰型教学目标
（10% 学生）</td></tr>
<tr><td>技能目标</td><td>1. 能熟练操作 Excel 表格，进行增删改查，预处理数据；
2. 会新建数据源；
3. 能利用 Tableau 制作多系列折线图；
4. 能利用 Tableau 制作并列系列折线图。</td><td>能利用 Tableau 制作动态折线图。</td><td colspan="2">能利用 Tableau 制作交互式动态折线图。</td></tr>
<tr><td>素养目标</td><td colspan="4">1. 通过课前课后任务，培养学生自主学习的能力。
2. 课中通过任务层层发布，培养学生精益求精的工匠精神。
3. 通过平台教学，提升学生的信息素养。
4. 课中，对所有数据加密处理，保障数据安全性，增强学生的数据安全意识，这也是大数据专业学生的基本职业素养。</td></tr>
<tr><td>思政目标</td><td colspan="4">1. 通过情境亲和化，以农产品为载体，助力乡村振兴，培养学生的家国情怀。
2. 通过任务素养化，在任务训练中，让学生养成精益求精的做事态度。</td></tr>
<tr><td rowspan="2">教学重点</td><td>重　点</td><td colspan="4">1. 利用 Tableau 制作多系列、并列系列折线图。
2. 利用 Tableau 制作动态效果的折线图。</td></tr>
<tr><td>解决措施</td><td colspan="4">1. 利用微课视频、教师演示、小组合作讨论、解决重点 1。
2. 利用分层教学、疑难解惑、巡视指导解决重点 2。</td></tr>
<tr><td rowspan="2">教学难点</td><td>难　点</td><td colspan="4">利用 Tableau 制作动态效果的折线图。</td></tr>
<tr><td>解决措施</td><td colspan="4">通过学生自主练习、发现问题、合作探讨、微课视频、教师演示操作、学生互帮互助等解决教学难点。</td></tr>
<tr><td colspan="6">教学策略</td></tr>
<tr><td colspan="2">教学设计流程</td><td colspan="4">本次课以采用“六阶递进，师生并行”的教学模式，按照工作导向、工作流程设计教学任务，分为课前、课中、课后三个阶段，根据“六阶递进（尝、导、引、创、固、延）”的教学流程有效组织教学，围绕“农产品自身资源数据可视化”任务，引导学生绘制桑基图，助力乡村振兴。</td></tr>
<tr><td rowspan="2">教学方法</td><td>教法</td><td colspan="4">讲授法、情境教学法、示范法、任务驱动法。</td></tr>
<tr><td>学法</td><td colspan="4">小组讨论、操作实践、自主学习。</td></tr>
<tr><td colspan="6">教学实施</td></tr>
<tr><td colspan="2">教学阶段</td><td>教学内容</td><td>教师活动</td><td>学生活动</td><td>设计意图</td></tr>
<tr><td colspan="6">课　前</td></tr>
<tr><td colspan="2">尝学前侧
（第一阶）</td><td>1. 数据预处理。
2. 折线图的使用场景、制作步骤</td><td>1. 发布微课，辅助新课教学。
①【发布微课】学习通平台发布课前预习，短视频“透析心电图”。
②【发布任务】布置任务，推送至平台。</td><td>1. 接收资料，展开预习
①【观看视频】登录平台，观看微视频，做好记录。
②【完成任务】登录平台，完成任务，上传平台。</td><td>1. 通过平台教学资源、微课资源，拓宽学生视野，辅助新课教学。</td></tr>
</table>

续表

教学阶段	教学内容	教师活动	学生活动	设计意图
尝学前侧（第一阶）		2. 任务检查，了解并反馈学生预习情况。 ①【检查任务】登录平台，检查学生任务情况并做反馈。 ②【分析学情】根据任务完成情况，分析学情，设定教学目标，确定重难点。	2. 查看反馈，修正并重新提交任务。 ①【查看任务】登录平台查看任务反馈并修正，重新提交任务。 ②【新课准备】根据课前任务完成情况，做上课准备。	2. 将教学内容与生活实际相结合，提高学生的学习兴趣和积极性。 3. 检查学生课前任务完成情况，为分析学情提供数据。
课　中				
导学创景（第二阶）		1. 复习旧知，导入新知。 ①【提出问题】问题 1：饼形图的制作步骤有哪些？问题 2：操作过程中，关键的技能点有哪些？ 2. 任务展示，展示课前任务情况。 ①【展示任务】展示课前布置的单轴折线图任务制作图表。 ②【组织讨论】组织学生对课前任务完成情况进行讨论并评分。 3. 目标引领课堂，展示本节课的教学目标。 ①【发布任务】展示本次课的教学目标及任务。 ②【巡视指导】组织学生以小组形式分配任务，形成思维导图。 ③【分解任务】根据学生讨论情况分配任务。	1. 复习旧知，温故知新 ①【思考问题】小组讨论，打开软件，操作实践，并回答问题。 2.观看展示，分析课前任务情况。 ①【观看展示】观看同学任务完成情况，提出问题。 ②【分析讨论】讨论课前任务完成中出现的问题并展示评分。 3.明确学习目标，制订本节课学习计划。 ①【接收任务】明确本节课学习任务及目标。 ②【小组讨论】小组讨论，绘制思维导图并展示。 ③【聆听理解】聆听老师分析，明确本次课的任务。	1. 通过复习旧知，促进新知识的学习。 2. 展示课前任务整体完成情况，让学生明确自身的优势与不足，为新课学习奠定基础。 3. 通过“目标引领课堂”，分层次教学，让每个程度的学生有学习目标，做到心中有数，手上有招。
引学示范（第三阶）	1. 预处理数据。 2. 导入数据源，关联工作表。 3. 制作多系列折线图（重点）	1. 根据折线图效果图和基础数据，引导学生明确如何处理数据。 ①【展示任务】展示学生课前完成的数据预处理任务，提出问题：如果数据处理、清洗不当，如存在缺失值或异常值，将会出现什么问题？ ②【展示词云】学习通平台发布课堂讨论活动，并用词云形式展示。	1. 根据折线图效果图和基础数据，明确如何处理数据。 ①【观看展示】仔细观察课前任务完成情况，思考问题，记录思路，准备作答。 ②【小组讨论】课堂讨论，发布关键词，并整理小组成员的想法。	1. 通过教师引导，学生操作实践，以学生参与课堂为主体，教师主导。

续表

教学阶段	教学内容	教师活动	学生活动	设计意图
引学示范（第三阶）	1. 预处理数据。 2. 导入数据源，关联工作表。 3. 制作多系列折线图（重点）	③【思路引导】通过数据分析，对比折线图，讲解处理数据的方法和过程。 ④【巡视指导】组织学生尝试根据思路再次数据处理，巡视指导学生。 ⑤【组织展示】组织学生展示处理结果，并分析点评、补充讲解。 2. 组织学生关联数据 ①【巡视指导】巡视指导学生关联数据表，记录情况。 ②【组织示范】组织小组内成功学生指导本小组成员关联数据表，记录情况。 ③【讲解示范】根据巡视与记录的情况，示范如何关联数据表，总结技巧点。 ④【组织练习】组织学生再次练习关联数据表。 ⑤【抽查任务】打开学习通，组织学生上传任务，抽查完成情况。 3. 示范讲解，组织学生完成多系列折线图。 ①【提出问题】课前任务中，你们是如何制作单系列折线图的？并请学生讲述过程。 ②【尝试操作】根据学生的回答，演示制作多系列折线图。 ③【解决问题】分析不能呈现多系列折线图的原因。 ④【正确示范】讲解制作步骤并示范操作。 ⑤【巡视指导】组织学生绘制多系列折线图，针对学生共性问题集中讲解。 ⑥【总结技巧】点评学生作业，总结技能要点。	③【聆听理解】听取教师讲解，记录要点，明确数据处理的方法和过程。 ④【处理数据】小组讨论尝试根据思路完成数据处理。 ⑤【展示评价】小组上传作品，展示处理结果，记录教师讲解的要点。 2. 关联数据表。 ①【尝试关联】小组合作关联数据表。 ②【示范讲解】小组完成学生指导本小组成员关联数据表。 ③【聆听理解】仔细观察教师示范，记录操作步骤和技巧点。 ④【合作练习】小组合作完成数据表关联任务，整理笔记。 ⑤【提交任务】打开学习通，上传任务。 3. 聆听讲解，完成图表创建，生成多系列折线图。 ①【讨论问题】小组讨论，并回答问题，提出创建单系列折线图的方法和步骤。 ②【观察思考】观察操作步骤，如何才能形成多系列折线图？ ③【聆听理解】聆听并记录操作要点。 ④【观看记录】聆听，记录。 ⑤【合作操作】小组合作完成多系列折线图制作，上传作品至平台。 ⑥【总结技巧】观摩其他同学作品并总结技能要点。	2. 学生参与课堂内容讲解，培养学生的自信心，锻炼学生综合能力。

续表

教学阶段	教学内容	教师活动	学生活动	设计意图
创学仿制（第四阶）	1. 制作并列系列折线图（重点）。 2. 制作动态折线图（难点）	1. 设计指南，引导学生制作并列系列折线图。 ①【发送指南】推送指南至学习通平台。 ②【巡视指导】指导学生根据指南完成制作并列系列折线图，记录问题。 ③【播放微课】展示并列系列折线图如何制作。 ④【讲解示范】示范如何制作并列系列折线图。 ⑤【巡视指导】指导学生修改先前制作的多系列折线图，记录问题。 ⑥【提出问题】制作并列系列折线图的关键点有哪些？ ⑦【检测评价】学习通发布检测任务。 ⑧【投屏总结】运用投屏，总结技巧。 ⑨【择优展示】点评并组织学习优秀作业。 2. 层层递进，引导学生在已做的并列系列折线图的基础上，增加动态效果。 ①【指导小结】引导学生小结单系列、多系列、并列系列折线图制作步骤。 ②【组织展示】组织学生归纳小结。 ③【提出问题】如何给已做折线图增加动态效果？ ④【巡视指导】指导学生增加动态效果。 ⑤【团队协作】组织优先完成的小组帮助其他小组同学完成任务。 ⑥【组织展示】组织学生展示成果。 ⑦【组织投票】组织投票选出最优作品并点评。	1. 依据指南，完成计算字段的创建。 ①【领取指南】领取指南，认真学习，记录或标记关键点。 ②【小组合作】根据指南，小组合作尝试完成并列系列折线图。 ③【观看微课】根据微课讲解记录要点。 ④【聆听记录】明确操作步骤，破解盲点。 ⑤【修改练习】小组合作修改先前制作的折线图。 ⑥【参与讨论】小组讨论，总结技能点。 ⑦【参与测评】登录学习通参与检测。 ⑧【巩固练习】聆听记录，根据技巧练习。 ⑨【优化作品】小组合作优化，截图上传至平台。 2. 层层递进，小组合作在已有的并列系列折线图上，增加动态效果。 ①【小结知识】小组归纳总结，形成知识图谱。 ②【展示作品】小组代表归纳小结。 ③【思考问题】小组讨论，尝试解决。 ④【小组合作】小组合作增加动态效果。 ⑤【组间互助】优先完成的小组帮助其他小组同学完成任务。 ⑥【展示作品】推选小组代表作品上传至平台。 ⑦【投票点评】点评作品。	1. 培养学生自主探究能力和创新思维，激发学习兴趣，提高学习效率。 2. 学生在学习了基础单轴折线图、重点多系列折线图，以及并列系列折线图之后通过简单的小结，组织学习进行小组合作，教师巡视指导，学生多次修改，突破难点。

续表

<table>
<tr><th>教学阶段</th><th>教学内容</th><th>教师活动</th><th>学生活动</th><th>设计意图</th></tr>
<tr><td>固学展评
（第五阶）</td><td>用动态折线图实现农产品需求分析数据可视化</td><td>1. 安排报告会，由各个小组轮流展示他们的汇报成果。
①【观摩图表】观看小组展示的作品。
②【倾听记录】倾听制作的思路并记录。
③【学生互评】组织学生相互评价。
④【教师点评】从不同维度评价学生制作的图表。
2. 组织学生归纳本次课的知识点和重难点。
①【组织总结】组织学生总结知识技能要点及本次课的重难点，形成知识图谱。
②【推送作品】选出优秀作品，推送至班级荣誉榜。</td><td>1. 汇报展示，各小组展示汇报作品。
①【展示图表】小组代表展示作品。
②【阐述思路】讲解制作思路。
③【参与互评】说出其他小组作品的优缺点并提出改进方案。
④【听取点评】听取教师评价，记录改进措施。
2. 回顾要点，归纳重难点及技巧点。
①【参与总结】学生自己总结知识，并形成知识图谱。
②【上传作品】上传作品，查看优秀作品。</td><td>通过巩固、展示学生的学习成果，促进互相学习，同时激发学生的学习动力，增强学生的自信心，从而提高教学质量。</td></tr>
<tr><td colspan="5">课　后</td></tr>
<tr><td>延学后测
（第六阶）</td><td>1. 巩固练习折线图的制作步骤，并在此基础上制作多系列和并列系列折线图。
2. 在并列系列折线图上增加动态效果。
3. 预习。</td><td>1. 布置作业，强化知识技能。
①【布置作业】设计作业，推送至平台。
②【批改作业】根据评价标准在平台中评价作业，并指出问题。
2.组织预习，发布预习任务。</td><td>1. 课后巩固，完成课后作业。
①【完成作业】完成作业，上传至平台。
②【查看反馈】查看平台中的评价情况，订正作业。
2. 完成预习，小组合作完成预习任务并提交至平台。</td><td>1. 针对课堂所学知识重难点，布置相应作业，并及时反馈和指导，帮助学生更好巩固知识。
2. 布置预习任务，培养自主学习能力，为新课学习做准备。</td></tr>
<tr><td colspan="5">教学反思</td></tr>
<tr><td>目标达成度</td><td colspan="4">知识目标达成度：100% 的学生能描述折线图的概念和应用场景；90.9% 的学生能准确说出多系列以及并列系列折线图的制作步骤；81.81% 的学生能描述动态折线图的制作方法。
能力目标达成度：100% 的学生能熟练操作 Excel 表，进行增删改查，预处理数据；100% 的学生能新建数据源；93.18% 的学生能制作单轴折线图，90.09% 的学生会制作多系列折线图；95.45% 的学生制作并列系列折线图；86.36% 的学生能制作动态折线图。
素养目标达成度：借助农产品，助力乡村振兴，在任务训练中，学生的团队协作能力、独立思考和解决问题能力明显提升，同时学生的数据安全意识明显增强。</td></tr>
</table>

续表

亮点与特色	1. 本节课通过课堂来源生活，通过透析心电图的视频，激发学生兴趣，将理论操作学习和生活实际相结合。 2. 本节课在教学过程中注重理论和实践相结合，以学生为主体，通过教师示范讲解、小组讨论等方式，激发学生的学习兴趣和参与度。
问题与改进	不足：大数据专业发展迅速，需要丰富的跨学科知识，可视化学习资源丰富，但系统规范的资源较少，供师生参考资源甚少。 改进：加强对应学科知识的学习，继续加强教学实践环节，丰富资源库的建设，推广大数据的应用。

【点　评】

主要特色：

1. 知识点层层递进，符合学生学习特点：在本次的折线图教学中，从单一静态维度的折线图到动态多层折线图，层层递进，引导学生从简单知识到领会复杂知识，充分体现了“人字梯型”教学模式中搭梯子、阶梯式成长的要求。

2. 有效开展“小组合作学习”，还课堂于学生：在创学仿制阶段，教师设计指南，引导学生分组自行学习动态折线图，并安排报告会，由各个小组轮流展示他们的汇报成果，不仅悟到了知识，还提升了团队协作能力以及组织领导能力，充分体现了“人字梯型”教学模式中的小组合作学习理念。在汇报完毕后，教师组织学生互评，并归纳本节课的知识点和重难点，真正做到了以学生为主体，还课堂于学生。

3. 课堂组织有序：在整节课中，教师和学生都有其主要的任务，并且安排合理。教师巡视指导、组织示范、讲解示范、组织学生练习、抽查，而学生自主学习、聆听理解、展示评价、提交练习，师生之间相得益彰，配合默契，可以想象这是一节学有所获、生机勃勃的优质课堂。

建议：

思政目标中以农产品为载体，助力乡村振兴，培养学生的家国情怀体现不明显：除使用农产品消费需求分析数据之外，还可以增加其他数据，比如国外农产品消费数据、进口农产品消费数据或出口农产品消费数据等。

自身资源评估数据可视化

◎课程名称：数据可视化技术应用

◎授课教师：谭侃

<table>
<tr><td>授课题目</td><td colspan="2">自身资源评估数据可视化</td><td>课程名称</td><td>数据可视化技术应用</td></tr>
<tr><td>授课对象</td><td colspan="2">2022 级大数据 3 班</td><td>授课课时</td><td>2 课时</td></tr>
<tr><td>授课地点</td><td colspan="2">产教融合实训中心</td><td>授课形式</td><td>理实一体</td></tr>
<tr><td colspan="5">教学分析</td></tr>
<tr><td>内容分析</td><td colspan="4">本次课选自《数据可视化技术应用》模块三“农产品管理数据可视化”任务四“自身资源评估数据可视化”。本任务将对自身资源中的农产品品种资源、人力资源、市场资源、技术资源等数据进行简要分析处理，使用桑基图实现数据可视化。
通过本次课学习，所有学生将明白使用桑基图的场景，明白基础桑基图的制作步骤，能预处理数据，知道创建计算字段的方法，并能使用桑基图对月度开销数据实现“一级数据可视化”；50% 学生能制作进阶桑基图，能创建仪表板，把树枝、树干的图表进行垂直拼接，实现农产品自身资源“二级数据可视化”；10% 学生能拓展学习，制作高阶桑基图。</td></tr>
<tr><td rowspan="4">学情分析</td><td>知识基础</td><td colspan="3">1. 所有学生知道 Tableau 软件的使用方法。
2. 所有学生知道 Excel 表的增删改查操作方法。
3. 10.87%（5 人）的学生知道 Logistic 函数（Sigmoid 函数）的几何含义。</td></tr>
<tr><td>技能基础</td><td colspan="3">1. 所有的学生能对 Excel 数据表进行增删改查操作。
2. 所有学生能在 Tableau 中导入数据源，但是只有 6.52%（3 人）的学生知道编辑连接计算进行关联解决没有关联列带来的错误。
3. 在数学中，15.22%（7 人）的学生有使用几何画板绘制函数图像的基础。
4. 在任务一、任务三中，所有学生有创建计算字段的经历，知道创建计算字段，但是理解并能正确创建字段的学生只有 65.22%（30 人）。</td></tr>
<tr><td>认知和实践能力</td><td colspan="3">1. 通过前期的学习，所有的学生能深刻认识使用可视化手段来表现数据的重要性，但是只有 84.78%（39 人）的学生能针对不同的数据正确选用可视化手段。
2. 通过调查问卷检测，有 8.70%（4 人）学生见过桑基图，但是所有学生都没有使用过桑基图。
3. 能合理使用在线学习平台。</td></tr>
<tr><td>学习特点</td><td colspan="3">1. 所有学生喜欢动手操作，对理论学习方式比较反感。
2. 学生对新奇事物接收较快，意愿探索桑基图。
3. 学生习惯了小组合作学习方式，自主学习能力偏低。</td></tr>
</table>

续表

<table>
<tr><td rowspan="5">教学目标</td><td>四维目标</td><td>基座型教学目标
（全部学生）</td><td>高原型教学目标
（50% 学生）</td><td>攀峰型教学目标
（10% 学生）</td></tr>
<tr><td>知识目标</td><td>1. 能列举桑基图的使用场景。
2. 能准确说出基础桑基图的制作步骤。</td><td>能说出进阶桑基图的制作方法。</td><td>能说出实现桑基图动态效果的方法步骤。</td></tr>
<tr><td>技能目标</td><td>1. 能熟练操作 Excel 表，进行增删改查，预处理数据。
2. 会新建数据源。
3. 会创建基础桑基图的计算字段。
4. 会创建图表，生成基础桑基图。</td><td>1. 能创建进阶桑基图的计算字段。
2. 能绘制树枝和树干。
3. 能创建仪表板，把树枝、树干的图表进行垂直拼接，生成进阶桑基图。</td><td>1. 能通过自主学习和小组探讨，绘制左右堆 Left and Right、流向 Chart；
2. 在仪表板中拼接 Left-Chart-Right，形成 Sankey 图。
3. 在教师指导下能对 Sankey 排序、美化、添加操作，实现动态效果。</td></tr>
<tr><td>素养目标</td><td colspan="3">1. 通过课前课后任务，培养学生自主学习的能力。
2. 课中通过任务层层发布，培养学生精益求精的工匠精神。
3. 通过平台教学，提升学生的信息素养。
4. 课中，对所有数据加密处理，保障数据安全性，增强学生的数据安全意识，同时也是大数据专业学生的基本职业素养。</td></tr>
<tr><td>思政目标</td><td colspan="3">1. 通过情境亲和化，以农产品为载体，助力乡村振兴，培养学生的家国情怀。
2. 通过任务素养化，在任务训练中，让学生养成精益求精的做事态度。</td></tr>
<tr><td rowspan="2">教学重点</td><td>重点</td><td colspan="3">1. 创建基础桑基图的计算字段。
2. 创建进阶桑基图的计算字段。</td></tr>
<tr><td>解决措施</td><td colspan="3">1. 设计教学指南，教师示范讲解、组织主题讨论、检测评价解决教学重点 1。
2.设计小先生，企业导师指导小先生，然后小先生带领本组组员合作探究，探究过程双师指导，开展知识抢答活动解决教学重点 2。</td></tr>
<tr><td rowspan="2">教学难点</td><td>难点</td><td colspan="3">创建进阶桑基图的计算字段。</td></tr>
<tr><td>解决措施</td><td colspan="3">设计小先生，企业导师指导小先生，然后小先生带领本组组员合作探究，探究过程双师指导，开展知识抢答活动突破教学难点。</td></tr>
<tr><td colspan="5">教学策略</td></tr>
<tr><td>教学设计流程</td><td colspan="4">本次课以采用“六阶递进，师生并行”的教学模式，按照工作导向、工作流程设计教学任务，分为课前、课中、课后三个阶段，根据“六阶递进（尝、导、引、创、固、延）”的教学流程有效组织教学，围绕“农产品自身资源数据可视化”任务，引导学生绘制桑基图，助力乡村振兴。</td></tr>
<tr><td rowspan="2">教学方法</td><td>教法</td><td colspan="3">讲授法、演示法、任务驱动法。</td></tr>
<tr><td>学法</td><td colspan="3">自主学习、小组合作探究。</td></tr>
</table>

续表

教学实施				
教学阶段	教学内容	教师活动	学生活动	设计意图
课　前				
尝学前测（第一阶）	1. 桑基图的使用场景、制作步骤。 2. 预处理数据	1. 问卷调查，为分析学情提供数据。 ①【发布问卷】使用问卷星设计问卷“桑基图常识小测”并发布。 ②【分析数据】分析问卷星采集的数据，设定教学目标，预测教学难点，选择教学方法。 2. 资料发布，辅助新课教学。 ①【发布微课】学习通平台发布课前预习微课“Tableau 百搭：桑基图”。 ②【发布资料】网络资源推送至学习通平台，提出任务要求。 3. 任务检查，了解并反馈学生预习情况。 ①【检查任务】登录平台，检查学生任务情况并做反馈。 ②【分析学情】根据任务完成情况，分析学情，调整教学内容和策略。	1. 填写问卷，如实填写每项数据。 【填写问卷】如实填写问卷，反馈问题。 2. 接收资料，展开预习。 ①【观看微课】登录平台，观看微视频，做好记录。 ②【分析资料】小组合作整理分析学习资料，完成任务并传至平台。 3. 查看反馈，修正并重新提交任务。 ①【查看任务】登录平台查看任务反馈并修正，重新提交任务。 ②【新课准备】根据课前任务完成情况，做上课准备。	1. 通过问卷调研，了解学生的知识掌握情况，辅助教学，实现 高效课堂。 2. 通过平台教学资源、微课资源，拓宽学生视野，辅助新课教学。 3. 检查学生课前任务完成情况，为分析学情提供数据。
课　中				
导学创景（第二阶）	情境导入，任务展示	1. 情境导入，分享班级“隐藏的秘密”故事。 ①【故事讲述】讲述班级本月度“隐藏的秘密”故事。 ②【提出问题】为什么老师知道这么多呢？ ③【展示图片】使用桑基图展示学生的月度开销明细，解释故事由来。 2. 任务展示，展示课前任务情况。 ①【发起抢答】组织抢答前 3 组学生展示课前收集的桑基图片。	1. 融入情境，聆听故事并思考。 ①【聆听鼓励】聆听故事并做记录。 ②【思考问题】小组代表发表观点。 ③【聆听思考】观看老师展示学生从家长处获取的月度开销明细，回顾自己的开销情况。 2. 观看展示，分析课前任务情况。 ①【观看展示】观看同学任务完成情况，提出问题。	1. 使用悬念导入，引发学生的好奇心。 2. 联合家长共育学生。 3. 展示课前任务整体完成情况，让学生明确自身的优势与不足，为课中学习做铺垫。

续表

教学阶段	教学内容	教师活动	学生活动	设计意图
导学创景（第二阶）	情境导入，任务展示	②【组织讨论】组织学生对课前任务完成情况进行讨论并评分。 3. 任务引领，发布并分析本次课的总任务和子任务。 ①【发布任务】展示本次课总任务和要求。 ②【巡视指导】组织学生以小组形式分解任务，形成思维导图。 ③【分解任务】根据学生讨论情况，分解本次课的子任务。	②【分析讨论】讨论课前任务完成中出现的问题并展示评分。 3. 分析本次课总任务，将其分解成子任务。 ①【领取任务】领取本次课总任务，明确要求。 ②【小组讨论】以小组形式分解任务，绘制思维导图并展示。 ③【聆听理解】聆听老师分析，明确本次课的子任务并记录。	4. 通过“任务驱动”教学法，引发学生主动学习动机；将任务分解，降低难度。
引学示范（第三阶）	1. 预处理数据。 2. 新建数据源（技巧：关联数据表）	1. 头脑风暴，根据桑基图效果图和基础数据，引导学生明确如何处理数据。 ①【展示任务】展示学生课前完成的数据预处理任务，提出问题：对月度开销数据预处理需注意什么？ ②【展示词云】学习通平台发布课堂讨论活动，并用词云形式展示。 ③【思路引导】通过数据分析，对比桑基图，讲解处理数据的思路。 ④【巡视指导】组织学生尝试根据思路再次数据处理，巡视指导学生。 ⑤【组织展示】组织学生展示处理结果，并分析点评、补充讲解。 2. 资源引导，组织学生关联数据。 ①【推送资源】推送教学资源《连接数据》。 ②【巡视指导】巡视指导学生根据自学情况尝试关联数据表，记录情况。 ③【组织示范】组织小组内尝试成功学生指导本小组同学关联数据表，记录情况。	1. 头脑风暴，根据桑基图效果图和基础数据，明确如何处理数据。 ①【观看展示】仔细观察课前任务完成情况，思考问题，记录思路，准备作答。 ②【头脑风暴】进入课堂讨论活动，发布关键词，并观察其他同学的想法。 ③【聆听理解】聆听教师讲解，记录要点，明确数据处理思路。 ④【处理数据】小组讨论尝试根据思路完成数据处理。 ⑤【展示评价】小组上传作品，展示数据处理结果，记录教师讲解的要点。 2. 自主操作，关联sheet1和sheet2。 ①【研究资源】根据教学资源自学如何连接数据。 ②【尝试关联】根据自学情况，小组合作尝试关联数据表。 ③【示范讲解】小组内尝试成功学生指导本小组同学关联数据表。	1. 头脑风暴，发挥小组成员的特长。 2. 思路引导，训练学生的思维能力。 3. 通过自主研究资源，尝试操作，培养学生自主学习的能力。 4. 优秀学生示范讲解，锻炼学生综合能力，实现生生互动。

续表

教学阶段	教学内容	教师活动	学生活动	设计意图
引学示范 （第三阶）	3. 创建计算字段： TC_值: WINDOW_SUM (SUM([值]))/2 TC_rank: RANK_UNIQUE ([TC_值],"asc") X: ((INDEX()-1)*0.12)-6 TC_sigmiod: 1/(1+EXP (-[X])) Y: [TC_sigmoid]* ([TC_rank]- (WINDOW_MAX ([TC_rank]) +1)/2)/100	④【讲解示范】根据巡视与记录的情况，示范如何关联数据表，总结技巧点。 ⑤【组织练习】组织学生再次练习关联数据表，巡视指导。 ⑥【抽查任务】打开学习通，组织学生上传任务，抽查完成情况。 3. 设计指南，组织学生完成计算字段的创建。 ①【发送指南】推动“创建计算字段”教学指南至学习通平台。 ②【巡视指导】指导学生根据指南完成计算字段的创建，记录问题。 ③【播放微课】微课“计算字段的运用”展示如何创建计算字段。 ④【讲解示范】示范如何创建字段。 ⑤【巡视指导】指导学生修改先前创建的字段，记录问题。 ⑥【主题讨论】发布主题：创建计算字段的技巧。 ⑦【检测评价】学习通发布检测任务。 ⑧【投屏总结】运用投屏，总结技巧。 ⑨【择优展示】点评并组织学习优秀作业。 4. 示范讲解，组织学生创建图表，生成基础桑基图 ①【提出问题】问题 1：前面任务中如何创建图表？问题 2：能找到桑基图吗？ ②【尝试操作】根据学生提供思路，控屏尝试创建桑基图。 ③【解决问题】分析不能出现图像的原因。	④【聆听理解】仔细观察教师示范，记录操作步骤和技巧点。 ⑤【合作练习】小组合作完成数据表关联任务，整理笔记。 ⑥【提交任务】打开学习通，上传任务。 3.依据指南，完成计算字段的创建。 ①【领取指南】领取指南，认真学习，记录或标记关键点。 ②【小组合作】根据指南，小组合作尝试完成计算字段的创建。 ③【观看微课】根据微课讲解记录要点及盲点。 ④【聆听记录】明确操作步骤，破解盲点 ⑤【修改练习】小组合作修改先前创建的计算字段 ⑥【参与讨论】小组讨论，上传关键词。 ⑦【参与测评】登录学习通参与检测 ⑧【巩固练习】聆听记录，根据技巧练习 ⑨【优化作品】小组合作优化，截图上传至平台。 4.聆听讲解，完成图表创建，生成基础桑基图 ①【讨论问题】小组讨论，打开软件，查找桑基图，提出创建图表的方法步骤。 ②【观看思考】观察操作步骤，思考为何不能正常画出图形？ ③【聆听理解】聆听并记录。	5. 小组合作练习，提升学生的交往能力，逐步解决班级留守学生较多而无法顺畅交流的问题。 6. 设计学习指南，为学生快速掌握新知提供便利，突出教学重点。 7. 通过微课学习，为学生自主学习创造环境，更好地满足不同层次学生的学习需求，提升学生的积极主动性。 8. 展示优秀作业，提升学生的荣誉感。 9. 问题引导，促进学生积极思考。 10. 教师用学生的思路创建图表，用反向思维发现问题。 11. 教师正确示范，激发学生根据以上错误操作来总结技巧点。

续表

教学阶段	教学内容	教师活动	学生活动	设计意图
引学示范（第三阶）	4. 创建图表，生成基础桑基图	④【正确示范】讲解制作步骤并示范操作。 ⑤【巡视指导】组织学生绘制基础桑基图，记录问题，针对共性问题集中讲解。 ⑥【总结技巧】点评学生作业，总结技巧，提出问题：谁是那个有秘密的同学？教师不公布结果。	④【观看记录】聆听，记录。 ⑤【合作操作】小组合作完成桑基图制作，记录关键技巧点，上传作品至平台。 ⑥【总结技巧】观看其他同学作品并总结，寻找谁是那个有秘密的人。	12. 教会学生保护数据的隐私，提升他们的数据安全意识。
创学仿制（第四阶）	1. 创建进阶桑基图计算字段。 2. 绘制树枝和树干。	1. 小先生制，企业导师组织小组“小先生”到交流区交流经验，并带领小组成员创建进阶桑基图计算字段。 ①【组织交流】企业导师组织“小先生”分析如何创建进阶桑基图的计算字段。 ②【组织讲解】组织“小先生”根据交流结果，为本组成员讲解如何创建计算字段，“双师”观察记录。 ③【双师指导】“双师”巡视指导小组学生训练，记录问题。 ④【导师讲解】企业导师根据记录情况，针对共性问题集中讲解示范，提出规范要求。 ⑤【巡视指导】巡查学生完成情况。 ⑥【知识抢答】发放知识抢答活动。 ⑦【任务点评】点评“小先生”和同组同学任务完成表现。 2. 图表仿制，组织学生依据基础桑基图绘制树枝和树干。 ①【技术巩固】带领学生回顾基础桑基图的制作步骤，关键技术点。 ②【提出要求】发布农产品自身资源桑基图绘制要求并提供资源。 ③【巡视指导】指导学生绘制桑基图的树干、树枝。	1. 小组“小先生”在企业导师引导下交流经验，并带领小组成员创建进阶桑基图计算字段。 ①【参与交流】“小先生”交流讨论，其他学生继续优化前面的作品，思考如何创建进阶桑基图。 ②【先生讲解】“小先生”根据交流结果讲解如何创建计算字段，其他同学认真聆听并记录操作步骤。 ③【小组合作】小组成员在“小先生”带领下合作训练。 ④【聆听指导】聆听导师讲解并记录，重点标记新规范、新要求。 ⑤【小组训练】再次修改创建的计算字段。 ⑥【参与抢答】登录平台，参与抢答。 ⑦【评价记录】记录教师点评要点，评价组内同学表现情况。 2.组织依据基础桑基图绘制树枝和树干。 ①【回答问题】回顾基础桑基图制作的关键步骤与技术点。 ②【明确要求】根据资源自主学习，明确桑基图绘制要求。 ③【小组合作】小组合作完成树枝和树干的绘制。	1. 引入“小先生”制，用企业导师实现分层教学，固化优秀学生技能，突破教学难点。 2. “小先生”讲解，锻炼学生的能力，实现学习“传帮带”。 3. 企业导师进课堂，引入实际项目中新规范、新要求。 4. 知识抢答，活跃课堂气氛。 5. 依据前期学习基础，仿制图表，能有效地检测学生是否掌握本次课的重点。

续表

教学阶段	教学内容	教师活动	学生活动	设计意图
创学仿制（第四阶）	3. 创建仪表板，垂直拼接树枝和树干	④【小组互助】组织优先完成的小组帮助其他小组同学完成任务。 ⑤【组织展示】组织学生推选优秀作品，并展示。 ⑥【组织投票】组织学生投票选出最优作品并点评。 3. “故事”描绘，引导各小组创建仪表板，垂直拼接树枝和树干，完成一张图一个故事。 ①【推送微课】推送微课“创建仪表板”。 ②【提出问题】描绘“故事”步骤是什么？关键技巧是什么？ ③【刮刮游戏】游戏设计：刮开有“老师讲”“指定同学说”“自己讲”“幸运小礼物”等选项。 ④【示范操作】或【尝试操作】根据游戏结果组织教学。 ⑤【技巧口诀】整理关键技巧，形成助记口诀。 ⑥【巡视指导】指导学生完成“故事”描绘。 ⑦【讲解故事】总结分析进阶桑基图带来的“故事”。	④【组间互助】优先完成的小组帮助其他小组同学完成任务。 ⑤【展示作品】小组推选本组代表作品上传至平台。 ⑥【投票点评】投票，点评作品。 3. 描绘“故事”，各小组创建仪表板，垂直拼接树枝和树干，完成一张图一个故事。 ①【观看微课】小组合作观看微课，记录操作步骤。 ②【回答问题】小组根据笔记合作讨论，整理操作步骤及技巧。 ③【参与游戏】参与刮刮乐游戏。 ④【观看操作】或【尝试操作】观看老师讲解或尝试操作等。 ⑤【聆听讲解】聆听老师讲解，尝试使用口诀帮助记忆。 ⑥【小组合作】小组合作描绘“故事”。 ⑦【聆听故事】学会看图，明白图表所表达的意思。	6. 带着“故事”情节完成农产品自身资源数据可视化，让学生更有动力优化作品，培养他们的创新意识和精益求精的工匠精神。 7. 游戏助力教学，让课堂氛围更为活跃。 8. 根据游戏的实际情况预估后面的教学，更符合逻辑。 9. 助记口诀梳理本次课的要点与技巧，助力学生记忆。
固学展评（第五阶）	用进阶桑基图实现农产品自身资源数据可视化	1. 组织汇报，组织各小组展示汇报作品。 ①【观看作品】“双师”观看小组展示的作品。 ②【聆听记录】聆听汇报的思路并记录。 2. 鉴赏评价，根据汇报作品效果及学生的表现进行综合点评。 ①【组织互评】组织学生相互评价。	1. 汇报展示，各小组展示汇报作品。 ①【展示作品】小组代表展示作品。 ②【汇报思路】讲解制作思路。 2. 鉴赏评价，根据汇报作品效果及同学的表现进行综合点评。 ①【参与互评】说出其他小组作品的优缺点并提出改进措施。	1. 通过汇报作品，培养学生的表达能力。 2. 通过互评指出优缺点、改进措施，指明努力方向。

续表

<table>
<tr><th>教学阶段</th><th>教学内容</th><th>教师活动</th><th>学生活动</th><th>设计意图</th></tr>
<tr><td>固学展评
（第五阶）</td><td>用进阶桑基图实现农产品自身资源数据可视化</td><td>②【综合点评】总体评价，展示各组得分，企业导师点评。
3. 本课总结，归纳重难点，推送优秀作品。
①【总结知识】总结本次学习情况，指出知识技能要点，形成知识图谱。
②【推送作品】联合企业导师选出优秀作品，推送至班级荣誉榜。</td><td>②【聆听点评】聆听教师评价，查看得分。
3. 回顾要点，归纳重难点及技巧点。
①【聆听总结】聆听记录，回顾领会，完成知识图谱制作
②【上传作品】上传作品，查看优秀作品。</td><td>3. 总结归纳，形成知识体系，易于学生掌握。</td></tr>
<tr><td colspan="5">课　后</td></tr>
<tr><td>延学后测
（第六阶）</td><td>1. 巩固练习桑基图的制作技巧。
高阶任务：绘制左右流向桑基图，形成sankey图。
普通任务：巩固进阶桑基图的制作步骤。
2. 预习目标市场定位数据可视化的方法。</td><td>1. 课后巩固，练习任务巩固基础知识技能。
①【布置任务】设计任务，推送至平台。
②【查看任务】查看学生完成情况，并提供指导策略。
③【批改作业】根据评价标准在平台中评分，提出优化方法。
2. 组织预习，深入学习小组群指导学生预习。</td><td>1. 课后巩固，完成课后作业。
①【完成任务】独立完成任务，上传至平台。
②【查看策略】学困学生查看教师提供的指导策略，完成任务。
③【查看反馈】查看平台中的得分，思考老师提出的优化方法。
2. 完成预习，小组合作完预习任务并提交至平台。</td><td>1. 分层设计课后任务，符合学生成长特点。
2. 策略指导，辅助学生完成任务。
3. 反馈作业情况，促进学生反思改进。
4. 预习新知，为下次课学习做准备。</td></tr>
<tr><td colspan="5">教学反思</td></tr>
<tr><td>目标达成度</td><td colspan="4">授课成效显著，经过教学实施后，总体效果良好。
知识目标达成度：100% 的学生能列举桑基图的使用场景；100% 的学生能准确说出基础桑基图的制作步骤；95.65% 的学生能说出进阶桑基图的制作方法。
能力目标达成度：100% 的学生能熟练操作 Excel 表，进行增删改查，预处理数据；100% 的学生能新建数据源；91.30% 的学生会创建基础桑基图的计算字段；95.65% 的学生会创建图表，生成基础桑基图；93.48% 能创建进阶桑基图的计算字段；91.30% 能绘制树枝和树干；100% 能创建仪表板，把树枝、树干的图表进行垂直拼接，生成进阶桑基图。
素养目标达成度：依托农产品，助力乡村振兴，学生的家国情怀更浓；在任务训练中，学生精益求精的做事态度明显提升，同时学生的数据安全意识明显增强。</td></tr>
<tr><td>亮点与特色</td><td colspan="4">全过程以“任务驱动”开展教学，以项目任务营造浓厚的工作情境，小组合作有效地提升了学生的团队意识。
“小先生”制+“双师”教学，创学仿制环节引入小先生，企业导师指导小先生开展学习引导活动，引入企业中的新要求，新规范，紧密对接岗位，同时展现较强的生生互动，实现了教学的“传帮带”。</td></tr>
<tr><td>问题与改进</td><td colspan="4">不足：大数据专业发展较快，可视化学习资源较多，但是有深度且趣味性较强的资源较少。
改进：以专业资源库建设为契机，建设符合地域特点的优质教学资源，为学生预习与课后复习提供便利。</td></tr>
</table>

【点　评】

主要特色：

1. 创造性地使用小先生制，以点带面，更好实现教学目标：在课堂教学过程中，培养小组“小先生”，并在企业导师引导下交流经验，带领小组成员创建进阶桑基图计算字段，体现了“人字梯型”教学模式中的分层教学思路。

2. 双师指导，课堂教学内容贴近实际：在教学过程中，由学校老师和企业老师同时对学生进行课堂管理和教学组织，实现教和用的统一，使所传授知识更符合实际使用情境，增强其实用性。

3. 项目任务制为导向，营造了真实的工作情境：以真实任务为导向，学生学习路径清晰，步骤有序，能有目的进行学习。采用小组合作的方式，有效地提升了学生的团队意识与沟通合作能力。

建议：

1. 在教学目标部分表述不恰当：教学设计表述为能说制作出桑基图的步骤，计算机作为实操课程，应该表述为能正确演示和创建成功桑基图。

2. 评价方式中家长评可行性不强：一方面，本节课教学内容相对专业化和复杂化，有一定专业壁垒，大部分家长短时间内难以接受；另一方面，家长的配合度还有待考证。

战略决策画像

◎课程名称：数据可视化技术应用

◎作者名称：旷中琴

授课题目	战略决策画像	课程名称	数据可视化技术应用
授课对象	2022 级大数据 3 班	授课课时	2 课时
授课地点	产教融合实训中心	授课形式	理实一体
教学分析			
内容分析	本次课选自《数据可视化技术应用》模块三“农产品管理数据可视化”任务八“战略决策画像”。本任务将对农产品市场占比分析、消费者需求分析、自身资源评估、产品差异化等数据进行简要分析处理，使用数据看板的形式实现整体数据可视化。 通过本次课学习，所有学生将明白使用数据看板的场景，明白基础数据看板的制作步骤，能合理组合各种图形形成数据看板，知道创建数据看板的方法；40% 学生能制作进阶数据看板，并能使用数据看板实现对农产品经营整体战略决策可视化，能把数据展示得更全面；10% 学生能拓展学习，制作高阶数据看板，把与战略决策相关的数据进行二次处理，实现数据看板更美观和更有针对性。		
学情分析	知识基础	1. 所有学生有使用 Tableau 的经验，熟悉软件的使用方法； 2. 学生知道各种基础数据用什么样的图形展示更合适和更准确； 3. 60% 的学生了解数据分析的方法。	
	技能基础	1. 所有的学生能对 Excel 数据表进行增删改查操作； 2. 所有学生能在 Tableau 中导入数据源，会在 Tableau 中制作基础图形； 3. 所有学生都有分析数据的经历，知道如何根据已有数据进行数据分析，但是只有 65%（30 人）的学生对数据的分析的准确度和完整性较好。	
	认知和实践能力	1. 通过前期的学习，所有的学生能深刻认识使用可视化手段来表现数据的重要性，但是只有 85%（40 人）的学生能针对不同的数据正确选用可视化手段； 2. 40% 学生对于选择何种可视化工具和图形用来分析数据较为困难； 3. 通过课前问卷可知 30% 的学生见过数据看板，但是都不会制作数据看板； 4. 60% 的学生对整体构图审美、色彩搭配等方面知识不了解。	
	学习特点	1. 所有学生喜欢动手操作，对纯理论学习方式比较反感； 2. 所有的学生对新的可视化图形制作接受较快，有较强的探索意愿；但是对数据分析和数据预测等理论应用积极性偏低； 3. 大部分的学生倾向于小组合作学习，自主学习能力偏弱； 4. 本次制作数据看板可视化图形的数据来源是我校帮扶的三个贫困村，用于农产品经营销售的数据，班级中有部分学生也来自这三个贫困村，对自己家乡情况比较了解，也对帮助自己家乡的发展非常感兴趣。	

续表

<table>
<tr><td rowspan="5">教学目标</td><td>四维目标</td><td>基座型教学目标
（全部学生）</td><td>高原型教学目标
（30% 学生）</td><td>攀峰型教学目标
（10% 学生）</td></tr>
<tr><td>知识目标</td><td>1. 能列举数据看板的使用场景；
2. 能说出基础数据看板的制作步骤。</td><td>1. 能说出数据看板中为什么要选用这些图形；
2. 能根据数据看板上的图形对数据进行基础分析。</td><td>1. 能根据数据看板中的可视化图形分析数据；
2. 能说出数据看板图形组合表现的是什么战略分析方向。</td></tr>
<tr><td>技能目标</td><td>1. 能熟练操作 Excel 表，进行增删改查，预处理数据；
2. 会创建基础可视化图形；
3. 会创建数据看板图形，生成基础数据看板。</td><td>1. 能分析数据看板组合图形之间的数据关联和逻辑关系；
2. 能根据可视化图形进行简单的数据分析。</td><td>能通过某个战略方向选择数据看板中的图形组合，达到展示确切的数据分析意图。</td></tr>
<tr><td>素养目标</td><td colspan="3">1. 通过课前课后任务，培养学生自主学习的能力。
2. 课中通过任务层层发布，培养学生精益求精的工匠精神；通过小组合作学习，培养学生合作能力；通过展示评价，培养学生的表达能力。
3. 通过平台教学，提升学生的信息素养。
4. 课中，对所有数据加密处理，保障数据安全性，增强学生的数据安全意识，同时也是大数据专业学生的基本职业素养。
5. 培养学生逻辑思维能力，分析数据的能力等。</td></tr>
<tr><td>思政目标</td><td colspan="3">1. 通过情境代入法，培养学生的创新思维和主人翁精神，用自己所学的知识为家乡农产品的经营发展提供帮助，培养学生服务家乡建设国家的家国情怀。
2. 通过任务素养化，培育学生勇担社会使命，助力乡村振兴的责任感。</td></tr>
<tr><td rowspan="2">教学重点</td><td>重点</td><td colspan="3">1. 学会创建数据看板；
2. 数据看板数据源的选择和搭配。</td></tr>
<tr><td>解决措施</td><td colspan="3">1. 设计操作指南，教师示范讲解，小组讨论交互评价解决教学重点 1；
2. 制作微课供学生反复观看学习，设计评价问卷了解学生掌握情况，教师评价讲解解决教学重点 2。</td></tr>
<tr><td rowspan="2">教学难点</td><td>难点</td><td colspan="3">数据看板数据源的选择和搭配。</td></tr>
<tr><td>解决措施</td><td colspan="3">制作微课供学生反复观看学习，设计评价问卷了解学生掌握情况，教师评价讲解突破教学难点。</td></tr>
</table>

续表

<table>
<tr><th colspan="5">教学策略</th></tr>
<tr><td colspan="5">本次课利用“六阶递进，师生并行”的教学模式，通过真实家乡农产品经营数据，激发学生内驱力，使用预评前测、实景导入、示范领学、发散进阶、展评总结和延伸拓展六阶依次递进学习，利用可视化工具完成“战略决策画像”任务，助力乡村振兴。</td></tr>
<tr><td>教学设计流程</td><td colspan="4"> 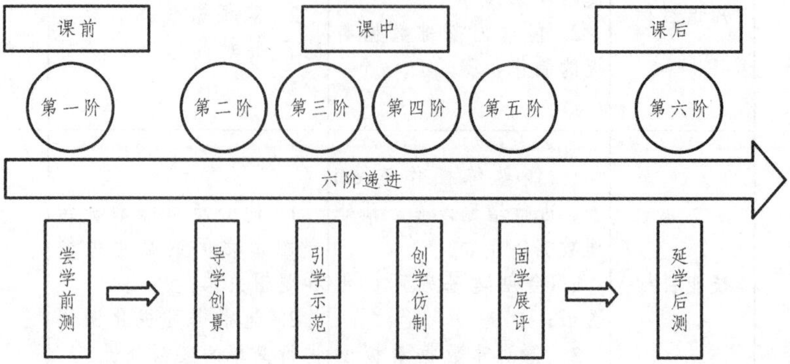课前 课中 课后
第一阶 第二阶 第三阶 第四阶 第五阶 第六阶
六阶递进
尝学前测 ⇒ 导学创景 引学示范 创学仿制 固学展评 ⇒ 延学后测</td></tr>
<tr><td rowspan="2">教学方法</td><td>教法</td><td colspan="3">讲授法、演示法、任务驱动法。</td></tr>
<tr><td>学法</td><td colspan="3">自主学习、小组合作探究。</td></tr>
<tr><th colspan="5">教学实施</th></tr>
<tr><th>教学阶段</th><th>教学内容</th><th>教师活动</th><th>学生活动</th><th>设计意图</th></tr>
<tr><th colspan="5">课　前</th></tr>
<tr><td>尝学前测（第一阶）</td><td>数据看板的预学习。</td><td>1. 问卷调查，为分析学情提供数据。
①【发布问卷】使用问卷星设计问卷“数据看板常识小测”并发布。
②【分析数据】分析问卷星采集的数据，设定教学目标，预测教学难点，选择教学方法。
2. 资料发布，辅助新课教学。
①【发布微课】学习通平台发布课前预习微课“Tableau 如何制作数据看板”。
②【发布资料】网络资源推送至学习通平台，提出任务要求。
3. 任务检查，了解并反馈学生预习情况。
①【检查任务】登录平台，检查学生任务情况并做反馈。
②【分析学情】根据任务完成情况，分析学情，调整教学内容和策略。</td><td>1. 填写问卷，如实填写每项数据。
①【填写问卷】如实填写问卷，反馈问题。
②【查看反馈】查看问卷星反馈数据，了解自身知识点不足之处。
2. 接收资料，展开预习。
①【观看微课】登录平台，观看微视频，做好记录。
②【分析资料】小组合作整理分析学习资料，完成任务并传至平台。
3. 查看反馈，修正并重新提交任务。
①【查看任务】登录平台查看任务反馈并修正，重新提交任务。
②【新课准备】根据课前任务完成情况，做上课准备。</td><td>1. 通过问卷调研，了解学生的知识掌握情况，辅助教学，实现高效课堂。
2. 通过平台教学资源、微课资源，拓宽学生视野，辅助新课教学。
3. 检查学生课前任务完成情况，为分析学情提供数据。</td></tr>
</table>

续表

教学阶段	教学内容	教师活动	学生活动	设计意图
课　中				
导学创景（第二阶）	初识数据看板图，对数据看板有一个直观的了解	1. 任务展示，展示课前任务情况。 ①【发起抢答】组织抢答前 3 组学生展示课前收集的数据看板图片。 ②【组织讨论】组织学生对课前任务完成情况进行讨论并评分。 2. 实景导入，发布并分析本次课的总任务和子任务。 ①【发布任务】展示本次课总任务和要求。 ②【巡视指导】组织学生以小组形式分解任务，形成思维导图。 ③【分解任务】根据学生讨论情况，分解本次课的子任务。	1. 观看展示，分析课前任务情况。 ①【观看展示】观看同学任务完成情况，提出问题。 ②【分析讨论】讨论课前任务完成中出现的问题并展示评分。 2. 小组讨论，分析本次课总任务，将其分解成子任务。 ①【领取任务】领取本课总任务，明确要求。 ②【小组讨论】以小组形式分解任务，绘制思维导图并展示。 ③【聆听理解】聆听老师分析，明确本次课的子任务并记录。	发布真实任务，有三个贫困村的同学在本班上学，将这三个贫困的农产品经营数据作为数据源来制作数据看板，并以此来指导做出经营战略决策。
引学示范（第三阶）	1. 挑选数据源和分析数据源	1. 展示真实案例和效果图，根据效果图分析数据，引导学生明确如何选择数据。 ①【展示任务】展示真实案例和效果图，提出问题：数据看板上的可视化图形应该展示哪些数据？ ②【展示词云】学习通平台发布课堂讨论活动，并用词云形式展示。 ③【思路引导】通过数据分析，对比数据看板，讲解处理数据的思路。 ④【巡视指导】组织学生尝试根据思路再次数据处理和分析，巡视指导学生。 ⑤【组织展示】组织学生展示处理结果，并分析点评、补充讲解。	1. 小组讨论头脑风暴，根据老师展示的案例，模仿改良数据处理。 ①【观看展示】仔细观察教师展示的优秀数据看板案例，思考问题，记录思路，准备作答。 ②【头脑风暴】进入课堂讨论活动，发布关键词，并观察其他同学的想法。 ③【聆听理解】聆听教师讲解，记录要点，明确数据处理思路。 ④【处理数据】小组讨论尝试根据思路完成数据处理和分析。 ⑤【展示评价】小组上传作品，展示数据源选择结果，记录教师讲解的要点。	1. 数据看板的数据源的选择就决定了数据看板展示的主题内容和数据分析方向，所以对数据源的选择需要逻辑思考和数据关联操作。

续表

教学阶段	教学内容	教师活动	学生活动	设计意图
引学示范（第三阶）	2. 新建数据看板，选择数据源	2. 对比教学，组织学生观看微课，对比自身完善数据看板。 ①【推送资源】推送教学资源《从 0 到 1 搭建日常经营分析看板》。 ②【组织示范】组织小组内讨论互评，引导学生改良数据看板，选择数据源。 ③【讲解示范】根据巡视与记录的情况，示范如何新建数据看板，总结技巧点。 ④【组织练习】组织学生再次练习新建数据看板，巡视指导。 ⑤【抽查任务】打开学习通，组织学生上传任务，抽查完成情况。	2. 观看教学资源微课，对比差异，改良挑选制作数据看板所需数据源。 ①【研究资源】根据微课自学如何搭建数据看板。 ②【反馈评价】根据小组讨论和互动评价，小组合作尝试改良数据看板。 ③【示范讲解】小组内尝试成功学生指导本小组同学新建数据看板。 ④【合作练习】小组合作完成新建数据看板任务，整理笔记。 ⑤【提交任务】打开学习通，上传任务。	2. 设计操作指南，教师示范讲解，小组讨论交互评价。
	3. 选择制作数据看板的数据源	3. 设计数据分析切入点，组织学生完成数据看板数据源的选择。 ①【发送指南】推送《数据分析》教学指南至学习通平台。 ②【巡视指导】指导学生根据指南完成数据源的选择，记录问题。 ③【播放微课】微课展示如何数据分析。 ④【讲解示范】示范如何分析数据。 ⑤【巡视指导】指导学生修改先前选择的数据源，记录问题。 ⑥【主题讨论】发布主题：可视化数据分析的技巧。 ⑦【检测评价】学习通发布检测任务。 ⑧【投屏总结】运用投屏，总结技巧。	3. 依据数据分析，完成数据看板数据源的选择。 ①【领取指南】领取指南，认真学习，记录或标记关键点。 ②【小组合作】根据指南，小组合作尝试完成数据看板数据源的选择。 ③【观看微课】根据微课讲解记录要点及盲点。 ④【聆听记录】明确操作步骤，破解盲点。 ⑤【修改练习】小组合作修改先前挑选的数据看板数据源。 ⑥【参与讨论】小组讨论，上传关键词。 ⑦【参与测评】登录学习通参与检测。 ⑧【巩固练习】聆听。	3. 制作微课供学生反复观看学习，设计评价问卷了解学生掌握情况，教师评价讲解解决教学重点。

续表

教学阶段	教学内容	教师活动	学生活动	设计意图
引学示范（第三阶）	4. 创建基础数据看板	⑨【择优展示】点评并组织学习优秀作业。 4. 示范讲解，组织学生创建基础数据看板。 ①【提出问题】问题1:前面任务中数据看板中选择的数据分析了哪方面的数据？问题2:分析的内容能用数据看板全面和准确地表现出来吗？ ②【尝试操作】根据学生提供思路，控屏尝试创建数据看板，并解释数据看板数据分析的内容。 ③【解决问题】分析不能出现图像的原因和数据分析内容和图像的逻辑联系。 ④【正确示范】讲解制作步骤并示范操作。 ⑤【巡视指导】组织学生绘制数据看板，记录问题，集中讲解共性问题。 ⑥【总结技巧】点评学生作业，总结技巧。	记录，根据技巧练习。 ⑨【优化作品】小组合作优化，截图上传至平台。 4. 聆听讲解，完成图表创建基础数据看板。 ①【讨论问题】小组讨论，打开软件，查找数据看板，提出创建数据看板的方法步骤。 ②【观看思考】观察操作步骤，思考为何不能正常制作数据看板？制作的图像和数据分析内容是否匹配？ ③【聆听理解】聆听并记录。 ④【观看记录】聆听，记录。 ⑤【合作操作】小组合作完成数据看板制作，记录关键技巧点，上传作品至平台。 ⑥【总结技巧】观看其他同学作品并总结。	4. 小组讨论后尝试制作数据看板，同时带着问题去思考其中的逻辑联系。
创学仿制（第四阶）	1. 用数据看板实现农产品战略决策数据可视化。 2. 美化数据看板	1. 组织汇报，各小组展示汇报作品。 ①【观看作品】观看小组展示的作品。 ②【聆听记录】聆听汇报的思路并记录。 2. 邀请企业导师评价小组作品到交流区交流经验，并带领小组成员美化数据看板。 ①【组织交流】企业导师组织各小组讲解员分析如何美化数据看板。 ②【组织讲解】小组讲解员根据交流结果，为本组成员讲解如何美化数据看板，“双师”观察记录。	1. 汇报展示，各小组展示汇报作品。 ①【展示作品】小组代表展示作品。 ②【汇报思路】讲解制作思路。 2. 在企业导师引导下交流经验，并带领小组成员美化数据看板。 ①【参与交流】小组交流讨论，继续优化前面的作品，思考如何美化数据看板。 ②【先生讲解】小组讲解员根据交流结果讲解如何美化数据看板，其他同学认真聆听并记录操作步骤。	1. 小组讲解员负责讲解小组作品和其中的逻辑联系。 2. 由企业导师从专业角度讲解数据看板应该优先选用哪些数据，用于体现什么战略决策方向。

续表

教学阶段	教学内容	教师活动	学生活动	设计意图
创学仿制（第四阶）	1. 用数据看板实现农产品战略决策数据可视化。 2. 美化数据看板	③【双师指导】企业导师和教师巡视指导小组学生训练，记录问题。 ④【导师讲解】企业导师根据记录情况，针对共性问题集中讲解示范。 ⑤【巡视指导】巡查学生完成情况。 ⑥【知识抢答】发放知识抢答活动。 ⑦【任务点评】点评“小先生”和同组同学任务完成表现。	③【小组合作】小组成员在企业导师带领下合作训练。 ④【聆听指导】聆听导师讲解并记录。 ⑤【小组训练】再次修改数据看板。 ⑥【参与抢答】登录平台，参与抢答。 ⑦【评价记录】记录教师点评要点，评价组内同学表现情况。	
固学展评（第五阶）	1. 总结本课知识点，综合点评各组作品。 2. 组织家长和同学对作品进行评价，多方收集反馈信息	1. 鉴赏评价，根据汇报作品效果及学生的表现进行综合点评。 ①【组织互评】组织学生相互评价。 ②【综合点评】总体评价，展示各组得分。 2. 本课总结，归纳重难点，推送优秀作品。 ①【总结知识】总结本次学习情况，指出知识技能要点，形成知识图谱。 ②【推送作品】选出优秀作品，推送至班级荣誉榜，邀请家长对学生作品进行评价。	1. 鉴赏评价，根据汇报作品效果及同学的表现进行综合点评。 ①【参与互评】说出其他小组作品的优缺点。 ②【聆听点评】聆听教师评价，查看得分。 2. 回顾要点，归纳重难点及技巧点。 ①【聆听总结】聆听记录，回顾领会，完成知识图谱制作。 ②【上传作品】查看优秀作品，查看家长和老师的评价。	1. 总结知识点，巩固教学重难点的学习，也对学生课堂表现作出评价。 2. 将优秀的作品推送至班级平台上，让家长也能看到学生的学习成果和进步，提高学生学习积极性。
课　后				
延学后测（第六阶）	巩固练习数据看板的制作技巧。 高阶任务：按照农产品经营决策需求挑选数据源制作数据看板。 普通任务：选择不一样的数据分析方向和数据源制作数据看板	课后巩固，练习任务巩固基础知识技能。 ①【布置任务】设计任务，推送至平台。 ②【查看任务】查看学生完成情况，并提供指导策略。 ③【批改作业】根据评价标准在平台中评分，提出优化方法。	课后巩固，完成课后作业。 ①【完成任务】独立完成任务，上传至平台。 ②【查看策略】学困学生查看教师提供的指导策略，完成任务。 ③【查看反馈】查看平台中的得分，思考老师提出的优化方法。	1. 分层设计课后任务，符合学生成长特点。 2. 策略指导，辅助学生完成任务。 3. 反馈作业情况，促进学生反思改进。

续表

<table>
<tr><th colspan="2">板书设计</th></tr>
<tr><td colspan="2">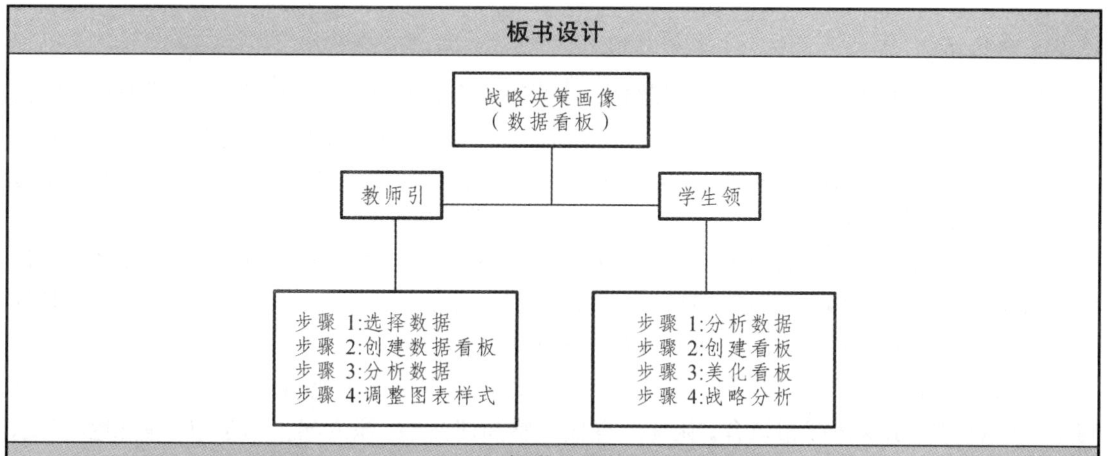
</td></tr>
<tr><th colspan="2">教学反思</th></tr>
<tr><td>目标达成度</td><td>授课成效显著，经过教学实施后，总体效果良好。
知识目标达成度：100% 的学生能列举数据看板的使用场景；100%的学生能准确说出基础数据看板的制作步骤；95% 的学生能说出数据看板中为什么要选用这些图形。
能力目标达成度：100% 的学生能熟练操作 Excel 表，进行增删改查，预处理数据；100% 的学生能创建基础可视化图形；92% 的学生会创建数据看板图形，生成基础数据看板；91% 的学生能分析数据看板组合图形之间的数据关联和逻辑关系；93%的学生能根据可视化图形进行简单的数据分析；92% 的学生能通过某个战略方向选择数据看板中的图形组合，达到展示确切的数据分析意图。
素养目标达成度：依托真实案例，助力乡村振兴，学生的使命感更浓；在任务训练中，学生精益求精的做事态度明显提升，同时学生的数据安全意识明显增强，逻辑思维能力和创新思维能力得到很大的锻炼。</td></tr>
<tr><td colspan="2">亮点与特色：
1. 本节课在教学中使用真实的农产品经营数据与学生所熟知的家乡情况相结合，让学生有代入感和使命感，激发学生的学习兴趣和参与度。
2. 在教学方法上，利用多媒体和各种教学平台，提高信息交互效率，让学生能在快速交流和反馈中学习，提高了学习的效率。
3. 在课堂中注意了难易程度和分层教育，使不同水平的学生都能得到提高，在评价方法上不仅有教师评价、企业老师的评价，也有同学之间的互评，在多方反馈下得到更全面的指导和建议，帮助学生成长和提高。
问题与改进：
问题一：教学内容有一定门槛，对层次较差的学生来说学习有难度，数据分析和数据源选择上要有一定的逻辑思维能力。
改进：在课前应提供更多的学习资料，供层次较差的同学理解和进一步提高。
问题二：教学方法单一，多样性不够。
改进：尝试多种教学方法，提高学生学习兴趣，引发学生学习兴趣，并提高教学参与度，根据学生反馈和教学评价，调整教学方法。</td></tr>
</table>

【点 评】

主要特色：

1. 信息化资源丰富，教学手段智慧化：本设计充分运用了学习通、哔哩哔哩平台，赋能学生课内与课外学习；利用“从 0 到 1 搭建日常经营分析看板”视频、智慧职教、“学习强国”平台的资源拓展传统的教材资源，同时运用问卷星、微信调查学情，课前、课中、课后全过程实现了教学手段的智慧化。

2. 过程性评价与终结性评价结合，评价主体多元化：本设计中教师将课堂评价设置为课前（15%）、课中（60%）、课后（25%），突出过程性评价；由学生自评、学生互评、教师评三方构成，评价主体多元化，有助于培养中职学生的学习自信。

3. 专业课教学结合生活实际，自然融入课程思政：本设计中使用真实的农产品经营数据与学生所熟知的家乡情况相结合，让学生有代入感和使命感，激发学生的学习兴趣和参与度，让学生在学习专业课知识中时刻谨记用理论指导实践，切身感悟建设家乡的使命感。

建议：

1. 教学内容难度较大，需根据学生水平及特点促进前置学习：本设计中涉及的教学内容有一定难度，对学习水平略有欠缺的学生而言有难度，因此在课前准备环节，教师应提供更多的学习资料，以增强学生的逻辑思维能力。

2. 教学方法单一，应根据教学内容和学生特点选用多元化方法：本设计中教师主要运用了传统的讲授法、演示法和任务驱动法，教师应在具体分析“农产品战略决策精准画像”内容的难度、特点后，结合本班学生的学习水平选用有针对性的教学方法，提高学生学习兴趣和课堂参与度。

增值税发票查验

◎课程名称：税费计算与智能申报

◎授课教师：郑秋芳

<table>
<tr><td>授课题目</td><td colspan="2">增值税发票查验</td><td>课程名称</td><td>税费计算与智能申报</td></tr>
<tr><td>授课对象</td><td colspan="2">2022 级会计事务订单班</td><td>授课课时</td><td>2 课时</td></tr>
<tr><td>授课地点</td><td colspan="2">会计理实一体化实训室</td><td>授课形式</td><td>理实一体课</td></tr>
<tr><td colspan="5">教学分析</td></tr>
<tr><td>内容分析</td><td colspan="4">本次课选自《税费计算与智能申报》项目二“增值税计算与申报”任务六“增值税发票查验”。
查验增值税发票是遵守国家税收法规的重要环节，通过查验增值税发票，可以保障交易的合法性和安全性，避免因不合规的交易而带来的风险和损失。课前学生已经完成了通过自助终端查询增值税发票的预习任务。本次课的教学内容主要包括：增值税发票查验的基本步骤和要点、不同方式查验增值税发票的具体方法。教学内容对接税务师岗位、财税合规师要求，培养学生遵纪守法的职业意识，提升学生为各类小微企业进行增值税发票查验的能力，为后续学习增值税的纳税申报提供合法的、安全的申报数据。</td></tr>
<tr><td rowspan="3">学情分析</td><td>知识与技能基础</td><td colspan="3">1. 学生通过一般纳税人增值税计算和“财经法规与会计职业道德”课程的学习，已经掌握一般纳税人增值税计算方法和不同情况下销售额计算的能力；
2. 学生通过课前预习和知识检测，85% 的学生能理解增值税发票查验的重要意义；54% 的学生理解了增值税发票查验的操作步骤，16% 的学生了解了网络查询增值税发票的方法。</td></tr>
<tr><td>认知与实践能力</td><td colspan="3">1. 学生已学习一般纳税人不同情况下增值税额的计算，具备正确计算增值税纳税额的能力；
2. 学生了解了增值税在企业的税费核算中所占的重要地位，具备依法纳税的职业认识；
3. 学生具备基础的计算机操作能力，能够通过计算机登录国家税务总局全国增值税发票查验平台，输入发票代码、发票号码、开票日期、开具金额等信息，进行查验。</td></tr>
<tr><td>学习特点</td><td colspan="3">1. 学生喜欢通过雨课堂、班级优化大师等平台进行线上学习，思维较跳跃，注意力不够集中；
2. 学生偏好有获得感、有趣味性、有对抗性的学习体验，团队沟通协作意识较强；
3. 发票查验的操作性较强，需要通过角色扮演进行流程展示，学生学习兴趣浓厚。</td></tr>
<tr><td rowspan="2">教学目标</td><td>知识目标</td><td colspan="3">1. 了解增值税发票查验的作用；
2. 理解增值税发票查验的基本步骤和要点；
3. 掌握手工查验、电子查验方式进行增值税发票查验的方法。</td></tr>
<tr><td>能力目标</td><td colspan="3">1. 能使用手工查验方式进行增值税发票语音查验；
2. 能登录国家税务总局官网进行增值税发票电子查验；
3. 能正确辨别真假发票。</td></tr>
</table>

续表

<table>
<tr><td>教学目标</td><td>素质目标</td><td colspan="3">1. 通过情景模拟实践培养学生的语言表达能力和应变能力；
2. 通过发票查验，培养学生的实际操作能力，使其具有严谨、诚信的职业品质和良好的职业道德；
3. 树立职业安全意识，保证财务数据安全，养成严谨细致、认真负责的工作作风。</td></tr>
<tr><td rowspan="2">教学重点</td><td>重点</td><td colspan="3">1：增值税发票查验的基本步骤和要点；
2：增值税发票查验的方法。</td></tr>
<tr><td>解决措施</td><td colspan="3">针对重点 1：采取案例分析、模拟实践等方式进行讲解和演示，让学生掌握正确的查验方法和技巧；
针对重点 2：实际操作演示、系统模拟等方式进行讲解和演示，让学生熟悉电子查验的操作流程和系统使用方法。</td></tr>
<tr><td rowspan="2">教学难点</td><td>难点</td><td colspan="3">增值税电子查验操作步骤及增值税发票查验风险防范。</td></tr>
<tr><td>解决措施</td><td colspan="3">采取案例分析、播放专题讲座等方式进行讲解和演示，让学生了解防范风险的重要性和必要性，以及在防范风险方面需要注意的事项和方法。</td></tr>
<tr><th colspan="5">教学策略</th></tr>
<tr><td>教学设计流程</td><td colspan="4">本次课围绕税费计算与纳税申报项目，完成校企合作中小微企业的代理税务计算与税务申报工作。课前布置了自助终端查询发票的预习任务，分析学生的预习情况，调整教学策略。课中创设真实岗位情景，明确本课任务；生生互助探究增值税发票查验的操作步骤；自主探究、小组合作等方式分析企业典型案例；发布企业真实任务：完成小微企业增值税发票的查验；组织学生对本课进行评价。课后针对不同学情的学生布置形式多样的分层作业，巩固提升所学知识，学生可以自主弹性完成对应作业，为后续为小微企业进行增值税纳税申报做好准备。具体参照流程如下：
设计任务 导入情境 引导启发 剖析案例 对接岗位 整合数据 分层作业
预 导 探 析 践 评 拓
预习课程 领取任务 探究任务 解析任务 实践任务 评价任务 拓展任务</td></tr>
<tr><td rowspan="2">教学方法</td><td>教法</td><td colspan="3">讲授法、案例教学法、任务驱动法。</td></tr>
<tr><td>学法</td><td colspan="3">自主探究法、合作探究法。</td></tr>
<tr><td>教学手段与资源</td><td colspan="4">1. 教学平台：班级优化大师、雨课堂、国家税务总局申报系统。
2. 教学手段：微课、游戏《请你断一断》、任务单、案例。
3. 教学资源：RPA 财务机器人、“发票犯罪”视频、希沃白板、雨课堂。</td></tr>
<tr><th colspan="5">教学实施</th></tr>
<tr><td>教学阶段</td><td>教学内容</td><td>教师活动</td><td>学生活动</td><td>设计意图</td></tr>
<tr><th colspan="5">课　前</th></tr>
<tr><td>设计任务，预习课程</td><td>1. 增值税发票查验的目的；
2. 增值税发票查验的基本步骤和要点</td><td>在雨课堂发布预习任务：自行查找网络资源完成相应测试。</td><td>查找资源，登录雨课堂完成测试。</td><td>分析学生的预习情况，调整教学策略，设计教学任务。</td></tr>
</table>

续表

<table>
<tr><td>教学阶段</td><td>教学内容</td><td>教师活动</td><td>学生活动</td><td>设计意图</td></tr>
<tr><td rowspan="2">课前诊断</td><td>共性问题</td><td colspan="3">学生能理解增值税发票查验的目的，了解增值税发票查验的步骤，但对发票查验的步骤总结归纳不到位。</td></tr>
<tr><td>个性问题</td><td colspan="3">部分学生没有完全理解增值税发票查验不同方式的操作步骤。</td></tr>
<tr><td>教学调整</td><td colspan="4">利用生活中的案例进行举例，让学生理解增值税发票查验的重要性；通过学生分组进行模拟查验增值税发票的实践活动加深对知识的掌握。</td></tr>
<tr><td colspan="5">课　中</td></tr>
<tr><td colspan="5">第一课时</td></tr>
<tr><td>导入情景，发布任务</td><td>×××企业增值税发票查验</td><td>回顾上次课内容，发布本次课任务：请对×××企业增值税发票进行查验。</td><td>领取本课任务单。</td><td>创设真实岗位情景，明确本课任务。</td></tr>
<tr><td colspan="5">【第一关：增值税发票查验目的探析关】</td></tr>
<tr><td>引导启发，探究任务</td><td>增值税发票查验的目的</td><td>1. 引入新知。播放“发票犯罪”视频，引入增值税发票查验的目的。
① 请学生观看视频并提出问题：该视频中主人公的何种行为产生了犯罪的后果？
② 小组讨论归纳视频中的错误行为。
③ 抽取学生回答问题。
④ 点评学生回答情况，引入新课。
2. 游戏互动。发布游戏“请你断一断”，讲解增值税发票查验的目的。
① 在希沃白板上发布游戏“请你断一断”，讲解游戏完成规则。
② 抽取学生上台完成游戏，要求其余学生自行完成。
③ 点评学生完成情况，引出增值税发票查验的重要性，进行思政教育。
3. 发布测试。登录平台完成测试：增值税发票查验的目的。
① 在平台上发布测试任务，讲解完成任务的要求。
② 巡视课堂，了解学生完成情况。
③ 点评学生完成情况，对没掌握的知识进行补充讲解。</td><td>1. 初识新知。观看视频，探寻增值税发票查验的目的。
① 观看视频同时思考教师提出的问题。
② 讨论并归纳，找出视频中的错误行为。
③ 回答教师问题，其余同学进行认真听。
④ 聆听教师讲评，初步认识发票查验的重要性。
2. 完成游戏。通过游戏，学习增值税发票查验的目的。
① 领取游戏任务并听取游戏规则。
② 被抽取学生上台完成游戏，其余学生自行完成。
③ 聆听教师讲评，学习并记录增值税发票查验的目的。
3. 完成测试。登录平台参与测试，掌握增值税发票查验的目的。
① 接受任务，明白任务完成的具体要求。
② 进入测试，完成测试题目并提交。
③ 聆听教师讲评。</td><td>【素质目标】
1. 通过观看视频引入新课，激发学生学习兴趣，进行思政教育，培养学生遵纪守法的职业意识。
2. 通过游戏，增加课堂的趣味性，让学生初步了解增值税发票查验的目的，培养学生严谨细致、从严从细的工作作风。</td></tr>
</table>

续表

教学阶段	教学内容	教师活动	学生活动	设计意图
引导启发，探究任务	增值税发票查验的要点； 手工查验增值税发票。	1. 新知讲解。给出增值税发票样票，讲解增值税发票查验的要点。 ① 下发增值税发票样票，分小组检查发票的内容，找出不当之处。 ② 抽取小组展示找出的错误，并请同学进行补充。 ③ 点评学生表现，归纳增值税发票查验的要点。 2. 引入案例。查验发票粗心有虚假发票导致违法犯罪，讲解手工查验增值税发票。 ① 发布案例：广东某公司涉嫌虚开增值税发票案，要求学生阅读案例。 ② 提出问题：讨论为什么出现此类错误，要求小组讨论并回答。 ③ 抽取学生回答问题，并归纳案例中错误产生的原因。 3. 导师助讲。连线企业导师：讲解如何识别虚假发票。 ① 通过钉钉连线企业导师讲解实际工作中如何识别虚假发票。 ② 抽取优生对企业导师讲解内容进行归纳。 ③ 小组讨论：如何快速准确地核对发票信息。 ④ 抽取小组展示讨论结果，教师点评并强调注意事项。	1. 学习新知。认识增值税发票样票，学习增值税发票查验的要点。 ① 领取发票，小组讨论找出发票错误。 ② 展示发票错误，聆听学生讲评。 ③ 聆听教师讲评，学习并记录发票查验的要点。 2. 分析案例。学习手工查验增值税发票。 ① 接收并阅读案例。 ② 小组讨论并回答问题。 ③ 聆听学生回答和教师讲解，记录错误原因。 3. 学习新知。聆听企业导师讲解，学习识别虚假发票。 ① 聆听企导师讲解，记录识别虚假发票的知识点。 ② 优生归纳讲解如何识别虚假发票。 ③ 参与讨论并归纳发票核对快速准确的方法。 ④ 聆听教师和学生讲评，掌握手工查验发票的注意事项。	【能力目标】 通过给出虚拟发票让学生分组找出发票的错误之处，培养学生的交流合作能力、观察能力。 【素质目标】 1. 通过对案例的分析，让学生自行探究手工查验增值税发票的要点，培养学生严谨细致的工作作风。 2. 通过与企业导师连线讲解，将企业实际操作与理论学习结合，加强知识掌握，培养学生严谨、诚信的职业品质和良好的职业道德。
【第二关：增值税发票查验步骤明晰关】				
剖析案例，拆解任务	电子查验操作流程（操作步骤）	1. 图片导入。讲授电子查验发票前期准备工作。 ① 展示实物图片。 ② 让学生选择电子发票查验前期需要准备的用品。 2. 播放 RPA 财务机器人进行发票电子查验的演示视频，了解查验操作步骤。	1. 选择图片。学习电子查验发票的前期准备工作。 ① 观看实物照片。 ② 从图片中选择发票查验需要准备的用品。 2. 观看视频，初步了解发票查验操作步骤。	

续表

教学阶段	教学内容	教师活动	学生活动	设计意图
剖析案例，拆解任务	电子查验操作流程（操作步骤）	① RPA 财务机器人进行发票电子查验的演示视频，提醒学生注意视频的特别之处。 ② 提出问题：视频中的操作有什么特别之处？讲解 RPA 机器人的作用，进行思政教育。 ③ 小组合作讨论，结合视频画出操作的流程图。 ④ 要求各小组将绘制的流程图粘贴在黑板上，并简单阐述绘制思路。 3. 粘贴互动。给出粘贴条，调整顺序，讲解发票电子查验操作步骤。 ① 展示制作的粘贴条，抽取学生按照视频中的操作流程进行顺序调整。 ② 教师根据学生粘贴进行点评和顺序调整。 ③ 展示完成的顺序正确地粘贴图，教师归纳操作步骤。 ④ 与小组绘制的流程图进行对比，点评绘制的流程图，对绘制较好的小组进行积分奖励。	① 观看操作视频，记录操作步骤。 ② 回答问题并聆听教师讲解，了解财务机器人。 ③ 小组合作讨论，绘制发票电子查验的操作流程图。 ④ 粘贴流程图，推荐学生进行阐述，其余同学认真聆听。 3. 掌握新知。调整粘贴条顺序，归纳发票电子查验操作步骤。 ① 被抽取学生根据教师引导进行粘贴，其余学生进行纠正。 ② 聆听教师讲评，调整粘贴顺序。 ③ 观看粘贴的流程图，根据教师归纳的操作步骤进行记录。 ④ 聆听教师讲评，更正绘制的流程图，掌握电子查验的操作步骤。	【能力目标】 通过 RPA 机器人自动查验发票对接行业新技术、岗课赛证思融合，了解电子查验发票的操作步骤，绘制流程图加深记忆，培养学生的动手能力和知识归纳能力。培养学生发现问题和解决问题的能力。
第二课时				
【第三关：业财一体化实践基地税务业务处理关】				
对接岗位，实践任务	企业增值税发票查验情景模拟	1. 发布任务　组织完成情景模拟前准备工作。 ① 组织抽签决定每个小组模拟的场景（手工查验、电子查验），企业导师强调情景模拟规则。 ② 下发××企业增值税发票。 ③ 要求学生进行小组分工，做好情景模拟准备工作。 2. 情景模拟。模拟真实场景，分组进行模拟查验增值税发票的实践活动。	1.领取任务　按照教师要求做好情景模拟准备工作。 ①派出学生抽签，决定模拟场景，聆听并记录规则。 ②领取增值税发票。 ③小组内进行分工，做好情景模拟准备工作。 2.模拟互动　参与情景模拟，查验增值税发票。	【能力目标】 1.通过情景模拟加强知识的掌握，完成重难点的突破，培养学生的语言表达能力和应变能力。 2.通过编制口诀将操作步骤进行固化，培养学生的归纳能力；通过积分奖励肯定学生的课堂表现，鼓

续表

教学阶段	教学内容	教师活动	学生活动	设计意图
对接岗位，实践任务	企业增值税发票查验情景模拟	① 企业导师宣布开始情景模拟，巡视课堂，维持课堂秩序。 ② 要求每小组的观察记录员对模拟过程进行记录。 ③ 结束情景模拟，要求小组内根据观察员记录进行讨论并总结实践过程中的问题和经验。 3. 点评模拟。点评情景模拟的表现，归纳注意事项。 ① 企业导师点评情景模拟中各小组的表现。 ② 抽取同学分享在查验过程中所遇到的问题和解决方法，以及对于不同查验方式的优劣比较和适用场景的分析。 ③ 企业导师结合实际工作进行归纳总结，强调在操作过程中，需要注意事项和常见问题。 4. 编制口诀。编制查验步骤口诀，掌握发票查验的具体操作。 ① 要求小组合作编制口诀。 ② 要求学生展示编制口诀。 ③ 企业导师推选出表现最佳的小组，进行积分奖励，鼓励学生继续努力。	① 根据组内分工开始情景模拟。 ② 记录员进行记录，其他成员进行情景模拟。 ③ 对实践过程中的问题和经验进行讨论。 3. 聆听点评。复盘情景模拟的过程。 ① 聆听企业导师点评。 ② 被抽取同学进行讲解，其余同学聆听并补充。 ③ 聆听教师讲评，对注意事项和常见问题进行记录。 4. 编制口诀。掌握知识。 ① 小组合作编制口诀。 ② 展示并聆听各小组编制口诀。 ③ 表现最佳小组接受奖励，其余小组聆听企业导师鼓励。	励继续努力。 【素质目标】 复盘情景模拟的表现，培养学生归纳能力和反思能力。通过企业导师的实际工作经验分享，树立职业安全意识，防范风险的意识，保证财务数据安全。
【第四关：增值税发票查验归纳关】				
整合数据，评价任务	归纳总结本课知识点并组织评价	1. 发布任务。自主绘制本课知识目的图。 ① 请学生独立思考并归纳知识点； ② 请学生自主绘制知识概念图，教师巡视并指导； ③ 请学生将分析结果上传至雨课堂平台。 2. 组织展示。随机抽取 2 名学生展示知识目的图。 3. 点评讲解。点评学生表现	1. 完成任务。绘制知识目的图并上传至雨课堂。 ① 思考并归纳； ② 自主绘制知识概念图； ③ 将完成的知识概念图上传平台。 2. 展示结果。被抽取学生展示知识目的图。 3. 聆听点评。聆听教师讲解并记笔记。	【能力目标】 通过学生自主绘制知识概念图培养学生归纳总结能力的个人素养。

续表

教学阶段	教学内容	教师活动	学生活动	设计意图
整合数据，评价任务	归纳总结本课知识点并组织评价	并积分，梳理总结本次课所有知识点。 4. 组织评价。组织学生在雨课堂平台进行评价。 ① 组织自评、互评； ② 组织学生对本次课堂评价。 5. 颁发证书。对本节课积分排名前六的学生颁发“岗位能力特优生”。	4. 学生评价 学生进行评价。 ① 自评、互评； ② 对本次课堂进行评价。 5. 接受证书。积分排名前六的学生接受颁奖。	【多方评价】 1. 通过多方评价帮助学生更好地反思学习过程，为后续颁发“岗位能力特优生”做准备； 2. 结合岗位标准对优秀学生进行表彰，树立榜样作用，激发学生学习兴趣。

课　后			
分层作业拓展任务	巩固作业	迁移作业	预习作业
	登录雨课堂平台完成增值税发票查验练习题	1. 到学校产教融合实践基地完成对××企业的增值税发票的手工查验。 2. 登录发票查验平台完成××企业增值税发票查验。	1. 观看《增值税申报》微课，了解增值税申报的基本流程，自行完成课前测试。 2. 安排诚信组进行增值税申报情景模拟排练。

教学评价

评价维度	评价指标	得分			
		自评（15%）	互评（15%）	教师评（50%）	企业评（20%）
学习准备（10%）	学习态度认真，积极主动，时刻保持良好的学习状态。（10分）				
知识（30%）	1. 了解增值税发票查验的作用；（10分） 2. 理解增值税发票查验的基本步骤和要点；（10分） 3. 掌握手工查验、电子查验方式进行增值税发票查验的方法。（10分）				
能力（30%）	1. 能使用手工查验方式进行增值税发票语音查验；（10分） 2. 能登录国家税务总局官网进行增值税发票电子查验；（10分） 3. 能正确辨别真假发票。（10分）				
素质（30%）	1. 通过情景模拟实践培养学生的语言表达能力和应变能力；（10分） 2. 通过发票查验培养学生的实际操作能力；具有严谨、诚信的职业品质和良好的职业道德；（10分） 3. 树立职业安全意识，保证财务数据安全，养成严谨细致、认真负责的工作作风。（10分）				
总　分					

续表

教学板书	
增值税发票查验 一、增值税发票查验的基本步骤和要点； 二、手工查验增值税发票的方法； 三、电子查验增值税发票的方法； 四、采用手工查验、电子查验对小微企业的增值税发票进行查验。	
教学反思	
教学成效	授课过程中采用“多元多维”的增值评价，学生、老师、企业导师多元位全过程评价，课前、课中、课后测评显示 100% 的同学已达标（60 分），实现了知识、技能、素质教学目标。 1. 知识目标:本作品共计 3 个知识目标，根据课后在线检测数据汇总得出，及格率为 100%。其中，增值税发票查验的目的和增值税发票查验的要点优秀率较高；增值税电子查验的操作步骤及实训检测优秀率偏低，主要原因是学生实际操作经验不足，对操作过程中出现的特殊情况应对解决不到位。但整体来看教学效果良好，知识目标得以高效达成。 2. 能力目标:学生身心参与，手脑并用。通过情景模拟及企业导师的全程参与，注重岗课对接理实一体练习，提高了学习质量和效率。 3. 素质目标:结合视频、企业故事会、案例、情景模拟，激发学生的学习激情。通过小微企业真实案例培养学生遵纪守法的会计职业道德，增强防范风险的意识，保证财务数据安全意识；培养学生严谨、诚信的职业品质和良好的职业道德。
亮点与特色	1. 利用情景模拟对增值税发票查验的两种方式进行实践，让学生在实践中理解知识点，内化知识，学生主动参与其中，培养学生严谨、诚信的会计职业道德和财务数据安全意识； 2. 通过学生小组合作编制口诀，突破增值税发票电子查验相关知识点学习； 3. 通过身边技能大赛获奖选手分享大赛经验，树立榜样作用，激发学习积极性。
不足与改进	不足：1. 在优生讲解增值税发票查验的过程中，部分学生注意力不集中，自主学习性较差，知识应用不够灵活，综合分析能力欠缺； 2. 因产教融合实践基地提供岗位有限，只有少部分学生能参与到企业的实际操作中，理实结合的程度不够深。 改进：1. 对注意力不集中的学生，和讲解的学生结成帮扶小队，进行知识的补充讲解，加强知识的掌握。 2. 在课堂上对应用企业的实际案例进行讲解，并与企业导师进行沟通，在实践环节尽可能多地提供企业的真实数据进行模拟实践。

【点　评】

主要特色：

1. 游戏互动，有效体现“师生并行”理念：该作品在教学过程中设计了较为丰富的师生互动环节，其中在“引导启发，探究任务”环节中设置了“请你断一断”的游戏环节，利用平台发布游戏任务，既强化了信息技术手段的运用，又拉近了师生之间的距离，也提升了学生的学习兴趣，有效地体现了“人字梯型”教学模式的“师生并行”理念。

2. 新技术应用，信息技术应用较好：在“剖析案例，拆解任务”环节时利用信息技术手段应用了 PAR 机器人自动检验发票，有效对接了行业信息书，并有效将“岗课赛证”进行了课程融入，充分体现了“线上、线下并行”理念。

3. 小组合作编制学习口诀，体现了合作学习理念：该作品在活动设计中，组织小组成员针对学习内容进行快速记忆口诀的合作编制，并组织各组进行小组展示，教师协助指导完成，这一过程不仅提升了学生对知识的总结能力，更进一步强化了学生之间合作学习的能力。

建议：

教学活动设计丰富，但学生实践环节较少：该作品利用情景模拟、案例引入等方式较多地进行了知识讲解，但学生的注意力不会一直集中，在这个过程中就必须融入一定的实践环节，从而加快学生对知识的理解，建议丰富实践活动。

税收减免政策下的增值税计算

◎课程名称：税费计算与智能申报

◎授课教师：吴紫娟

<table>
<tr><td>授课题目</td><td colspan="2">税收减免政策下的增值税计算</td><td>课程名称</td><td>税费计算与智能申报</td></tr>
<tr><td>授课对象</td><td colspan="2">2022 级会计事务订单班</td><td>授课课时</td><td>2 课时</td></tr>
<tr><td>授课地点</td><td colspan="2">会计理实一体化实训室</td><td>授课形式</td><td>理实一体课</td></tr>
<tr><td colspan="5">教学分析</td></tr>
<tr><td>内容分析</td><td colspan="4">本次课选自《税费计算与智能申报》项目二“增值税计算与申报”任务五“税收减免政策下的增值税计算”。
增值税减免政策是中国政府为了推动经济发展、鼓励科技创新、促进就业创业等目标实施的一项重要政策。这项政策的主要目的是通过降低企业的税收负担，提高企业的盈利能力，从而促进社会经济的发展。课前已经完成了税收减免政策下的增值税计算的预习任务，本次课的教学内容主要包括：税收减免政策的背景和目的、税收减免政策的类型、税收减免政策下增值税的计算。教学内容对接税务师岗位和财税合规师要求，培养学生正确计算企业应纳增值税的能力，培养学生为各类小微企业进行增值税税务处理的能力，为后续学习增值税的纳税申报提供正确完整的申报数据。</td></tr>
<tr><td rowspan="3">学情分析</td><td>知识与技能基础</td><td colspan="3">1. 学生通过任务一的学习，对增值税的背景有了一定的了解，但不知增值税税收减免政策的背景和目的；
2. 学生通过课前预习和知识检测，78% 的学生了解了税收减免政策的背景，36% 的学生熟悉了税收减免政策，12% 的学生了解了税收减免政策下增值税的计算公式。</td></tr>
<tr><td>认知与实践能力</td><td colspan="3">1. 学生已学习一般纳税人增值税的计算，能够正确书写增值税税额计算公式，但涉及税收减免政策，在进行计算时不容易区分；
2. 学生了解了一定的税收减免政策下增值税计算的理论知识，但对具体的税收减免政策无法准确判断，93% 的学生不清楚如何对税收政策下进行增值税计算，缺乏知识迁移能力；
3. 学生具备通过真实小微企业的经济业务数据进行增值税的计算能力，个别学生有探究精神，能站在企业管理决策者的角度综合运用所学知识帮助小微企业进行税务筹划。</td></tr>
<tr><td>学习特点</td><td colspan="3">1. 学生的思维较保守，无法创新地完成任务；
2. 学生偏好有获得感、有趣味性、有对抗性的学习体验，团队沟通协作意识较强；
3. 学生的学习态度端正，但“学得快、忘得快”，缺乏正确的方法梳理数据分析思路。</td></tr>
<tr><td>教学目标</td><td>知识目标</td><td colspan="3">1. 能准确讲解税收减免政策的背景和目的；
2. 能准确列举增值税税收减免政策的类型；
3. 能准确列出不同税收减免政策下的增值税计算公式；
4. 能阐述税收减免政策下增值税计算的注意事项。</td></tr>
</table>

续表

<table>
<tr><td rowspan="2">教学目标</td><td>能力目标</td><td>1. 能正确计算不同税收减免政策下的增值税；
2. 能正确处理小微企业真实经济业务的增值税工作。</td></tr>
<tr><td>素质目标</td><td>1. 通过组织辩论赛、案例分析培养学生逻辑思维能力和知识迁移能力的个人素养；
2. 通过自主提取关键词、编制记忆口诀、个人绘制知识树培养学生归纳总结能力的个人素养；
3. 通过谭木匠企业经济业务的税务处理培养学生“经世济民、德法兼备”的职业素养。</td></tr>
<tr><td rowspan="2">教学重点</td><td>重点</td><td>重点 1：税收减免政策的目的和对企业的影响；
重点 2：增值税税收减免政策类型；
重点 3：税收减免政策下的增值税计算公式。</td></tr>
<tr><td>解决策略</td><td>针对重点 1：通过视频、圆桌会议、谭木匠企业真实案例分析激发学生学习兴趣，完成对税收减免政策的目的和对企业的影响的探讨；
针对重点 2：利用生活案例、优生讲解、技能大赛选手讲解和游戏 PK 活动等活动逐步解决增值税税收减免政策类型的学习；
针对重点 3：通过游戏引入、学生自主提取关键词、生活案例对应公式等活动突破税收减免政策下的增值税计算公式学习。</td></tr>
<tr><td rowspan="2">教学难点</td><td>难点</td><td>税收减免政策下增值税计算的注意事项。</td></tr>
<tr><td>解决策略</td><td>通过案例剧表演、小组合作提建议、编制口诀、谭木匠企业增值税计算等活动逐步突破税收减免政策下增值税计算的注意事项难点学习。</td></tr>
<tr><td colspan="3">教学策略</td></tr>
<tr><td>教学设计流程</td><td colspan="2">本次课围绕“税费计算与纳税申报”项目，完成校企合作中小微企业的代理税务计算与税务申报工作。课前布置了税收减免政策下增值税的计算预习任务，分析学生的预习情况，调整教学策略。课中创设真实岗位情景，明确本课任务；生生互助探究税收减免政策的背景和目的；通过自主探究、小组合作等方式分析企业典型案例完成税收抵免政策下增值税的计算；发布企业真实任务：完成小微企业税收减免政策下增值税计算；组织学生对本课进行评价。课后针对不同学情的学生布置形式多样的分层作业，巩固提升所学知识，学生可以自主弹性完成对应作业，为后续为小微企业进行增值税纳税申报做好准备。具体参照流程如下： 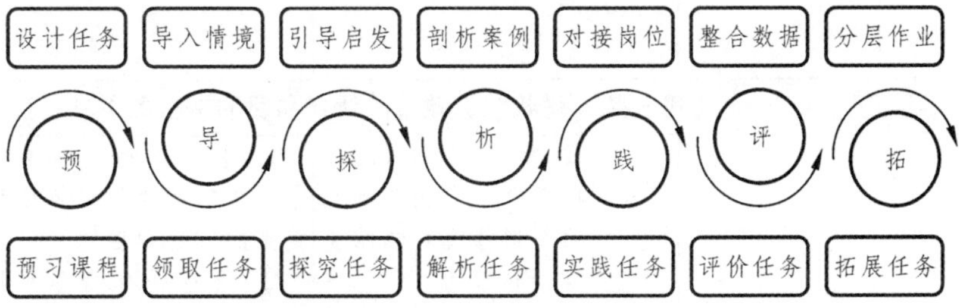
设计任务 导入情境 引导启发 剖析案例 对接岗位 整合数据 分层作业
预 导 探 析 践 评 拓
预习课程 领取任务 探究任务 解析任务 实践任务 评价任务 拓展任务</td></tr>
<tr><td rowspan="2">教学方法</td><td>教法</td><td>讲授法、案例教学法、任务驱动法。</td></tr>
<tr><td>学法</td><td>自主探究法、合作探究法。</td></tr>
<tr><td>教学手段与资源</td><td colspan="2">1. 教学平台：班级优化大师、雨课堂、国家税务总局申报系统。
2. 教学手段：教学视频——“独臂大叔从零创业，带领 355 名残疾员工做梳子，一年卖出三个亿！”“增值税税收减免政策出台背景”“税收减免政策下的增值税计算公式”；游戏——“税收减免政策类型配对”“税收减免政策下增值税计算公式记一记”“节奏大师”。
3. 教学资源：RPA 财务机器人。</td></tr>
</table>

续表

<table>
<tr><th colspan="5">教学实施</th></tr>
<tr><th>教学阶段</th><th>教学内容</th><th>教师活动</th><th>学生活动</th><th>设计意图</th></tr>
<tr><th colspan="5">课　前</th></tr>
<tr><td>设计任务，预习课程</td><td>1. 税收减免政策的背景和目的；
2. 增值税税收减免政策；
3. 税收减免政策下的增值税计算</td><td>在雨课堂发布预习任务：观看微课并完成相应测试。</td><td>登录雨课堂观看微课并完成测试。</td><td>让学生初步了解税收减免政策下的增值税计算的基本内容，分析学生的预习情况，调整教学策略，设计教学任务。</td></tr>
<tr><td rowspan="2">课前诊断</td><td>共性问题</td><td colspan="3">学生在实际税收减免的业务场景中无法准确计算出在税收减免政策下的增值税金额，知识的迁移能力较差。</td></tr>
<tr><td>个性问题</td><td colspan="3">部分学生对于税收减免政策的目的不了解，对于国家政策不感兴趣。</td></tr>
<tr><td>教学调整</td><td colspan="4">通过学生自主提取关键词、编制记忆口诀、完成真实小微企业税收减免政策下增值税计算包装物押金处理的知识；利用身边典型企业案例进行举例，让学生理解税收减免政策的目的，以及对企业的影响。</td></tr>
<tr><th colspan="5">课　中</th></tr>
<tr><th colspan="5">第一课时</th></tr>
<tr><td>导入情景，领取任务</td><td>新月会计师事务所税务师岗位情景</td><td>1. 回顾上次课内容，播放企业任务视频：请对增材制造现代产业学院的现金流量表数据进行比率分析；
2. 公布本次课闯关的流程及规则。
3. 播放企业视频：“独臂大叔从零创业，带领355名残疾员工做梳子，一年卖出三个亿！”</td><td>1. 领取本课任务单。
2. 了解闯关流程及规则。
3. 观看视频并发送弹幕。</td><td>1. 创设真实岗位情景，明确本课任务。
2. 设置游戏闯关环节，激发学生学习兴趣，培养学生竞争意识。
3. 通过观看视频培育学生经世济民、德法兼备的职业素养。</td></tr>
<tr><th colspan="5">【第一关：税收减免政策的背景和目的探析关】</th></tr>
<tr><td>引导启发，探究任务</td><td>税收减免政策减免的背景和目的</td><td>1. 引入新知。播放《增值税税收减免政策出台背景》视频，讲解增值税税收减免政策的背景和目的。
① 播放视频，要求学生对照工作手册提取税收减免政策的目的；
② 随机抽取学生讲解税收减免政策的目的；
③ 教师点评，梳理税收减免政策的背景和目的。</td><td>1. 学习新知。观看视频，梳理增值税税收减免政策的背景和目的。
① 观看视频，了解税收减免政策的目的；
② 被抽取学生讲解；
③ 聆听教师点评讲解。</td><td>【重点1突破】
通过视频、圆桌会议、谭木匠企业真实案例分析激发学生学习兴趣，完成对税收减免政策的目的和对企业的影响的探讨。</td></tr>
</table>

续表

教学阶段	教学内容	教师活动	学生活动	设计意图
引导启发，探究任务	税收减免政策减免的背景和目的	2. 圆桌会议。组织学生结合谭木匠讨论税收减免政策对企业和经济发展的影响，并分别发表结果。 ① 请各组在规定时间内完成任务； ② 教师巡视指导； ③ 请各组依次发表结果； ④ 组织投票，选出最佳的讨论结果的小组； ⑤ 点评梳理并为最佳小组加分。	2. 小组合作。完成税收减免政策对企业和经济发展的影响。 ①小组合作讨论； ② 接受指导，并罗列出注意事项； ③ 各组代表有序阐述讨论结果； ④ 进行投票； ⑤ 聆听点评并做好笔记。	
	增值税税收减免政策类型	1. 案例点拨。教师结合生活案例引出税收抵免政策。 2. 对接大赛。 ① 邀请沙盘技能比赛选手讲解对税收抵免政策的必要性； ② 点评并积分。 3. 发布任务。请各小组合作探究增值税税收减免政策的类型。 ① 抛问题：根据工作手册结合自己的理解思考增值税税收减免政策的类型； ② 抽取小组代表讲解； ③ 邀请其余学生补充； ④ 点评并积分。 4. 课堂互动 组织游戏PK税收减免政策类型配对。 ① 随机抽取两名同学上台PK； ② 教师巡视学生完成情况； ③ 教师点评并积分。 5. 教师结合PPT梳理要点。 6. 发布任务：自主分析谭木匠企业享受的增值税税收减免政策类型。 ① 巡视学生完成情况； ② 抽取学生分析结果； ③ 梳理点评并积分。	1. 聆听讲解。聆听并在工作手册上记笔记。 2. 学生讲解 。 ① 聆听国赛选手讲解知识； ② 聆听教师点评并在工作手册上进行勾画。 3. 完成任务。小组探究增值税税收减免政策的类型。 ① 小组讨论思考问题； ② 聆听小组代表讲解公式； ③ 补充讲解； ④ 聆听教师点评梳理。 4. 完成游戏。 ① 被抽取学生上台PK； ② 完成游戏； ③ 聆听教师点评。 5. 聆听教师讲解并记笔记。 6. 完成任务： ① 自主完成对谭木匠的税收减免政策类型分析； ② 被抽取学生汇报分析结果； ③ 聆听点评。	【重点2突破】 利用生活案例、生生讲解、技能大赛选手讲解和游戏PK活动等活动逐步完成增值税税收减免政策类型的学习。

续表

教学阶段	教学内容	教师活动	学生活动	设计意图
【第二关：税收减免政策下的增值税计算关】				
引导启发，探究任务	税收减免政策下的增值税计算公式	1. 新知引入。带领学生回顾所学一般纳税人增值税计算公式，引出税收减免政策下的增值税计算。 ① 组织学生完成“节奏大师”律动小游戏； ② 点评游戏表现，抛问题：思考税收抵免政策下需要扣除哪些内容吗？ 2. 组织探究。组织学生自主探究税收减免政策下的增值税计算公式。 ① 播放视频并请学生对照工作手册提取关键词； ② 邀请学生讲解该公式； ③ 教师点评并梳理。 3. 案例讲解。组织学生合作探究税收减免政策下的增值税计算公式的意义。 ① 结合生活案例请学生小组合作探究结果； ② 随机抽取小组代表进行讲解； ③ 点评学生讲解，精讲梳理税收减免政策下的增值税计算公式并进行思政教育。	1. 完成游戏。回顾所学增值税计算公式。 ① 跟随教师节奏完成游戏。 ② 聆听教师点评并思考问题。 2. 探究新知。自主探究税收减免政策下的增值税计算公式。 ① 观看视频并提取概念关键词； ② 聆听学生讲解该公式； ③ 聆听教师点评并订正。 3. 探究公式。税收减免政策下的增值税计算公式的意义。 ① 观看案例，小组讨论思考； ② 其他学生聆听讲解； ③ 聆听讲解并记笔记。	【能力目标】 1. 通过提取关键词培养学生对知识点的归纳总结能力。 2. 结合生活案例对应税收减免政策下的增值税计算公式，解决公式易遗忘的难题并培养学生树立正确的职业素养。 【重点 2 突破】 游戏引入、学生自主提取关键词、生活案例对应公式等活动突破税收减免政策下的增值税计算公式学习。
	税收减免政策下增值税计算的注意事项	1. 案例点拨。通过“李总公司的增值税到底交不交”案例剧引导学生探究税收减免政策下增值税计算的注意事项。 ① 邀请爱岗组学生表演课前准备的案例剧，学生发送实时弹幕； ② 邀请两名学生对所发的弹幕内容解释； ③ 教师点评梳理注意事项； ④ 请小组合作帮助案例剧中王总思考如何合理利用税收减免政策缴纳增值税； ⑤ 邀请两个小组讲解自己的观点和对策。	1. 学习新知。通过案例剧学习税收减免政策下增值税计算的注意事项。 ① 认真观看案例剧表演并发送弹幕； ② 聆听被抽取学生的讲解； ③ 聆听教师点评并做笔记； ④ 小组合作为李总企业出谋划策，将讨论结果粘贴至小黑板； ⑤ 聆听被抽取小组讲解；	【难点突破】 通过案例剧表演、小组合作提建议、编制口诀、谭木匠企业增值税计算等活动逐步突破税收减免政策下增值税计算的注意事项难点学习。

续表

教学阶段	教学内容	教师活动	学生活动	设计意图
引导启发，探究任务	税收减免政策下增值税计算的注意事项	⑥ 教师点评讲解。 2. 编制口诀。请学生小组合作编制税收减免政策下增值税计算的注意事项的口诀。 ① 巡视指导学生编制口诀； ② 邀请2个优秀小组上台展示； ③ 点评并积分。 3. 发布任务：自主计算谭木匠企业在税收减免政策下的增值税。 ① 巡视学生完成情况； ② 抽取学生汇报分析结果。 ③ 梳理点评并积分。	⑥ 聆听教师讲解并核对答案。 2. 编制口诀。小组合作编制口诀。 ① 编制口诀上传至雨课堂。 ② 被邀请小组上台展示口诀。 ③ 聆听教师点评。 3. 完成任务： ① 自主计算增值税并进行分析； ② 被抽取学生汇报分析结果； ③ 聆听点评。	【素质目标】 通过学生课前准备的案例剧培养学生提高技能参与管理的会计职业道德。
第二课时				
【第三关：业财一体化实践基地税务业务处理关】				
对接岗位，实践任务	计算新月会计师事务所小微企业的增值税	1. 回顾新知。以“税收减免政策下增值税计算公式记一记”游戏带学生回顾新知。 ① 带领全体学生跟随音乐节拍回顾税收减免政策下的增值税计算公式。 ② 点评学生并积分。 2. 岗位实践。发布任务：小组合作完成新月会计师事务所小微企业的增值税计算。 ① 发放“新月会计师事务所税收减免政策下的增值税计算任务单”。 ② 请小组合作完成任务，并将分析结果上传至平台。 ③ 点评分析结果并积分。	1. 巩固新知 学生跟随教师节奏回顾相关计算公式。 ① 跟随老师的节拍回顾公式。 ② 聆听点评。 2. 完成任务。小组合作完成增值税的计算。 ① 接受任务单。 ② 小组合作完成新月会计师事务所小微企业的增值税计算，并将分析结果上传至雨课堂。 ③ 聆听教师点评并核对结果。	【素质目标】 1. 通过校企合作的真实数据激发学生学习兴趣； 2. 结合真实岗位要求培养学生知识迁移能力的个人素养，增强会计职业认同感。
【第四关：税收减免政策下增值税的计算归纳关】				
整合数据，评价任务	归纳总结本课知识点并组织评价	1. 发布任务。自主绘制本课知识概念图。 ① 请学生独立思考并归纳知识点； ② 请学生自主绘制知识概念图，教师巡视并指导； ③ 请学生将分析结果上传至雨课堂平台。	1. 完成任务。绘制知识概念图并上传至雨课堂。 ① 思考并归纳； ② 自主绘制知识概念图； ③ 将完成的知识概念图上传平台。	【素质目标】 通过学生自主绘制知识概念图培养学生归纳总结能力的个人素养。

续表

教学阶段	教学内容	教师活动	学生活动	设计意图
整合数据，评价任务	归纳总结本课知识点并组织评价	2. 组织展示。随机抽取 2 名学生展示知识概念图。 3. 点评讲解。点评学生表现并积分，梳理总结本次课所有知识点。 4. 组织评价。组织学生在雨课堂平台进行评价。 ① 组织自评、互评； ② 组织学生对本次课堂评价。 5. 颁发证书。	2. 展示结果。被抽取学生展示知识概念图。 3. 聆听点评。聆听教师讲解并记笔记。 4. 学生评价。学生进行评价。 ① 自评、互评； ② 对本次课堂进行评价。 5. 接受证书。积分排名前六的学生接受颁奖。	【多方评价】 1. 通过多方评价帮助学生更好地反思学习过程，为后续颁发“岗位能力特优生”做准备； 2. 结合岗位标准对优秀学生进行表彰，树立榜样作用，激发学生学习兴趣。

课　后

	巩固作业	迁移作业	预习作业
教师在雨课堂平台发布分层课后习题	完成活页式工作手册课后习题 1～3 题。	1. 请小组合作完成云南白药企业的增值税计算，跟踪任务进度并进行答疑解惑。 2. 请学生师徒结对录制税收减免政策下增值税的计算的讲解视频。	观看“增值税发票查验”微课，自行完成课前测试。

教学评价

评价维度	评价指标	得分			
		自评（15%）	互评（15%）	教师评（50%）	企业评（20%）
学习准备（10%）	学习态度认真，积极主动，时刻保持良好的学习状态。（10 分）				
知识（30%）	1. 了解增值税发票查验的作用；（10 分） 2. 理解增值税发票查验步骤和要点；（10 分） 3. 掌握手工查验、电子查验方式进行增值税发票查验的方法。（10 分）				
能力（30%）	1. 能使用手工查验方式进行增值税发票语音查验；（10 分） 2. 能登录国家税务总局官网进行增值税发票电子查验；（10 分） 3. 能正确辨别真假发票。（10 分）				
素质（30%）	1. 通过情景模拟实践培养学生的语言表达能力和应变能力；（10 分） 2. 通过发票查验培养学生实际操作能力，严谨、诚信的职业品质和良好的职业道德；（10 分） 3. 树立职业安全意识，保证财务数据安全，养成严谨细致、认真负责的工作作风。（10 分）				
总　分					

续表

教学板书	
税收减免政策下的增值税计算 一、税收减免政策减免的背景和目的； 二、增值税税收减免政策类型； 三、税收减免政策下的增值税计算公式； 四、税收减免政策下增值税计算的注意事项； 五、计算新月会计师事务所小微企业的增值税。	
教学反思	
教学成效	授课过程中采用“多元多维”的增值评价，学生、老师、企业导师多元位全过程评价，课前、课中、课后测评显示 100% 的同学已达标（60 分），实现了知识、技能、素质教学目标: 1. 知识目标:本作品共计 3 个知识目标，根据课后在线检测数据汇总得出，及格率为100%。其中，税收减免政策的类型的优秀率较高；但税收减免政策下增值税的计算的运用，优秀率偏低，主要原因是学生对实际问题的处理经验不足。但整体来看教学效果良好，知识目标得以高效达成。 2. 能力目标：学生身心参与，手脑并用，亲历新月会计师事务所小微企业增值税的计算、展示汇报全过程，注重岗课对接理实一体练习，提高了学习质量和效率，掌握了税收减免政策下增值税的计算。 3. 素质目标：结合课堂典型案例、企业故事会、游戏 PK，激发学生的学习激情。通过谭木匠企业案例，培养学生“经世济民、德法兼备”的职业素养，培育学生“提高技能、参与管理”的会计职业道德。
亮点与特色	1. 通过案例剧表演解决税收减免政策下增值税计算公式的注意事项难点学习，让学生在欢笑中理解知识点，学生主动参与其中为案例剧中的李总提建议，培养学生“强化服务、参与管理”的会计职业道德。 2. 通过学生小组合作编制口诀，突破税收减免政策下增值税计算公式的注意事项的相关知识点学习。 3. 通过身边技能大赛获奖选手分享大赛经验，树立榜样作用，激发学习积极性。
不足与改进	不足：在自主分析谭木匠的税收减免政策下增值税的计算的任务中，部分学生有畏难情绪，自主学习性较差，知识应用不够灵活，综合分析能力欠缺。 改进措施：通过学生的学习特点和评分结果与学生进行有效沟通，了解畏难根源，从而对学生进行针对性的指导，在接下来的任务中设计学优生与待优生组队完成较难知识的学习。

【点 评】

主要特色：

1. 课前平台发布任务，课中平台贯穿学习，信息技术手段运用合理：该作品在课前通过平台发布课前学习任务，课中多次运用平台展示学习内容、评价数据等，充分利用信息技术手段开展教学，与“人字梯型”教学模式“线上、线下并行推进”理念相吻合。

2. 生活案例的引入，有效体现了以人为本理念：针对增值税税收减免政策类型的知识点学习时，教师引入了生活中的实际案例，让学生能够将所学知识与实际运用相结合，有效地促进了学生学习兴趣的同时，也进一步融入了“以人为本”的理念。

3. 自绘概念图，体现素养提升理念：该设计在归纳总结环节，组织学生绘制知识概念图，小组合作开展图形的绘制，既有效地将知识进行了归纳总结，也进一步地促进了小组成员之间的合作，提升了学生的团队意识，较好地体现了“德能并举”的教育理念。

建议：

中职学生计算能力不足，任务设置可有效利用工具开展：在自主分析实际案例时，需要运用一定的数学计算能力才能较好地开展，但中职学生的数学计算能力相对较为薄弱，造成部分学生有一定的畏难情绪，可以适当借用一定的计算工具开展学习任务。

特殊情况的销售额计算

◎课程名称：税费计算与智能申报

◎授课教师：舒馨

<table>
<tr><td>授课题目</td><td>特殊情况的销售额计算</td><td>课程名称</td><td>税费计算与智能申报</td></tr>
<tr><td>授课对象</td><td>2022 级会计事务订单班</td><td>授课课时</td><td>2 课时</td></tr>
<tr><td>授课地点</td><td>会计理实一体化实训室</td><td>授课形式</td><td>理实一体课</td></tr>
<tr><td colspan="4">教学分析</td></tr>
<tr><td>内容分析</td><td colspan="3">本次课选自《税费计算与智能申报》项目二“增值税计算与申报”任务三“特殊情况的销售额计算”。
企业作为市场经济的主体，为了促销，会采取多种销售方式。不同销售方式下，销售方取得的销售额会有所不同，而销售额的多少决定着企业本期应纳增值税的数额。学生课前已经完成了特殊情况下销售额计算的预习任务，本次课的教学内容主要包括：以折扣方式销售的销售额计算、以旧换新销售额计算、包装物押金的销售额计算、以物易物的销售额计算以及还本销售的销售额计算。教学内容对接税务师和财税合规师岗位要求，培养学生正确计算企业应纳增值税的能力，培养学生为各类小微企业进行增值税税务处理的能力，为后续学习增值税的纳税申报提供正确完整的申报数据。</td></tr>
<tr><td rowspan="3">学情分析</td><td>知识与技能基础</td><td colspan="2">1. 学生通过一般纳税人增值税计算和“财经法规与会计职业道德”课程的学习，已经掌握一般纳税人增值税计算方法和一般情况下销售额计算的能力；
2. 通过课前预习和知识检测，78% 的学生能分辨折扣销售、以旧换新、包装物押金、还本销售的含义，36% 的学生理解了以旧换新的销售计算，26% 的学生理解了包装物押金的处理，12% 的学生了解了运用以上知识对增值税进行综合计算。</td></tr>
<tr><td>认知与实践能力</td><td colspan="2">1. 学生已学习销项税额的计算，能够通过销售额正确计算销项税额，但不完全会特殊情况下销售额的判断；
2. 学生了解了一定的特殊销售方式的理论知识，但对具体的销售行为的销售额无法准确判断，93% 的学生不清楚如何对综合性的经济业务进行增值税计算，缺乏知识迁移能力；
3. 学生具备对小微企业的经济业务数据进行一般业务增值税的计算能力，个别学生有探究精神，能站在企业管理决策者的角度综合运用所学知识帮助小微企业进行税务筹划。</td></tr>
<tr><td>学习特点</td><td colspan="2">1. 学生喜欢通过雨课堂、班级优化大师等平台进行线上学习，思维较跳跃，注意力不够集中；
2. 学生偏好有获得感、有趣味性、有对抗性的学习体验，团队沟通协作意识较强；
3. 经历过前 4 个任务的学习，学生的实践能力有大幅度提升，但极少数学生产生了自满情绪，需要重点引导。</td></tr>
</table>

续表

<table>
<tr><td rowspan="3">教学目标</td><td>知识目标</td><td>1. 能准确表述折扣方式、以旧换新、以物易物、还本销售以及包装物押金的概念；
2. 能准确说出折扣方式、以旧换新、以物易物以及还本销售情况下的销售额；
3. 能准确阐述包装物押金处理中的注意事项。</td></tr>
<tr><td>能力目标</td><td>1. 能正确计算特殊销售方式下的销项税额；
2. 能正确计算综合性的应纳增值税；
3. 能正确处理小微企业真实经济业务的增值税工作。</td></tr>
<tr><td>素质目标</td><td>1. 通过组织辩论赛、案例分析、组间互相考验培养学生逻辑思维能力和知识迁移能力的个人素养；
2. 通过自主提取关键词、编制记忆口诀、个人绘制知识树培养学生归纳总结能力的个人素养；
3. 通过真实小微企业经济业务的税务处理培养学生“爱岗敬业、客观公正”的会计职业道德。</td></tr>
<tr><td rowspan="2">教学重点</td><td>重点</td><td>重点 1：折扣方式销售的概念及销售额计算；
重点 2：以旧换新销售的概念及销售额计算；
重点 3：包装物押金的概念和销售额的计算。</td></tr>
<tr><td>解决策略</td><td>针对重点 1：通过视频、“我是大侦探”游戏、激发学生学习兴趣，让学生在轻松的氛围下学会辨别折扣方式销售下的销售额判断，再通过真实企业数据完成折扣销售情况下增值税计算；
针对重点 2：通过问题引入、学生自主提取关键词、生活案例等活动突破以旧换新销售概念和计算；
针对重点 3：通过技能大赛选手分享经验、小组合作、独立探究、PK 阵营、编制口诀、真实企业数据计算等活动逐步突破包装物押金的概念和销售额的计算重点学习。</td></tr>
<tr><td rowspan="2">教学难点</td><td>难点</td><td>综合性经济业务的应纳增值税计算。</td></tr>
<tr><td>解决策略</td><td>通过游戏回顾复习、小微企业经济业务、小组合作探究和互查互纠互动、组间互相出题等逐步完成企业综合性的特殊经济业务的销售额的计算以及应纳增值税的计算。</td></tr>
<tr><td colspan="3">教学策略</td></tr>
<tr><td>教学设计流程</td><td colspan="2">本次课围绕税费计算与纳税申报项目，完成校企合作中小微企业的代理税务计算与税务申报工作。课前布置了特殊情况下销售额计算预习任务，分析学生的预习情况，调整教学策略。课中创设真实岗位情景，明确本课任务；生生互助探究特殊情况下销售额的概念和分辨；自主探究、小组合作等方式分析企业典型案例；发布企业真实任务：完成小微企业特殊情况下增值税的计算；组织学生对本课进行评价。课后针对不同学情的学生布置形式多样的分层作业，巩固提升所学知识，学生可以自主弹性完成对应作业，为后续为小微企业进行增值税纳税申报做好准备。具体参照流程如下：</td></tr>
</table>

续表

<table>
<tr><td>教学设计流程</td><td colspan="4"> 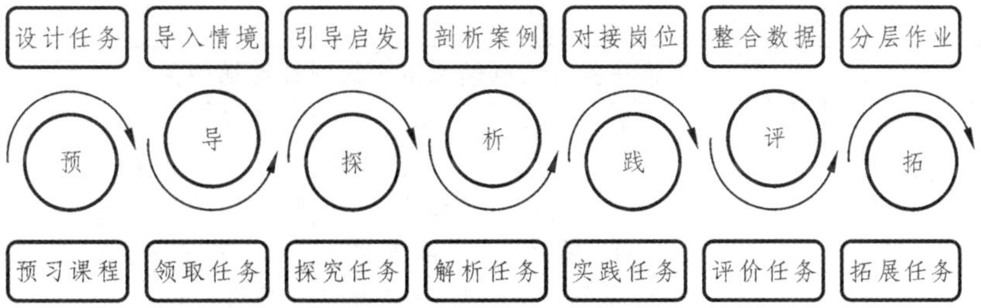设计任务 → 导入情境 → 引导启发 → 剖析案例 → 对接岗位 → 整合数据 → 分层作业
预 → 导 → 探 → 析 → 践 → 评 → 拓
预习课程 → 领取任务 → 探究任务 → 解析任务 → 实践任务 → 评价任务 → 拓展任务</td></tr>
<tr><td rowspan="2">教学方法</td><td>教法</td><td colspan="3">讲授法、案例教学法、任务驱动法。</td></tr>
<tr><td>学法</td><td colspan="3">自主探究法、合作探究法。</td></tr>
<tr><td>教学手段与资源</td><td colspan="4">1. 教学平台：班级优化大师、雨课堂、国家税务总局申报系统。
2. 教学手段：教学视频——“折扣方式销售”“什么是以旧换新”，游戏——“我是大侦探”“特殊情况销售额的确定”，任务单——“小微企业应纳增值税计算任务单”。
3. 教学资源：RPA 财务机器人。</td></tr>
<tr><td colspan="5">教学实施</td></tr>
<tr><td>教学阶段</td><td>教学内容</td><td>教师活动</td><td>学生活动</td><td>设计意图</td></tr>
<tr><td colspan="5">课　前</td></tr>
<tr><td>设计任务，预习课程</td><td>1. 折扣方式、以物易物、以旧换新、还本销售和包装物押金的概念及销售额计算；
2. 在特殊销售情况下对小微企业的经济业务进行增值税的计算。</td><td>在雨课堂发布预习任务：观看微课并完成相应测试。</td><td>登录雨课堂观看微课并完成测试。</td><td>让学生初步了解特殊销售方式下销售额确定的基本内容，分析学生的预习情况，调整教学策略，设计教学任务。</td></tr>
<tr><td rowspan="2">课前诊断</td><td>共性问题</td><td colspan="3">学生对特殊销售方式的类别和概念能区分，但不能准确判断具体情况下的正确销售额；对以旧换新和包装物押金的销售额确定理解不到位。</td></tr>
<tr><td>个性问题</td><td colspan="3">部分学生没有完全区分什么情况下包装押金要计入销售额。</td></tr>
<tr><td>教学调整</td><td colspan="4">利用生活中的案例进行举例，让学生理解特殊销售的具体内容；通过学生合作编制口诀内化包装物押金处理的知识。</td></tr>
<tr><td colspan="5">课　中</td></tr>
<tr><td colspan="5">第一课时</td></tr>
<tr><td>导入情景，领取任务</td><td>创设业财一体税务师岗位情景</td><td>回顾上次课内容，播放新月事务所任务视频：请对小微企业的特殊销售情况下的销售额进行确定，并计算该企业应纳增值税。</td><td>领取本课任务单。</td><td>创设真实岗位情景，明确本课任务激发学生学习兴趣。</td></tr>
</table>

续表

教学阶段	教学内容	教师活动	学生活动	设计意图
【第一关：特殊情况下销售额计算初探关】				
引导启发，探究任务	折扣方式销售的概念及销售额计算	1. 引入新知。播放《折扣方式销售》视频，讲解折扣销售方式的概念。 ① 播放视频，要求学生对照教材提取折扣销售的关键词； ② 随机抽取学生讲解提取的概念关键词； ③ 教师点评，梳理折扣销售概念； 2. 游戏互动。组织学生完成看凭证识别的游戏。 ① 在平台上随机抽取学生上台完成“我是大侦探”游戏； ② 邀请学生完成折扣销售的销售额计算并讲解； ③ 点评学生表现并积分。 3. 发布任务。自主分析小微企业的折扣销售业务，判断该企业应纳增值税销售额，计算该企业增值税销项税额。 ① 巡视学生完成情况； ② 抽取学生汇报展示讲解计算结果； ③ 梳理点评并积分。	1. 学习新知。观看视频，梳理销售现金比率的概念。 ① 观看视频，提取概念关键词； ② 被抽取学生讲解； ③ 聆听教师点评讲解。 2. 完成游戏。被抽取学生上台完成游戏，其余学生自主在平台完成。 ① 自主登录平台完成游戏； ② 被抽取学生讲解辨别思路； ③ 聆听教师点评。 3. 完成任务。 ① 自主计算综合支付能力并进行分析； ② 被抽取学生讲解； ③ 聆听点评。	【重点1突破】 通过视频、“我是大侦探”游戏、激发学生学习兴趣，让学生在轻松的氛围下学会辨别折扣方式销售下的销售额判断，再通过真实企业数据完成折扣销售情况下增值税计算，突破重点1。 【能力目标】 通过视频自主提取概念关键词培养学生的归纳总结能力。
引导启发，探究任务	以物易物和还本销售的概念及销售额计算	1. 新知讲解。邀请优生讲解以物易物和还本销售的概念。 ① 邀请课前预习好的学生讲解概念； ② 点评学生讲解并梳理知识点。 2. 发布任务。请各小组合作探究以物易物和还本销售的销售额计算。 ① 抛问题：根据预习手册结合自己的理解思考如何计算；	1. 学习新知。探究综合支付能力的概念。 ① 聆听优生讲解，在教材上进行勾画； ② 聆听教师梳理，记录笔记。 2. 完成任务。小组探究综合以物易物和还本销售的销售额计算。 ① 小组讨论思考问题； ② 聆听小组代表计算思路；	利用学优生讲解、合作探究和组间快问快答活动、真实企业数据练习等活动让学生自主参与以物易物和还本销售相关知识点的学习，逐步解决以物易物和还本销售的销售额的概念和计算。

续表

教学阶段	教学内容	教师活动	学生活动	设计意图
引导启发，探究任务	以物易物和还本销售的概念及销售额计算	② 随机抽取小组代表讲解； ③ 邀请其余学生补充； ④ 点评并积分。 3. 课堂互动。组织知识快问快答互动游戏。 ① 准备以物易物和还本销售的相关知识点与易混淆知识点； ② PPT 展示知识点，组织学生小组快答； ③ 教师点评游戏情况并积分。 4. 教师结合 PPT 梳理要点。 5. 发布任务。自主分析小微企业的以旧换新销售业务，判断应纳增值税销售额并计算应纳增值税销项税额。 ① 巡视学生完成情况； ② 点评学生完成情况，梳理并积分。	③ 补充讲解； ④ 聆听教师点评梳理。 3. 合作探究。小组讨论并准备回答问题。 ① 小组梳理知识点，准备答题； ② 小组合作开始快问快答环节； ③ 聆听教师点评。 4. 聆听教师讲解并记笔记。 5. 完成任务，并将结果上传至雨课堂。 ① 自主分析计算并上传平台； ② 聆听点评。	【素质目标】 通过小组合作探究培养学生的语言表达能力和合作能力，通过快问快答活动培养学生的逻辑思维能力。
【第二关：特殊情况下销售额计算解析关】				
引导启发，探究任务	以旧换新销售的概念及销售额计算	1. 问题导入。以旧换新的销售额是以新产品还是实际收取价款计入？ ① 组织学生完成红蓝阵营选择； ② 组织学生抒发自己的观点。 2. 组织探究。组织学生自主探究以旧换新销售的概念学习。 ① 播放视频“什么是以旧换新”并请学生对照教材提取关键词； ② 随机邀请学生讲解该概念； ③ 教师点评并梳理。 3. 案例讲解。组织学生合作探究以旧换新销售额的计算。	1. 思考问题。根据预习内容思考问题。 ① 选择相应阵营； ② 选出代表阐述观点。 2. 探究新知。自主探究以旧换新销售的概念。 ① 观看视频并提取概念关键词； ② 聆听学生讲解； ③ 聆听教师点评并订正。 3. 探究计算。以旧换新的销售额。	【素质目标】 1. 通过提取关键词培养学生对知识点的归纳总结能力； 2. 通过生活案例潜移默化地让学生了解国家相应的经济政策，培养学生了解时事、拓宽眼界的能力。

续表

教学阶段	教学内容	教师活动	学生活动	设计意图
引导启发，探究任务	以旧换新销售的概念及销售额计算	① 结合生活案例请学生小组合作探究； ② 随机抽取小组代表进行讲解； ③ 点评学生讲解，精讲以旧换新销售的销售额计算。 4. 发布检测。在雨课堂发布检测，邀请学生完成。	① 聆听案例，小组讨论思考； ② 其他学生聆听讲解； ③ 聆听讲解并记笔记。 4. 完成检测。学生登录平台自行完成测试。	【重点2突破】 通过问题引入、学生自主提取关键词、生活案例等活动突破以旧换新销售概念和计算。
	包装物押金的概念和销售额的计算	1. 对接大赛。邀请技能大赛选手结合赛场经验讲解包装物押金的重要性。 2. 抛出问题。哪些货物会涉及包装物押金？ ① 邀请小组合作探讨； ② 邀请两名学生回答； ③ 教师点评梳理。 3. 新知讲解。引导学生探究包装物押金销售额的计算。 ① 发布问题：白酒的包装物押金与啤酒的包装物押金处理方式一样吗？ ② 请学生扫码投票选择阵营； ③ 随机抽取学生讲解自己选择的原因； ④ 教师点评并梳理。 4. 编制口诀。请学生小组合作编制以旧换新销售额计算的口诀。 ①指导学生编制口诀； ② 邀请1个优秀小组上台展示； ③ 点评并积分。 5. 发布任务：自主计算小微企业包装物押金的销售额和应纳增值税销项税额。 ① 巡视学生完成情况； ② 抽取学生汇报计算结果； ③ 梳理点评并积分。	1. 聆听讲解。聆听技能大赛选手的经验分享。 2. 思考问题。包装物押金的范围。 ① 小组合作根据教材进行归纳； ② 聆听被抽取学生的讲解； ③ 聆听教师点评并做笔记。 3. 学习新知。学生自主探究包装物押金的处理。 ① 思考问题； ② 扫码进行阵营选择； ③ 其余学生聆听并补充； ④ 聆听教师讲解并记录笔记。 4. 编制口诀。小组合作编制口诀。 ① 编制口诀上传至雨课堂； ② 被邀请小组上台展示口诀； ③ 聆听教师点评。 5. 完成任务： ① 自主计算销售额和销项税额； ② 被抽取学生讲解演示结果； ③ 聆听点评。	【重点3突破】 通过技能大赛选手分享经验、小组合作、独立探究、PK阵营、编制口诀、真实企业数据计算等活动逐步突破包装物押金的概念和销售额的计算重点学习。 【素质目标】 通过学生逐步探究包装物押金处理过程培养学生爱岗敬业和客观公正的会计职业道德。

续表

<table>
<tr><th>教学阶段</th><th>教学内容</th><th>教师活动</th><th>学生活动</th><th>设计意图</th></tr>
<tr><td colspan="5">第二课时</td></tr>
<tr><td colspan="5">【第三关：业财一体化实践基地税务业务处理关】</td></tr>
<tr><td>对接岗位，实践任务</td><td>对新月事务所提供的小微企业经济业务进行增值税的计算</td><td>1. 回顾新知。以“特殊情况销售额的确定”游戏带领学生回顾所学知识。
① 带领全体学生跟随音乐节拍回顾特殊销售情况的销售额确定。
② 点评学生并积分。

2. 发布任务。各小组合作完成新月事务所提供的小微企业经济业务进行增值税的计算。
① 发放“小微企业应纳增值税计算任务单”；
② 请小组合作完成新月事务所的委托业务，并将计算结果上传至平台。

3. 小组合作。小组合作交换检查，分析错误点
① 发布任务：小组交换计算结果，检查对方错误原因；
② 邀请代表上台分析错误点；
③ 教师点评并积分。

4. 进阶练习。针对综合销售业务的情形进行组间互相考验。
① 组织各组针对错误点和易错点为其互纠小组出题；
② 请各小组完成各自的进阶任务；
③ 邀请互纠小组完成检查；
④ 教师点评并积分。</td><td>1. 巩固新知。学生跟随教师节奏回顾特殊销售方式下的销售额确定。
① 跟随老师的节拍回顾所学。
② 聆听点评。

2.完成任务。各小组合作完成小微企业的增值税计算。
① 接收任务单。
② 小组合作完成计算，并将结果上传至雨课堂。

3. 互查互纠。检查对方计算结果，分析错误
① 小组探究分析；
② 其余小组成员补充讲解；
③ 聆听教师点评。

4. 完成练习。完成组间互相出题的考验。
①针对对方的错误点针对性地给对方出题；
② 完成本组的任务；
③ 完成对应小组的任务检查；
④ 聆听教师点评并订正。</td><td>【素质目标】
1. 通过校企合作会计事务所的真实数据激发学生学习兴趣；
2. 结合真实岗位要求培养学生知识迁移能力的个人素养，增强会计职业认同感；
3. 通过小组互查互纠找到错误原因，培养学生严谨细致的工作态度。
【难点突破】
通过游戏回顾复习、新月事务所提供的真实小微企业经济业务、小组合作探究和互查互纠互动、组间互相出题等逐步完成企业综合性的特殊经济业务的销售额的计算以及应纳增值税的计算。</td></tr>
</table>

续表

<table>
<tr><th>教学阶段</th><th>教学内容</th><th>教师活动</th><th colspan="2">学生活动</th><th>设计意图</th></tr>
<tr><td colspan="6">【第四关：特殊情况的销售额计算归纳关】</td></tr>
<tr><td>整合数据，评价任务</td><td>归纳总结本课知识点并组织评价</td><td>1. 发布任务。自主绘制本课知识概念图。
① 请学生独立思考并归纳知识点；
② 请学生自主绘制知识概念图，教师巡视并指导；
③ 请学生将分析结果上传至雨课堂平台。
2. 组织展示。随机抽取2名学生展示知识概念图。
3. 点评讲解。点评学生表现并积分，梳理总结本次课所有知识点。
4.组织评价。组织学生在雨课堂平台进行评价。
① 组织自评、互评；
② 组织学生对本次课堂评价。
5. 颁发证书。对本节课积分排名前六的学生颁发“岗位能力特优生”。</td><td colspan="2">1. 完成任务。绘制知识概念图并上传至雨课堂。
① 思考并归纳；
② 自主绘制知识概念图；
③ 将完成的知识概念图上传平台。
2. 展示结果。被抽取学生展示知识概念图。
3. 聆听点评。聆听教师讲解并记笔记。
4. 学生评价。
① 自评、互评；
② 对本次课堂进行评价。
5. 接受证书。积分排名前六的学生接受颁奖。</td><td>【素质目标】
通过学生自主绘制知识概念图培养学生归纳总结能力的个人素养。
【多方评价】
1.通过多方评价帮助学生更好地反思学习过程，为后续颁发“岗位能力特优生”做准备；
2.结合岗位标准对优秀学生进行表彰，树立榜样作用，激发学生学习兴趣。</td></tr>
<tr><td colspan="6">课　后</td></tr>
<tr><td rowspan="2">分层作业，拓展任务</td><td rowspan="2">教师在雨课堂平台发布分层课后习题。</td><td colspan="2">教师活动</td><td colspan="2">学生活动</td></tr>
<tr><td colspan="2">1. 请小组合作自行完成新月事务所给出的小型微利企业的应纳增值税计算。
2. 请学生师徒结对所学知识点进行巩固学习。
3. 预习减免税情况下增值税的计算。</td><td colspan="2">1. 自主完成应纳增值税的计算并上传至平台。
2. 师徒结对完成巩固学习。
3. 观看“减免税情况下增值税的计算”微课，自行完成课前测试。</td></tr>
<tr><td colspan="6">教学板书</td></tr>
<tr><td colspan="6">特殊情况下销售额计算
一、折扣方式销售的概念及销售额计算；
二、以物易物和还本销售的概念及销售额计算；
三、以旧换新销售的概念及销售额计算；
四、包装物押金的概念和销售额的计算；
五、新月事务所提供的小微企业经济业务进行增值税的计算。</td></tr>
</table>

续表

教学反思	
教学成效	授课过程中采用“多元多维”的增值评价，学生、老师、企业导师多元位全过程评价，课前、课中、课后测评显示 100% 的同学已达标（60 分），实现了知识、技能、素质教学目标。 1. 知识目标:本作品共计 3 个知识目标，根据课后在线检测数据汇总得出，及格率为 100%。其中，以物易物、还本销售和折扣销售的优秀率较高，但综合性的企业经济业务应纳增值税计算的优秀率偏低，主要原因是学生对应纳增值税计算的步骤模糊不清和理解不到位。但整体来看教学效果良好，知识目标得以高效达成。 2 能力目标：学生身心参与，手脑并用。亲历真实小微企业的经济业务分析、计算全过程，注重岗课对接理实一体练习，提高了学习质量和效率。 3. 素质目标:结合课堂互动小游戏、阵营 PK、编制口诀等活动激发学生的学习激情。通过新月事务所提供的小微企业经济业务案例培养学生“爱岗敬业、客观公正”的会计职业道德，培养学生的职业认同感。
亮点与特色	1. 通过学生小组合作编制口诀，突破包装物押金处理的相关知识点学习，通过小组互查互纠和小组互相考验培养学生的逻辑思维能力和知识的迁移能力。 2. 通过身边技能大赛获奖选手分享大赛经验，树立榜样作用，激发学习积极性。
不足与改进	不足：在小组合作互查互纠环节中，组内个别学生跟不上小组进度，未能达到学习效果。 改进措施：通过优化小组成员结构，为待优生指定帮扶同学，在接下来的小组合作环节中让他们能更多地参与课堂中，也能提高他们的学习效果和学习兴趣。

【点　评】

主要特色：

1. 学情分析精准，数据对比清晰：从学生基础能力、实践能力、学习特点三方面进行了较为详细的学情分析，有数据进行支撑准确反映了授课班级的学生的具体情况，数据的呈现体现了对信息技术工具的运用，与“人字梯型”教学模式中的“线上线下并行推进”理念相吻合。

2.“课前—课中—课后”教学过程体现了“六阶递进”理念：该作品运用了“预—导—探—析—践—评—拓”7 个教学过程，分别在课前、课中、课后进行安排，教学内容循序渐进，运用了“人字梯型”教学模式的“六阶递进”理念。

3. 游戏回顾破解难点，体现“以人为本”理念：针对“综合性经济业务的应纳增值税计算”这一难点，运用了游戏回顾的复习方式，将真实小微企业经济业务的处理进行融合，有效地体现了“以人为本”和“以学生为中心”理念。

建议：

学生评价细化不足，可体现增值内容：该作品体现了“四板块”“四主体”评价，各评价板块都附有一定的分值，但是内容细化不够，未有效体现学习过程评分，同时，对学生缺少一定的增值评价，建议进一步补充完善。

文字制作——文字特效的使用

◎课程名称：图形图像处理
◎授课教师：唐咏梅

<table>
<tr><td>授课题目</td><td colspan="2">文字制作——文字特效的使用</td><td>课程名称</td><td>图形图像处理</td></tr>
<tr><td>授课对象</td><td colspan="2">计算机应用专业二年级五班</td><td>授课课时</td><td>2 课时</td></tr>
<tr><td>授课地点</td><td colspan="2">大数据实训室</td><td>授课形式</td><td>理实一体课</td></tr>
<tr><td colspan="5">教学分析</td></tr>
<tr><td>内容分析</td><td colspan="4">本次课选自《图形图像处理》项目三“传统节日长图海报制作”任务七“文字制作——文字特效的使用”。
灵活运用文字工具编辑文字，可制作许多富有创意的文字效果，激发学生兴趣。通过本节课学习，学生能够制作出有独特艺术效果的文字。本课主要内容有：通过绘图图形制作路径文字，创建路径、载入选区，对文字进行变形操作。本课在学生原有的认知与操作基础上，进一步让学生学会如何利用文字工具设计富有创意和美感的作品，对图形图像的处理有更深层次的认识和理解。</td></tr>
<tr><td rowspan="3">学情分析</td><td>知识与技能基础</td><td colspan="3">1. 知道 PS 中文字的类型；
2. 能识别文字工具；
3. 能使用文字工具插入文字并设置属性；
4. 会通过图层样式设置文字的艺术效果；
5. 能制作空心文字；
6. 所有学生会运用钢笔工具。</td></tr>
<tr><td>认知与实践能力</td><td colspan="3">1. 能体会 PS 中的文字工具可以实现图文并茂的效果；
2. 有使用文字工具属性面板、图层样式功能对海报中的文字进行简单处理经历；
3. 有使用快速蒙版、文字蒙版工具的经历，前期作品初具海报特色，但是文字的艺术特色还不够。</td></tr>
<tr><td>学习特点</td><td colspan="3">1. 学生对填鸭式的教学方式接受度不够高，而倾向于在实践中领悟基础定义概念、原理；
2. 学生对新鲜事物好奇心比较强，喜欢数字化平台资源来代替传统理论讲授。</td></tr>
<tr><td rowspan="3">教学目标</td><td>知识目标</td><td colspan="3">1. 能阐释路径文字的概念；
2. 能辨别变形文字和路径文字。</td></tr>
<tr><td>技能目标</td><td colspan="3">1. 能创建路径文字；
2. 通过创建工作路径，能对“端午”进行变形操作。</td></tr>
<tr><td>情感目标</td><td colspan="3">1. 通过启发、探究式教学、任务驱动的方法，引导学生观察、分析样例作品，加强学生观察分析、独立思考、合作交流能力的培养；
2. 培养学生利用已有知识学习新知识的迁移能力，鼓励学生自由创作，渗透对学生创新意识的培养，提高他们的综合运用能力；
3. 在固学展评环节中培养学生的表达能力。</td></tr>
</table>

续表

<table>
<tr><td>教学内容</td><td colspan="2">第一课时：路径文字的制作
1. 路径文字的概念；
2. 路径文字创建的步骤。
第二课时：变形文字的制作
1. 变形文字和路径文字的辨别；
2. 变形文字（端午）的制作步骤。</td></tr>
<tr><td rowspan="2">教学重点</td><td>重点</td><td>1. 创建路径文字；
2. 通过创建工作路径，对“端午”进行变形操作。</td></tr>
<tr><td>解决策略</td><td>1. 通过教师示范操作，小组合作探讨等措施解决重点 1；
2. 在实际工作岗位中，快捷键使用率较高，但是学生使用不熟练，所以通过“连连看”游戏巩固快捷键的使用；
3. 学生对变形文字的操作步骤不熟悉，通过“探索路线”游戏让学生熟悉变形文字的操作步骤。</td></tr>
<tr><td rowspan="2">教学难点</td><td>难点</td><td>通过创建工作路径，对“端午”进行变形操作。</td></tr>
<tr><td>解决策略</td><td>教师示范操作，学生小组合作练习，发现问题，合作探讨，通过助学视频解决变形文字的制作难题。</td></tr>
<tr><td colspan="3">教学策略</td></tr>
<tr><td>教学设计流程</td><td colspan="2">本次课以“师生并行”为教学理念，按照工作导向、工作流程设计教学任务，分为课前、课中、课后三个阶段，采用“环环递进（尝、导、引、创、固、延）”的教学流程有效组织教学，围绕“端午节”长图海报文字的制作，推广节日由来、民俗风俗，引导学生健身强体、防疫消灾、辟瘟驱毒，提倡同舟共济、团结拼搏精神，更弘扬爱国爱民、执着奉献精神。 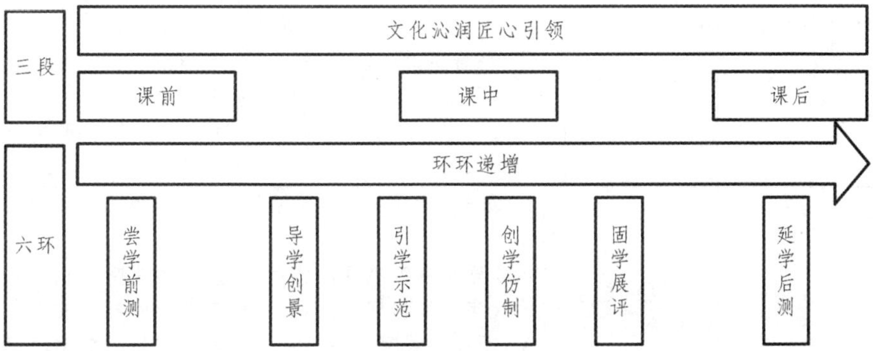

三段
文化沁润匠心引领
课前　课中　课后
六环
环环递增
尝学前测　导学创景　引学示范　创学仿制　固学展评　延学后测

本次课围绕“端午节”长图海报中文字的编辑，课前尝试操作和基础知识测试，了解学生的预习情况，制定了教学策略；课中创设情景，分层布置学习任务，教师示范讲解，观看微课“路径文字”“变形文字制作”，学生小组合作探究制作路径文字、创建工作路径制作变形文字；课后欣赏优秀作品，交流经验，拓宽思维优化作品。</td></tr>
<tr><td rowspan="2">教学方法</td><td>教法</td><td>情境教学法，任务驱动法，演示法。</td></tr>
<tr><td>学法</td><td>自主学习法，小组合作法。</td></tr>
<tr><td>教学手段与资源</td><td colspan="2">学习通 ｜ 微课“路径文字” ｜ 游戏“知识配对”
云课堂 ｜ 视频“多变的‘和’” ｜ 游戏“连连看”
评价系统 ｜ 微课“变形文字制作” ｜ 游戏“幸运大转盘”
EV 录屏 ｜ 活页式教材 ｜ 主题讨论
作品评分系统 ｜ 快捷键实用手册 ｜ 小组合作</td></tr>
</table>

续表

教学实施				
教学环节	教学内容	教师活动	学生活动	设计意图
课　前				
尝学前测 （环节一）	文字的编辑	课前任务发布，组织学生初识路径文字。 ① 发布任务：寻找并收集身边的各种徽章（包括校徽）、印章。 ② 在学习通中发布基础知识测试。 ③ 通过学习通中学生的错题反馈，了解学生的预习情况。	明确课前任务，初识路径文字并完成测试。 ① 寻找并收集身边的各种徽章（包括校徽）、印章。 ② 完成测试任务。 ③ 在学习通中查看错题反馈。	通过有趣的活动让学生初识路径文字，并让学生了解本校的校徽由来，检验学生的预习水平，使课堂教学更有针对性。
课　中				
第一课时				
导学创景 （环节二）	引出路径文字	情景创设，引出路径文字。 ① 组织小组学生展示收集的徽章。 ② 组织学生介绍校徽的设计理念，引出路径文字。 ③ 发布并分析教学任务。 ④ 分析课前测试数据。	融入情景，认识路径文字。 ① 小组学生展示收集的徽章。 ② 介绍校徽的设计理念，引出路径文字。 ③ 根据分析明确学习任务。 ④ 分析自己课前测试情况。	1. 通过展示活动巧妙引入课题。 2. 学生通过分析校徽设计理念充分地了解学校，更加热爱学校。 3. 明确学习任务。 4. 明确自己课前学习情况。
引学示范 （环节三）	路径文字的概念： 文字可以依照路径来排列，在开放路径上可形成类似行式文本的效果，在封闭的路径内可形成框式文本的效果	1. 发布任务，组织学生观察作品中文字特点。 组织学生观察教师的作品中的文字，提出问题： A. 哪些区域有文字？ B. 所有区域中的问题分别都使用了哪些技术？通过“知识配对”游戏来检测。 C. 有没有与校徽中相似的文字。 2. 解读概念，组织学生认识路径文字。 ① 路径文字概念解读。 ② 再次观察自己收集的徽章，找出有路径文字的徽章。	1. 观察作品，依据前期基础找出文字特点。 ①观察聆听，回答教师提出的问题，在平板上完成“知识配对”游戏，将完成的结果上传至平台。 2. 领悟概念，认识路径文字。 ① 聆听教师讲解路径文字，记录笔记。 ② 找出课前收集的徽章中的路径文字。	1. 通过游戏检测学生对文字使用和编辑的技能是否掌握。 2. 学生寻找徽章中的路径文字，检测学生是否掌握路径文字的概念。

续表

教学阶段	教学内容	教师活动	学生活动	设计意图
引学示范 （环节三）	路径文字创建的步骤	1. 任务发布，组织学生尝试制作校徽中路径文字。 ① 发布任务。 ② 观察学生的操作，记录问题。 ③ 使用评分软件进行测评，上传标准图，组织学生测试作品得分。 ④ 展示自己制作的作品，引导学生分析不同之处。 2. 示范操作，教师示范路径文字创建步骤。 ① 教师示范讲解路径文字的创建步骤。 ② 布置任务：完善校徽中的路径文字的制作。 ③ 巡视指导，查看学生上传的作品情况，并督促学生再次使用软件进行测评，对比两次的得分情况。 ④ 组织“幸运大转盘”游戏，抽中学生演示操作，点评并补充讲解。	1. 尝试制作，参照校徽中路径文字初探制作步骤。 ① 记录任务。 ② 尝试制作校徽中的路径文字。 ③ 上传作品至评分软件，测试作品得分。 ④ 观察老师制作的作品，对比自己的作品，分析不同之处。 2. 聆听讲解，观察并记录教师的示范操作步骤。 ① 聆听，思考，记录。 ② 完成任务，将任务完成结果上传至平台。 ③ 查看自己作品的得分，对比两次的得分情况，并收集自己的成长值。 ④ 参与“幸运大转盘”游戏，演示制作路径文字。	1. 通过初步尝试制作路径文字，让学生发现问题。 2. 学生使用软件进行测评，为后面的分数对比做准备，体现增值评价。 3. 教师示范讲解，突出重点。 4. 使用软件再次测评，体现了增值评价和全过程评价。 5. 通过游戏提升学生的学习兴趣。
创学仿制 （环节四）		1. 教师巡视，组织学生创建海报样图中的路径文字。 ① 巡视过程中回答小组的问题。 ② 发现小组操作中的问题。 2. 预设问题，根据往届学生反馈预设难点问题。 预设问题： A. 绘制完图形（路径），无法输入文字。 B. 无法设置内径文字。 3. 解决策略，教师提出问题对应的解决策略。 解决策略： A. 选择图形工具后，需将其设为路径。 B. 注意按住 Ctrl 键，拖动文字到内径。	1. 制作路径文字，创建海报中的路径文字。 ① 完成海报中路径文字的创建并录屏。 ② 有问题处请教老师和同学。 2. 反馈问题，反馈难点问题给老师。 3. 记录笔记，观察教师的演示，思考并记录。	1. 通过案例的完成巩固路径文字的应用（解决重点）。 2. 根据往年教学经验预设难点，为教学调整做准备。

续表

教学阶段	教学内容	教师活动	学生活动	设计意图
创学仿制 （环节四）	路径文字创建的步骤	4. 教师巡视，再次组织学生修改作品。 ① 巡视过程中回答小组的问题。 ② 纠正学生不良的操作习惯。	4. 修改作品，学生根据解决策略再次修改作品。 ① 小组合作探讨，寻求老师帮助。 ② 调整不良的操作习惯。	3. 学生修改作品，固化技术技能，培养学生的小组合作能力。
固学展评 （环节五）		1. 教师评价，组织学生对“路径文字”作品进行综合评价。 ①发布并解读评价标准，组织学生对作品进行评价。 ② 选取优秀作品进行展示并点评作品。 2. 总结本小节知识要点。 ① 引导学生归纳问题与解决办法，并做补充讲解，形成操作要点。 ② 引导学生梳理本节课知识要点。	1. 自评互评，展示作品并进行自评互评。 ① 评价作品。 ② 聆听点评。 2. 总结回顾本次课知识要点。 ① 思考归纳。 ② 梳理本课知识要点并记录，将其放入活页教材中。	1. 发布评价标准，使评价活动有据可依，同时掌握学生对本课的教学目标达成情况。 2. 通过梳理本小节内容，巩固知识点，将其放入活页教材，为后续资料查找打基础。
第二课时				
引学示范 （环节三）	变形文字与路径文字的辨别	解读变形，组织学生辨别变形文字和路径文字。 ① 组织学生观看视频“多变的‘和’”，引出变形文字。 ② 辨别变形文字与路径文字。 ③ 展示不同文字，组织学生找出变形文字和路径文字。	理解变形，辨别变形文字和路径文字。 ① 观看视频，理解变形。 ② 辨别变形文字与路径文字。 ③ 根据展示的不同文字，找出变形文字和路径文字。	1. 通过视频帮助学生理解变形。 2. 通过活动检测学生是否辨别变形文字和路径文字。
	变形文字（端午）的制作步骤	1. 示范操作，教师示范操作制作变形文字。 ① 发布任务。 ② 示范制作变形文字，强调制作步骤。 ③ 推送“变形文字制作”微课，布置学生练习任务，巡视指导，将标准图上传至评分软件并督促学生进行测评。 ④ 查看学生完成情况，针对问题集中讲解。	1. 聆听讲解，观察并记录教师的示范操作步骤。 ① 明确任务。 ② 聆听，思考，记录。 ③ 观看视频，完成任务，记录制作时间，并使用评分软件对作品进行测评。 ④ 对比其他同学的作品，发现自己作品的优缺点。	1. 培养学生的创新思维。 2. 通过教师示范操作、微课助学、优秀作品临摹，提升学生的技术技能水平。

续表

教学阶段	教学内容	教师活动	学生活动	设计意图
引学示范（环节三）	变形文字（端午）的制作步骤	⑤ 设置“连连看”游戏，巩固快捷操作（快捷键配对）。 ⑥ 组织学生再次操作，对比时间 2. 巩固变形文字制作步骤。 设置“探索路线”游戏，巩固变形文字制作步骤。	⑤ 参与游戏，再次记忆快捷操作。 ⑥ 学生再次操作，对比使用快捷键前后的时间。 2. 巩固记忆变形文字制作步骤。 参与游戏，熟悉变形文字制作步骤。	3. 通过有趣的游戏，提升学生的学习兴趣，突破难点。 4. 快捷键的使用是实际工作岗位的要求，通过游戏来固化学生的快捷键使用技能。
创学仿制（环节四）		1. 任务发布，解析任务并下发素材。 ① 发布任务并解析要求。 ② 发送任务素材和助学视频至学生端。 2. 教师巡视，组织学生仿制“变形文字（端午）”。 ① 巡视过程中回答小组的问题。 ② 发现小组操作中的问题。 3. 问题预设，根据往届学生反馈预设难点问题。 问题 1：不能拉出弧度。 问题 2：无法全部载入选区。 问题 3：制作时间不够。 4. 问题解决策略。 组织学生回看操作视频。 5. 教师巡视，再次组织学生修改“变形文字（端午）”作品。 ① 巡视过程中回答小组的问题。 ② 纠正学生不良的操作习惯。	1. 明确任务，接收变形字制作素材。 ① 接受任务并明确要求。 ② 接收变形字制作素材和助学视频。 2. 制作变形文字，仿照效果图中的变形文字对“端午”进行操作。 ① 小组合作完成海报中变形文字的制作并录屏。 ② 有问题处请教老师和同学。 3. 反馈问题，反馈难点问题给老师。 4. 记录笔记，观察教师的演示讲解，思考并记录。 5. 学生根据解决策略再次修改作品。 ① 小组合作优化作品，遇到问题再次请教老师。 ② 调整不良的操作习惯。	1. 固化技术技能，培养学生的小组合作能力。 2. 根据往年教学经验预设难点，为教学调整做准备。 3. 学生根据技巧再次调整作品，突破难点，固化技术技能。
固学展评（环节五）		1. 软件测评，组织学生上传“变形文字（端午）”作品，使用测评软件进行评分。 上传标准图，组织学生使用软件进行评分。 2. 作品展示，组织软件评出的最优秀的学生展示作品。	1. 作品上传，使用“PS 作品测评系统”进行测评。 上传完成的作品并进行对比评分。 2. 作品展示，软件评出的最优秀的学生展示作品。	1. 由于设计类作品的评价有一定的主观性，所以通过专业软件使用图像识别技术进行测评，为综合评价提供了数据。 2. 解读评价标

续表

教学阶段	教学内容	教师活动	学生活动	设计意图
固学展评（环节五）	变形文字（端午）的制作步骤	3. 解读评价标准，带领学生解读本小节需要评价的内容及权重。 4. 开展多元评价，组织学生进行自评、互评，教师进行评价。 ① 组织学生上传作品。 ② 对小组作品进行评分。 ③ 组织学生分析给分依据。 5. 组织讨论课堂收获，组织学生分析收获成长。 ① 对比学生课前的得分，展示增值评价。 ② 发放课堂讨论活动，展示讨论结果（词云图）。 6. 组织课堂总结，总结本小节主要内容。 ① 总结变形字的制作流程。 ② 布置课后作业。 7. 组织整理设备结束课堂教学，组织学生整理设备，保护眼睛。 ① 要求按照正确的关机流程关闭电脑。 ② 整理电脑、鼠标、鼠标垫，清理桌面异物。 ③ 组织学生做眼保健操。	3. 明确评价标准，理解评价内容和评价权重。聆听，记录要点。 4. 开展自评和互评，对同组作品进行组内互评，其他小组作品进行组间互评 ① 小组上传作品。 ② 对小组作品进行自评和互评。 ③ 学生分析给分依据。 5. 参与课堂讨论活动，分析收获。 ① 对比自己课前学习得分，分析自己的成长。 ② 参与课堂讨论活动，总结收获。 6. 参与课堂总结，总结回顾本小节知识技能要点。 ① 思考归纳，将知识要点放入活页式教材。 ② 记录课后作业。 7. 整理设备，按照实训室 8S 管理目标整理实训设备，做眼保健操。 ① 要求按照正确的关机流程关闭电脑。 ② 整理电脑、鼠标、鼠标垫，清理桌面异物。 ③ 做眼保健操，保护视力。	准，使评价活动有据可依，可评可测，同时掌握学生对本课的教学目标达成情况。 3. 使用学习通软件开展师评、自评、互评工作，实现评价数据全程收集。 4. 通过大数据可视化技术展示学生的得分情况，并通过词云图总结收获，体现增值评价。 5. 通过梳理本小节内容，巩固知识点，将其放入活页教材，为后续资料查找打基础。 6. 通过整理设备活动，提升学生的劳动素养。 7. 长时间使用电脑，学生做眼保健操主要是保护学生的视力。
课　后				
延学后测（环节六）	文字编辑	文字工具巩固，布置课后作业巩固技术技能。 ① 督促学生将作品上传至学习通。 ② 检查课后作业，将问题及时反馈给学生。 ③ 发放“什么是 gif”预习任务。	完成课后作业巩固技术技能。 ① 完成作业，并上传作品到学习通平台。 ② 到平台查看老师的反馈并修改，再次上传。 ③ 完成预习任务。	1. 提升学生的创新能力。 2. 再次巩固技能目标。 3. 培养学生的自学能力。

续表

教学评价
本次课将软件测评、教师评价、学生互评与自我评价相结合，质性评价与量性评价相结合，过程性评价与结果性评价相结合。利用学习平台，客观量化学生课前任务完成情况、课中互动参与情况、课后拓展任务完成情况得分，结合线下数据综合分析学生学习情况，为课堂教学目标达成情况分析、后续教学内容及策略调整提供数据支撑。
教学反思
授课实效： 课前尝学前测，课中通过导学创景、引学示范、创学仿制、固学展评让学生明确了任务，区分了路径文字和变形文字，制作了路径文字和变形文字，课后延学后测等 6 个环节完成了本次课教学，借助合理的教学资源的支持，学生沿着“尝试做—跟着做—熟练做”，教师“示范做—指导做—看着做”的阶梯式能力发展模式，达成教学目标。 存在不足： 1. 学生总结能力较弱，少量学生不能正确表达自己的观点； 2. 学生使用快捷键的习惯较前面有所提升，但是熟练度还不够，需要查阅手册。 改进设想： 1. 用规范的固定搭配用语引导准确描述； 2. 巩固“快捷键”游戏环节可以全面推开，所有学生都进行检测，另外，还可收集更多的资源，提升学生对快捷键使用重要性的认识。

【点　评】

主要特色：

1. 教学重难点突出，解决措施切实有效：对于本课教学重点，使用了教师示范的方法，提升了教师水平。运用“连连看”课堂小游戏，既能测试学生学习情况，又能激发活跃课堂氛围，激发学生学习兴趣。对于教学难点，小组合作，结合助学视频，有效突破了难点。

2. 教学手段与资源丰富，“教材与资源”并行：本课教学采用了学习通平台、云课堂，“路径文字”微课、“知识配对”“连连看”“幸运大转盘”课堂小游戏，“多变的‘和’”视频，还有 EV 录屏、活页式教材等，充分体现了“人字梯型”教学模式中，“教材与资源”并行的教学理念。

3. 评价方式多元化，利于分析学习效果：通过解读评价指标，使评价活动有据可依，可评可测。通过大数据可视化技术展示学生的得分情况，通过词云图总结收获，体现增值评价。使用学习通软件开展师评、自评、互评工作，实现评价数据全程收集。

4. 注重学生品德素养的培养：通过启发、探究式教学，引导学生观察、分析样例作品，加强学生观察分析、独立思考能力的培养。利用已有知识学习新知识的迁移能力，鼓励学生自由创作，渗透对学生创新意识的培养。在展评环节中还培养了学生的表达能力。

建议：

制定教师目标，促进教师与学生共同发展：在教学中，可使用教师制作的案例来示范，提升教师的技能水平，提升学生的学习兴趣，促进教师与学生的发展。

插图制作——蒙版的使用

◎课程名称：图形图像处理

◎授课教师：何姜淑

<table>
<tr><td>授课题目</td><td>插图制作—蒙版的使用</td><td>课程名称</td><td>图形图像处理</td></tr>
<tr><td>授课对象</td><td>计算机应用专业二年级二班</td><td>授课课时</td><td>2 课时</td></tr>
<tr><td>授课地点</td><td>大数据实训室</td><td>授课形式</td><td>理实一体课</td></tr>
<tr><td colspan="4">教学分析</td></tr>
<tr><td>内容分析</td><td colspan="3">本次课选自《图形图像处理》项目三“传统节日长图海报设计与制作”任务三“插图制作－蒙版的使用”（2 课时）。蒙版是合成图像的重要工具，它的作用是在不破坏原始图像的基础上实现特殊的图层叠加效果，具有保护、隔离原始图像的功能。
本次课通过对图层蒙版创建、编辑、关闭、删除，剪贴蒙版创建、释放的深度学习，培养学生能够使用图层蒙版和剪贴蒙版实现图像合成，为滤镜、文字蒙版以及后续项目的学习打下基础。</td></tr>
<tr><td rowspan="3">学情分析</td><td>知识与技能基础</td><td colspan="2">1. 90% 的学生能创建、复制、合并、删除图层，能用通道抠图；但还不能熟练制作复杂的合成图像，以及对复杂图片进行抠图还。
2. 学生通过课前预习，了解到 PS 软件具有非常强大的图像合成功能，但之前并未学习过相关操作，是图像合成的初学者。
3.预习后，全班 39 名学生中约 50% 的学生能进行蒙版的创建，约 10% 的学生能理解蒙版的原理,但是绝大多数人对蒙版原理的理解存在一定的困难。</td></tr>
<tr><td>认知与实践能力</td><td colspan="2">1. 比较熟悉了解 PS 中的移动、选框、画笔、钢笔等工具的各个功能及使用的方法，但学生对图像合成的技能不太熟练。
2. 学生能够利用通道对图片进行调色、抠图，但对高质量图像合成达不到自然的效果。</td></tr>
<tr><td>学习特点</td><td colspan="2">1. 学生对填鸭式的教学方式接受度不够高，而倾向于在实践中领悟基础定义概念、原理。
2. 学生对新鲜事物好奇心比较强，喜欢数字化平台资源来代替传统理论讲授。</td></tr>
<tr><td rowspan="3">教学目标</td><td>知识目标</td><td colspan="2">1. 能描述蒙版实现的抠图、合成图像、局部调整的 3 种主要功能；
2. 能够区分图层蒙版、剪贴蒙版的用途和用法。</td></tr>
<tr><td>能力目标</td><td colspan="2">1. 能够使用图层蒙版合成图像；
2. 能够使用剪贴蒙版制作插图。</td></tr>
<tr><td>素质目标</td><td colspan="2">1. 通过课前自主学习增强学生的自律意识；
2. 通过了解端午节，增强学生的爱国情怀、拼搏奋斗的精神；
3. 通过学生的练习实践环节培养学生的创新创造意识；
4. 通过小组合作、问题探究等，培养学生团队协作意识；
5. 通过学生自评、互评培养学生的严谨、缜密思维。</td></tr>
</table>

续表

<table>
<tr><td>教学内容</td><td colspan="3">第一课时：使用图层蒙版合成图像
1. 蒙版的概念、功能作用；
2. 图层蒙版的原理；
3. 图层蒙版合成图像的流程。
第一课时：使用剪贴蒙版制作插图
1. 剪贴蒙版的原理和特点；
2. 剪贴蒙版制作插图的流程；
3. 图层蒙版、剪贴蒙版的区分。</td></tr>
<tr><td rowspan="2">教学重点</td><td colspan="2">重　点</td><td>1. 蒙版的原理；
2. 使用图层蒙版合成图像；
3. 剪贴蒙版的原理和特点；
4. 使用剪贴蒙版制作插图。</td></tr>
<tr><td colspan="2">解决策略</td><td>通过做蒙版原理实验，观看微课视频、小组合作探讨，教师示范操作等措施，帮助学生理解蒙版的原理、剪贴蒙版的原理和特点，会使用图层蒙版合成图像、使用剪贴蒙版制作剪贴画。</td></tr>
<tr><td rowspan="2">教学难点</td><td colspan="2">难　点</td><td>1. 使用图层蒙版合成图像。
2. 使用剪贴蒙版制作插图。</td></tr>
<tr><td colspan="2">解决策略</td><td>学生自主练习，发现问题，合作探讨，通过助学视频、教师示范操作，完成使用图层蒙版合成图像、使用剪贴蒙版制作插图。</td></tr>
<tr><td colspan="4">教学策略</td></tr>
<tr><td>教学设计流程</td><td colspan="3">本次课以“师生并行”为教学理念，按照工作导向、工作流程设计教学任务，分为课前、课中、课后三个阶段，采用“三段六环（尝、导、引、创、固、延）”的教学流程有效组织教学，围绕“端午节”长图海报背景效果图制作，培养学生的爱国情怀和拼搏奋斗的精神。 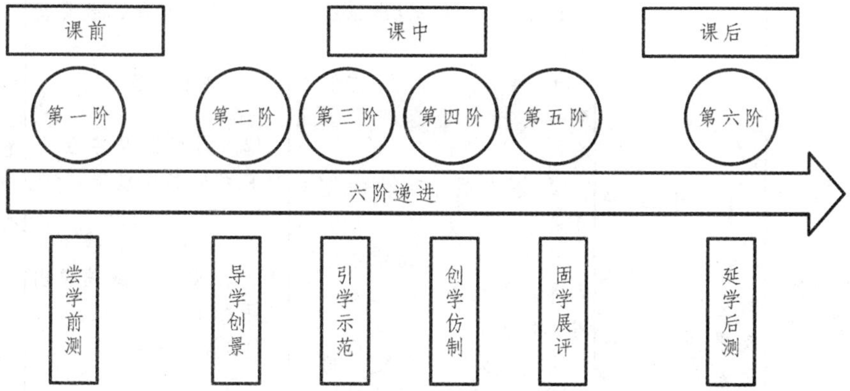
课前　课中　课后
第一阶　第二阶　第三阶　第四阶　第五阶　第六阶
六阶递进
尝学前测　导学创景　引学示范　创学仿制　固学展评　延学后测
课前微课和基础知识测试，了解学生的预习情况，调整教学策略，课中学生通过观看微课“图层蒙版的概念”“图层蒙版的原理”“剪贴蒙版的原理动画”以及学生的道具演示操作，学习图层蒙版的应用、剪贴蒙版的应用，通过团队协作探讨、尝试制作“端午节长图海报”背景效果图。课后通过欣赏创意作品，拓宽思维优化作品。</td></tr>
<tr><td rowspan="2">教学方法</td><td>教法</td><td colspan="2">情境教学法、任务驱动法、演示法。</td></tr>
<tr><td>学法</td><td colspan="2">自主学习法、小组合作法。</td></tr>
</table>

续表

<table>
<tr><td>教学手段
与资源</td><td colspan="4">
<table>
<tr><th>教学平台</th><th>教学资源</th><th>教学手段</th></tr>
<tr><td>学习通、EV 录屏、希沃品课、云课堂、作品评分软件。</td><td>微课“图层蒙版的概念”、
微课“图层蒙版的原理”、
微课“剪贴蒙版的概念”、
动画“剪贴蒙版的原理”、
活页式教材、
快捷键使用手册。</td><td>“图层蒙版原理”实验、
游戏“幸运大转盘”、
游戏“拼凑词语”、
“剪贴蒙版”原理演示。</td></tr>
</table>
</td></tr>
<tr><th colspan="5">教学实施</th></tr>
<tr><th>教学环节</th><th>教学内容</th><th>教师活动</th><th>学生活动</th><th>设计意图</th></tr>
<tr><th colspan="5">课　前</th></tr>
<tr><td>尝学前测</td><td>检测选区工具和颜色搭配的掌握</td><td>课前任务发布，组织学生复习选取工具、颜色填充工具和颜色搭配。
① 通过学习通发布任务：“给龙舟穿新衣”。
② 学生提交作业到学习通，相互评分。</td><td>明确课前任务，使用选取工具、颜色填充工具和颜色搭配完成测试。
① 学生完成“给龙舟穿新衣”的任务。
② 提交作业，评选优秀作品。</td><td>检验学生对选区工具和颜色填充、颜色搭配的掌握，使课堂教学更有针对性地有序进行。</td></tr>
<tr><th colspan="5">课　中</th></tr>
<tr><th colspan="5">第一课时</th></tr>
<tr><td>导学创景
（环节一）</td><td>1. 问题导入。
2. 发放效果图及素材，分析效果图的组成元素及用到的工具</td><td>1. 情景创设，引出课前任务。
① 提问：同学们，你们听到端午节，会想到哪些元素？
② 教师展示课前的优秀作品。
2. 发布任务，组织学生观察海报效果图中的元素以及用到的工具。
① 发布教学内容：制作“端午节长图海报”的背景效果以及素材。
② 组织学生分析“端午节长图海报”背景效果的组成元素以及用到的工具。</td><td>1. 融入情景，欣赏优秀作品。
① 学生回答。
② 优秀作品学生分析自己的制作过程。
2. 观察作品，找出元素，依据前期基础说出使用的工具。
① 接受任务。
② 学生分析，进一步明确使用工具。</td><td>1. 导新课。
2. 发布任务。明确使用工具。
3. 培养学生爱国奉献的理想情怀、团队协作奋斗拼搏的精神。</td></tr>
</table>

续表

教学环节	教学内容	教师活动	学生活动	设计意图
引学示范（环节二）	1. 图层蒙版的概念：图层蒙版就是给图层添加了一个保护层，通过更改蒙版去控制显示图像。 2. 图层蒙版的创建、编辑、关闭、删除。 3. 图层蒙版的原理（重点）：黑色隐藏，白色显示，灰色半透明。 4. 使用图层蒙版合成图像（难点）	1. 解读概念，组织学生认识图层蒙版。 ① 学生通过解读教材自我理解。 ② 播放微视频“图层蒙版的概念”。 ③ 提炼图层蒙版关键词：保护层、控制、显示图像。 2. 揭示原理，组织学生领悟图层蒙版的原理。 ① 播放微课“图层蒙版的原理”。 ② 带领学生运用教具做“图层蒙版原理”实验，理解图层蒙版原理。 ③ 组织学生展示实验结果。 ④ 教师总结图层蒙版的原理。 3. 示范操作，教师示范图层蒙版的基本操作。 ① 工具栏认识及功能介绍。 ② 演示操作图层蒙版的创建、编辑、关闭、删除。 ③ 学生尝试图层蒙版的基本操作。 ④ 巡视指导，解决学生出现的问题。	1. 领悟概念，认识图层蒙版。 ① 自学教材。 ② 观看微课，记录。 ③ 提炼图层蒙版概念中的关键词，分享勾画。 2. 领悟原理，演示操作图层蒙版的原理。 ① 观看微课，记录。 ② 小组协作运用教具完成实验，打开录屏软件，记录过程。 ③ 小组代表分析实验结果。 ④ 学生聆听，思考，记录。 3. 聆听讲解，观察并记录教师的示范操作步骤。 ① 聆听，思考。 ② 聆听，思考，记录，操作。 ③ 尝试操作，打开录屏软件，记录操作过程 ④ 聆听，思考，记录，操作。	1. 通过观看视频《图层蒙版的概念》以及学生自主提炼的关键词，加上教师的讲解，让学生掌握图层蒙版的概念。 2. 通过教师对图层蒙版的基础知识的操作讲解，学生操作，让学生熟练图层蒙版的基础操作。 3. 通过观看微课“图层蒙版的原理”以及学生利用教具做蒙版原理的实验，让学生对原理的理解更加透彻。
创学仿制（环节三）	1. 改天换日效果图的制作。 2.“端午节长图海报”插图制作	1. 发布任务，组织学生尝试制作效果图。 学生尝试制作案例：改天换日（阴天变晴天）。 学生制作后，将作品上传至测评系统。 2. 示范操作，教师演示讲解巡视过程中的问题。 ① 教师演示并讲解制作过程，强调快捷键的使用。 ② 组织学生继续完成作品。 ③ 作品上传，测评得最高分的同学展示。	1. 尝试制作，记录问题并讨论。 学生尝试制作，记录遇到的问题，共同探讨问题。 2. 聆听记录，继续制作作品。 ① 聆听，思考，记录。 ② 继续制作作品。 ③ 上传作品，学生展示操作过程。 ④ 归纳口诀，相互抽背口诀。	1. 学生尝试制作效果图，让他们先发现问题，小组合作探讨，培养学生的解决问题的能力以及团队意识，然后教师再操作演示解决问题，突破教学重难点。

续表

教学环节	教学内容	教师活动	学生活动	设计意图
创学仿制（环节三）	1. 改天换日效果图的制作。 2.“端午节长图海报”插图制作	④ 学生在“西沃白板”上“拼凑词语”游戏归纳总结口诀，组织学生背诵蒙版口诀。 3. 发布任务，组织学生完成“端午节长图海报”插图制作。 ① 发布素材图片，参考效果图，组织学生自创完成“端午节长图海报”插图制作。 ② 下发助学视频，巡视指导，记录问题。	3. 参考作品，完成“端午节长图海报”插图制作。 ① 完成“端午节长图海”插图制作。 ② 小组合作优化作品。	2. 通过创新制作完成巩固图层蒙版的应用（解决重点） 3. 助学视频有助于学生出现问题时，回看视频，解决问题。 4.在制作的过程中体现精益求精的工匠精神。
固学展评（环节四）	1. 展示评价。 2. 课堂总结。 （1）创建图层蒙版的基本操作步骤。 （2）图层蒙版的概念和原理	1. 教师评价，组织学生对“端午节长图海报”插图作品进行综合评价。 ① 发布并解读评价标准，组织学生对作品进行评价。 ② 选取优秀作品进行展示并点评作品。 2. 总结本小节知识要点 ① 引导学生归纳问题与解决办法，并做补充讲解，形成图层蒙版的操作要点 ② 引导学生梳理本节课知识要点，了解图层蒙版的概念和原理。	1. 自评互评，展示作品并进行自评互评。 ① 评价作品。 ② 聆听点评。 2. 总结回顾本次课知识要点。 ① 思考归纳。 ② 梳理本课知识要点并记录，将其放入活页教材中。	1. 发布评价标准，使评价活动有据可依，同时掌握学生对本课的教学目标达成情况。 2. 通过梳理本小节内容，巩固知识点，将其放入活页教材，为后续资料查找打基础。
第二课时				
引学示范（环节二）	1. 剪贴蒙版的原理：下方图层的形状限制上方图层的显示区域。 2. 剪贴蒙版的特点：不会破坏原图，形状以外的部分隐藏。 3. 使用剪贴蒙版制作插图（重点）。 4. 图层蒙版、剪贴蒙版的区分	1. 学习通平台展示，“给粽子换新衣”的作业。 ① 展示学生们上传至学习通的作业。 ② 选取两幅优秀的作品，请两位学生说出设计理念。 ③ 展示效果图组织学生讨论用什么工具能制作出效果图，并请小组代表分享。 2. 揭示原理，组织学生领悟剪贴蒙版的原理。 ① 播放视频动画“剪贴蒙版的原理”。 ②“幸运大转盘”的游戏抽取幸运小组玩“我说你做”的游戏，演示剪贴蒙版的原理过程。	1. 聆听、思考。 ① 观看。 ② 聆听。 ③ 学生讨论，小组代表分享讨论结果。 2. 领悟原理，学生领悟剪贴蒙版的原理。 ① 观看视频，记录。 ② 抽到的小组玩“我说你做”的游戏，演示剪贴蒙版的原理过程。	1. 通过观看动画“剪贴蒙版的原理”以及学生利用教具做剪贴原理的实验，让学生对原理的理解更加透彻。 2. 学生尝试制作效果图，让他们先发现问题，小组合作探讨，培养学生解决问题的能力以及团队意识。然后教师再操作演示解决问题，突破教学重点剪贴蒙版的应用。

续表

教学环节	教学内容	教师活动	学生活动	设计意图
引学示范（环节二）	1. 剪贴蒙版的原理：下方图层的形状限制上方图层的显示区域。 2. 剪贴蒙版的特点：不会破坏原图，形状以外的部分隐藏。 3. 使用剪贴蒙版制作插图（重点）。 4. 图层蒙版、剪贴蒙版的区分	③ 教师引导总结剪贴蒙版的原理。 ④ 小组长起立，演示效果图，老师引导提问，最后抽取一位学生总结剪贴蒙版的特点。 3. 发布素材，组织学生尝试制作效果图。 ① 学生参考微课视频，尝试制作效果图。 ② 教师巡视。 ③ 学生暂停，教师讲解图层问题。 ④ 学生继续操作，完成后将作品上传至测评系统。 ⑤ 评出最高分的学生展示操作过程 4. 组织讨论，图层蒙版和剪贴蒙版的不同之处。 ① 组织学生区分图层蒙版、剪贴蒙版的不同之处，以及如何有效选择。 ② 教师点评，归纳。	③ 回答问题，总结剪贴蒙版的原理。 ④ 小组在操作，学生观看，回答老师的问题，抽取一位同学总结剪贴蒙版的特点。 3. 尝试制作，并讨论。 ① 结合微课视频尝试制作，讨论。 ② 操作。 ③ 聆听，记录。 ④ 完成效果图的制作，并上传至测评系统。 ⑤ 评出的最高分同学展示操作过程，学生归纳要点。 4. 讨论分析，图层蒙版和剪贴蒙版的不同之处。 ① 小组讨论，代表分享。 ② 聆听、思考、记录。	3. 通过学生观看微课“使用快速蒙版抠图”，自学快速蒙版抠图，培养学生的自学能力。 4. 通过小组合作探究图层蒙版和剪贴蒙版的区别以及如何有效选择，培养学生的团结协作、总结归纳能力。
创学仿制（环节三）	“端午节长图海报”插图制作。	发布任务，组织学生完成“端午节长图海报”插图制作。 ①发布素材图片，参考效果图，组织学生自创完成“端午节长图海报”插图制作。 ②下发助学视频，巡视指导，记录问题。	参考作品，完成“端午节长图海报”插图制作。 ① 完成“端午节长图海”插图制作。 ② 小组合作优化作品。	1. 巩固学生对图层蒙版、剪贴蒙版的应用。 2. 助学视频有助于学生解决问题。 3. 在制作的过程中体现精益求精的工匠精神。
固学展评（环节四）	1. 展示评价。	1. 教师评价，组织学生对“端午节长图海报”插图作品进行综合评价。 ① 发布并解读评价标准，组织学生对作品进行评价。 ② 选取优秀作品进行展示并点评作品。	1. 自评互评，展示作品并进行自评互评。 ① 评价作品。 ② 聆听点评。	1. 发布评价标准，使评价活动有据可依，同时掌握学生对本课的教学目标达成情况。

续表

教学环节	教学内容	教师活动	学生活动	设计意图
固学展评（环节四）	2. 课堂总结。 (1)创建剪贴蒙版的基本操作步骤。 (2)剪贴蒙版的原理和特点	2. 总结本小节知识要点。 ① 引导学生归纳问题与解决办法，并做补充讲解，形成剪贴蒙版的操作要点。 ② 引导学生梳理本节课知识要点，剪贴蒙版的原理和特点。	2. 总结回顾本次课知识要点。 ① 思考归纳 。 ② 梳理本课知识要点并记录，将其放入活页教材中。	2. 通过梳理本小节内容，巩固知识点，将其放入活页教材，为后续资料查找打基础。
课　后				
环节五：延学后测	1. 欣赏创意作品，拓宽思维。 2. 布置作业："科幻人像"，将作业上传至学习通平台，交流经验，拓展提高。 3. 预习滤镜	1. 发布作品，拓展学生的思维。 通过学习通发放创意作品的效果图和制作过程的微课。 2. 发布要求，组织学生完成课后作品。 ① 布置课下作业，明确制作要求。 要求：自己运用所学的知识，制作类似以下效果图的创意图片。 ② 要求学生将作品上传至学习通。 3. 发布预习任务，组织学生课前自学。 发放"滤镜修图的使用"预习任务。	1. 接收作品，欣赏作品，开拓思维。 欣赏作品，开阔思维，掌握制作方法。 2. 接收任务，完成作业并提交作品。 ① 完成作业。 ② 上传作品至学习通。 3. 接收预习任务，学生完成课前自学。 完成预习任务。	1. 培养学生的创造能力。 2. 落实技能目标的同时升华了素质目标。 3. 培养学生的自学能力。
教学反思				
教学成效： 课中通过导学创景、引学示范、创学仿制、固学展评让学生明确了任务，能够使用图层蒙版合成图像、使用剪贴蒙版制作剪贴画、使用快速蒙版抠图。借助合理的教学资源的支持，教师"领着做—指导做—看着做"，学生沿着"跟着做—独立做—熟练做"的阶梯式能力发展模式，达成教学目标。 亮点与特色： 1. 资源使用合理。利用微课、仿真演示等资源将抽象的知识直观化，突出重点知识的学习；教师示范演示后，再次用演示视频辅助学习练习，突破难点知识的学习。 2. 手段使用合理。课堂上采用玩游戏、小组合作等手段来提升学生的学习兴趣。 不足与改进： 1. 素养目标评测量化不易。素养目标的评测量化和考核，需要进一步挖掘量化指标。 2. 学生的语言表达欠规范。在今后的教学中，可用规范的固定搭配用语引导准确描述。				

【点　评】

主要特色：

1. 有效融入了课程思政：在教学中，以端午节为案例，增强了学生的爱国情怀、拼搏奋斗的精神。不断引导学生自我创造，培养了学生的创新创造意识。通过小组合作、问题探究等，培养学生团队协作意识。

2. 教学资源丰富，"教材与资源"并行：运用了学习通平台、希沃品课、EV录屏，制作了"图层蒙版的概念""图层蒙版的原理""剪贴蒙版的概念"等微课，"剪贴蒙版的原理"动画，结合"拼凑词语"课堂小游戏，"图层蒙版原理"实验，丰富了教学资源。

3. 教学评价数据充分，可评可测：在教学评价中，对学习态度、知识技能、作品质量、学习效率、协作精神、素养达成进行了全方位的评价。每一个部分都有对应的评价指标，包括分值，采用自评、小组评、教师评的方式，了解学生的学习效果，指导教学实践。

建议：

1. 教学任务可分层设计：根据"人字梯型"教学理念，可以根据学生的学习情况，将任务分为三个层次，按难度可分为容易、一般、较难，或者按照要求，分为模仿完成、教师指导完成、独立完成。阶梯递进，一步步提升学生知识技能水平。

2. 教师与学生共同发展：可制定教师发展目标，在教学中，提炼出论文点、案例点、课题点，不断提升教师的教研水平。在引导学生发展的同时，教师也进步了，教师和学生共同发展。

搬运系统参数设置

◎课程名称：工业机器人编程与操作

◎授课教师：欧阳宏宇

<table>
<tr><td>授课题目</td><td colspan="2">搬运系统参数设置</td><td>课程名称</td><td>工业机器人编程与操作</td></tr>
<tr><td>授课对象</td><td colspan="2">工业机器人技术应用专业 2022 级 1 班</td><td>授课课时</td><td>2 课时</td></tr>
<tr><td>授课地点</td><td colspan="2">工业机器人理实一体化实训室</td><td>授课形式</td><td>理实一体化</td></tr>
<tr><td colspan="5">教学分析</td></tr>
<tr><td>内容分析</td><td colspan="4">教学内容为标准 I/O 板 DSQC652、I/O 信号的配置、I/O 信号的仿真、配置示教器可编程按键。I/O 接口是工业机器人与其他设备通信的通道，是实现外围设备动作的基础，其操作步骤较为简单，并且本任务是第一次实现工具的动作，对于提高学生学习兴趣发挥着重要作用，并为后期果箱抓取和放置学习奠定基础。</td></tr>
<tr><td rowspan="3">学情分析</td><td>知识与技能基础</td><td colspan="3">1. 全体学生能熟练地在“Robotstudio”仿真软件中找到示教器；
2. 全体学生会使用示教器中的菜单界面；
3. 通过预习，教师通过上传问题进行分类和记录，24 名同学中 13 名同学能全部按照“工业机器人 I/O 通信设置”进行设置，11 名同学对信号板 DSQC652 配置和 I/O 信号的配置参数设置存在问题。</td></tr>
<tr><td>认知与实践能力</td><td colspan="3">1. 能熟练使用示教器进行机器人单轴运动；
2. 习惯老师通过平台记录教与学的过程。</td></tr>
<tr><td>学习特点</td><td colspan="3">1. 对示教器如何实现直接控制工具并让工具有动作存在强烈的好奇心；
2. 对知识点的重复使用耐心不够，并对参数的设置不够认真仔细，缺乏一丝不苟的工匠精神。</td></tr>
<tr><td rowspan="3">教学目标</td><td>知识目标</td><td colspan="3">1. 熟悉标准 I/O 信号板 DSQC652；
2. 能掌握 I/O 信号的配置方法与参数；
3. 理解 I/O 信号仿真中的“0”和“1”；
4. 掌握配置示教器可编程按钮的方法。</td></tr>
<tr><td>能力目标</td><td colspan="3">1. 能在示教器上进行信号板 DSQC652 的配置；
2. 能在示教器上进行配置数字输出信号和输入信号；
3. 能应用“Robotstudio”仿真软件进行 I/O 信号的仿真；
4. 能在示教器上进行可编程按钮的配置。</td></tr>
<tr><td>素质目标</td><td colspan="3">1. 让学生养成对待任何事情都要有耐心的职业品质；
2. 让学生养成规范意识和安全意识；
3. 培养学生认真仔细的工匠精神。</td></tr>
</table>

续表

<table>
<tr><td>教学内容</td><td colspan="3">第一课时：
1. 信号板 DSQC652 的配置；
2. I/O 信号的配置；
3. I/O 信号的仿真；
4. 配置示教器可编程按钮。
第二课时
1. 实操：用示教器配置信号实现夹爪控制；
2. 完成任务书及评价。</td></tr>
<tr><td>教学重点</td><td>I/O 信号板 DSQC652 配置步骤。</td><td>解决策略</td><td>1. 结合课前问题进行讲解，引导学生找出问题；
2. 学生结合问题尝试解决课前问题；
3. 通过教师示范、讲解，解答疑问，完成信号板 DSQC652 配置，解决教学重点。</td></tr>
<tr><td>教学难点</td><td>配置数字输出信号和输入信号。</td><td>解决策略</td><td>1. 通过图片展示课前任务中的问题，让学生准确地找到自己的问题；
2. 通过教师示范操作、讲解的方式来帮助学生掌握配置数字输出信号和输入信号的步骤；
3. 利用助学视频，帮助学生出现问题时，可回看视频，解决问题；
4. 通过对不同工具的配置，进行反复操作，来突破教学难点。</td></tr>
<tr><td colspan="4">教学策略</td></tr>
<tr><td>教学设计流程</td><td colspan="3"> 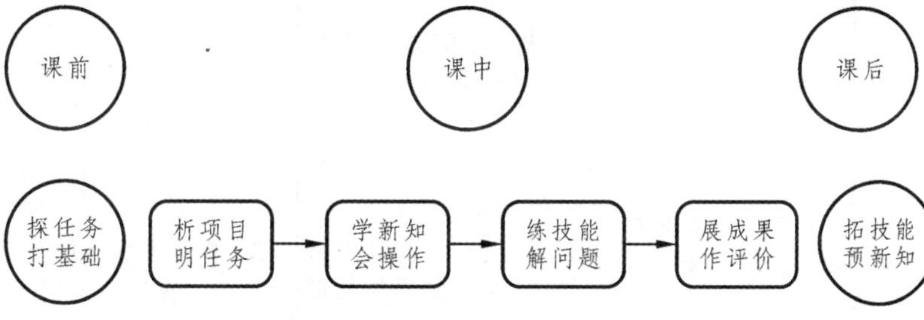课前　课中　课后
探任务打基础　析项目明任务 → 学新知会操作 → 练技能解问题 → 展成果作评价　拓技能预新知</td></tr>
<tr><td>教法</td><td colspan="3">讲授法、任务驱动法、直观演示法。</td></tr>
<tr><td>学法</td><td colspan="3">自主学习法、探究学习法、合作学习法。</td></tr>
<tr><td>教学手段与资源</td><td colspan="3">1. 教学平台：学习通平台用于进行教学过程数据收集。
2. 教学手段：“Robotstudio”仿真软件用于仿真模拟练习。
3. 教学资源：
微课：“工业机器人 I/O 通信设置”用于课前预习；
视频：“I/O 信号的仿真”/“数字信号查看与仿真”“夹爪强制输出”用于实训助学；
希沃游戏：“I/O 信号数字对对碰”用于激发学生对理论知识学习的兴趣；
腾讯会议：用于记录和投影教师示范、学生实训操作，发现和分析问题；
校企合作开发教材 1 份，项目任务书 1 份。</td></tr>
</table>

续表

教学实施				
教学环节	教学内容	教师活动	学生活动	设计意图
课　前				
探任务，打基础	1. 信号板 DSQC652 配置步骤； 2.配置数字输出信号和输入信号。	发布预习任务： 1. 观看微课“工业机器人 I/O 通信设置”； 2. 通过学生上传问题进行分类和记录。	1.观看微课，尝试 Robotstudio 软件上进行操作并记录问题； 2.将记录问题上传至学习通平台。	1. 微课和 Robotstudio 软件使用，便于掌握学生主要问题所在，确定教学重难点； 2. 为课中学习奠定基础。
课　中				
第一课时				
析内容，明任务（环节一）	分析实现夹爪的运动需要的配置设置：信号板 DSQC652 的配置；I/O 信号的配置；I/O 信号的仿真；配置示教器可编程按钮	1. 视频导入，播放视频“I/O 信号的仿真”； 2. 明确任务，分析夹爪如何实现运动，向学生公布本课学习任务。	1. 观看视频中夹爪的运动。 2. 分析倾听，明确任务。	通过观看视频和教师分析引出本课内容，让学生明确任务。
学新知，会操作（环节二）	1. I/O 板 DSQC 652 各模块接口地址。 2. 信号板 DSQC652 配置步骤	1. 问题导入，新课教学。 ① 出示 DSQC652 平面图； ② 提问：DSQC652 输入端和输出端在哪？ ③ 引导学生观察，解答问题，引出 4 个端子和地址的分配。 2. 引入课前预习中的问题。对学生出现的问题进行信号板 DSQC652 配置的讲解。 3. 布置课堂任务。 布置任务，组织学生利用 Robotstudio 软件进行自定义配置信号板。 4. 示范操作，解答问题： ① 自定义配置信号板在控制面板中设置； ② 将“control panel”切换为手动模式。	1. 观察图片，思考问题，聆听讲解。 2. 聆听讲解，结合课前预习，找到个人问题。 3. 完成自定义配置信号板，发现问题： 问题 1:找不到配置参数。 问题 2:机器人自动模式，功能被禁用。 4. 观看示范，聆听讲解。	1. 利用 DSQC652 平面图，使学生直观理解 4 个端子及相对应的地址，为 I/O 信号的配置奠定基础。 2. 结合课前学生反馈问题，教师针对问题讲解，突出本节课重点，学生通过改正问题和完成任务，解决教学重点。

续表

教学阶段	教学内容	教师活动	学生活动	设计意图
学新知，会操作（环节二）	I/O 信号的配置：配置数字输出信号 do；配置数字输入信号 di	1. 检查课前预习情况。 ① 图片展示学生课前预习中出现的问题； ② 结合课前预习，示范操作； ③ 回顾 I/O 板 DSQC652 各模块接口地址，讲解 DeviceMapping； ④ 发布助学视频。 2. 布置课堂任务。 布置任务，组织学生利用 Robotstudio 软件对传送带、夹爪（2 个）、吸盘、推料装置，进行 I/O 信号的配置。 预设问题： ① 数字输出信号 do、数字输入信号 di，类型错误选择错误； ② 设备映射重复； ③ 如何检查 I/O 信号的配置设置已完成。	1. 观察思考，观看教师示范，回顾 I/O 板 DSQC652 各模块接口地址。 2. 参考助学视频，完成实操。 问题解决策略： ① 展示图片，师生配合找到问题，投屏修改 Type of 、Signal； ② 教师演示指导修改 DeviveMapping ③ 学生操作演示下拉菜单找到 do、di3。	1. 通过课前任务的总结让学生更准确地找准问题，掌握数字输出信号的配置。 2. 通过教师示范操作、讲解的方式帮助掌握配置数字输出信号和输入信号的步骤。 3. 利用助学视频，帮助学生出现问题时，可回看视频，解决问题。 4. 通过对不同工具的配置，进行反复操作，来突破教学难点。在反复操作中让学生养成一丝不苟工作态度。
	I/O 信号的仿真：数字信号查看；“0”和 “1”的含义	1. 播放视频，布置课堂任务。 ① 利用 Robotstudio 软件演示夹爪动作； ② 播放视频“数字信号查看与仿真”； ③ 布置任务，组织学生利用 Robotstudio 软件对夹爪数字输出信号进行仿真。 2. 提出问题，总结含义： ① 提出问题：通过夹爪数字输出信号进行仿真分析“0”和“1”的含义； ② 总结数字信号查看及“0”和“1”的含义。	1. 观看视频，完成夹爪 I/O 信号仿真； 2. 小组讨论，分小组表述“0”和“1”的含义。	1. 通过夹爪动作引出 I/O 信号的仿真。 2. 通过视频教学，直观展示 I/O 信号仿真操作步骤。 3. 通过小组讨论、表述和教师总结，掌握 I/O 信号仿真知识点。

续表

教学阶段	教学内容	教师活动	学生活动	设计意图
学新知，会操作（环节二）	配置示教器可编程按键：可根据实际需要选择按键的动作特性	1. 播放“夹爪强制输出”的五种按下按键的动作； 2. 提问：在调试的过程中，怎样通过配置四个可编程快捷键，可以模拟外围的信号输入或者对信号进行强制输出； 3. 结合视频讲解按下按键的含义； 4. 示范操作。	1. 观看视频，思考。 2. 思考，回答问题。 3. 聆听讲解。 4. 观看示范，做笔记。	通过视频演示五种动作，让学生直观地认识示教器可编程按键，结合视频和示范操作讲解减轻了学生的理解难度。
第二课时				
练技能，解问题（环节三）	示教器控制夹爪： 1. 自定义配置信号板； 2. I/O信号的配置； 3. 配置示教器可编程按键	1. 布置任务，示教器控制夹爪。 2. 组织学生进入工作区，强调进入工作区的标准规范。 3. 布置课堂任务巡视指导，记录问题。 4. 演示操作过程中遇到的问题。 5. 组织学生完善任务。	1. 接收任务。 2. 整理着装，佩戴安全帽，进入工作区。 3. 小组成员对应分配岗位，完成任务。 4. 观看、聆听、记录。 5. 继续完善任务并提交录制操作视频。	1. 强调进入工作区的标准规范，让学生养成规范意识和安全意识。 2. 让学生“人人有事做，事事有人做”，并让学生有效地将理论知识点应用到实际操作中。 3.解决学生操作中存在的问题。 4. 任意一个参数设置错误都会导致工具没有动作，从而培养学生认真仔细的工匠精神。
展成果，作评价（环节四）	1. 自定义配置信号板知识梳理及小组总结； 2. I/O信号的配置； 3. I/O信号的仿真； 4. 配置示教器可编程按键	课堂小结、点评： 1. 组织学生利用思维导图回顾知识要点。 2. 组织各组选派代表进行经验分享与收获汇报。 3. 进行总结、点评。	1. 复述知识要点； 2. 各组推选代表进行成果分享； 3. 听取教师点评并进行记录。	1. 课程总结实施对知识的梳理； 2. 通过汇报与反思，培养学生客观分析问题和正确评价的意识。
课　后				
拓技能预新知	1. 开放实训室，对课堂内容再次进行操作练习。 2. 预习任务三：搬运工具设定及测试	1. 实训室单独指导，并保证安全操作； 2. 解答学生疑问。	1. 示教器操作训练； 2. 完成预习。	巩固知识的同时，让学生熟练地操作示教器，增强学生的自信心，提升学生对专业的爱好。

续表

教学评价

评价维度及权重	评价指标	自评	组评	师评	分值
学习态度（10%）	工作态度积极、主动，时常保持良好的状态完成。工作及解决问题。（10 分）				
知识技能（30%）	1. I/O 的概念；（6 分） 2. 熟悉标准 I/O 信号板 DSQC652；（6 分） 3. 能掌握 I/O 信号的配置方法与参数；（6 分） 4. 理解 I/O 信号仿真中的“0”和“1”；（6 分） 5. 掌握配置示教器可编程按钮的方法。（6 分）				
考核要求（30%）	1. 能在示教器上自定义配置信号板；（6 分） 2. 能设置 I/O 信号的配置参数；（6 分） 3. 能进行 I/O 信号的仿真；（6 分） 4. 能配置示教器可编程按钮；（6 分） 5. 能在 I/O 通信设置后，实现示教器直接控制工具。（6 分）				
安全意识（10%）	具有较高的安全意识及规范操作。（10 分）				
协作精神（10%）	了解自己的任务和角色，乐于与同学合作以达到目标。（10 分）				
素养达成（10%）	具有耐心的职业品质及认真仔细的学习态度。（10 分）				
总分					

教学板书

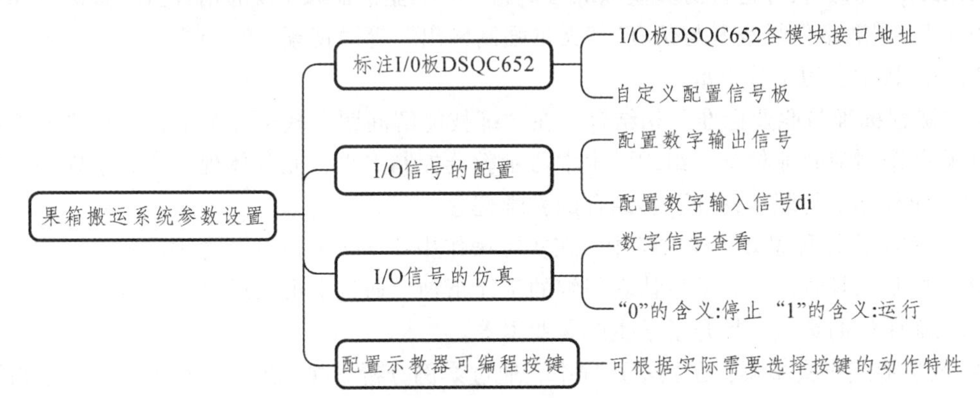

教学反思

教学成效：

本次课，在丰富的教学资源的支持下，学生通过自定义配置信号板、I/O 信号的配置、I/O 信号的仿真、配置示教器可编程按键的学习，能应用所学理论知识和技能相结合，能在示教器上控制夹爪动作。经测试发现，学生已达到预期教学目标（具体见下表）。

续表

教学目标	测试成绩分布人数				
	不及格	60～80 分	80～90 分	>90 分	优秀率
能在示教器上自定义配置信号板	0	0	0	24	100%
能设置 I/O 信号的配置参数	0	0	0	24	100%
能进行 I/O 信号的仿真	0	0	0	24	100%
能配置示教器可编程按钮	0	0	1	23	96%
能在 I/O 通信设置后，实现示教器直接控制工具	0	1	1	22	92%
具有耐心的职业品质及认真仔细的学习态度	非常符合：19 人		符合：5 人	不太符合：0 人	不符合：0 人

特色创新：

1. 信息资源丰富，运用得当：微课的使用有效帮助学生进行课前预习；利用两个视频教学直观展示操作步骤，帮助学生理解教学难点，同时利用助学视频，帮助学生出现问题时，可回看视频，有效解决教师个别指导及时性不足的问题。

2. 教学形式丰富，课堂生动有趣：通过案例分析、教学视频、教师示范、小组讨论等教学活动，使枯燥的理论学习变得生动形象，有效调动学生参与课堂的积极性。

不足与改进：

5% 的学生在示教器上不能实现夹爪的动作，对参数值设置掌握不牢，应在 Robotstudio 仿真软件上对不同工具进行参数设置并仿真，在练习中逐渐熟悉各参数设置。

【点　评】

主要特色：

1. 信息化教学资源丰富：充分运用学习通、希沃白板收集教学过程的数据，采用“Robotstudio”仿真软件进行仿真模拟练习。制作“工业机器人 I/O 通信设置”微课、“I/O 信号的仿真” / “数字信号查看与仿真”“夹爪强制输出”等微视频，结合希沃游戏、腾讯会议开展教学，教学资源十分丰富。

2. “课程标准与职业标准”相结合：在“练技能解问题”教学环节中，通过进入工作区的标准规范来对应企业标准，组织学生学习示教器控制夹爪，充分体现了“人字梯型”教学模式中“课程标准与职业标准”相结合的教学理念。

3. 有效融入课程思政：在教学中，在实际操作中让学生养成规范意识和安全意识。在学习示教器控制工具时，培养学生认真仔细的工匠精神。通过汇报与反思，培养学生客观分析问题和正确评价的意识，提升了学生的职业素养。

4. 教学形式丰富多彩：在教学过程中，通过案例分析、视频展示、教师示范、小组讨论等教学活动，丰富课堂形式，培养了学生的学习兴趣，提升了学生课堂参与度。

建议：

1. 对于操作较难的内容，增加练习时长：在教学反思中，发现有 5%的学生在示教器上不能实现夹爪的动作。课后应增加练习时长，对这些学习给予个性化指导，突破技能难点。

2. 可以邀请企业师傅讲解新技术，突破教学难点：由于企业师傅在一线工作，经验丰富，融入新技术新理念超前，教师可以和企业师傅一同培养学生，提升学生技能水平。

果箱抓取程序编写与操作

◎课程名称：工业机器人编程与操作

◎授课教师：孙智琴

<table>
<tr><td>授课题目</td><td colspan="2">果箱抓取程序编写与操作</td><td>课程名称</td><td>工业机器人编程与操作</td></tr>
<tr><td>授课对象</td><td colspan="2">工业机器人技术应用专业 2022 级 1 班</td><td>授课课时</td><td>4 课时</td></tr>
<tr><td>授课地点</td><td colspan="2">工业机器人理实一体化实训室</td><td>授课形式</td><td>理实一体化</td></tr>
<tr><td colspan="5">教学分析</td></tr>
<tr><td>内容分析</td><td colspan="4">本次课教学内容为工业机器人程序模块的建立、运动指令的理解、参数设置和运用以及 I/O 信号启动、复位指令。程序模块的建立是开始进行工业机器人编程的前提，而运动指令的理解及参数设置是工业机器人编程和功能实现的基础保障，以上内容的学习是工业机器人编程岗位的基本要求。本次教学内容，是系统进行工业机器人编程与操作的基础，也是衔接后果箱码放任务的重要前提。</td></tr>
<tr><td rowspan="3">学情分析</td><td>知识与技能基础</td><td colspan="3">1. 能熟练使用示教器进行机器手动操作；
2. 能复述工业机器人的程序框架；
3. 通过课前预习，24 名学生中，有 20 名学生对工业机器人的程序框架及建立步骤理解较好，16 名学生能利用示教器进行程序模块的建立，其中有 8 名学生能初步利用运动指令完成简单图形的程序编写，但只有 2 名同学都能正确对运动指令的参数进行设置。</td></tr>
<tr><td>认知与实践能力</td><td colspan="3">1. 具备使用示教器进行工业机器人运动模式切换的能力，能在调试过程中熟练进行机器人运动操作；
2. 习惯理论与实践相结合的学习方式；
3. 习惯教师利用信息平台线上、线上相结合的互动式学习。</td></tr>
<tr><td>学习特点</td><td colspan="3">1. 对机器人的操作表现出浓厚的兴趣，希望通过学习能在进入工业机器人相关岗位工作；
2. 喜欢活跃的课堂氛围；
3. 缺少深入分析、钻研问题的品质。</td></tr>
<tr><td rowspan="3">教学目标</td><td>知识目标</td><td colspan="3">1. 能复述工业机器人程序模块的架构；
2. 能概述工业机器人各运动指令的运动区别；
3. 能说明工业机器人运动指令参数的含义。</td></tr>
<tr><td>能力目标</td><td colspan="3">1. 能根据工业机器人程序模块的架构利用示教器进行程序模块的建立；
2. 能根据任务要求，正确调用运动指令 MoveJ、MoveL 和 I/O 信号指令 Set、Reset；
3. 能合理对运动指令的各参数进行优化调整，实现果箱抓取程序的编写和调试。</td></tr>
<tr><td>素质目标</td><td colspan="3">1. 养成精益求精的工匠品质；
2. 引导学生建立团队合作的意识。</td></tr>
</table>

续表

<table>
<tr><td colspan="2">教学内容</td><td colspan="3">第一课时：
1. PARID 程序的框架及建立；
2. 运动指令的分类及运动区别；
3. 运动指令的基本格式；
4. 运动指令仿真运用。
第二课时：
1. 运动指令参数的设置；
2. 运动指令实操运用。
第三课时：
1. 抓取程序编写及参数设置；
2. 抓取程序手动调试。
第四课时：
1. I/O 信号指令 Set、Reset 指令；
2. 运动指令参数 Find 的理解运用；
3. 抓取程序调试优化。</td></tr>
<tr><td colspan="2">教学重点</td><td>1. 工业机器人程序模块的架构及建立方法；
2. 工业机器人运动指令和I/O信号指令含义及运用。</td><td>解决策略</td><td>创设游戏情景：提炼程序模块架构、运动指令格式等理论知识点，将理论知识点学习设计成互动游戏环节，激发学生学习兴趣，加深理论知识理解。</td></tr>
<tr><td colspan="2">教学难点</td><td>工业机器人运动指令的运用——参数设置。</td><td>解决策略</td><td>设置实践探究任务：分小组进行运动指令图形绘制程序编写和调试，结合问题点进行探究学习，激发学生合作探究学习的动力，探究如何合理有效地进行参数设置。</td></tr>
<tr><td colspan="5">教学策略</td></tr>
<tr><td colspan="2">教学设计流程</td><td colspan="3">课前　课中　课后
探任务打基础　析项目明任务 → 学新知会操作 → 练技能解问题 → 展成果作评价　拓技能预新知</td></tr>
<tr><td rowspan="2">教学方法</td><td>教法</td><td colspan="3">任务驱动法、讲授式教学法、示范教学法。</td></tr>
<tr><td>学法</td><td colspan="3">小组合作法、自主探究法。</td></tr>
<tr><td colspan="2">教学手段与资源</td><td colspan="3">1. 教学平台：利用学习通发布课前学习任务和课前测试，分析学生掌握情况。
2. 教学手段：利用希沃教学平台开展游戏互动教学，利用腾讯会议平台进行教师示范、学生示范操作演示。
3. 教学资源：“PARID 程序”“认识基本运动指令”微课；“机器手转弯”flash 动画；校企合作开发教材，项目任务书 2 份。</td></tr>
</table>

续表

<table>
<tr><th colspan="5">教学实施</th></tr>
<tr><th>教学阶段</th><th>教学内容</th><th>教师活动</th><th>学生活动</th><th>设计意图</th></tr>
<tr><th colspan="5">课　前</th></tr>
<tr><td>探任务，打基础</td><td>1. PARID 程序的定义及基本架构；
2. PARID 程序的建立步骤；
3. 运动指令 MoveJ、MoveL、MoveAbsj 的含义、基本格式及使用</td><td>发布预习任务：
1. 发布微课“PARID 程序”及“认识基本运动指令”至平台。
2. 发布 PARID 程序建立课前练习任务并查看学生上传的练习视频。
3. 发布在线测试题。
① 程序结构；
② 运动指令含义；
③ 运动指令基本格式。</td><td>1. 观看微课。
2. 课前实训室练习，上传练习视频。
3. 完成测试。</td><td>微课的使用和实训室课前练习开放，便于学生初步地理解 PARID 程序及建立的步骤，并对基本运动指令有初步的认识，为学生课中学习打下基础。</td></tr>
<tr><th colspan="5">课　中</th></tr>
<tr><th colspan="5">第一课时</th></tr>
<tr><td>析内容，明任务（环节一）</td><td>1. PARID 程序的架构。
2. PARID 程序模块的建立</td><td>1. 分析课前任务探究情况。
2. 对进步明显的学生进行表扬。
3. 观看“PARID 程序”微课，讲解问题点。
4. 开展“PARID 程序测试游戏”。</td><td>1. 听分析、看数据。
2. 鼓励受表扬同学。
3. 看微课、听讲解。
4. 参与测试游戏。</td><td>1. 数据的生动呈现，加深学生对于自身情况的了解，明确学习任务。
2. 表扬进步明显学生，树立学习榜样。
3. 视频、游戏互动环节可以提高学生的学生兴趣。</td></tr>
<tr><td>环节二：学新知，会操作</td><td>1. 运动指令的分类：
关节运动指令；
线性运动指令；
绝对位置运动指令；
圆弧运动指令（后续学习）。
2. 运动指令的运动区别。
（1）关节运动指令；
（2）线性运动指令。
3. 运动指令的基本格式。
4. 运动指令的仿真运用</td><td>1. 展示五角星模型，传达“五星红旗”上各五角星的含义，引出课中学习小任务。
2. 组织学生参与“运动指令分类竞技游戏”。
3. 结合微课“运动指令的运动区别”进行指令运动作用讲解。
4. 组织学生参与“运动指令格式填空游戏”并开展关节、线性、绝对运动指令的讲解。
5. 组织学生进行运动指令运用仿真，并进行巡查指导记录。
6. 组织学生将任务完成情况传至平台。</td><td>1. 参与“运动指令分类竞技游戏”。
2. 观看微课，聆听运动指令的运动区别讲解。
3. 参与“运动指令格式填空游戏”。
4. 参与“运动指令格式填空游戏”。
5. 开展仿真练习。
6. 上传练习结果至平台。</td><td>1. 五角星引出国旗，激发学生的爱国情怀。
2. 视频、游戏活动的设置有效提升学生的课堂融入度。
3. 仿真软件的运用，让学生能在更安全的环境下进行操作练习，也提升了学生的操作信心。
4. 训练结果的上促进学生更加认真地开展练习。</td></tr>
</table>

续表

教学环节	教学内容	教师活动	学生活动	设计意图
第二课时				
学新知，会操作（环节二）	1. 运动指令参数的设置：目标点位；运动速度；转弯（半径）区；工具/工件坐标数据。 2. 运动指令MoveJ、MoveL的实操运用	1. 利用平台展示学生上传成果。 ① 说明各组情况。 ② 引出问题。 2. 利用平台随机抽选2组作品进行交流分享，引出两个问题点： ① 运动速度； ② 转弯（半径）区。 3. 抽选2组开展“龟兔赛跑”操作游戏，并进行竞赛投票。 ① 平台抽选； ② 规则讲解； ③ 组织动员； ④ 团队协作。 4. 讲解运动速度的含义和设定规则： ① V值大小决定机器手运动速度； ② 设定原则。 5. 利用“机器人转弯区”动画展示转弯（半径）区的含义： ① Z值大小决定机器人转弯大小； ② 设定原则。 6. 教师展示转弯（半径）区数据设定的方法和规则（标准三角形绘制） 7. 组织学生优化任务参数，并将成果上传至平台： ① 修改绘制程序，调整指令参数； ② 指导学生完成任务上传。 8. 组织学生分组进行任务验证。 9. 巡视学生验证过程，并进行指导。	1. 查看各组的任务成果图。 2. 小组成员进行分享交流。 3. 开展操作游戏，并进行结果投票。 4. 聆听讲解。 5. 观看flash动画，聆听讲解。 6. 观看教师展示。 7. 优化任务参数并进行上传。 8. 分组进行实操验证。 9. 观看各组的验证过程，聆听教师的指导。	1. 交流分享，在提升学生表达能力的同时，也学会去分析问题。 2. 以游戏竞赛、flash动画的方式呈现知识内容，加深学生对知识点的理论、技能理解，也提升学生之间的学习竞争意识。 3. 教师规范地示范展示，在加深学生知识、技能理解的同时，也规范学生的操作行为。 4. 通过优化任务书，培养学生基于岗位的工作意识。

续表

教学阶段	教学内容	教师活动	学生活动	设计意图
第3课时				
练技能，解问题（环节三）	运动指令：MoveJ、MoveL的运用展评	展评总结： 对各组完成机器人绘制效果图进行评价，并对各组进行加分。	聆听评价。	通过展评，让学生每次操作练习都得到成果反馈，利用小组加分，激发学生的学习竞争意识。
	1. 机器人抓取程序的编写与参数设置； 2. 机器人抓取程序的运动路径调试	1. 组织各组结合抓取轨迹完成任务书抓取程序编写。 2. 组织各组将完成的抓取程序上传至平台。 3. 选取1组进行分享，并组织小组进行实操调试。 4. 组织其他组听取分享、观看展示过程、记录问题点、修改/优化小组程序。 5. 组织其他组进行展示点评，提出自己的看法。	1. 各组根据任务要求完成抓取程序的编写。 2. 将任务书传至平台。 3. 程序编写分享，开展实操调试。 4. 聆听分享、观看展示过程、记录问题点、修改/优化小组程序。 5. 点评展示小组，并进行程序优化展示。	通过分组分享、操作示范和小组点评活动的开展，有效提升学生的观察能力、语言组织能力和动手能力，并强化对所学知识和技能的理解与掌握。
第4课时				
练技能，解问题（环节三）	1. I/O信号指令： Set指令、Reset指令。 2. 运动指令Find参数的理解和运用。 3. 果箱抓取程序调试	1. 播放微课“机器手工作的秘密”，引出机器手抓取果箱的方式。 2. 讲解set、reset指令的含义并示范使用方法。 3. 组织小组进行果箱抓取动作的操作。 4. 解决共性问题。 “机器手抓取果箱的点位发生偏移”，讲解运动指令Find参数的含义。 5. 组织各组修改程序运行参数，并进行抓取调试。 6. 组织各组完善任务书，将最终程序上传至平台。	1. 观看微课。 2. 聆听讲解、观看展示。 3. 小组操作。 4. 聆听讲解。 5. 修改任务书参数设置，并进行抓取调试。 6. 上传程序任务书至平台。	1. 通过教师的示范和微课学习，更加直观地让学生理解知识点。 2. 利用实际操作的方式强化学生对于易错点的理解，提升学生的实际操作能力。

续表

教学阶段	教学内容	教师活动	学生活动	设计意图
展成果，作评价（环节四）	成果展示，学习心得分享，教师点评	1. 利用平台向学生进行成果展示。 2. 选取小组进行学习分享。 3. 企业师傅进行点评。 4. 教师进行点评。 5. 宣布各组成绩，确定优胜小组、优秀学员等。	1. 观看平台展示。 2. 聆听小组分享。 3. 聆听师傅点评。 4. 聆听教师点评。 5. 各组领取成绩单和对应称号。	1. 学生学习效果数据化呈现，加深学生对自己学习成果的理解。 2. 企业师傅点评，融入岗位标准，让学生能提前适应岗位要求。 3. 给予优胜小组、优秀学员等称号，提升学生的学习动力。
课　后				
拓技能，预新知	单个果箱抓放的程序编写与调试	1. 利用平台发布课后作业“单个果箱抓放的程序编写与操作”，并提出提交要求和时间。 2. 查看学生的提交情况，并利用平台进行线上评价（批改）。 3. 利用平台发布下次课学习任务，组织学生进行新知预习。	1. 平台领取任务，并利用开放实训室进行课后任务完成。 2. 提交任务完成情况至平台，查看教师的点评。 3. 利用平台、开放实训室进行新知预习。	1. 课后扩展任务的发布，巩固学生本次任务所学。 2. 新课学习任务的发布，让学生进行新知预习，为下次课任务的开展打下基础。
教学评价				

评价维度及权重	评价指标	自评	组评	师评	分值
学习态度（10%）	工作态度积极、主动，时常保持良好的状态完成工作及解决问题。（10 分）				
知识技能（30%）	1. 能复述工业机器人程序模块的架构；（6 分） 2. 能概述工业机器人各运动指令的区别；（6 分） 3. 能建立工业机器人的程序模块；（6 分） 4. 能合理选择运动指令进行编程及参数设置；（6 分） 5. 能对程序进行合理的优化。（6 分）				
考核要求（30%）	1. 使用示教器进行程序模块建立；（6 分） 2. 使用示教器正确进行运动指令的调用及参数设置；（6 分） 3. 使用示教器正确调用 I/O 信号指令；（6 分） 4. 能调用程序完成果箱的抓取；（6 分） 5. 实训工艺、任务书完整、规范。（6 分）				
安全意识（10%）	具有较高的安全意识及规范操作。（10 分）				
协作精神（10%）	了解自己的任务和角色，乐于与同学合作以达到目标。（10 分）				
素养达成（10%）	善于思考，精益求精的学习态度。（10 分）				
总分					

续表

教学板书

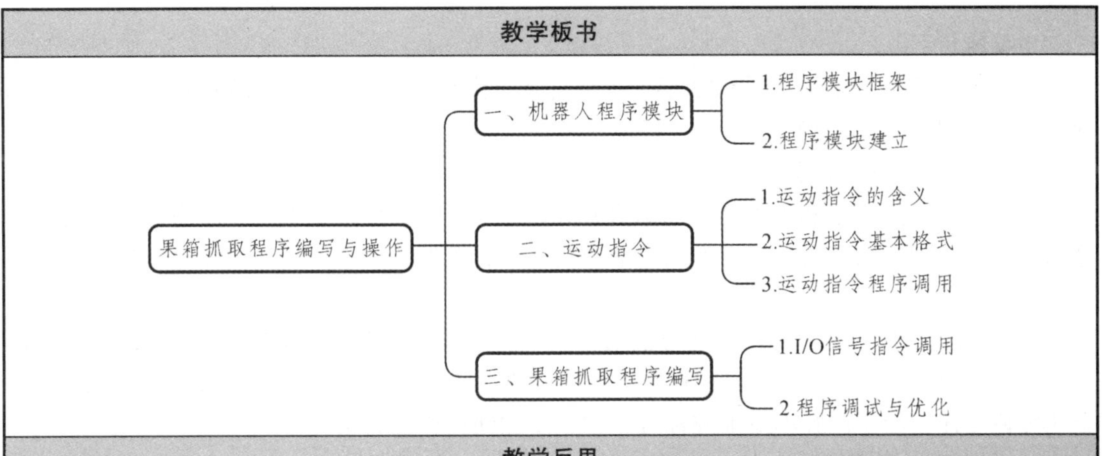

教学反思

教学成效：

本次课，在丰富的教学资源的支持下，学生通过自己实际操作与观看教师示范讲解，掌握了程序模块的基本框架和建立，理解运动指令 MoveJ、MoveL 的基本含义、格式，掌握了以上运动指令的用法，能根据任务要求及所学知识对运动指令的参数进行正确地设置，并掌握了 I/O 信号指令的调用，并能通过示教器进行程序编写和调试完成单个果香的抓取，经测试，学生已经达到了预期的教学目标（具体见下表）。

教学目标	测试成绩分布人数				
	不及格	60～80 分	80～90 分	＞90 分	优秀率
能复述机工业机器人程序模块的架构	0	0	0	24	100%
能建立工业机器人的程序模块	0	0	0	24	100%
能概述工业机器人运动指令的区别	0	0	1	23	95.8%
能利用示教器合理调用运动指令并进行参数设置	0	0	2	22	91.6%
能正确调用 I/O 信号指令	0	0	0	24	100%
能完成对果箱抓取程序的调试	0	0	2	22	91.6%
团队合作意识和精益求精工匠精神得到增强	非常符合：21 人		符合：3 人	不太符合：0 人	不符合：0 人

特色创新：

1. 利用国旗引入，增强学生民族自豪感：课中将国旗中五角星图形引入工业机器人绘制任务，不仅提升了学生的爱国情怀，也增强了学生对于民族的自豪感，以此提升学生对该知识点学习的严谨性，促进了该知识点的有效掌握。

2. 游戏活动运用，增强了学生的学习兴趣：任务教学过程中，结合学生的学习特点，多次通过游戏互动环节对学生知识点的掌握进行测试，在充分运用信息手段的同时，也极大地提升了学生对于本课程学习的兴趣，进一步巩固了学生对知识点的掌握。

不足与改进：

对于课堂中没有参与到实践操作的小组关注不够，在后续课程中应针对性地设置环节，让不能马上进行实际操作的小组积极参与到学习活动中，让他们也有表现自己的机会，增强他们学习的信心。

【点　评】

主要特色：

1. 体现“教材与资源”并行的理念：运用校企合作开发的教材，项目任务书。制作“PARID程序”“认识基本运动指令”微课，“机器手转弯”flash动画，体现“人字梯型”教学模式中“教材与资源”并行的教学理念。

2. 创设游戏情景，提升学生学习兴趣：在教学中，炼程序模块架构、运动指令格式等理论知识点，将理论知识点学习设计成互动游戏环节，激发学生学习兴趣，加深学生对理论知识理解。

3. 利用“榜样”的力量营造学习氛围：在“析内容，明任务”教学环节中，教师表扬进步明显的学生，在提升学生学习积极性的同时，树立榜样。在“展成果，作评价”教学环节，企业师傅点评，给予优胜小组荣誉称号，进一步加强榜样的力量。

4. 有效融入课程思政：在“学新知，会操作”教学环节中，学习运动指令的时候，用五角星引出国旗，激发学生的爱国情怀。在学习运动指令参数的时候，以游戏竞赛呈现知识内容，提升学生竞争意识，通过优化任务书，培养学生基于岗位的工作意识，体现了“人字梯型”教学模式中“品德素养与知识技能”并重的教学理念。

建议：

增加企业实践，提升学生实操能力：由于工位不足，不能满足全班学习练习，可以扩展校企实训基地，组织学生参加企业实践，理论联系实践，提升学生的操作水平。

参考文献

[1] 徐国庆. 实践导向职业教育课程研究：技术学范式[M]. 上海：上海教育出版社，2005：8.

[2] 吕京，杨敏. 支架式教学法在大学英语阅读教学中的有效性研究[J]. 中国高等教育，2020（19）：45-46.

[3] 陈保荣. 职业教育产教融合的国际比较研究[J]. 职教论坛，2018（5）：40-46.

[4] 杨运鑫，罗频频，陈鹏. 职业教育产教深度融合机制创新研究[J]. 职业技术教育，2014，35（4）：39-43.

[5] 张亲霞，赵桐羽. 社会主义现代化基本实现：人的全面发展取得实质性进展[J]. 中学政治教学参考，2021（36）：9-12.

[6] 袁利平，杨阳. 人的全面发展：学校课程建设的价值坐标[J]. 中国教育科学（中英文），2021，4（1）：81-90.

[7] 徐拥军. 大数据时代国家治理中的文化生产与文化整合[J]. 求索，2021（3）：126-134.

[8] 刘春玲. 高职旅游管理专业教学资源库建设研究[J]. 创新创业理论研究与实践，2019，2（12）：126-127.

[9] 朱军，张文忠. 敏捷理念下的职业技能教学模式创新探究[J]. 职教论坛，2021，37（8）：83-87.

[10] 鲁洁. 教育学[M]. 北京：人民教育出版社，2005：145.

[11] 曲宏歌，姜淑兰. 思政课三位一体教学模式的探索[J]. 学校党建与思想教育，2021（16）：57-59.

[12] 姜大源. 职业教育研究新论[M]. 北京：教育科学出版社，2007：1.

[13] 习凌冰. 现代学徒制背景下高等职业教育教学模式研究[D]. 重庆：西南大学，2017.

[14] 刘玉萍，吴南中. 职业教育生态化治理：价值内蕴与路径选择[J]. 教育学术月刊，2019（7）：13-20.

[15] 沈爱凤，韩学芹. 职业教育中“任务驱动式”教学模式的探讨与应用[J]. 职教论坛，2016（2）：46-49.

[16] 吴南中. 基于学分银行的 1＋X 证书成果学分转换：价值意蕴与推进路径[J]. 成人教育，2021，41（10）：51-56.

[17] 李宁. 高等职业教育供给侧改革经济效应研究[J]. 黑龙江高教研究，2021，39（8）：109-114.

[18] 王少妮. 高职“自主 互助 合作 高效”课堂教学模式研究[J]. 中国成人教育，2015（18）：144-146.

[19] 曹雄彬. 高职院校实践教学模式研究[J]. 教育与职业，2015（29）：102-104.

[20] 沈汉达，翁昊年，郑燕琦，等. 基于信息技术创新职业教育课堂教学模式[J]. 中国职业技术教育，2015（35）：69-72，79.

[21] 韩锡斌，刁均峰，杨娟. 信息时代职业教育教师教学能力的内涵、构成及标准框架[J]. 教师教育学报，2021，8（2）：23-32.
[22] 刁均峰，韩锡斌. 职业教育“双师型”教师教学能力评价指标体系构建[J]. 现代远距离教育，2021（6）：13-20.
[23] 朱冠华，王浩. 高职教师课程开发能力及培养策略研究[J]. 职业技术教育，2019，40（29）：58-62.
[24] 吴炳岳. 职业院校“双师型”教师专业标准及培养模式研究[M]. 北京：教育科学出版社，2014：173-181.
[25] 冯燕芳，陈永平. 现代学徒制线上线下课程资源质量提升途径研究[J]. 职教论坛，2021，37（9）：58-65.
[26] 王华. 高等职业教育教学模式改革的研究与实践[J]. 中国教育学刊，2015（S2）：252-253.
[27] 孙翠香. 职业教育治理：内涵构建及推进路径[J]. 职教论坛，2017（22）：24-31.
[28] 衣春霞，饶志华. 城乡统筹视角下职业教育信息资源共享研究[J]. 中国职业技术教育，2014（16）：94-96.